Identité(s)

Ouvrages parus chez le même éditeur

Les Sciences humaines. Panorama des connaissances, Jean-François Dortier, 1998.

La Communication : état des savoirs, Philippe Cabin (coord.), 1998.

Les Organisations : état des savoirs, Philippe Cabin (coord.), 1999.

L'Histoire aujourd'hui, Jean-Claude Ruano-Borbalan (coord.), 1999.

Philosophies de notre temps, Jean-François Dortier (coord.), 2000.

L'Economie repensée, Philippe Cabin (coord.), 2000.

La Sociologie : histoire et idées, Philippe Cabin et Jean-François Dortier (coord.), 2000.

Eduquer et Former. Les connaissances et les débats en éducation et en formation, Jean-Claude Ruano-Borbalan (coord.), 2001 (2e éd. refondue et actualisée).

Le Langage : nature, histoire et usage, Jean-François Dortier (coord.), 2001.

Le Pouvoir : des rapports individuels aux relations internationales, Bruno Choc et Jean-Claude Ruano-Borbalan (coord.), 2002.

Familles : permanence et métamorphoses, Jean-François Dortier (coord.), 2002.

La Culture : de l'universel au particulier, Nicolas Journet (coord.), 2002.

Le Cerveau et la Pensée. La révolution des sciences cognitives, Jean-François Dortier (coord.), 2003 (2e éd. actualisée et augmentée).

L'Homme, cet étrange animal… Aux origines du langage, de la culture et de la pensée, Jean-François Dortier, 2004.

Le Moi : du normal au pathologique, Gaëtane Chapelle (coord.), 2004.

Si vous désirez être informé (e) des parutions de Sciences Humaines Éditions
et de la revue mensuelle *Sciences Humaines* :
Sciences Humaines, 38, rue Rantheaume,
BP 256, 89004 Auxerre Cedex.
Tél. : 03 86 72 07 00/Fax : 03 86 52 53 26.

Identité(s)

L'individu
Le groupe
La société

Coordonné par
Catherine Halpern et
Jean-Claude Ruano-Borbalan

Éditions
SCIENCES HUMAINES

Réalisation et diffusion de l'ouvrage

Cet ouvrage reprend des articles parus dans le mensuel *Sciences Humaines*, enrichis et actualisés, ainsi que des textes inédits. L'appareillage pédagogique (bibliographie, mots clés, encadrés) a été également actualisé.

Conception : Catherine Halpern et Jean-Claude Ruano-Borbalan

Coordination : Bruno Choc

Conception maquette, mise en pages intérieures :
PolyPAO

Relecture : Renaud Beauval

Conception de la couverture : Gilbert Franchi

Fabrication : Jean-Paul Josse

Secrétariat : Laurence Blanc

Diffusion : Nadia Latreche-Leal

Diffusion Presses universitaires de France

38, rue Rantheaume,
BP 256, 89004 Auxerre Cedex

ISBN 2-912601-23-1

Jean-Claude Ruano-Borbalan*

Introduction générale

LA CONSTRUCTION DE L'IDENTITÉ

Déterminée par les cadres psychologiques, l'identité individuelle est construite à partir d'une expérience totalement singulière. Reste que l'individu se trouve inséré dans des institutions qui canalisent son action et lui fournissent des justifications symboliques. Les institutions de socialisation et d'identification (famille traditionnelle, partis politiques, religion) sont en déclin, mais l'Etat maintient sa place centrale.

Crises de l'identité nationale, recomposition des identités religieuses ou familiales, rôle central de l'identité personnelle : la définition de l'identité individuelle ou collective est au cœur de la compréhension des mutations sociales contemporaines.

La notion d'identité est multiforme. On l'utilise dans des circonstances aussi différentes que l'analyse de l'élaboration de la personnalité de l'enfant ou l'attitude de défense des populations lors de conflits guerriers. Nous avons choisi, pour en explorer les différentes facettes, de nous placer aux différentes échelles où la notion identitaire s'exprime : l'individu, le groupe, la société. On y constate partout une même orientation d'analyse. L'identité n'est plus considérée par les chercheurs comme une substance, un attribut immuable de l'individu ou des collectivités. Tous rappellent, avec insistance, que l'image

* Directeur du magazine *Sciences Humaines*.

et l'estime de soi, les identités communautaires ou politiques s'élaborent, se construisent et s'actualisent sans cesse dans les interactions entre les individus, les groupes et leurs idéologies.

L'identité individuelle

L'individu se socialise et construit son identité par étapes, dans un long processus qui va de la naissance à l'âge adulte. De manière permanente, l'image qu'il bâtit de lui-même, ses croyances et ses représentations de soi constituent une structure psychologique extrêmement importante qui lui permet de sélectionner ses actions et ses relations sociales.
En psychologie, il existe une longue tradition de réflexion sur le développement de l'enfant et la construction de son identité. Le corps constitue pour le bébé la base de son identification. Il se découvre lui-même au travers de ses perceptions et de ses actions, mais aussi dans les rapports aux autres et dans le regard d'autrui : «*Avant même sa naissance, l'enfant existe déjà dans l'imaginaire et le discours de ses parents. Désiré ou non attendu, il prend très vite un contour plus ou moins précis à travers le sexe souhaité, le prénom choisi – qui à la fois l'individualisera et le situera dans une filiation et dans une caractérologie sommaire*», souligne Edmond Marc (1). L'identité est fondée sur les relations passionnelles du sujet et de «l'autre». Elle est essentiellement conflictuelle : «*Comprendre l'identité, c'est donc mettre à jour les processus qui en organisent la construction historique, la mise en question, la perte ou la réappropriation.*» (2)
Ainsi, de l'enfance à l'adolescence, on peut distinguer trois phases : l'individuation primaire durant les trois premières années de l'enfance, l'individuation «catégorielle» jusqu'à l'adolescence et l'individuation «personnalisant» de l'adolescence. Durant l'enfance, l'individu commence par prendre conscience de son existence dans un processus de fusion/séparation qui s'incarne successivement dans les rapports avec sa mère, sa famille, les groupes et la société.

Le rôle central du soi

Plus généralement, les réflexions sur l'identité individuelle s'ancrent aujourd'hui autour de l'étude de la notion de «soi» (image de soi, représentation de soi, construction de

1. Voir l'article d'E. Marc «La construction identitaire de l'individu», pp. 33-39.
2. P. Tap, article «Identité», *Encyclopédia Universalis*.

soi, contrôle de soi, etc.). Le soi, selon René L'Ecuyer, peut se définir comme «*un ensemble de caractéristiques (goûts, intérêts, qualités, défauts, etc.), de traits personnels (incluant les caractéristiques corporelles), de rôles et de valeurs, etc., que la personne s'attribue, évalue parfois positivement et reconnaît comme faisant partie d'elle-même, à l'expérience intime d'être et de se reconnaître en dépit des changements*» (3).

La dimension sociale de la construction identitaire a fait l'objet d'un nombre considérable de recherches. En 1890, William James fut le premier à introduire dans un manuel de psychologie un chapitre sur le soi. Dans les années 30, le sociologue George Herbert Mead met en avant le lien entre l'activité individuelle et le groupe. La psychologie contemporaine s'appuie notamment sur les travaux d'Eric Erikson, qui, dans les années 50 et 60, a systématisé des recherches sur l'identité personnelle et sociale qui se menaient depuis le début du siècle. Cet auteur a mis en avant l'existence d'un sentiment de différenciation individuelle et d'une tendance à la conformation sociale pour tous les individus. Il a également élaboré une périodisation de la construction de l'identité individuelle dont les transitions s'effectuent dans des «crises d'identité» comme celle de l'adolescence. Mais c'est surtout à partir des années 70 que se multiplient les études sur l'impact des relations sociales sur le psychisme de l'individu.

Un certain nombre d'entre elles se place du point de vue de la communication interpersonnelle pour interpréter la construction de l'identité. Cette dernière approche, influencée par les réflexions sur la communication et l'interactionnisme symbolique initié par Erving Goffman, pense de manière indissociable les aspects affectifs et sociaux. Ici, le concept clé est celui d'«autoprésentation de soi», c'est-à-dire l'ensemble des activités, des comportements ou des objets qu'un individu utilise pour être jugé positivement par autrui : le but fondamental est de paraître amical, gentil, intelligent, etc., afin d'obtenir des autres ce que nous souhaitons. La présentation de soi peut être négative (cancre à l'école, voyou, etc.). Dans ce cas, la visée reste pour l'individu d'induire certains comportements dans ses relations sociales. Les études de psychologie montrent que la composante affective de l'identité personnelle (l'estime

3. R. L'Ecuyer, *Le Développement du concept de soi de l'enfance à la vieillesse*, Presses de l'Université de Montréal, 1994.

de soi) est caractérisée par la tendance systématique à l'autovalorisation. Nous déformons nos souvenirs et adaptons nos jugements pour qu'ils nous soient favorables, nous organisons le monde pour y avoir le beau rôle. Cet égoïsme atavique est une sorte de mécanisme général de défense pour chaque individu, qui sans cela verrait son psychisme souvent mis à mal.

Depuis une dizaine d'années, on assiste au développement d'une vision cognitiviste de l'étude du soi et de l'identité individuelle. Comme le souligne Delphine Martinot (4), la composante cognitive est bâtie autour des mémoires, des informations et des représentations sur soi. Les expériences sur le soi montrent que les individus se livrent à des réinterprétations fréquentes de leur histoire personnelle pour rendre conforme leurs souvenirs et leur image de soi actuelle. Le soi constitue donc *«un système éminemment adaptatif, qui se défend, se corrige et s'améliore pour mieux s'adapter et même se dépasser»* (5).

La construction sociale de l'identité

Le soi constitue le versant interne de l'identité individuelle. Il se construit dans la relation à l'environnement et aux autres, au sein de groupes, restreints ou étendus, contractuels ou imposés. Les sociétés contemporaines se caractérisent par la multiplicité toujours accrue de groupes d'appartenance, réels ou symboliques, auxquels s'affilient les individus.

On y distingue, dans une première sphère, les groupes primaires d'appartenance comme la famille ou le cercle professionnel ou amical restreint. Une deuxième sphère d'appartenance est constituée par les institutions culturelles, religieuses ou politiques. Enfin, une part notable de la construction identitaire s'effectue dans la relation, conflictuelle ou non, avec l'instance sociale et politique par excellence depuis plusieurs siècles : l'Etat-nation. On constate même l'émergence de plus en plus nette, au travers de préoccupations écologistes ou morales, d'une sphère d'identification globale représentée par l'humanité-monde.

Le groupe fonctionne comme le catalyseur privilégié de l'identification individuelle. Le groupe socialise l'individu et l'indi-

4. D. Martinot, *Le Soi : les approches psychosociales*, Presses universitaires de Grenoble, 1995.
5. *Idem.*

vidu s'identifie à lui. Mais en même temps, ce processus permet à l'individu de se différencier et d'agir sur son entourage. Pour l'individu, l'identité n'apparaît pas comme la juxtaposition simple de rôles et d'appartenances sociales. Elle doit être conçue comme une totalité dynamique, où ces différents éléments interagissent dans la complémentarité ou le conflit. Il en résulte des «stratégies identitaires» par lesquelles le sujet tend à défendre son existence et sa visibilité sociale, son intégration à la communauté, en même temps qu'il se valorise et recherche sa propre cohérence.

Ces stratégies identitaires se vérifient par exemple dans les comportements des immigrés à l'occasion de relations interculturelles, analysés par Carmel Camilleri et Geneviève Vinsonneau (6). Pour les immigrés, la construction identitaire est une dynamique incessante de confrontation aux valeurs dominantes de la société d'installation et d'affirmation de leur propre valeur individuelle. Face aux injonctions contradictoires entre la culture d'origine et la culture d'accueil, plusieurs attitudes sont observées. La majorité des immigrés fuit la contradiction en adoptant la culture d'accueil. D'autres attitudes, minoritaires, tentent de synthétiser les éléments culturels d'origine et la modernité des pays d'accueil. Enfin, certaines attitudes, elles aussi minoritaires, consistent à vivre une totale séparation entre une morale ancrée sur les valeurs traditionnelles de la culture d'origine et la vie quotidienne.

Au sein de tous les groupes, du club de football à la nation en passant par l'entreprise, une tension forte existe entre volonté d'appartenance totale et indépendance. Ces tensions ne sont pas forcément toujours négativement vécues. Elles constituent même des contradictions dont les individus peuvent jouer pour réaliser un équilibre satisfaisant entre leurs diverses identités : tel individu aura des ennuis au travail et se désimpliquera en renforçant sa participation familiale ou son implication à des groupes sportifs ou autres.

L'individu et ses appartenances

Dans les sociétés contemporaines, la construction de l'identité s'effectue pour l'individu dans le rapport d'adhésion ou de rejet qu'il fonde avec ses groupes d'appartenance. L'individu

6. Voir leur article «Cultures et stratégies, ou les milles manières de s'adapter» pp. 85-90 et «Socialisation et identité» pp. 63-66.

se trouve enserré dans un maillage, volontaire ou non, d'allégeances et d'appartenances qui lui imposent ses comportements et lui fournissent un ancrage identitaire.

La famille contribue désormais (comme les cercles d'amitié ou les groupes de travail restreints) à construire les identités personnelles de chacun de ses membres en privilégiant leur autonomie et en respectant leurs choix individuels, ses fonctions traditionnelles de transmission patrimoniales et morales étant reléguées au second plan.

Les identités sociales, quant à elles, se sont singulièrement multipliées. Elles peuvent être plutôt choisies, comme dans les groupes de supporters de football qu'a étudiés l'anthropologue Christian Bromberger, par exemple. Selon lui, le sentiment d'appartenance se construit là comme en de nombreuses autres occasions, dans un rapport d'opposition plus ou moins virulent avec l'autre (7). Comme les supporters de football, nombre de regroupements associatifs (entomologistes, chasseurs, amateurs de vieilles motos…), institués ou non, fonctionnent avec des codes spécifiques, des rites initiatiques, un langage. Le degré d'intégration et d'appartenance varie, mais les pratiques sont similaires et les processus d'identification communs. Chaque identification est spécifique, marquée par l'histoire, par l'existence ou non de communautés professionnelles, partisanes ou associatives de référence, par l'existence de médias structurant une «idéologie» commune.

Si nouveauté il y a dans nos sociétés, ce sont bien ces «bricolages» identitaires et la multiplicité des appartenances, sur des modes lâches ou au contraire très fort. L'individu, surtout dans les couches sociales moyennes et supérieures des sociétés occidentales, est ainsi capable de construire ses parcours d'appartenance, de les faire cohabiter. Les sociologues du choix individuel et du moi privilégient l'affectif, les passions, bref les comportements amoureux ou de loisir. Mais ce ne sont là que des «identités mineures» pour l'essentiel de la population. Plus fondamentales dans la construction identitaire individuelle, les identités sociales de groupes demeurent le plus souvent liées à la socialisation familiale, à la condition professionnelle, ethnique, religieuse.

7. Voir l'article de C. Bromberger «Football : la passion partisane» pp. 229-234.

L'identité culturelle

Les rituels de mémoire, la culture et les croyances constituent l'un des vecteurs privilégié de la socialisation et de l'identification des individus. Traditionnellement, disent depuis un siècle anthropologues et sociologues, les récits mythiques, les cérémonies, les rituels et l'appartenance culturelle, religieuse ou politique permettent l'articulation des fonctions psychologiques individuelles avec les valeurs et la morale sociales. Par exemple, l'intégration culturelle nationale est longue, subtile, faite de l'incorporation de codes et de comportements multiples, acquis au cours d'une longue socialisation.

De manière générale, les chercheurs en sciences humaines estiment que le processus d'identification culturelle permet à l'individu d'assurer le bon fonctionnement de son concept de soi par l'inscription dans un corps symbolique virtuellement éternel. La sociologue Anne Muxel a par exemple montré toute la complexité de la mémoire familiale qui, par les repas familiaux, la conservation des objets et les récits quotidiens, permet l'inscription des individus dans une lignée et dans une culture communes (8). Le corps communautaire peut être bafoué, voire disparaître, il demeure en souvenir et en devenir. Que l'on songe aux formes de l'identité juive et à son ancrage communautaire fait de souvenir et de souffrance autant que d'espérance et de salut.

Les processus d'intégration communautaires et culturels ont tôt fait l'objet de l'attention de l'anthropologie. A la suite des travaux de Ruth Benedict, le courant culturaliste américain a défini des *patterns of culture*, modèles culturels qui structurent les modes de vie et les productions des membres d'une société. Cette vision, pourtant progressivement complexifiée, n'est plus en vigueur, car elle tendait à considérer les cultures comme des attributions immuables des collectivités sociales. La vision culturaliste supposait que les éléments rituels ou symboliques assuraient l'intégration des membres de la société. Aujourd'hui, on pense plutôt que les individus entretiennent des liens multiples et divers, et surtout changeants, avec leurs communautés et leurs croyances. L'acquisition d'une identité culturelle, traditionnellement marquée par des communautés plus homogènes, paraît aujourd'hui plus ouverte. Liée notamment à des effets médiatiques et générationnels, elle demeure

8. Voir l'entretien avec A. Muxel «La mémoire familiale» pp. 161-162.

soumise à l'encadrement de l'appareil scolaire, obligatoire pour tous quelle que soit sa microcommunauté. C'est l'école des Etats-nations qui définit, aujourd'hui dans la totalité des pays du monde, les fondements mémoriels majeurs (histoire nationale) et la définition de la culture légitime (littérature, humanisme, science, etc.). Dans les dernières décennies, on a vu cependant nombre de processus communautaires, notamment religieux ou politiques, devenir très actifs. Il s'agit par exemple dans nos sociétés d'une réaction à la montée d'un individualisme plus radical dans des couches qui se sentent menacées. Il s'agit également dans de nombreux pays non occidentaux, face à la menace politique et à l'incapacité de l'Etat, d'un repli sur une échelle sécuritaire plus solide.

L'identification institutionnelle

Le rôle des institutions religieuses ou étatiques dans la mise en place des identités individuelles et collectives a été maintes fois souligné. Or, l'histoire récente des sociétés occidentales a vu la transformation de ces divers cadres institutionnels sous l'effet d'une démocratisation et de la montée de l'individualisme. Les identités religieuses, civiques ou politiques sont de moins en moins transmises par la famille et les institutions.

Ces transformations peuvent être illustrées par celles de l'Eglise catholique et de sa place dans la société française. Selon Danièle Hervieu-Léger, les identités religieuses sont avant tout des trajectoires d'identification, des parcours individuels (9). On retrouve au plan religieux l'une des dimensions fondamentales des sociétés modernes, l'affirmation de l'autonomie du sujet : la recomposition des appartenances religieuses s'effectue en fonction des dispositions et des intérêts des croyants. Traditionnellement, les institutions religieuses tenaient ensemble toutes les dimensions de l'identité : la dimension communautaire (paroisse catholique, communauté des croyants), la dimension éthique (les valeurs et les normes de comportement), la dimension culturelle (le patrimoine culturel spécifique de la catholicité française, etc.) et la dimension émotionnelle (le sentiment affectif de la communion, activée dans les rituels et les fêtes). Aujourd'hui, ces dimensions forment des pôles de recompositions spécifiques du religieux : l'aspect émotionnel est par exemple privilégié par certains

9. Voir l'article de D. Hervieu-Léger « La transmission des identités religieuses » pp. 149-155.

groupements de renouveau religieux, qui fondent l'appartenance sur ces éléments; le fondamentalisme s'ancrera sur la dimension éthique ou sur la dimension communautaire.
L'identification politique partisane ou territoriale constitue elle aussi une ressource que les acteurs politiques et sociaux vont s'efforcer d'exploiter dans le cadre des stratégies de pouvoir. Evoluant dans un espace démocratique de plus en plus affirmé, la stratégie identitaire constitue pour les individus comme pour les organisations ou les communautés une des ressources de l'action politique. De manière permanente d'ailleurs, l'espace politique des démocraties contemporaines est hanté par des discours identitaires. La persistance en Europe de courants politiques nationalistes valorisant le «génie» et l'identité de chaque pays, notamment par le rejet de l'immigration, l'atteste. L'individu gère son angoisse et sa difficulté à trouver un sens aux mutations sociales grâce à des réponses simples. Le discours identitaire fournit une grille d'analyse des événements, permet de choisir ses amis et de distinguer ses ennemis. Fondamentalement, il constitue un moyen stratégique pour la contestation ou l'obtention du pouvoir.

Nations et ethnies

L'identité nationale constitue un imaginaire et une stratégie politique, aussi bien lorsqu'elle est brandie en France contre la mondialisation et le cosmopolitisme que lorsqu'elle sert de couverture idéologique aux conflits. Dans de nombreuses régions du monde, l'appartenance ethnique ou nationale fait partie des ressources que des formations politiques utilisent pour conquérir le pouvoir. Ceci est également vrai en Europe occidentale, où la société se trouve bouleversée par des mutations sociales ou économiques que les systèmes politiques ne parviennent pas à gérer dans de bonnes conditions. La transformation des systèmes de production économique et la volonté politique de construction supranationale entraînent des replis identitaires qu'exploitent notamment des partis d'extrêmes droite.
L'analyse des ethnies et de leurs supposés conflits est apparue aux politologues comme l'une des clefs de compréhension de l'identification nationale. Aux visions centrées sur l'origine familiale et tribale commune forgées par les sciences sociales et reprises par le sens commun, on oppose aujourd'hui des conceptions plus «constructivistes». Bernard Formoso rappelle

comment l'ethnicité a longtemps été dominée par une vision essentialiste. Or, par exemple, les Hutus et les Tutsis constituent deux ethnies construites au XIXe siècle par une « raciologie » pleine de préjugés (10). L'ethnie est en Afrique, comme la religion dans les pays arabes ou la nation en Europe ou ailleurs, une ressource d'identification lors de périodes incertaines et conflictuelles.

Il n'y a d'ailleurs pas d'identité politique naturelle qui s'imposerait à tous quelles que soient les circonstances. Le politologue Jean-François Bayart, s'écartant lui aussi de visions essentialistes et culturalistes, montre ainsi que les identités politiques sont des stratégies politiques conduites rationnellement par des acteurs identifiables pour servir leurs intérêts, comme l'ont bien montré par exemple les guerres en ex-Yougoslavie (11).

Pour conclure

L'interprétation en terme de construction identitaire semble devenue un sésame dans de nombreuses situations. Beaucoup des réflexions actuelles, notamment philosophiques ou sociologiques, affirment par exemple qu'il s'agit pour chacun aujourd'hui de faire de sa vie un récit, d'inventer son identité (12). La construction identitaire, la mise en scène du « soi » constitue dans cette optique l'une des modalités cruciales des pratiques et des représentations individuelles. Dans un autre registre, on utilise abondamment la notion à propos des conflits ethniques ou nationalistes, des regroupements économiques comme l'Europe et l'Asean, mais aussi pour analyser les relations interculturelles ou les comportements des acteurs en organisations. Plus récemment, on a même pu interpréter en termes de transformations identitaires les processus de formation professionnelle ou les métamorphoses urbaines.

Cette utilisation très générale révèle que l'individu, ses actions, ses affects et ses représentations sont devenus le centre des interrogations scientifiques et sociales.

10. Voir l'article de B. Formoso « Débats sur l'ethnicité » pp. 247-255.
11. Voir l'entretien avec J.-F. Bayart pp. 323-327.
12. C. Dubar, *La Crise des identités. L'interprétation d'une mutation*, Puf, 2001.

Catherine Halpern*

FAUT-IL EN FINIR AVEC L'IDENTITÉ ?

Pourquoi parle-t-on tant d'identité aujourd'hui, à tel point qu'on juge parfois la notion galvaudée ? Pour le comprendre, il est utile de revenir sur l'histoire de son succès. Diffusée massivement dans les années 60 aux Etats-Unis, la notion d'identité est le reflet d'un contexte particulier, la montée en puissance des minorités, mais également d'une tendance lourde de la modernité, l'affirmation de l'individu.

L'identité est devenue en quelques décennies un concept majeur des sciences humaines. La production éditoriale écrasante sur la question ne fait que confirmer cet état de choses. Mais que cache justement cette envolée ? Pourquoi un tel succès ? Pour répondre à cette question, il est sans doute utile de faire – à grands traits du moins – une histoire sémantique de ce terme dans les sciences humaines. Quand la notion d'identité apparaît-elle massivement dans la pensée occidentale et dans quels contextes ?

Etrange question pourrait-on penser ? L'identité semble être une de ces notions sans histoire. Considérée comme une propriété abstraite, par exemple dans un sens arithmétique ou métaphysique, elle remonte aux origines de la pensée. Les philosophes présocratiques, tels Parménide ou Héraclite, n'ont

---

* Journaliste scientifique au magazine *Sciences Humaines*.

cessé d'être taraudés par la question du même et de l'autre. Comment concilier changement et identité ? Telle était alors la question. Pour Parménide, et à sa suite la tradition dite éléatique, il est difficile de penser le changement. Car si A n'est plus ce qu'il était, A est-il encore A ? Pour Héraclite, au contraire, tout est en perpétuel mouvement. On connaît sa célèbre formule : *« On ne peut pas entrer deux fois dans le même fleuve. »* (1) La notion d'identité on le voit a alors une extension très générale et excède largement la question de l'identité humaine. Le problème est tout autant de savoir comment un bateau qu'on restaure ou l'individu Socrate peut être dit le même à travers le changement. La problématisation contemporaine de l'identité ne provient sans doute pas de la tradition métaphysique.

Plus de vingt siècles plus tard, la question se précise. On commence enfin à se rapprocher de ce qui interroge actuellement les sciences humaines et sociales avec la manière dont les empiristes au XVIIe et XVIIIe siècle, John Locke et David Hume en tête, posent le problème de l'identité personnelle (2). Comment penser l'unité du moi dans le temps ? Suis-je la même personne qu'il y a vingt ans ? J. Locke propose de résoudre la question de l'identité personnelle par la mémoire : si je suis la même personne qu'il y a vingt ans, c'est parce que j'ai le souvenir des différents états de ma conscience. La solution tout comme le problème sont cruciaux mais demeurent cantonnés à la philosophie. Au fond, l'identité personnelle reste une question technique de philosophes, par quoi il faut entendre une question un peu tirée par les cheveux. Pour le commun des mortels, oui, je suis le même qu'il y a deux ans et cela va de soi. Reste que les sciences cognitives se réapproprieront la problématique de J. Locke et lui redonneront une acuité particulière. En tout cas, là n'est pas non plus l'origine à proprement parler de l'introduction dans les sciences humaines et sociales de la notion d'identité.

Erik Erikson, le père de l'identité

Le psychologue Erik Erikson joue un rôle central dans la mise en circulation du terme et dans sa popularisation dans les

1. Héraclite, *Fragments*, Puf, 1986.
2. Voir ci-après l'article de S. Chauvier « La question philosophique de l'identité personnelle » pp. 25-32.

sciences humaines. En 1933, E. Erikson, psychanalyste de formation, quitte Vienne, où il a suivi les enseignements d'Anna Freud, pour les Etats-Unis. Il y découvre les travaux en anthropologie de l'école culturaliste qui vont l'amener à faire évoluer les bases de la théorie freudienne vers les sciences sociales. En effet, l'école «Culture et personnalité», avec des anthropologues comme Abram Kardiner ou Margaret Mead, travaille sur le lien entre les modèles culturels d'une société donnée et les types de personnalité des individus qui la composent. Pendant les années 30, E. Erikson va alors travailler dans les réserves indiennes sioux du Dakota du Sud et dans la tribu Yurok de la Californie du Nord et réfléchit sur le «déracinement» de ces Indiens confrontés à la modernité. En 1950, il publie *Enfance et société* où il tente de dépasser la théorie freudienne en mettant davantage l'accent sur le rôle des interactions sociales dans la construction de la personnalité. Selon lui, l'identité personnelle se développe tout au long de la vie à travers huit phases auxquelles correspondent huit âges dans le cycle de la vie. La *«crise d'identité»* (c'est E. Erikson qui forge cette expression que l'on trouve maintenant partout) correspond à un tournant dans le développement de l'identité : la plus notable est celle qui se produit à l'adolescence mais qui peut également se reproduire plus tard lors de difficultés particulières dans l'existence. Reste qu'au départ, le travail d'E. Erikson n'est guère connu que des professionnels de la psychologie. C'est à la fin des années 50 qu'il touche un public plus large et surtout en 1963 avec la réédition de *Enfance et société*, qui constitue un véritable événement.

Les autres voies de diffusion

Tout cela est plutôt bien connu et tout le monde s'entend à peu près pour faire d'E. Erikson le père de l'identité au sens moderne. Mais comme le montre l'historien Philip Gleason (3) dans l'histoire sémantique de l'identité qu'il propose, il faut également repérer d'autres voies de diffusion du concept *via* la réappropriation, en dehors du contexte psychanalytique, de la notion d'«identification» (laquelle désignait chez Sigmund Freud le processus par lequel l'enfant s'assimile à des objets ou des personnes extérieures). D'une part, la publication en 1954

3. «Identifying Identity : A Semantic History», *The Journal of American History*, vol. LXIX, n° 4, mars 1983.

d'un ouvrage influent du psychologue Gordon W. Allport, *The Nature of Prejudice*, lie pour la première fois l'identification à l'ethnicité. D'autre part, l'identification se trouve liée à la sociologie par la théorie des rôles mais aussi par la théorie du groupe de référence. C'est ainsi que, au début des années 50, Nelson N. Foote explique par l'identification l'appropriation par un individu d'une identité ou d'une série d'identités. L'identification est selon lui le processus qui permet de comprendre pourquoi nous cherchons à jouer un certain rôle. La théorie du groupe de référence (qui désigne le groupe auquel l'individu s'identifie et emprunte ses normes et ses valeurs sans qu'il en soit nécessairement le membre) gagne une certaine notoriété dans la communauté sociologique, notamment sous l'impulsion de Robert K. Merton, et contribuera également à populariser la terminologie de l'identité. Or, ces deux nouvelles théories prennent une importance significative dans le champ de la sociologie et de la psychologie sociale dans les années 50. Mais c'est surtout par l'entremise de l'interactionnisme symbolique que la notion d'identité acquiert une place déterminante dans le vocabulaire de la sociologie. Cette école travaille précisément sur la manière dont les interactions sociales, à travers des systèmes symboliques partagés, forgent la conscience qu'a l'individu de lui-même. Voilà qui est au cœur même de la problématique de l'identité. Pourtant, dans un premier temps, les interactionnistes n'utilisent pas le mot. Cela s'explique aisément : les pères fondateurs de la démarche, Charles Horton Cooley et George Herbert Mead, avaient en effet parlé de «soi», et c'est le terme qui prévaut chez les interactionnistes jusque dans les années 60. L'interactionnisme symbolique passe de la terminologie du soi à celle de l'identité en 1963 avec la publication par Erving Goffman, l'un de ses chefs de file, de *Stigma : Notes on the Management of Spoiled Identity* (4). Cette même année, Peter Berger popularise également la notion d'identité dans son *Invitation à la sociologie* (5) en lui accordant une place importante dans la présentation qu'il fait des théories des rôles et du groupe de référence ou dans l'approche phénoménologique qu'il développe.

4. E. Goffman, «Stigmate et identité sociale», dans *Stigmate, les usages sociaux des handicaps*, Minuit, 1975 [1963].
5. P. Berger, *Invitation To Sociology. A Humanistic Perspective*, Penguin, 1988 [1963].

La montée des identités

C'est donc dans les années 60, aux Etats-Unis, que se diffuse le terme d'identité dans les sciences sociales. Rapidement, son emploi est devenu si large et du coup si lâche qu'il devient dès lors impossible, d'après P. Gleason, de déterminer pour chaque emploi à quelle conception de l'identité le terme fait référence. Le contexte politique aux Etats-Unis va renforcer davantage encore la terminologie identitaire, l'imposant tout autant dans le vocabulaire médiatique que dans l'analyse sociale et politique. En effet, la fin des années 60 voit l'affirmation de la minorité afro-américaine, notamment avec la naissance des Black Panthers en 1966. Dans le sillage du mouvement afro-américain, d'autres minorités vont elles aussi revendiquer la reconnaissance de leur spécificité. Cette conjoncture va marquer un véritable «tournant identitaire» dans les années 70. Comme le note le sociologue américain Rogers Brubaker (6), *«l'expérience qu'ont faite les Afro-Américains de la «race» comme catégorisation imposée en même temps que comme auto-identification a été déterminante non seulement à l'intérieur de ses propres limites, mais aussi en tant que modèle pour les revendications identitaires de toutes sortes, de celles qui concernent le sexe ou l'orientation sexuelle à celles qui sont fondées sur l'«appartenance ethnique» ou la «race»»*. Institutionnellement dans le champ des sciences humaines, ces revendications se traduisent dans l'université américaine par la création de départements aussi divers que les *Afro-American Studies* (au départ appelé *Black Studies*), les *Women's* et *Gay's Studies*, les *Chicano Studies* ou les *Jewish Studies*. L'identité minoritaire apparaît pour ces champs d'étude comme la donnée première. Les études postcoloniales, avec des penseurs comme Edward Said ou Gayatri Spivak, vont pour leur part interroger les identités hybrides, mêlées, qu'a pu créer l'histoire coloniale. Le sentiment d'appartenance identitaire ne faiblit pas dans les années 90. Todd Gitlin (7) cite des statistiques éloquentes : entre 1980 et 1990, le nombre d'Américains à se déclarer officiellement «amérindiens» augmente de 255 % et ils sont sur la même période également vingt fois plus nombreux à se déclarer cajuns ! Dans ce va-et-vient

6. R. Brubaker, «Au-delà de l'«identité»», *Actes de la recherche en sciences sociales*, n° 139, septembre 2001.
7. *The Twilight of Common Dreams. Why America Is Wracked by Culture Wars*, Owlet, 1996.

entre revendications identitaires et analyses des médias ou des sciences humaines, difficile de savoir où sont la cause et l'effet : le discours académique et médiatique reflète sans doute autant une situation qu'il ne contribue à la créer. L'identité est en tout cas devenue incontournable aussi bien dans les recherches sur l'immigration, le nationalisme, la religion ou les *gender studies* que dans les travaux sur l'ethnicité.

Si, dans les sciences sociales, c'est aux Etats-Unis qu'apparaît et se diffuse le terme, l'Europe n'est pas en reste, même si c'est sans doute avec un certain décalage que l'identité devient là aussi une notion cardinale. La spécificité de l'histoire américaine et notamment le poids de ses minorités résultant des multiples vagues de migration sont bien sûr déterminants. Mais il y a sans doute également des raisons proprement politiques dont les incidences sur les sciences sociales sont elles aussi importantes. En effet, selon R. Brubaker : *«La prolifération des revendications identitaires fut facilitée par la relative faiblesse institutionnelle des partis de gauche aux Etats-Unis et par la faiblesse concomitante de l'analyse sociale et politique en termes de classe. Sans ignorer que l'on peut très bien considérer la classe sociale elle-même comme une identité, il reste que la faiblesse de la politique de classes aux Etats-Unis (par rapport à l'Europe de l'Ouest) a constitué un terrain particulièrement propice et laissé le champ libre à la multiplication des revendications identitaires.»* Cette idée est séduisante et expliquerait pourquoi la notion d'identité est apparue cruciale d'abord aux Etats-Unis avant de le devenir en Europe. On peut alors à juste titre supposer qu'il existe un lien entre la montée en Europe du discours identitaire dans les sciences sociales et le recul d'une vision plus marxiste du social (8). Si l'analyse en termes de classes demeure, elle n'est désormais que l'une des données, l'une des composantes de l'identité. D'autant que ce déclin a été renforcé au niveau politique par la chute du communisme, à laquelle a fait suite la montée des nationalismes en Europe.

8. L. Chauvel fournit des chiffres éloquents sur ce recul, dans la sociologie, du concept de «classe». *«Entre 1970 et 1979, 3 % des thèses de sociologie comportaient le mot «classe», 1,5 % pendant la décennie 80, 1 % entre 1990 et 1995, dont un tiers concerne les classes d'école, naguère très minoritaires (fichier DOCTHESES); plus finement l'année 1984 représente une rupture importante dans la série. Pour l'heure, en sociologie, le mot «classe» est daté, et semble être au purgatoire, d'une façon ou l'autre.»* (*Le Destin des générations*, Puf, 1998, rééd. 2002).

Identité et modernité

Mais, indépendamment de ces causes historiques précises, comment ne pas voir également dans le succès de la terminologie identitaire la traduction d'une tendance historique beaucoup plus générale et lourde : celle de l'affirmation de l'individu ? Telle est la thèse de nombreux chercheurs travaillant sur les spécificités de notre modernité. Le sociologue Jean-Claude Kaufmann note ainsi dans *L'Invention de soi* (9) : *«L'identité est un processus marqué historiquement et intrinsèquement lié à la modernité. L'individu intégré dans la communauté traditionnelle, tout en se vivant concrètement comme un particulier, ne se posait pas de problèmes identitaires tels que nous les entendons aujourd'hui.»* Si nous sommes entrés dans l'ère des identités, c'est précisément parce qu'elles ne vont plus de soi, qu'elles sont protéiformes et à construire. Le sentiment de l'identité individuelle se diffuse progressivement au XIXe siècle et le romantisme en est sans doute l'une de ses manifestations les plus vives. Mais cette «première modernité» ne posait pas avec acuité la question des identités, parce que celles-ci étaient encore assignées, «elles venaient d'en haut». La première moitié du XXe siècle ne diffère pas sur ce point. Les années 60 voient en revanche un véritable basculement. C'est désormais au sujet lui-même de se construire, ce qui n'est du reste pas sans soulever de vrais problèmes comme le pointe le sociologue Alain Ehrenberg. Dans *La Fatigue d'être soi* (10), il montre à quel point cette quête de l'identité est éprouvante : la dépression est sans doute le symptôme le plus net de cette difficulté à désormais déterminer soi-même son identité. Très vite apparaît donc la contrepartie de cette révolution : la liberté se paie cher. L'entrée dans ce qu'Anthony Giddens appelle la *«modernité avancée»* (11) se caractérise en effet par une réflexivité croissante des individus : ils ne cessent de s'interroger sur tout, ce qui rend leur action toujours plus incertaine. Pour J.-C. Kaufmann, là réside la clé de l'identité : *«La réflexivité s'inscrit dans une logique d'ouverture; elle brise les certitudes et remet en cause ce qui est tenu pour acquis. L'identité au contraire*

9. J.-C. Kauffman, *L'Invention de soi. Une théorie de l'identité*, Armand Colin, 2004.
10. A. Ehrenberg, *La Fatigue d'être soi. Dépression et société*, Odile Jacob, 1998 (rééd. 2000).
11. A. Giddens parle de «*modernité avancée*» et non de «*postmodernité*», parce que cette nouvelle phase n'est pas en rupture avec la modernité mais en constitue une radicalisation.

ne cesse de recoller les morceaux. Elle est un système permanent de clôture et d'intégration du sens, dont le modèle est la totalité.» (12) Mais elle ne peut le faire que de manière provisoire. Dans *Les Sources du moi* (13), le philosophe canadien Charles Taylor tente également de faire la genèse de l'identité moderne et de l'individualisme à travers l'histoire de la philosophie et des mentalités. Cette identité moderne s'appuie selon lui sur trois aspects : l'invention de l'intériorité (saint Augustin, Montaigne, René Descartes puis J. Locke apparaissent à ce titre déterminants : l'homme a peu à peu appris à se concevoir comme un «moi» ayant une profondeur), l'affirmation de la vie ordinaire (le rôle du protestantisme est ici important en ce qu'il valorise la vie matérielle à travers le travail, la fabrication des biens nécessaires à la vie, la famille, le mariage…) et la sécularisation de la société. Selon C. Taylor, l'individualisme qui caractérise nos sociétés modernes ne doit pas pour autant briser les liens qui existent entre les individus. Vœu pieux?

Dangers identitaires

Le retour en force de l'individu, voilà ce que signerait donc la notion d'identité, mais aussi ce qui peut agacer. Claude Lévi-Strauss, dans le séminaire sur l'identité qu'il dirige au Collège de France en 1974-1975, ne peut cacher son irritation vis-à-vis de ces penchants narcissiques dont il espère la fin prochaine : *«La foi que nous mettons encore en elle* (l'identité) *pourrait n'être que le reflet d'un état de civilisation dont la durée aura été limitée à quelques siècles. Mais alors, la fameuse crise de l'identité dont on nous rebat les oreilles acquerrait une tout autre signification. Elle apparaîtrait comme un indice attendrissant et puéril que nos petites personnes approchent du point où chacune doit renoncer à se prendre pour l'essentiel.»* (14) Le succès de l'identité marquerait en effet le retour en force du sujet dans les sciences sociales et humaines au détriment des structures qui le déterminent. L'individu primerait tout. Force est pourtant de constater que les recherches sur l'identité mettent souvent l'accent sur l'importance des institutions dans la construction identitaire. Il n'empêche que certains discours sur l'identité sonnent parfois faux en oubliant aisément les contraintes sociales…

12. J.-C. Kaufmann, *op. cit.*
13. C. Taylor, *Les Sources du moi*, Seuil, 1998 [1989].
14. C. Lévi-Strauss (dir.), *L'Identité*, Puf, 1995 [1977].

Tout le paradoxe de l'identité personnelle est de s'exprimer par l'appartenance à des groupes et donc par le croisement d'identités collectives (je suis un homme, libraire, père de famille, militant politique, amateur d'opéra, d'origine italienne, etc.). Si la construction de l'identité se fait précisément dans la hiérarchisation que fait chaque individu de ses multiples appartenances, reste que certaines identités collectives peuvent également le manipuler. En effet, au niveau collectif, les identités favorisent parfois des politiques réifiantes servies par des propos réactionnaires et mortifères. L'exemple des guerres en ex-Yougoslavie est en ce sens accablant comme peut l'être également le conflit rwandais dans son instrumentalisation d'identités construites. Comme le note Jean-François Bayart (15), *« il n'y a pas d'identité naturelle qui s'imposerait à nous par la force des choses. [...] Il n'y a que des stratégies identitaires, rationnellement conduites par des acteurs identifiables – les* apparatchiks *communistes serbes reconvertis en ultranationalistes, les extrémistes hutus rwandais, leurs milices respectives – et des rêves ou des cauchemars identitaires auxquels nous adhérons parce qu'ils nous enchantent ou nous terrorisent. »*

Faut-il alors abandonner l'identité, terme auquel s'attacherait trop d'idéologie et dont on reproche le manque de clarté conceptuelle ? Les critiques commencent à fuser de toute part. Etre à la mode, « dans le vent », quoi de plus terrible pour un concept quel qu'il soit. Comme le notait l'historien Alfred Grosser en 1994 déjà : *« Peu de mots sont autant galvaudés ces temps-ci que celui d'identité. »* (16) Et l'on avait alors encore rien vu. En dix ans, l'identité a pris toujours plus de place et avec elle une nébuleuse d'expressions employées parfois *ad nauseam* telles que « crise des identités », « recomposition des identités », « identités plurielles »... Le jugement de R. Brubaker est sans appel : *« Les sciences sociales et humaines ont capitulé devant le mot « identité » »* (17), auquel il reproche une polysémie dangereuse. Cette catégorie « qui parle aux gens », qu'on utilise de plus en plus dans la vie quotidienne en parlant de soi ne devrait-elle pas être abandonnée par les sciences humaines au profit de concepts plus délimités et moins équivoques ? J.-C. Kauffman se pose la même question : dans le sens commun, l'identité tend à apparaître comme une essence, un

15. J.-F. Bayart, *L'Illusion identitaire*, Fayard, 1996.
16. A. Grosser, « Les identités abusives », *Le Monde*, 28 janvier 1994.
17. R. Brubaker, *op. cit.*

donné, ce que justement récusent de plus en plus les recherches en sciences sociales qui toutes insistent au contraire sur le fait qu'elle est une construction. Difficile pourtant de se séparer d'un terme qui, dans toute son équivocité, n'en pose pas moins un problème social. Signe des temps, un ouvrage récemment paru a pour titre *L'Hystérie identitaire* (18). L'identité commence à agacer. Bon présage sans doute pour la vitalité des sciences humaines qui vont voir s'ouvrir des débats instructifs. Ecrire contre l'identité, n'est-ce pas toujours parler d'elle ? Et puis, ne faut-il pas tout autant se méfier de l'hystérie anti-identitaire que du ravissement qu'elle suscite parfois ?

18. E. Dupin, *L'Hystérie identitaire*, Le Cherche Midi, 2004.

Première partie

L'individu

Chapitre I

Les fondements de l'identité personnelle

Stéphane Chauvier*

LA QUESTION PHILOSOPHIQUE DE L'IDENTITÉ PERSONNELLE**

Comment une personne peut-elle rester la même au fil du temps, en dépit des changements qui l'affectent ? Si une personne est constituée par la conscience qu'elle a d'elle-même, alors la mémoire joue un rôle capital dans la préservation de son identité au long du temps. Mais cela implique-t-il que nous devenons une nouvelle personne à mesure que notre mémoire s'estompe ?

Le concept d'identité possède, dans la langue ordinaire, deux emplois principaux. On peut dire de deux choses distinctes, par exemple de deux automobiles, qu'elles sont identiques, signifiant par là qu'elles sont qualitativement indiscernables, que les caractéristiques de l'une sont aussi celles de l'autre. On parle dans ce cas d'identité qualitative. Mais on peut aussi dire d'un homme qui passe devant nous qu'il est identique à celui que nous avons vu passer hier sous un autre accoutrement. Ce qu'on veut dire alors n'est pas que ces deux hommes sont qualitativement indiscernables, mais bien plutôt que nous avons affaire à un seul et même homme, en dépit des aspects différents sous lesquels il se présente à nous. On parle cette fois d'identité numérique d'une chose à elle-même au travers du temps et de l'espace.

Le problème philosophique de l'identité personnelle, ce n'est évidemment pas celui de l'identité qualitative des personnes : car les personnes sont précisément des singularités qui, même dans le cas des vrais jumeaux, sont loin d'avoir toutes leurs caractéristiques physiques ou psychologiques en commun. Le problème de l'identité personnelle, c'est bien plutôt celui de l'identité numérique d'une seule et même personne au fil du temps et des changements qui l'affectent.

---

* Professeur de philosophie à l'Université de Caen. A publié notamment : *Dire « Je ». Essai sur la subjectivité*, Vrin, 2001 ; *Qu'est-ce qu'une personne ?*, Vrin, 2003.

** Texte inédit.

Identité et essence de la personne

Si ce problème se pose, c'est d'abord parce qu'il existe un problème général de l'identité au travers du temps de toutes les choses qui subissent des changements : si l'on change successivement les quatre pieds d'une table ainsi que son plateau, a-t-on encore affaire à la même table ou à une nouvelle table ? Si toutes les cellules qui constituent un être vivant se régénèrent au cours de sa vie, comment peut-on dire que l'être vivant qui figure au terme de ce processus est le même que celui du départ ? Résoudre ce problème général de l'identité « transtemporelle » des choses changeantes, c'est déterminer ce qui constitue l'essence individuelle de la chose, ce qu'elle ne peut pas cesser d'être sans cesser d'être la chose singulière qu'elle est. C'est cette essence individuelle ou *haecceité* que l'on vise quand on est en quête de son « identité » : notre identitéen ce sens, c'est notre *haecceité*, ce que nous sommes essentiellement et singulièrement et qui, pour cette raison, doit rester identique au travers des changements que nous subissons pour que nous restions la même personne.

Toutefois, le problème philosophique de l'identité personnelle est plus qu'un simple cas particulier du problème de l'identité transtemporelle des choses changeantes. Considérons le cas fictif, mais hautement révélateur, qui fait l'objet du film récent d'Aki Kaurismäki, *L'Homme sans passé* (2001). Un homme subit une violente agression qui lui fait perdre la mémoire de tout ce qui le concernait : son nom, son histoire, ses amis, son métier, etc. Le film nous montre comment cet homme va entamer une nouvelle vie, acquérir de nouveaux amis, avoir de nouvelles occupations, de nouvelles habitudes, etc., autant de traits dont le film suggère qu'ils sont radicalement autres que ceux qui caractérisaient la personne d'avant l'agression.

Face à la situation dépeinte par ce film, on peut hésiter entre deux descriptions. On peut dire du héros du film qu'il est la même personne, mais que son agression lui a fait changer de personnalité. Mais on peut aussi bien dire qu'après son agression, il est resté le même être humain, génétiquement parlant, mais pas la même personne. Or la différence n'est pas seulement entre deux manières de parler. Dans le premier cas, on tend à identifier la personne que l'on est avec l'être humain que l'on est, de sorte qu'il suffit de rester le même être humain pour rester la même personne. Dans le second cas au contraire, on dissocie le concept d'être humain et le concept de personne, puisqu'un même être humain peut successivement abriter plusieurs personnes.

Ce qu'il y a donc de spécifique au problème de l'identité personnelle, c'est qu'il enveloppe en réalité deux problèmes distincts, quoiqu'indissociables : celui de la nature de la personne et celui de son identité transtemporelle. Quand on se demande si cette table, qui a subi de nombreuses transformations, est la même table que celle qu'on avait achetée, on n'a pas en outre à se demander ce qu'est une table. L'essence générique de la chose est connue : une table est un plateau posé sur des pieds. C'est son principe d'individuation qui fait problème : faut-il conserver le même plateau pour rester la même table ? Mais dans le cas des personnes, le problème de l'identité individuelle est indissociable de celui de l'identité générique : pour déterminer en quoi consiste l'identité transtemporelle d'une personne singulière, il faut déterminer ce qu'est une personne. Suffit-il de rester le même être humain pour rester la même personne ? Qu'est-ce à l'inverse qu'une personne si, de la même manière qu'un acteur peut incarner successivement plusieurs personnages, un même être humain peut être successivement plusieurs personnes ?

Le rôle des expériences de pensée

Historiquement, le problème de l'identité personnelle, tel qu'on vient de le définir, a sa source dans l'*Essai sur l'entendement humain* du philosophe anglais John Locke (1). Ce dernier a formulé ce problème en remarquant précisément que les concepts d'être humain et de personne pouvaient ne pas faire référence à la même chose. On peut en effet, on l'a vu, imaginer qu'on a affaire au même être humain sans avoir affaire à la même personne. Mais on peut aussi imaginer avoir affaire à la même personne sans avoir affaire au même être humain. C'est notamment ce qui arriverait si l'on voyait surgir devant nous un inconnu qui se mettrait à nous parler de lui-même en manifestant toutes les caractéristiques psychologiques et historiques d'une personne connue de nous, mais défunte. Nous penserions sans doute avoir affaire à un usurpateur, à un comédien, mais qu'y aurait-il de conceptuellement impossible à ce qu'il n'y ait là nulle usurpation, à ce que notre ami défunt se soit effectivement réincarné ?

Ce ne sont sans doute là que des possibilités imaginaires. Mais l'une des caractéristiques du problème de l'identité personnelle est que, pour le traiter, on doit en passer par l'exploration de ces possibilités imaginaires. Ces « expériences de pensée » servent en effet à révéler que des concepts que l'expérience réelle rend le plus souvent coextensifs, comme les concepts de personne et d'être humain, ont un sens différent.

Qu'est-ce dès lors qu'une personne et qu'est-ce qui en constitue l'identité transtemporelle ? Sommes-nous la même personne que nous étions à 8 ans ? Serons-nous dans trente ans la même personne que nous sommes aujourd'hui ? Nous avons dit que J. Locke avait contribué à introduire le problème de l'identité personnelle au répertoire des grands problèmes philosophiques. Mais il a aussi suggéré une solution à ce problème qui, parce qu'elle dissocie le concept de personne du concept spiritualiste d'âme immatérielle, est aujourd'hui au cœur des débats contemporains en philosophie de l'esprit.

La personne comme conscience de soi

Le principe de cette solution est le suivant. Une personne est, au minimum, un être conscient de soi, un être qui est

1. J. Locke, *Essai sur l'entendement humain*, livre II, Vrin, 2001 [1690].

Identité personnelle et responsabilité

Supposons qu'une personne commette un crime particulièrement odieux. Dix années se passent avant que la police parvienne à l'arrêter grâce à son « empreinte » génétique. Or, entretemps, à la suite d'un grave accident d'automobile, cette personne a irrémédiablement perdu le souvenir de ce crime, au point qu'il ne lui reste même pas un « blanc » en mémoire pour lui indiquer que quelque chose s'est passé dont elle ne se rappelle plus. Serait-il juste que la personne qu'elle est devenue soit condamnée pour le crime qui a été commis dans le passé ? Est-elle vraiment la personne qui a commis ce crime ? Sans doute est-elle l'être humain qui a commis ce crime, comme le prouve indiscutablement son empreinte ADN. Mais est-elle la « personne » qui l'a commis ? Peut-on dire que la police a arrêté le coupable ? Ne faut-il pas dire, bien plutôt, que le coupable est mort dans l'accident d'automobile qui lui a coûté la mémoire ? Cette expérience de pensée suggère fortement qu'il y a un lien entre l'identité personnelle et la mémoire : c'est paradoxalement à notre mémoire plus qu'à notre corps que nous devons de traverser le temps. Emprisonner le corps impliqué dans un acte criminel n'est pas nécessairement se saisir de la personne qui l'a commis. Et lorsque c'est le cas, on peut se demander si la longueur de certaines peines est adaptée à l'identité transtemporelle des personnes : celui qui purge une longue peine ne finit-il pas, à la longue, par payer pour un autre ?

S.C.

non seulement capable de sentir, d'imaginer, de désirer, etc., mais qui, en outre, perçoit qu'il sent, qu'il imagine, qu'il désire. Une personne est donc une créature capable d'une pensée en première personne, d'une pensée au moyen du pronom « je ». Ou, si l'on préfère, une personne est une créature qui possède une conscience ou idée d'elle-même, aussi bien de ce qu'elle est en train de ressentir, de faire ou de vivre que de ce qu'elle a fait ou vécu dans le passé. C'est d'ailleurs parce qu'une personne a une telle conscience de soi qu'elle est en même temps un être qui peut porter la responsabilité de ses actes. Est-il toutefois tout à fait correct de dire qu'une personne a une certaine conscience de soi ? Imaginons que nous nous réveillions un beau matin en pensant que nous sommes roi de Libye, en ayant les souvenirs d'une vie de roi de Libye, les désirs et les attitudes d'un roi de Libye, etc. Il paraît difficile de qualifier un changement aussi radical de simple changement de personnalité. Si un cas de ce genre se produisait, on dirait plus volontiers que la personne que nous étions la veille a entièrement disparu et qu'une nouvelle personne est née dans notre corps endormi. Ceci suggère qu'on ne doit pas dire qu'une personne a une certaine conscience de soi, puisque la disparition de celle-ci ou le changement radical de son contenu entraîne la disparition de la personne. Il faut plutôt dire qu'une personne est une certaine conscience de soi, de sorte que si cette conscience de soi se trouvait radicalement changée, la personne le serait aussi.

Sans doute, une conscience de soi ne flotte-t-elle pas dans les airs. Elle est associée à un corps humain individuel voire, éventuellement, à une âme individuelle. Mais, comme le suggère J. Locke, si l'on procédait, à notre insu, à un changement d'âme tout en faisant que cette âme nouvelle ait la même conscience de soi, la même personne serait conservée. Il en irait de même si, au lieu d'un changement d'âme, on imaginait un changement de cerveau : de même qu'on peut recopier un programme informatique d'une machine à une autre, on pourrait imaginer programmer le nouveau cerveau pour qu'il produise la même conscience de soi. La même personne serait à nouveau conservée.

Si une personne est donc une certaine conscience de soi, celle-ci est nécessairement incarnée. Mais ce en quoi elle est incarnée, qu'il s'agisse d'une âme ou d'un cerveau, ne la constitue pas essentiellement. Un programme informatique n'est pas la même chose qu'un ordinateur, mais il a nécessairement besoin d'être implémenté dans un ordinateur pour fonctionner. De même, une conscience de soi est naturellement implémentée dans un corps voire dans une âme, mais ce qui la supporte dans l'être n'est pas ce qui la constitue en propre : on pourrait nous changer de cerveau, sans nous changer, nous ; et le même cerveau pourrait, après avoir supporté la conscience de soi d'un savetier, être reprogrammé pour supporter celle d'un roi de Libye.

A la question de l'essence générique de la personne, on peut donc apporter la réponse suivante : une personne est moins une créature ayant une certaine conscience de soi, qu'une conscience de soi incarnée. Ce que nous sommes conscients d'être ou d'avoir été, de faire ou d'avoir fait n'est pas un accompagnement accidentel de notre vie de personne : c'en est le cœur, c'est ce que nous sommes essentiellement.

L'importance de la mémoire

Mais alors comment résoudre maintenant le problème de l'identité transtemporelle de la personne ? On peut comprendre comment les corps ou même les âmes peuvent traverser le temps : corps et âmes sont ce que les philosophes appellent des substances et une substance est précisément ce qui persiste sous des changements. Mais une conscience de soi n'est pas une substance : c'est seulement la manifestation ou l'action d'une substance, qu'elle soit âme ou cerveau. En quoi peut donc consister l'identité transtemporelle d'une conscience de soi ?

C'est là, à nouveau, où l'analyse de J. Locke révèle sa profondeur. Supposons que nous soyons conscients de ce que nous sommes en train de vivre, mais que nous ne disposions que d'une mémoire de travail qui se viderait chaque nuit, en même temps que nous nous endormons. Nous aurions, à midi, conscience d'avoir fait telle ou telle chose le matin, mais notre mémoire n'irait pas au-delà. Chaque jour serait donc un jour nouveau, mais nous-mêmes serions également chaque jour une personne nouvelle ? Nous aurions sans doute le même corps, voire la même âme depuis de nombreux jours, mais nous n'en saurions rien. Le même corps abriterait chaque jour une personne nouvelle, comme un acteur qui chaque jour incarnerait un nouveau personnage.

Ceci suggère qu'il y a un lien étroit entre la continuité transtemporelle de la personne et la mémoire. Si une personne est une conscience de soi, alors rester la même personne, c'est garder le souvenir des contenus successifs de cette conscience de soi. Si, hier, nous sommes consciemment montés au sommet du Kilimandjaro, mais qu'il ne nous en reste rien, pas même un « blanc » indicatif d'un oubli, alors la personne que nous sommes aujourd'hui n'est pas celle qui hier est montée sur le Kilimandjaro. Elle a disparu à la fin du jour. Mon corps certes y est monté. Mais « je » n'y suis monté que si je retiens aujourd'hui le souvenir d'y être monté, en même temps que celui des raisons et circonstances qui m'ont conduit à le faire. Si une personne est donc une conscience de soi déterminée, alors l'identité transtemporelle de chaque personne est constituée par sa capacité à garder présents à l'esprit les phases successives de son existence autant que les traits permanents qui la définissent à la fois psychologiquement et socialement, comme son état civil, ses attachements, ses goûts, etc.

Cette solution au problème de l'identité personnelle est donc, on le voit, particulièrement radicale. Car si on la pousse jusqu'à ses dernières conséquences, elle implique qu'il n'y a qu'une différence de degré entre le cas fictif illustré par le film précité de A. Kaurismäki et la vie réelle des personnes. Quels souvenirs gardons-nous en effet de notre passé ? Jusqu'où remontent-ils, et, surtout, quel est leur degré de complétude ? Supposons que nous soyons effectivement montés sur le Kilimandjaro, mais nous nous ressouvenions de notre ascension. Nous gardons en mémoire une sorte de film tourné en caméra subjective, mais nous avons entièrement perdu le souvenir des raisons qui nous ont conduits à faire cette ascension, des circonstances dans lesquelles on l'a faite et même du moment de notre vie où nous l'avons entreprise. Nous savons donc que nous sommes montés sur le Kilimandjaro, mais peut-on dire que la personne que nous étions en y montant soit toujours vivante en nous-mêmes ?

Une conscience de soi n'est évidemment pas seulement une caméra subjective qui enregistre ce qui se passe en elle et au-dehors. Ce sont aussi des intentions, des attentes, des projets qui nous constituent de manière plus profonde et plus singulière. Mais si tout ceci disparaît, quelle valeur accorder à un souvenir aussi détaché de ses prémisses subjectives que celui de notre ascension au Kilimandjaro ? Or n'est-ce pas là la relation que graduellement nous finissons par entretenir avec notre passé, à mesure qu'il s'éloigne : des lieux, des visages, des atmosphères, mais, en même temps, l'ellipse de nos intentions, projets, désirs, attentes, etc. ? Ne faut-il pas dire alors que nous tendons à être successivement plusieurs personnes ? Pouvons-nous raisonnablement dire, selon ce concept de la personne, que nous sommes la même personne maintenant qu'il y a trente ou cinquante ans ?

Identité personnelle et identité physique

C'est cette conséquence que certains philosophes (2) ont jugé trop paradoxale pour qu'on puisse admettre la théorie de la personne qui l'implique. En outre, supposons trois époques successives, mais assez éloignées les unes des autres : t_1, t_2, t_3. Supposons que la personne qui existe en t_2 se souvienne « du dedans » de celle qui existait en t_1 de manière suffisamment précise et complète pour qu'elle se juge la même personne. Supposons de la même manière que la personne qui existe en t_3 se souvienne pareillement de celle qui existait en t_2, mais qu'en revanche ce souvenir ne s'étende pas jusqu'à t_1. Appelons P_1, P_2 et P_3 ces trois personnes. Il faut dire alors, si l'identité transtemporelle d'une personne est fondée sur sa seule mémoire, que, quoique $P_1 = P_2$ et $P_3 = P_2$, néanmoins $P_1 \neq P_3$. Or n'est-ce pas une vérité nécessaire que la transitivité de l'identité ?

On peut donc juger que la conception de l'identité personnelle initialement suggérée par J. Locke a des conséquences fâcheuses. Outre ce problème général de logique, la simple idée que nous sommes nous-mêmes des personnes transitoires, que d'autres personnes nous ont, en un sens, précédés dans ce corps et que peut-être une autre nous succédera peut paraître extravagante. Mais avons-nous vraiment le choix ? La seule alternative possible semble d'identifier la personne avec l'être humain lui-même, éventuellement avec l'être humain doué de conscience de soi, pour en excepter l'embryon. On « normalise » alors le problème de l'identité personnelle. Car rester le même être humain tout au long du temps, de la naissance à la mort, n'a rien de bien mystérieux. Chaque vivant a sa signature génétique. Mais n'est-il pas curieux d'identifier la personne que l'on est avec une signature génétique ?

On peut alors être tenté de chercher un compromis et d'identifier la personne, non avec l'organisme humain dans son ensemble, mais avec le cerveau. Mais là encore, même s'il est en effet parfaitement invraisemblable qu'un cerveau puisse être « reprogrammé », n'est-il pas curieux de faire sortir le contenu de notre conscience de soi de la seule architecture de nos neurones ? L'interaction avec le monde, avec les autres n'est-elle pas pour quelque chose dans la personne que nous sommes ?

S'il est donc clair que la perspective ouverte par la conception lockienne de la personne a des conséquences qu'on peut juger fâcheuses, le déterminisme

2. Mentionnons, au XVIIIe siècle, S. Butler et T. Reid, et, au XXe siècle, D. Wiggins ou P. Van Inwagen. On trouvera certains de ces textes dans S. Ferret (dir.), *L'Identité*, Flammarion, 1998, et J. Perry, *Personal Identity*, University of California Press, 1975.

génétique ou neurologique impliqué par la solution rivale semble plus fâcheux encore. Le problème n'est donc peut-être pas de chercher une alternative à la conception lockienne de la personne, mais de tempérer son constructivisme par un peu de naturalisme, par exemple en faisant jouer, non au corps lui-même, mais aux émotions qui en procèdent et à l'image qu'on s'en forme du dedans un plus grand rôle dans la constitution de l'identité personnelle.

À lire
- S. Chauvier, *Qu'est-ce qu'une personne ?*, Vrin, 2003.
- S. Ferret, *Le Philosophe et son scalpel*, Minuit, 1993.
- J. Perry, *Personal Identity*, University of California Press, 1975.

EDMOND MARC*

LA CONSTRUCTION IDENTITAIRE DE L'INDIVIDU**

La conscience de notre propre identité est une donnée première de notre rapport à l'existence et au monde. Elle résulte d'un processus complexe qui lie étroitement la relation à soi et la relation à autrui. C'est aussi un phénomène dynamique qui s'exerce tout au long de l'existence.

L'IDENTITÉ PERSONNELLE, qui peut sembler être une notion simple et évidente, se révèle à l'analyse un phénomène complexe et multidimensionnel. Elle a d'abord une signification objective : le fait que chaque individu est unique, différent de tous les autres par son patrimoine génétique. Cependant, elle a surtout un sens subjectif : elle renvoie au sentiment de son individualité («je suis moi»), de sa singularité («je suis différent des autres et j'ai telles ou telles caractéristiques») et d'une continuité dans l'espace et dans le temps («je suis toujours la même personne»).

Ce sentiment est celui du sujet, mais aussi celui des autres, celui de son entourage : nous attendons de chacun qu'il manifeste une certaine cohérence et une certaine constance dans son être, ses attitudes et ses comportements («je te reconnais bien...»); une trop grande variabilité à ce niveau est ressentie comme pathologique (inconsistance, fragilité identitaire ou personnalités multiples...).

De la similitude à la différence

L'identité peut se décliner en de multiples composantes : identité pour soi et identité pour autrui; sentiment de soi (la façon dont on se ressent); image de soi (la façon dont on se voit, dont on s'imagine); représentation de soi (la

* Professeur de psychologie à l'université Paris-X-Nanterre. A publié notamment : *Psychologie de l'identité*, Dunod, 2004.

** *Sciences Humaines*, hors série n° 15, décembre 1996/janvier 1997.

façon dont on peut se décrire) ; estime de soi (la façon dont on s'évalue) ; continuité de soi (la façon dont on se sent semblable ou changeant) ; soi intime (celui que l'on est intérieurement)/soi social (celui que l'on montre aux autres) ; soi idéal (celui que l'on voudrait être)/soi vécu (celui que l'on se ressent être)...

Phénomène complexe, l'identité est aussi paradoxale. En effet, dans sa signification même, elle désigne ce qui est unique, et donc le fait de se distinguer et de se différencier irréductiblement des autres. Mais elle qualifie également ce qui est identique, c'est-à-dire ce qui est parfaitement semblable tout en restant distinct. Cette ambiguïté sémantique a un sens profond : elle suggère que l'identité oscille entre la similitude et la différence, entre ce qui fait de nous une individualité singulière et qui dans le même temps nous rend semblables aux autres. La psychologie montre bien que l'identité se construit dans un double mouvement d'assimilation et de différenciation, d'identification aux autres et de distinction par rapport à eux.

La construction de l'identité

L'identité personnelle résulte d'une construction progressive dont les fondations se situent dans les toutes premières années de la vie. Comme l'a montré, l'un des premiers, le psychologue Henri Wallon, *« la conscience de soi n'est pas essentielle et primitive* (...). *Elle est un produit déjà très différencié de l'activité psychique. C'est seulement à partir de trois ans que l'enfant commence à se conduire et à se connaître en sujet distinct d'autrui. Et pour qu'il arrive à s'analyser, à chercher les formules à l'aide desquelles il tentera d'exprimer son individualité subjective, il lui faut subir une évolution qui le mène jusqu'à l'adolescence ou à l'âge adulte, et dont les degrés et les formes varient considérablement d'une époque à l'autre. »* (1)

Avant même sa naissance, l'enfant existe déjà dans l'imaginaire et le discours de ses parents. Désiré ou non attendu, il prend très vite un contour plus ou moins précis à travers le sexe souhaité, le prénom choisi – qui à la fois l'individualisera et le situera dans une filiation et dans une caractérologie sommaire (2) – et les anticipations et projets que les parents élaborent autour de lui.

Après la naissance, la parole familiale continue à accompagner le développement de l'enfant ; elle lui propose une interprétation de ses réactions et de ses comportements et lui attribue des traits de caractère (« c'est un gros pépère », « il a un fichu caractère », « c'est déjà un petit bout de femme », « c'est tout le portrait de son père », etc.). Ainsi, le discours anticipe et oriente la formation de l'identité ; il assigne une place à l'enfant dans la constellation familiale en même temps qu'il le projette dans l'avenir à travers l'image suggérée de son destin futur.

Cependant, le nouveau-né n'a pas d'emblée conscience de son identité ; il n'accède au sentiment de lui-même que progressivement, à travers un parcours dont la tonalité subjective nous échappe

1. H. Wallon, *Les Origines du caractère chez l'enfant*, Puf, 1993 [1949].
2. Voir J.-G. Offray, *Le Choix du prénom*, Hommes et perspectives, 1993.

évidemment en grande partie, mais dont on peut reconstruire les mécanismes et les étapes à travers l'observation et l'interprétation de certains indices significatifs. Le sentiment d'identité se constitue à la fois à partir de la perception du corps propre et à travers les interactions précoces avec l'entourage.

Le corps, base de l'identité

Le corps constitue la base et le support privilégié du sentiment d'identité. Peu à peu, le nourrisson apprend à localiser les tensions, les sensations, les émotions dans son corps ; à distinguer ce qui est interne (sensations de faim, de soif...) et ce qui est externe (objets et personnes de son entourage). L'exploration de son corps, la manipulation des jouets lui permettent de prendre conscience, comme H. Wallon l'a montré, des limites de son corps : *« La différence entre la surface sensible qu'offrent à son activité les diverses parties de son corps et les objets extérieurs est en quelque sorte systématiquement expérimentée au cours de ses jeux. »* (3)

Dans la constitution de l'identité, l'image de soi, au sens propre, tient une place très importante. C'est entre 1 et 2 ans que l'enfant apprend peu à peu à reconnaître son image dans un miroir comme l'ont montré, à la suite de H. Wallon et de Jacques Lacan, les recherches de René Zazzo (4). C'est le résultat d'un double mécanisme d'objectivation et d'appropriation. Par l'objectivation, l'enfant devient capable de se saisir, de l'extérieur, comme un objet dans l'espace des objets : il devient visible à lui-même. Par l'appropriation, il incorpore cette apparence visuelle et la fait coïncider avec l'expérience interne de son corps (à travers ses sensations tactiles, viscérales et émotives). C'est au moment où cette fusion se réalise que l'usage du « je » devient habituel dans le discours de l'enfant, marquant la première émergence véritable du sentiment d'identité.

Cependant, comme l'ont établi les travaux du psychanalyste Paul Schilder, l'« image du corps », base de l'image de soi, est différente de la réalité anatomique et fortement marquée par la dynamique pulsionnelle (narcissique, libidinale et agressive) (5).

Mais l'identité corporelle est aussi une identité sexuelle. Dès l'accès à la parole, le jeune enfant est amené à se reconnaître garçon ou fille. Cependant, l'identité sexuelle ne résulte pas seulement du sexe anatomique ; elle découle aussi des identifications de la petite enfance et notamment de celles qui se nouent autour du complexe d'Œdipe.

Ces identifications se font de manière prépondérante au parent (ou aux frères et sœurs) du même sexe : mais elles se dirigent aussi de façon plus ou moins marquée vers le sexe opposé, entraînant une certaine bisexualité psychologique. Par la suite, l'identité sexuelle prend appui sur les modèles de la féminité et de la virilité proposés par la culture.

Ce processus que l'on vient de décrire dans la sphère motrice, sensitive et émotionnelle, se déroule parallèlement dans la sphère cognitive. Jean Piaget a mis

3. H. Wallon, *op. cit.*
4. R. Zazzo, « La Genèse de la conscience de soi », *Psychologie de la connaissance de soi*, symposium, Puf, 1973.
5. P. Schilder, *L'Image du corps*, Gallimard, 1980 [1968].

en lumière la façon dont l'enfant, après avoir pris conscience de ses sensations, va, entre 6 mois et 2 ans, apprendre progressivement à reconnaître l'existence d'un environnement « non-je » à travers la notion d'« objet permanent » (objet et personne qui continuent d'exister en dehors du sujet et de tout contact perceptif) (6). C'est la base de la notion d'identité puisqu'elle permet de concevoir qu'un être puisse rester identique à lui-même dans la succession du temps ou le déplacement dans l'espace.

Rapport à autrui et modèles sociaux

Jusqu'ici, la construction de l'identité a été décrite dans son étayage corporel comme un processus interne au sujet. Cependant, ce n'est que pour la clarté de l'exposé que ce processus a été dissocié, en partie, des interactions avec les personnes qui entourent l'enfant et qui jouent, elles aussi, un rôle fondamental dans son développement identitaire.

C'est d'abord dans la relation affective entre la mère et le nourrisson que celui-ci va construire progressivement une conscience stable de lui-même. A travers le corps à corps avec la mère – dans une communication permanente faite de soins, de nourriture, de caresses, de babillages et de paroles –, le nourrisson développe la perception de son corps, à la fois dépendant et autonome de celui de sa mère.

Donald Winnicott a souligné tout particulièrement le rôle de miroir joué par le regard maternel qui permet au nourrisson de se découvrir comme investi affectivement : en effet, lorsqu'il regarde le visage de sa mère, « *généralement ce qu'il voit, c'est lui-même. En d'autres termes, la mère regarde le bébé et ce que son visage exprime est en relation directe avec ce qu'elle voit.* » (7)

Un autre psychanalyste, René Spitz, a mis l'accent lui aussi sur l'importance des interactions précoces dans la formation du sentiment d'identité. Il a pointé notamment la fonction fondamentale de trois « organisateurs ». Le premier est le sourire qui est à la fois signe de détente interne et réponse aux stimulations de l'entourage ; il « *constitue le prototype et la base de toutes les relations sociales ultérieures* » (8). Le deuxième est l'angoisse du huitième mois face à une personne étrangère ; elle manifeste le fait que l'enfant peut reconnaître la mère et la distinguer des personnes inconnues (il commence donc à lui conférer une certaine identité). Le troisième organisateur est le « non » dont l'usage intervient vers la deuxième année et qui permet à l'enfant de s'opposer et donc de se différencier de son entourage ; il constitue une nouvelle étape dans l'affirmation et la perception de soi comme sujet autonome. L'identité se construit dans ce double mouvement relationnel de rapprochement et d'opposition, d'ouverture et de fermeture, d'assimilation et de différenciation.

Identification, modèles et rôles

L'identification joue un rôle central dans ce processus. Particulièrement active au moment de la phase œdipienne d'iden-

6. J. Piaget, *La Formation du symbole chez l'enfant*, Delachaux et Niestlé, 1994 [1964].
7. D. Winnicott, *Jeu et réalité. L'espace potentiel*, Gallimard, 1975.
8. R. Spitz, *De la naissance à la parole. La première année de la vie*, Puf, 2002 [1968].

tification sexuelle, elle reste par la suite l'un des mécanismes fondamentaux de la dynamique identitaire : identification aux images des parents, des frères et sœurs, des camarades ; aux idéaux et aux modèles de la famille et de la culture (à travers les personnages mythiques, les vedettes, les héros, etc.). Mais l'identification ne se fait pas seulement du sujet aux personnes et aux modèles de son environnement. Tout aussi opérante est l'identification que son entourage impose au sujet : tout au long de son développement, il lui inculque des normes et des modèles auxquels il est invité à se conformer.

Ce processus se déroule initialement dans le cadre familial. Cependant, au fur et à mesure que l'enfant grandit, son environnement ne cesse de s'élargir. Avec l'entrée à l'école, avec la pénétration des médias (et notamment de la télévision), l'identification prend comme supports des groupes plus larges : milieu local, groupe d'âge, classe sociale, appartenance professionnelle, club sportif, identité nationale...

C'est en effet à l'âge scolaire, vers 7-8 ans, qu'apparaît chez l'enfant une aptitude nouvelle qui va profondément modifier sa vie relationnelle : l'aptitude à la décentration par rapport à son entourage immédiat, grâce à laquelle il peut se mettre à la place d'autrui et ainsi voir les choses et lui-même comme il pense que les autres les voient.

Il apprend alors à se reconnaître des identités multiples, liées aux relations et aux situations (enfant, élève, camarade, etc.), à ajuster ses conduites à autrui et à prendre conscience de différents rôles. Alors que ses relations d'amitié pour les enfants du même âge se renforcent et tendent à être plus exclusives, la conscience des différences sociales se développe également, en même temps qu'apparaît une tendance à la ségrégation selon les sexes dans les groupes de camarades.

L'enfant intériorise peu à peu ses groupes d'appartenance, les « nous » auxquels il participe. Ces « nous » s'enracinent dans une stratification sociale où ils se situent les uns par rapport aux autres dans un rapport de pouvoir, de prestige et d'argent, et dans une histoire qui a déposé dans la mémoire du groupe tout un ensemble d'événements, d'expériences, de modèles et de représentations. Mais ils s'inscrivent aussi dans une stratégie, individuelle ou collective, qui projette le sujet dans l'avenir, dans une compétition pour la reconnaissance sociale, l'ascension, la valorisation ou le changement.

Ainsi, les identifications ne procèdent pas seulement des groupes d'appartenance mais aussi des groupes de référence dans lesquels le sujet puise ses modèles ou auxquels il cherche à s'intégrer. Elles ne traduisent pas uniquement la position de l'individu, déterminée par son histoire et son statut social, mais aussi ses anticipations et ses aspirations.

Il faut donc souligner, comme l'avait fait notamment George H. Mead, que si l'individu se reconnaît une identité, c'est pour une large part en adoptant le point de vue des autres, celui du groupe social auquel il appartient et celui des autres groupes : le soi est essentiellement une structure culturelle et sociale qui naît des interactions quotidiennes. *« Il se développe chez un individu donné comme résultat des relations que ce dernier soutient avec la totalité des processus sociaux et avec les individus qui y sont engagés.»* (9) Autrui est, aux différentes étapes de la vie, un miroir dont chacun a besoin pour se reconnaître lui-même.

Continuité et ruptures

L'identité se modifie tout au long de l'existence. Elle résulte moins d'une addition successive que de remaniements et de tentatives d'intégration plus ou moins réussies. «*Elle surgit,* écrit Erik H. Erikson, *de la répudiation sélective et de l'assimilation mutuelle des identifications de l'enfance ainsi que de leur absorption dans une nouvelle configuration qui, à son tour, dépend du processus grâce auquel une société (souvent par l'intermédiaire de sous-sociétés) identifie le jeune individu en le reconnaissant comme quelqu'un qui avait à devenir ce qu'il est.*» (10) Ce mouvement ne va cependant pas sans ruptures et sans crises, en dehors même des problèmes de nature pathologique.

On a amplement souligné, par exemple, la crise de la puberté qui entraîne une modification profonde de l'identité enfantine. L'adolescent voit son corps et son apparence physique se modifier profondément. Il doit intégrer cette transformation et acquérir une nouvelle identité sexuelle. En même temps, il tend à se distancier du cadre familial. Pour pouvoir modifier son inscription dans le système symbolique de places dans lequel son identité évoluait, il est amené, d'une certaine façon, à réaliser le «meurtre» des images parentales et à assumer le deuil et la culpabilité qui en résultent.

On retrouve d'ailleurs dans toutes les cultures des «rites de passage» qui facilitent et entérinent ce saut qui mène à l'état adulte; car, après avoir occupé la place de l'enfant, le jeune va conquérir celle du père ou de la mère avec l'accès à la sexualité génitale, à la procréation et au monde du travail.

On pourrait avoir l'impression qu'avec l'accession au statut d'adulte l'identité entre dans une phase étale où elle a enfin trouvé sa singularité, son unité et sa permanence. Une sorte de *Happy End* où l'équilibre et la lucidité prévalent enfin sur les tensions et les conflits antérieurs. Mais nombreux sont les symptômes du caractère mythique de cette vision. L'intrusion du «troisième âge» comme phénomène social a attiré l'attention des psychologues sur la crise identitaire grave que traversent souvent les personnes âgées, notamment au moment de l'accession à la retraite. Le vieillissement s'accompagne de transformations dans l'apparence physique, dans les capacités de l'individu et dans son statut social, qui agissent sur le sentiment qu'il a de lui-même mais aussi sur l'image que les autres s'en font.

Un processus inachevé et toujours repris

Ici ou là, on parle aussi de «crise de la quarantaine ou de la cinquantaine», du problème que pose à l'identité féminine la ménopause, etc. Les recherches actuelles *«refusent de plus en plus de considérer la vie adulte comme s'il ne*

9. G.H. Mead, *L'Esprit, le soi et la société*, Puf, 1963 [1934].
10. E.H. Erikson, *Adolescence et Crise. La quête de l'identité*, Flammarion, 1993 [1972].

s'agissait plus que de simples variations sur des thèmes probablement fixés durant l'enfance et l'adolescence» (11).

Plusieurs facteurs, de nature sociale, sont susceptibles d'entraîner des modifications importantes dans la conscience de soi : le choix de l'exercice d'une profession ; le degré de réussite et le statut socioéconomique qui en découle ; le mariage (ou le célibat qui entraîne l'identité de «vieille fille» ou de «vieux garçon») ; la maternité ou la paternité (qui confère une nouvelle identité de parent) ; les rôles sociaux assumés (comme syndicaliste, militant politique, animateur d'association, etc.) ; les affiliations idéologiques et religieuses ; l'état de santé ; les événements (deuil, chômage, reconversion, divorce, accident, maladie, psychothérapie, etc.). Tous ces facteurs peuvent affecter plus ou moins profondément l'identité corporelle et sexuelle, l'image et l'estime de soi. Ils provoquent quelquefois une véritable crise de l'identité, jusqu'à bouleverser totalement la perception de soi du sujet. Ainsi, la construction identitaire apparaît bien comme un processus dynamique, marqué par des ruptures et des crises, inachevé et toujours repris.

11. R. L'Ecuyer, *Le Concept de soi*, Puf, 1978.

Delphine Martinot*

LE SOI EN PSYCHOLOGIE SOCIALE**

La psychologie sociale porte un grand intérêt au « soi », c'est-à-dire aux représentations que nous avons de nous-mêmes. Elle montre ainsi que nous avons tendance à nous autovaloriser en déformant nos souvenirs et nos jugements. Mais le soi dépend aussi des personnes qui nous entourent et des comparaisons sociales auxquelles nous nous livrons.

Nous possédons tous un grand nombre d'informations et de représentations sur nous-mêmes qui guident notre action et nos jugements. Ces données diverses correspondent tout à la fois à notre mémoire autobiographique, aux connaissances et aux images que nous avons de nous-mêmes, et elles sont capitales pour comprendre notre identité. Elles constituent ce que la psychologie sociale appelle «le, soi,», qui, depuis les années 80, figure sans doute parmi les objets d'étude qui ont suscité le plus de publications dans cette discipline. Les approches sont multiples, mais trois d'entre elles apparaissent comme particulièrement fécondes : celle qui appréhende le soi comme une structure cognitive (elle s'intéresse à la manière dont s'organisent les représentations de soi); celle qui l'envisage comme un système biaisé de traitement de l'information (elle étudie la manière dont nous traitons les informations qui portent sur nous-mêmes et les distorsions dont elles font l'objet), et enfin celle qui étudie le soi comme une construction sociale (en étudiant le rôle des autres, individus ou groupes, sur les représentations que nous avons de nous-mêmes).

Le soi comme structure cognitive

Le soi est constitué d'un ensemble de représentations mentales des caractéristiques que l'individu utilise pour se

* Maître de conférences à l'université Blaise-Pascal de Clermont-Ferrand. A publié notamment : *Le Soi : les approches psychosociales*, Pug, 1995 ; avec M.-C. Toczek (éds), *Le Défi éducatif*, Armand Colin, 2004.
** Texte inédit.

définir et réguler son comportement. Construites à partir des expériences de vie et de leur élaboration mentale, ces représentations sont stockées en mémoire au même titre que les représentations d'autres objets, réels ou imaginaires, appartenant au monde physique ou social. Ces représentations mentales du soi sont composées à la fois de connaissances abstraites ou générales (ex. : je suis introverti) relatives aux caractéristiques personnelles et de connaissances concrètes (ex. : j'ai des difficultés à participer aux conversations dans les soirées) relatives à des expériences, des pensées et des comportements particuliers.

Concernant des champs aussi divers que notre milieu social, notre aspect physique, nos capacités, notre personnalité ou nos souvenirs, les représentations que nous avons de nous-mêmes sont extrêmement nombreuses et variées. Le soi est en effet constitué d'un grand nombre de facettes : il est multidimensionnel. L'idée défendue par les psychologues sociaux est que les individus possèdent beaucoup trop d'informations sur eux-mêmes pour pouvoir y accéder en une seule fois. Seule une partie de l'ensemble des représentations de soi peut être accessible à la prise de conscience à un moment donné, dans ce qu'on appelle un « concept de soi de travail ». Pour mieux comprendre cela, considérons l'image d'un spot de lumière qui balaie l'ensemble des représentations de soi, éclairant tour à tour différentes parties. Le concept de soi de travail correspond à la partie éclairée à un moment donné, et les représentations de soi qui s'y trouvent vont réguler la manière dont l'individu va réagir, que ce soit en termes de pensées, d'émotions ou de comportements.

Si toutes les représentations de soi ne sont pas accessibles en même temps, il n'en demeure pas moins qu'elles doivent être organisées puisque nous avons une image unifiée de nous-mêmes. Si les individus peuvent avoir une forte ou une faible estime de soi, c'est uniquement parce que leurs pensées et sentiments sur eux-mêmes sont suffisamment organisés pour aboutir à une évaluation de soi relativement cohérente. Au cours des vingt dernières années, les chercheurs ont mis en évidence différentes caractéristiques pour rendre compte de l'organisation en mémoire des représentations de soi. Le schéma de soi est l'une de ces caractéristiques (1). De quoi s'agit-il ? Un schéma de soi contient un ensemble de représentations de soi portant sur un domaine spécifique. Prenons le cas d'un individu qui possède un schéma de soi dans le domaine de l'extraversion. Il a eu maintes fois l'occasion de constater qu'il engage la conversation avec aisance, qu'il exprime facilement son opinion et ses émotions, qu'il n'est pas timide, etc. Il traitera l'information et expliquera son comportement à partir de ce schéma. Si l'on interroge cet individu, il ne devrait avoir aucune difficulté à prédire sa façon de participer à une discussion de groupe par exemple.

1. Voir H.R. Markus, « Self-schemas et traitement de l'information sur soi » [1977], dans M. Piolat, M.-C. Hurtig, M.-F. Pichevin (dirs), *Le Soi : recherches dans le champ de la cognition sociale*, Delachaux et Niestlé, 1992.

Pourquoi est-il si important de connaître l'organisation en mémoire des représentations de soi ? Cela s'avère crucial non seulement pour mieux connaître le soi, mais aussi pour comprendre et prédire les réponses cognitives, émotionnelles et comportementales des individus (2). Par exemple, en étudiant l'organisation des représentations de soi en mémoire, on peut déterminer à quel point un individu classe ses représentations de soi positives et négatives dans des « compartiments » distincts. Connaître le niveau de « compartimentalisation » d'un individu permet de prédire ses réactions affectives et émotionnelles. Supposons que dans la mémoire de Pierre, ses représentations de soi positives et négatives soient classées dans des compartiments distincts, alors que dans la mémoire de Bruno, elles sont intégrées au sein d'un même compartiment. Tous deux viennent de vivre un échec scolaire. De manière imagée, on peut dire que cet échec dans le domaine scolaire va conduire à focaliser le spot de lumière (concept de soi de travail évoqué plus haut) sur le compartiment qui contient les représentations de soi dans le domaine scolaire. Toutefois, Bruno est beaucoup moins fragilisé par cet échec car son « compartiment scolaire » contient à la fois des représentations de soi positives et négatives. En revanche, chez Pierre où elles sont classées dans des compartiments scolaires distincts, le spot ne va éclairer que le compartiment scolaire relié à l'échec, c'est-à-dire celui contenant les représentations de soi négatives. On peut dès lors prédire que, suite à cet échec, Pierre sera d'humeur plus triste et présentera une plus importante baisse de l'estime de soi que Bruno. Cet avantage de Bruno face à l'échec disparaîtra au profit de Pierre lors d'une réussite scolaire. En effet, l'effet bénéfique sera moins fort chez Bruno, car son succès scolaire entraînera un éclairage de son compartiment scolaire qui contient à la fois des représentations de soi positives et négatives. Chez Pierre, seul le compartiment scolaire contenant celles positives sera éclairé par sa réussite. Nous pouvons alors prédire que Pierre sera de meilleure humeur et aura une plus forte augmentation de l'estime de soi que Bruno. Cet exemple nous montre que connaître l'organisation en mémoire des représentations de soi d'un individu permet de prédire ses réactions. Bien que toujours à la recherche de caractéristiques structurales susceptibles de rendre compte de l'organisation en mémoire des représentations de soi, les psychologues sociaux s'orientent actuellement vers la mise en relation de ces caractéristiques avec le sentiment de bien-être, la dépression ou encore l'estime de soi, comme nous le suggère l'exemple ci-dessus.

Le soi comme système biaisé de traitement de l'information

Si chercher à modéliser les représentations de soi en mémoire est indispensable à la compréhension des réponses cognitives, émotionnelles et comportementales des individus, l'amélioration de cette compréhension implique aussi de s'interroger sur les raisons et les motivations qui justifient l'organisation du soi. Constantine Sedikides et

2. Voir D. Martinot, *Le Soi : Les approches psychosociales*, Presses universitaires de Grenoble, 1995.

Michael J. Strube (3) définissent ainsi quatre grandes motivations qui guident le traitement des informations liées à soi. La « motivation à la valorisation de soi » est la plus importante, et correspond au désir qu'ont les individus d'établir et maintenir une image positive d'eux-mêmes. De très nombreuses recherches montrent, par exemple, que les individus reconstruisent et récupèrent de façon sélective leurs souvenirs autobiographiques pour maintenir ou établir une image positive d'eux-mêmes. Ils traitent également de façon biaisée les informations provenant de leurs interactions avec autrui. Par exemple, dans une situation où l'individu apprend que sa propre performance est médiocre, il choisira de se comparer à d'autres personnes ayant moins bien réussi que lui.

Les individus seraient aussi guidés par la « motivation à la vérification de soi », c'est-à-dire qu'ils chercheraient à maintenir une image d'eux-mêmes relativement stable et cohérente dans le temps et les situations. Quantité de travaux ont ainsi mis en évidence que les individus font appel sélectivement et préférentiellement aux informations qui sont en accord avec ce qu'ils pensent déjà d'eux-mêmes. Dans leurs interactions avec autrui, ils ont tendance, par exemple, à sous-estimer la crédibilité d'une personne qui leur renverrait une image contraire à leurs représentations. Il apparaît donc que les individus sélectionnent, interprètent et rappellent les informations à propos d'eux-mêmes de façon à favoriser celles qui confirment leurs représentations de soi.

Bien que la satisfaction de ces motivations à la valorisation et à la vérification de soi semble susciter de nombreux traitements biaisés de l'information, les individus possèdent également une « motivation à l'évaluation de soi ». Elle correspond au désir de développer une connaissance de soi exacte, de rechercher la vérité et de se voir sans biais ni distorsion. Par exemple, les individus choisissent des tâches susceptibles de leur fournir la meilleure évaluation possible d'eux-mêmes, même si elle peut avoir une incidence négative sur leur image de soi. Cette motivation à l'évaluation de soi a pour fonction d'augmenter la certitude des individus à l'égard des représentations qu'ils ont établies à propos d'eux-mêmes. Toutefois, pour être compatible avec les motivations à la valorisation de soi et à la vérification de soi, cette évaluation de soi n'est pas totale, l'individu se contentant d'obtenir une information sur lui-même aussi véridique que nécessaire.

Enfin, la quatrième motivation importante du soi concerne « l'amélioration de soi », c'est-à-dire que les individus sont motivés à améliorer ce qu'ils sont, leurs capacités, leurs performances, leur bien-être, leur santé... Par exemple, des recherches ont montré que des patients atteints d'un cancer choisissent de réaliser des comparaisons avec d'autres personnes atteintes de cancer mais plus proches de la guérison qu'eux-mêmes. Le choix d'une telle comparaison peut être interprété comme la volonté d'ap-

3. C. Sedikides, M.J. Strube, « Self-Evaluation : To Thine Own Self Be Good, to Thine Own Self Be Sure, to Thine Own Self Be True, and to Thine Own Self Be Better », dans P. Zanna, *Advances in Experimental Social Psychology*, New York Academic Press, 1997.

prendre comment réussir à surmonter la maladie.

Parce que ces différentes motivations entraînent des distorsions dans la façon dont les individus traitent les informations à propos d'eux-mêmes, certains chercheurs ont assimilé le soi à un système biaisé de traitement de l'information. Parmi les tenants les plus célèbres d'une telle perspective, Anthony G. Greenwald (4) a même été jusqu'à comparer le soi à un régime totalitaire s'employant à réécrire et déformer son histoire de façon à la rendre compatible avec des conclusions tirées à l'avance.

Parce qu'il existe désormais suffisamment de travaux prouvant l'existence de ces diverses motivations, les recherches actuelles en psychologie sociale s'orientent dans deux directions principales. Dans la première, les chercheurs essaient de déterminer dans quelles circonstances chacune de ces motivations opère. Dans la seconde, ils cherchent à repérer des facteurs de personnalité qui conduiraient à accorder une importance plus ou moins grande à l'une ou l'autre de ces motivations.

Le soi en tant que construction sociale

Connaître l'organisation et les fonctions cognitives du soi, ainsi que les raisons et motivations qui les justifient, ne saurait suffire à le comprendre et à le connaître. Un vaste ensemble de recherches en psychologie sociale s'est donc intéressé au rôle d'autrui au sens large (qu'il s'agisse de la culture, du groupe ou de l'individu) dans la construction du soi.

Notre soi dépend en effet de la culture dans laquelle nous évoluons. Les travaux menés sur des individus appartenant à des cultures différentes ont ainsi permis de montrer que les membres de sociétés valorisant plus le collectif que l'individu (tels les Coréens) développent un soi plus interdépendant, où la relation à autrui et le rôle du groupe sont fondamentaux, alors que les membres de sociétés où l'individu prime sur le collectif (par exemple les Américains) développent un soi plus indépendant, basée sur la valorisation de leur unicité.

Outre la culture, les psychologues sociaux ont également mis en évidence que les groupes sociaux auxquels nous appartenons et les identités sociales qui leur correspondent pouvaient intervenir dans le développement de notre soi. Dans cette perspective, Fabio Lorenzi-Cioldi (5) a souligné qu'il était nécessaire de prendre en considération le statut social. En effet, les membres d'un « groupe dominant » (détenant un pouvoir économique, culturel ou symbolique) développent un soi basé sur des caractéristiques propres à la personne et un sentiment d'unicité. La construction de leur soi s'appuie sur un processus de « personnalisation ». En revanche, la construction du soi des membres d'un « groupe dominé » (subissant le pouvoir du groupe dominant) est sous-tendue par un processus « d'indifférenciation ». Leur soi est, dès lors, fondé sur les caractéristiques groupales – collectives et non plus personnelles – qui définissent

4. A.G. Greenwald, « L'*ego* totalitaire ou comment chacun fabrique et révise sa propre histoire » [1980], dans M. Piolat, M.-C. Hurtig, M.-F. Pichevin (dir.), *op. cit.*

5. F. Lorenzi-Cioldi, *Individus dominants et groupes dominés. Images masculines et féminines*, Presses universitaires de Grenoble, 1988.

l'ensemble des autres individus appartenant à leur groupe. Par exemple, une recherche a montré que des enfants issus d'un milieu socioculturel très défavorisé se définissent à partir de propriétés communes à l'ensemble des membres de leur groupe. En revanche, des enfants appartenant à un milieu socioculturel très favorisé se définissent plus à partir de caractéristiques personnelles, se distinguant généralement de leurs pairs (6).

Les psychologues sociaux ont également montré que les personnes qui nous entourent contribuent à la construction de notre soi en jouant le rôle de miroir social. Ce processus dit de « soi-miroir », par lequel autrui nous renvoie une image de ce que nous sommes, débute tôt dans l'enfance (entre 5 et 7 ans), au moment où l'intériorisation de l'image renvoyée par les parents est fondamentale pour la formation d'un concept de soi. Peu à peu, les opinions des parents et des personnes importantes pour l'enfant deviennent des idéaux et il commence à les incorporer comme s'il s'agissait de ses propres évaluations (entre 8 et 11 ans) (7).

Le soi se construit non seulement à travers le regard d'autrui mais aussi à partir des comparaisons sociales. Les meilleures illustrations proviennent de l'étude de l'estime de soi. Abe Tesser (8), en 1988, a proposé une théorie pour expliquer comment les individus utilisent les comparaisons sociales pour maintenir leur estime de soi. Cette théorie prédit notamment que les individus chercheront à se comparer avec des personnes supérieures à eux sur des dimensions qu'ils ne jugent pas personnellement importantes. En revanche, les gens préfèrent s'associer et se comparer à des gens qui réussissent moins bien qu'eux sur les dimensions qu'ils considèrent comme personnellement importantes. Une des recherches d'A. Tesser, très illustrative de sa théorie, ne nous rassure pas vraiment sur nos relations amicales. Dans cette étude, chaque participant devait aider un partenaire à deviner un mot. Ce partenaire pouvait être soit un ami du participant, soit une personne étrangère. A. Tesser faisait également croire à la moitié des participants que cet exercice était très important, car permettant de mesurer les aptitudes verbales, et à l'autre moitié que cet exercice n'était pas du tout relié aux aptitudes intellectuelles, donc peu important. Le partenaire avait besoin d'indices pour réussir sa tâche. Le participant disposait d'une série d'indices qui étaient classés en fonction de leur difficulté. Les indices faciles permettaient au partenaire de deviner plus aisément, alors que les indices difficiles ne l'aidaient guère à trouver le mot. A. Tesser a montré que les participants aidaient davantage (en donnant les indices faciles) la personne étrangère que leur ami (e) lorsque l'exercice était présenté comme très important. En revanche, si l'exercice avait été présenté comme peu important, ils apportaient davantage

6. C. Bouissou, « Valorisation de soi et positionnement de soi chez les préadolescents », dans M. Bolognini, Y. Prêteur (dirs), *Estime de soi : perspectives développementales*, Delachaux et Nieslé, 1998.

7. D. Martinot, « Connaître le soi de l'élève et ses stratégies de protection face à l'échec », dans M.-C. Toczek, D. Martinot (dirs), *Le Défi éducatif*, Armand Colin, 2004.

8. Voir A. Tesser, « Toward a Self-Evaluation Maintenance Model of Social Behavior », dans L. Berkowitz (dir.), *Advances in Experimental Social Psychology*, vol. XXI, New York Academic Press, 1988.

d'aide à leur ami qu'à une personne étrangère.

Le groupe auquel l'individu appartient joue aussi un rôle fondamental dans les comparaisons sociales, lesquelles peuvent se dérouler à différents niveaux. Au niveau intergroupe, l'individu se compare en tant que membre de son groupe à une ou plusieurs autres personnes appartenant à un autre groupe (par exemple lorsque je me compare en tant que Français à des Américains). Au niveau intragroupe, l'individu se compare en tant que membre de son groupe à une ou plusieurs autres personnes appartenant à ce même groupe (comme lorsque, en tant que Français, je compare mes pratiques à celles d'autres Français). Au niveau interindividuel, la comparaison ne se fait pas sur la base des appartenances groupales. L'individu se compare en tant que personne unique à une autre personne (je me compare à mon amie Isabelle indépendamment, par exemple, de nos nationalités ou de nos positions sociales et politiques). Au niveau intra-individuel, l'individu se compare à lui-même et notamment à ce qu'il était dans le passé ou à ce qu'il pense pouvoir être dans le futur (comparaison temporelle). Par exemple, lorsque je me dis que j'étais plus mince il y a dix ans. Dès lors, l'identité activée (sociale ou personnelle) va largement dépendre du niveau de comparaison en jeu. Lorsque le niveau de comparaison (intragroupe ou intergroupe) met en jeu l'identité sociale, l'influence exercée par le groupe sur l'estime de soi devient fondamentale, et les effets des comparaisons peuvent être très différents par rapport à une situation où l'identité personnelle est activée. Par exemple, si je me comparais d'individu à individu à Isabelle qui est meilleure que moi au basket-ball, je subirais une baisse d'estime de soi. Mais si mon équipe affrontait une autre équipe, alors je percevrais ma comparaison à Isabelle au niveau intragroupe (parce qu'elle est dans la même équipe de basket que moi), et mon estime de soi ne serait pas diminuée. Dans cette dernière configuration, la réussite d'Isabelle en tant qu'autre membre de mon groupe rejaillit positivement sur moi (9).

Des stratégies multiples

Les approches psychosociales du soi se caractérisent par leur grande richesse et leur diversité. De fait, il apparaît aujourd'hui encore extrêmement difficile, voire utopique, de tenter une synthèse qui intègre tous ces travaux dans un modèle unique. Mais il n'est finalement pas si difficile de mettre en relation les différentes perspectives présentées. Le soi peut être étudié en tant que structure cognitive dont l'organisation est sans nul doute dépendante des motivations qui pilotent le traitement des informations liées à soi. De plus, le soi apparaît comme une construction sociale, qui est fonction du groupe, de la société et de la culture à laquelle on appartient, qui s'établit à travers l'image que les autres nous renvoient de nous-mêmes et au cours des comparaisons sociales que nous réalisons avec eux. Or, nos interactions avec autrui sont souvent pilotées par la mise en œuvre de multiples stratégies destinées

9. Voir S. Redersdorff, D. Martinot, « Impact des comparaisons ascendantes et descendantes sur l'estime de soi : importance de l'identité mise en jeu », *L'Année psychologique*, n° 104, 2003.

à servir des buts de valorisation, de vérification, d'évaluation et d'amélioration de soi. Ajoutons à cela que les groupes sociaux d'appartenance apparaissent conditionner la prévalence de tel ou tel but motivationnel associé au soi. Enfin, le rôle d'autrui dans la construction du soi se traduit également dans la façon dont chacun d'entre nous élabore la structure de son soi. Loin donc d'être rivales ou concurrentielles, les trois approches présentées se complètent et s'articulent pour nous offrir une vision du soi qui, somme toute, n'est pas aussi parcellaire que d'aucuns pouvaient le redouter. La diversité des approches est peut-être même souhaitable pour maintenir une vitalité importante dans les recherches sur le soi en psychologie sociale.

NICOLAS JOURNET*

ŒDIPE SOUS LES TROPIQUES**

Le complexe d'Œdipe, point central de la théorie freudienne du sujet, est-il universel ? C'est autour de cette question que s'est noué, au début du XXe siècle, un dialogue difficile entre la psychanalyse et l'anthropologie culturelle.

« LE CONCEPT *d'inconscient découvert par Freud a radicalement mis en question le caractère unitaire de la conscience.* (...) *L'autre scène, l'inconscient, le Moi inconscient, tout ceci ruine l'idée de l'unité du Moi, et par conséquent la notion même de l'individu* », déclarait le psychanalyste André Green en 1974, face au public du séminaire de Claude Lévi-Strauss. Sigmund Freud lui-même, en 1917, avait comparé ses propres découvertes à celles de Copernic et de Charles Darwin : chacune d'entre elles avait infligé, écrivait-il, *« une grande humiliation au narcissisme de l'humanité »*, et la sienne consistait en ceci que le *« moi n'est pas maître dans sa propre maison »* (1). Les implications de la doctrine freudienne n'ont pas seulement opéré une révolution dans l'approche des désordres affectifs de l'homme moderne, elles ont aussi ouvert une voie nouvelle dans l'interprétation des raisons de son action et de ses œuvres, voire de son existence comme être de culture. Dès 1910, les disciples de S. Freud s'essayaient à l'analyse de rites, de croyances, de contes et de mythes. S. Freud lui-même, en 1912, se penchant sur l'ethnographie des Aborigènes australiens, développe dans *Totem et tabou* (2) une interprétation intégralement psychanalytique de l'origine de la religion, de la morale et de la

* Journaliste scientifique au magazine *Sciences Humaines*.
** Texte inédit.
1. S. Freud, « Une difficulté de la psychanalyse » [1917], dans *Œuvres complètes*, vol. XV, Puf, 1996.
2. S. Freud, *Totem et Tabou*, Payot, 2001 [1912].

culture. Reprenant l'hypothèse évolutionniste de la horde primitive (un groupe d'hommes et de femmes dominés par un mâle polygame), il voit dans le rite totémique la commémoration d'un acte fondateur œdipien : le meurtre du père polygame par ses fils. Ainsi se trouvaient réunies, dans un même récit, la clé de l'identité du sujet («celui qui a tué le père») et celle du lien social fondamental (la culpabilité). Ainsi déployée, la psychanalyse avait – et a gardé – vocation à fonder une anthropologie générale. Au cœur de son dispositif, le mythe d'Œdipe, venu de la tragédie grecque, offre un condensé à la fois intemporel et universel de l'organisation fondamentale du désir humain (*voir l'encadré page ci-contre*). En 1913, Otto Rank signalait que, désormais, la psychanalyse était d'une grande importance pour toutes les «sciences de l'esprit».

Malinowski contre Freud

Une telle ambition ne pouvait passer inaperçue aux yeux de ceux qui, dans le champ encore fraîchement labouré des sciences humaines, pensaient en occuper le centre. Selon Paul Broca, l'anthropologie avait vocation à être une science générale de la nature humaine. La rencontre était inévitable, même si elle ne fut pas immédiate.

En effet, la première discussion d'importance eut lieu lorsque Bronislaw Malinowski, étoile montante mais pas encore célèbre de l'anthropologie britannique, entreprend de mettre quelques-unes des hypothèses freudiennes à l'épreuve des faits mélanésiens qu'il avait observés lors de ses séjours aux îles Trobriand. Il ouvre le dossier en 1916 avec un article sur la théorie indigène de la conception des enfants : «Baloma, l'esprit des morts aux îles Trobriand» (3). Il y explique que les Mélanésiens n'établissent pas de rapport entre l'accouplement et la grossesse : tout se passe entre les esprits des morts et les femmes. D'où l'idée plus générale selon laquelle les institutions trobriandaises – la filiation matrilinéaire en particulier – sont en accord avec l'ignorance de la paternité physiologique. Ce thème, à lui seul, alimentera une longue discussion ethnographique, qui n'est d'ailleurs pas tout à fait close. Mais cette découverte – enrichie et développée – permet surtout à B. Malinowski d'ouvrir le feu, en 1923, contre les ambitions interprétatives de la psychanalyse. Plusieurs textes, dont certains seront rassemblés en 1927 (4), s'attaquent directement à l'exportation du complexe d'Œdipe. Car, selon B. Malinowski, celui-ci est absent chez les habitants des îles Trobriand, et ses raisons sont les suivantes :

1) Les Trobriandais ignorent la paternité physiologique.
2) Socialement, ce n'est pas le père, mais l'oncle maternel (frère de la mère) qui a autorité sur les enfants.
3) Le climat des mœurs est celui d'une grande liberté sexuelle, et ce dès l'adolescence, qui ne présente pas ce caractère de crise qu'on lui connaît en Occident.

3. B. Malinowski, «Baloma : Spirits of the Dead in the Trobriand Islands» [1916], repris dans *Magic, Science and Religion*, Anchor Books, 1954.
4. B. Malinowski, *La Sexualité et sa répression dans les sociétés primitives* [1921], Payot, 2001.

Œdipe et son complexe

Œdipe est le personnage central d'un cycle de la tragédie grecque : ignorant de ses origines, il assassine son père et épouse sa mère Jocaste, puis, l'apprenant, conçoit une telle culpabilité qu'il s'aveugle lui-même. Sigmund Freud introduisit très tôt ce motif dans son analyse de l'hystérie, puis des rêves, comme stéréotype de la prédilection sexuelle liant l'enfant à son parent de sexe opposé et faisant du partenaire de ce parent un rival sexuel. Le « complexe d'Œdipe », c'est-à-dire l'ensemble des sentiments d'amour, de haine, de culpabilité et d'angoisse engendrés par ce conflit pulsionnel, devient, en 1910, le motif désigné des névroses. Convaincu de son caractère fondateur et universel, S. Freud lui donne une importance encore plus grande en analysant les rites totémiques australiens comme une commémoration du meurtre primordial du père polygame. « *Transmis de génération en génération, le conflit du désir et de l'interdit, dominé par cette culpabilité du meurtre du père, renaît en chacun : c'est le complexe d'Œdipe.* » Par la suite, S. Freud s'occupera de décrire les stades successifs de la genèse des pulsions et des conflits intérieurs qu'elles suscitent chez le petit enfant, son refoulement temporaire par « *peur de la castration* », puis sa réactivation à la puberté et son dépassement. Bien qu'essentiellement décrit du point de vue du garçon, l'Œdipe est, en psychanalyse, considéré comme omniprésent chez l'être humain. « *Le conflit œdipien, dans sa phase aiguë, constitue un moteur essentiel du jeu des identifications par lequel se construit la personne* », écrivait Roger Perron en 2002.

Voir le *Dictionnaire international de la psychanalyse*, A. de Mijolla (dir.), Calmann-Lévy, 2002.

4) L'enfant trobriandais ne connaît pas les mésaventures du sevrage brutal, ni la phase de développement libidinal « anal » qui suit cette séparation d'avec la mère.
5) La mère n'incarne pas la femme interdite : l'inceste maternel est « inconnu » dans la culture mélanésienne.
Pour toutes ces raisons, B. Malinowski pense pouvoir affirmer que l'orientation et la répression du désir sexuel ne sont pas, chez les Trobriandais, conformes au modèle freudien : si complexe il y a, il est structuré autrement, car les désirs du garçon portent sur sa sœur (et non sa mère), et quant à ses pulsions hostiles, elles s'adressent à son oncle maternel (et non à son père, dont il est très proche). Selon B. Malinowski, les Trobriandais ne sont pas habités par le « *complexe d'Œdipe* », mais par un « *complexe nucléaire* » d'une autre sorte.

En conséquence, S. Freud, en faisant de l'histoire d'Œdipe un mythe universel, a commis une généralisation hâtive, car il ne s'est pas avisé que les configurations familiales étaient beaucoup plus variables dans le monde qu'il ne l'imaginait.

La réponse lui parviendra non pas de S. Freud, comme l'espérait sans doute B. Malinowski, mais de son représentant en Angleterre, Ernest Jones qui, de 1924 à 1929, produira plusieurs conférences et articles réfutant les propos de B. Malinowski.

E. Jones s'intéresse en particulier à la prétendue absence de paternité. Il n'a aucun mal à invoquer le B.A.BA de la psychanalyse : plus un désir est refoulé profond, moins il est verbalisable tel quel. Or la négation de la paternité est un motif culturel, une croyance explicite, qui n'élimine en rien le fait que les nourrissons mélanésiens ont une mère et un père. E. Jones et, peu après, Géza Róheim analyseront les matériaux trobriandais dans ce sens : l'hostilité envers l'oncle n'est qu'un déplacement de l'hostilité envers le père, et le désir pour la sœur un déplacement du désir maternel. L'organisation matrilinéaire et les croyances des Trobriandais ne seraient donc rien d'autre que l'expression d'un refoulement encore plus profond qu'en Occident du drame œdipien. La psychanalyse, en tant que telle, n'est donc pas atteinte par les faits cités par B. Malinowski..

En fait et avec le recul, il s'avère, selon l'anthropologue Bertrand Pulman (5), que l'argumentation de B. Malinoswki, quoique troublante, n'était pas de nature à réfuter la théorie psychanalytique et témoignait d'une compréhension partielle des écrits de S. Freud. B. Malinowski ne tient nullement compte du fait qu'un contenu latent puisse exister derrière les propos et les faits manifestes qu'il a relevés. D'un point de vue analytique, il se montre naïf lorsqu'il affirme que les Mélanésiens ignorent l'inceste maternel parce que jamais personne n'a admis devant lui que c'était possible...

De même, il semble penser que plus un désir est contrarié par la morale, plus il est refoulé et donc plus il est intense. Selon lui, les adolescents mélanésiens n'ont aucune difficulté à développer une sexualité précoce avec des partenaires de leur âge. S'ils n'ont aucun mal à se détacher de leur mère, c'est que leur désir pour elle est moins intense. Et s'il est faible, c'est que la mère n'est pas un objet d'interdit sexuel : l'objet sexuel interdit, c'est la sœur. La cible de l'hostilité du garçon, c'est l'oncle, car il a l'autorité. Pourtant, il n'est nullement un rival sexuel ni à propos de la mère, ni à propos de la sœur. En voulant réfuter S. Freud, et éliminer le désir œdipien, B. Malinowski construit un autre complexe, dont le contenu sexuel et la genèse sont très obscurs.

Cette première passe d'armes, apparemment fondée sur un malentendu, témoigne du fait qu'entre psychanalyse et ethnologie il existait une concurrence concernant la maîtrise d'une théorie générale de la culture et des institutions sociales. L'ambition de S. Freud, sur ce plan, n'ayant pas été renouvelée, le

5. B. Pulman, *Anthropologie et psychanalyse, Malinowski contre Freud*, Puf, 2002.

conflit s'apaisa. A partir des années 30, on verra des chercheurs formés à la psychanalyse tels G. Róheim, Theodor Reik, Bruno Bettelheim, Georges Devereux se tourner vers l'ethnographie et fournir des interprétations moins globalisantes. Réciproquement, aux Etats-Unis, l'anthropologie culturaliste empruntera à la psychanalyse certains de ses motifs (sexualité, ambivalence, agressivité, anxiété) pour les appliquer à des matériaux culturels ou d'observation, mais sans remuer le fond de la théorie.

La question du « triangle œdipien » (mère-fils-père) et de son universalité est-elle pour autant enterrée ? Pas tout à fait. Mais elle a emprunté par la suite d'autres voies pour ressurgir. On la trouve reprise et exposée, par exemple, dans un ouvrage publié en 1982 par un anthropologue de l'Université de San Diego, Melford Spiro, et développée ensuite dans un recueil, en 1987 (6). Dans un premier temps, M. Spiro reprenait les termes du débat Malinowski-Jones et constatait que, dans leur majorité, les anthropologues acceptaient l'idée d'une variabilité culturelle du complexe d'Œdipe, sur la base des arguments de B. Malinowski. Son modèle de *« complexe nucléaire »* pouvait être accepté comme une alternative au complexe d'Œdipe. Chez les ethnographes psychanalystes, en revanche, le modèle freudien restait une référence fondamentale, toutes les autres variations – notamment le complexe trobriandais – étant traitées comme des « déplacements » culturels, produits du refoulement des désirs œdipiens. Quant aux travaux de l'école Culture et personnalité (Margaret Mead, Clyde Kluckhohn, Abram Kardiner), même s'ils s'intéressaient de près à la relation mère-enfant, à la répression des désirs sexuels et à d'autres notions familières à la psychanalyse, ils ne se souciaient guère de défendre l'orthodoxie freudienne. Seule la variation des cultures, son incidence sur la personnalité retenaient leur attention.

Nature et inceste

Tombé en déshérence, le débat sur le complexe d'Œdipe méritait cependant d'être réexaminé car il était confronté à des arguments nouveaux. M. Spiro lui-même et, à sa suite, d'autres spécialistes, tels Yonina Talmon en 1964, Arthur Wolf en 1970 et Joseph Shepher en 1971 (7), venaient de se pencher sur des cas intéressants d'enfants élevés « comme frère et sœur ». Ainsi A. Wolf décrivait une coutume fréquente en Chine : celle d'adopter une petite fille étrangère à la famille, puis de la marier au fils de la maison. Or, selon A. Wolf, ces mariages étaient plus souvent voués à l'échec que les autres. Selon lui, cela s'expliquait par le manque d'attirance sexuelle existant entre des partenaires élevés ensemble depuis leur plus jeune

6. M. Spiro, *Œdipus in the Trobriands*, University of Chicago Press, 1982, partiellement repris dans M. Spiro, *Culture et nature humaine*, Puf, 1995.
7. M. Spiro, *Children of the Kibbutz : A Study in Child Training and Personality*, Harvard University Press, 1958 ; Y. Talmon, « Mate Selection in Collective Settlements », *American Sociological Review*, n° 29, 1964 ; A. Wolf, « Childhood Association and Sexual Attraction. A Further Test of the Westermarck Hypothesis », *American Anthropologist*, n° 72, 1970 ; J. Shepher, « Mate Selection among Second Generation Kibbutz Adolescents and Adults : Incest Avoidance and Negative Imprinting », *Archives of Sexual Behavior*, n° 1, 1971.

âge. M. Spiro, Y. Talmon et J. Shepher, quant à eux, décrivaient la situation de certains kibboutz israéliens, où les enfants étaient systématiquement élevés en communauté. Or, tous trois constataient que, dans une même génération, aucun mariage n'avait lieu par la suite entre les membres du groupe. Quelle conclusion en tirer ? Y. Talmon et J. Shepher se distinguèrent en annonçant que le désir incestueux n'existait tout simplement pas : le seul fait d'avoir eu des contacts précoces éteignait le désir mutuel chez les kibboutzim, voire entraînait une « aversion sexuelle ». Robin Fox, anthropologue, se chargea de généraliser cette thèse : si, dans les sociétés humaines, la consommation de l'inceste était rare, ce n'était pas fondamentalement en raison d'un interdit moral, mais parce que l'être humain est *« naturellement non incestueux »* (8). L'anthropologue Edward Westermarck avait déjà dit cela en 1891, mais sa thèse avait été, assez généralement, écartée au profit d'une lecture culturelle et sociale du rejet de l'inceste. Ni Y. Talmon ni J. Shepher ne s'attaquaient directement à la psychanalyse. Aucune de leurs observations ne portait sur les relations mère-fils. Mais la revitalisation de cette thèse naturaliste ne pouvait manquer de discréditer le scénario œdipien. Si l'évitement de l'inceste était un fait naturel, son renforcement par un interdit ne pouvait alimenter un complexe, ni gouverner la structuration du psychisme humain et hanter la culture. Œdipe, en somme, n'était qu'une anecdote.

Cependant, M. Spiro lui-même soutenait que ces observations ne prouvaient rien de tel. On ne pouvait pas considérer que les jeunes kibboutzim, élevés dans un climat moral d'où la sexualité était exclue, n'avaient pas appris à s'éviter. Il en voulait pour preuve que, dans les années 70, lorsqu'une plus grande liberté leur fut accordée, on vit se développer des flirts et des aventures amoureuses entre adolescents du même groupe.

Toutefois, pour retrouver la structure œdipienne, il faut encore que la mère soit posée comme objet primordial des désirs de l'enfant, que le père apparaisse comme un rival sexuel, qu'une réactivation intervienne à l'adolescence, etc. M. Spiro, dans sa critique de B. Malinowski, n'est pas loin de parvenir à cette conclusion. Pour lui, en effet, le problème de l'universalité de l'Œdipe se pose différemment selon qu'on considère trois plans : sa structure (le triangle mère-fils-père), son intensité et sa conséquence sur la formation de la personne. B. Malinowski, convaincu de la relativité des formes familiales, avait contesté la structure même du complexe œdipien, en substituant l'oncle au père et la sœur à la mère. D'autre part, il avait fait tout son possible pour évacuer l'inceste maternel. Mais il ne peut éviter que les garçons trobriandais ont, comme partout, une mère, qui les allaite et les élève, ainsi qu'un père, qui est le partenaire de la mère. Selon M. Spiro, donc, le complexe d'Œdipe, s'il a quelque importance, ne peut varier dans sa structure, et n'a pas de configuration autre que celle que lui a donnée S. Freud, tout

8. R. Fox, *The Red Lamp of Incest : An Enquiry into the Origins of Mind and Society*, Dutton, 1980.

simplement parce qu'il n'existe pas de société dont le modèle courant de famille nucléaire ne comporte ni père ni mère.

Les variations culturelles de l'Œdipe

En revanche, on peut admettre que le complexe d'Œdipe varie culturellement dans ses deux autres dimensions, intensité et conséquence, c'est-à-dire la manière dont il se « résout ».

L'intensité ne désigne pas seulement le degré d'attachement de l'enfant, mais la manière dont se noue et se dénoue le contact primordial avec la mère : il existe de grandes variations dans le monde dans la façon dont les femmes développent des contacts physiques avec leur nourrisson, puis s'en détachent plus ou moins brutalement. De même, l'attitude du père, plus moins bienveillant ou excluant, intervient dans le degré de frustration de l'enfant. Certains ethnologues ont accordé beaucoup d'attention aux pratiques d'allaitement, de sevrage, de traitement des nourrissons, opposant des modèles « doux » (allaitement prolongé, sevrage progressif) à des modèles « hostiles » (sevrage brutal, exclusion de l'enfant par le père). Il en résulte une plus ou moins grande intensité des tensions œdipiennes.

D'autre part, la « résolution » de l'attachement infantile varie. A la puberté, les désirs incestueux sont réactivés et réinvestis par la sexualité génitale. C'est le moment où se détermine, de manière plus ou moins stable, la formation de la personnalité. Selon M. Spiro, trois issues sont envisageables : les désirs incestueux pour la mère s'éteignent, sont refoulés, ou sont « incomplètement refoulés ». Du point de vue de la psychanalyse, ces solutions sont individuelles, et résultent des processus normaux d'éducation et de leur variation : instructions verbales, répression, culpabilisation. Mais pour l'anthropologue, il est clair que la prédominance de l'une ou l'autre issue varie selon les cultures et les normes sociales. Ainsi, l'extinction serait favorisée par des sociétés plutôt sexuellement permissives, où l'adolescent trouve facilement un autre objet de désir amoureux. Le refoulement, en revanche, serait la règle dans les sociétés moins permissives, où l'adolescent est soumis à des contraintes morales, est invité à s'investir dans d'autres activités, mais peut aussi se rebeller. Dans le premier cas, l'idéal-type serait le Samoa (rêvé) de M. Mead, dans le second, la Vienne de S. Freud. Reste la troisième issue : M. Spiro l'associe au fait que, dans certaines cultures familières aux ethnologues, les interdits ne sont pas tant intériorisés qu'assortis de menaces extérieures et de sanctions surnaturelles. Ces renforcements négatifs auraient pour effet de ne pas supprimer les désirs envers la mère, mais de les dissocier partiellement de leur contenu sexuel, en autorisant une série de déplacements : il cite en exemple le machisme « latin » qui comporte un attachement passionnel à la mère, un mépris des autres femmes, et une dévotion spectaculaire à la Vierge Marie. Mais il pense encore plus précisément à ces sociétés où le passage à l'âge adulte est marqué par des rites d'initiation, en général douloureux et vexants, ou par des périodes d'exclusion hors de la maison. C'est le cas dans de

À Lire
- B. Juillerat, *Œdipe chasseur, une mythologie du sujet en Nouvelle-Guinée*, Puf, 1991.
- G. Charuty, « Anthropologie et psychanalyse, le dialogue inachevé », dans G. Althabe, D. Fabre, G. Lenclud (dirs), *Vers une ethnologie du présent*, Editions de la MSH, 1992.

nombreuses cultures traditionnelles d'Amérique du Sud, d'Afrique et de Nouvelle-Guinée : ces rites auraient pour fonction soit de couper l'enfant de ses parents, soit de lui inspirer une peur intense face aux instances paternelles, provoquant ainsi une inhibition durable de ses désirs incestueux et agressifs, liée à des croyances surnaturelles et à des peurs objectives. L'interdit ne serait pas intériorisé, mais posé comme une menace objective, aboutissant à une réorientation des pulsions masculines sexuelles et agressives vers d'autres objets que la mère : c'est ainsi qu'E. Jones analysait le désir pour la sœur et l'hostilité envers l'oncle aux îles Trobriand.

En tout état de cause, ces considérations permettent de brosser un tableau de l'avancement de la « question de l'Œdipe ». Si la psychanalyse et l'anthropologie entretiennent encore de nos jours un dialogue limité et souvent difficile, pour différentes raisons de méthode et de présupposés, leur désaccord ne porte plus sur le problème de l'universalité du schéma œdipien. Les anthropologues qui prennent en compte la psychanalyse ne cherchent pas forcément à lui opposer de modèle fondamentalement alternatif.

Réciproquement, la théorie psychanalytique, notamment lacanienne, s'est affranchie d'une conception purement triangulaire de la peur de la castration : le père n'y joue pas obligatoirement un rôle central, et la loi de l'inceste peut être mise en œuvre par la présence asexuée d'un autre homme, un oncle par exemple chez les Na de chine. Le fondement des interdits et la peur qui en résulte ne sont donc plus ancrés dans la rivalité domestique entre le père et le fils, mais dans une exigence, diversement appliquée selon les sociétés, de structuration de la parenté (9).

9. C.-H. Pradelles de Latour, « L'Œdipe à nouveau », *L'Homme*, n° 149, 1999.

MARQUER SA DIFFÉRENCE

ENTRETIEN AVEC PIERRE TAP*

Sentiment de continuité, cohérence et unicité, diversité, réalisation de soi par l'action, estime de soi, conformisme et différenciation : c'est à travers ces grands principes parfois contradictoires que se construit l'identité individuelle.

***Sciences Humaines :* Quels sont les éléments constitutifs de l'identité personnelle ?**

Pierre Tap : Une façon de préciser les éléments qui constituent l'identité personnelle serait de la définir comme l'ensemble des représentations et des sentiments qu'une personne développe à propos d'elle-même. Une autre façon serait de dire que l'identité personnelle, c'est ce qui permet de rester le même, de se réaliser soi-même et de devenir soi-même, dans une société et une culture données, et en relation avec les autres. On peut, en effet, repérer six caractéristiques impliquées dans la construction et la dynamique de l'identité. Ce terme renvoie d'abord au sentiment de rester le même au fil du temps (rester identique, ou au moins semblable à soi-même). On peut donc dire que la continuité est le premier élément de l'identité. Le deuxième, c'est la représentation plus ou moins structurée, plus ou moins stable que j'ai de moi-même et que les autres se font de moi. Je me comporte selon un certain style, ce qui renvoie à l'idée d'unité, de cohérence du moi. Le troisième aspect, c'est l'unicité, c'est-à-dire le sentiment d'être original, de se vouloir différent, au point de se percevoir comme unique (incomparable). C'est un élément qui peut s'exprimer positivement, mais qui peut aussi se muer en fermeture sur soi, associée au déni d'autrui. Une quatrième composante est la diversité, qui correspond au fait que nous sommes plusieurs personnages en une même personne. Selon les cas, cela peut être une richesse (facettes articulées de nos rôles multiples) ou, au contraire, un éclatement, une dispersion de soi. Un cinquième aspect vient du fait que nous sommes ce que nous faisons ; l'identité renvoie alors à l'idée de la réalisation de soi par l'action, du « devenir soi-même » à travers des activités (faire et, en faisant, « se faire »). Cet élément implique la capacité de la personne à gérer un paradoxe, celui du changement de soi dans

* *Professeur de psychologie sociale du développement à l'université Toulouse-Le-Mirail. A publié notamment :* La Société Pygmalion. Intégration sociale et réalisation de la personne, *Dunod, 1988; coauteur de* La Socialisation de l'enfance à l'adolescence, *Puf, 1991;* Marginalités et troubles de la socialisation, *Puf, 1993; et de* Précarité et vulnérabilité psychologique, *Eres, 2004;* Psychologie de l'enfant, *Gaëtan Morin, à paraître.*

la continuité. La dernière caractéristique de l'identité est associée à la nécessaire vision positive de soi (estime de soi). Chacun de nous a besoin de développer un sentiment de valeur personnelle, en soi, à ses propres yeux et aux yeux d'autrui. Bien entendu, cette présentation est idéale. Dans la réalité quotidienne, ces divers sentiments (continuité, positivité, cohérence...) sont parfois «malmenés» par nos échecs et nos ruptures, par la dévalorisation que nous renvoient les autres ou que nous nous attribuons nous-mêmes.

Comme vous pouvez le constater, certains aspects de l'identité peuvent se trouver en conflit avec d'autres, ce qui oblige l'individu à cloisonner sa vie, pour éviter de laisser émerger des oppositions de désirs ou de valeurs contradictoires ou, au mieux, à articuler des conduites, des croyances ou des sentiments très différents. Ainsi, l'identité constitue un effort constant pour gérer la continuité dans le changement, ce qui n'est pas toujours facile. De même, l'ancrage dans le passé peut entrer en contradiction avec les projets que je peux vouloir développer.

***SH :* Il me semble pressentir une autre contradiction. La définition de l'identité, est-ce être à la fois comme les autres et différent des autres ?**

P.T. : Etre soi-même nécessite, en effet, de se différencier des autres. Mais je puis aussi considérer que mon identité se constitue à travers une multiplicité d'appartenances à des catégories ou à des groupes : je suis homme ou femme, jeune ou adulte, corse ou breton, fils de X, père de Y, etc. L'identité individuelle passe donc aussi par l'appropriation et la gestion d'identités collectives.

Je peux répondre à la question « qui suis-je ? » par toute une série de définitions liées à mes rôles sociaux, à mes fonctions et à mes activités, à mes origines ou à mes «exploits» passés, tout cela s'inscrit dans mon itinéraire de vie, dans mes caractéristiques biographiques. On peut donc dire que mon identité se caractérise autant par la gestion de ressemblances que par l'affirmation de différences.

Cela ressort particulièrement lorsqu'un individu vit une crise d'identité. Celle-là peut certes provenir de la perte des repères de continuité : la personne ne sait plus où elle en est, comment elle évolue. Mais cela peut aussi provenir, souvent conjointement, d'une perte des repères de ressemblance : la personne ne sait plus à quel groupe elle appartient, à quel groupe se «référer», se «vouer».

***SH :* Quels sont les avantages et les inconvénients du groupe pour l'identité personnelle ?**

P.T. : Les psychosociologues ont montré que lorsqu'une personne se sent en sécurité au sein d'un groupe, elle a plutôt tendance à s'affirmer dans sa singularité. Inversement, en situation de conflit, elle accentue le besoin de ressembler aux autres, de fusionner, de se référer au groupe. Le groupe est donc un lieu de sécurité, qui peut constituer aussi bien un frein à l'identité personnelle qu'un moyen nécessaire pour accéder à celle-là. Une des façons d'évoquer cette question, c'est d'examiner la proximité, mais aussi la différence entre l'identité et l'identification. Chaque fois que je m'identifie à une autre personne, cela signifie que j'augmente la ressemblance avec elle, que je m'approprie ses valeurs ou ses compétences. Vue sous cet angle, l'identification peut apparaître comme le contraire de l'identité, laquelle est l'expression de ma singularité par rapport aux autres. Pourtant, l'identité passe nécessairement par de multiples identifications. On a en effet parfois besoin, à travers des prises de position et l'adhésion à des croyances, d'affirmer que l'on fait partie de tel groupe, qui devient alors un moyen de valorisation de soi, de promotion. Quand on s'identifie, c'est un peu comme si on voyageait vers l'autre ou chez l'autre. C'est très utile, nécessaire même, mais il ne faut pas rester chez l'autre, il faut savoir revenir chez soi, si l'on veut forger son identité personnelle. Donc, je suis plusieurs et en même temps je suis moi, et je dois gérer ce conflit entre l'unicité et la multiplicité. Pour me trouver, pour me défendre, pour me promouvoir et me sentir reconnu, je passe toujours par des identifications. Mais, à chaque instant, je dois abandonner ces identifications pour être, rester ou devenir moi-même (abandons difficiles, vécus comme des pertes, des trahisons ou des arrachements).

***SH :* Quel rôle joue la famille dans la construction de l'identité ?**

P.T. : La famille est le premier lieu d'apprentissage des identifications et de l'appropriation des identités multiples, puisque l'enfant apprend de multiples « nous », en évoquant le nom de famille ou en se situant dans le « concert » des positions entre frères et sœurs. Mais, dans le même temps, il apprend à déployer ses propres conduites, sa capacité d'autonomie. Il développe le sentiment de responsabilité et de causalité. Nous sommes constamment écartelés entre la solidarité familiale et le besoin de développer notre identité personnelle, notre espace de libre mouvement, nos croyances et conceptions propres. L'éducation représente donc une contradiction permanente entre la conformité et l'autonomie. La famille est le premier lieu où l'enfant expérimente la personnalisation (développement de soi en tant que personne autonome), laquelle s'effectue à travers l'acceptation des règles sociales, mais aussi leur mise en question. Se personnaliser, se construire, c'est mettre en jeu des projets, en s'appuyant sur son univers de référence tout en s'en détachant. Ce processus, qui se produit initialement dans la famille, sera appelé plus tard à se reproduire dans de multiples autres contextes (école, groupes de pairs, relations amoureuses, nouvelle famille, milieu professionnel). Les premières phases familiales de construction d'identités et de jeux d'identifications auront un rôle capital pendant toute la vie, mais la dynamique infantile de l'identité sera aussi cent fois remaniée en fonction des situations et des rencontres nouvelles.

Propos recueillis par
JACQUES LECOMTE
(*Sciences Humaines*, hors série n° 15, décembre 1996/janvier 1997)

Chapitre II

Identité personnelle et normes sociales

GENEVIÈVE VINSONNEAU*

SOCIALISATION ET IDENTITÉ**

La psychologie culturelle s'interroge sur les rapports entre la construction du sujet et la culture. Elle montre que l'identité de chacun dépend de son environnement social, mais aussi de la position qu'il se donne dans une société aux références culturelles multiples.

C'EST LE DÉBAT sur l'inné et l'acquis qui fit naître le questionnement à propos des incidences de la culture sur les modes de production et d'expression des comportements humains. Au début du XIXe siècle, diverses observations, réalisées sur des petits d'hommes dépourvus de parents et d'éducation humaine (par exemple, « l'enfant sauvage de l'Aveyron » que décrivit Jean Itard, ou les jeunes Indiens qu'avaient adoptés des meutes de loups), révélèrent combien la situation de l'homme est originale : privé de vie sociale, il s'avère en effet incapable d'accéder à la condition humaine.

Le culturel n'est pas seulement quelque chose qui s'ajoute à la nature de l'homme ; il s'agit d'une dimension essentielle, qui en est constitutive. C'est en effet par sa médiation que l'individu, au cours de son développement, devient humain. Les modes du devenir humain ne sont pas uniformes, ils varient d'un groupe social à l'autre, d'une culture à une autre.

L'appropriation des significations culturelles

Au cours de son développement, l'individu rencontre nécessairement autrui, tisse avec lui des liens, au gré des

* Présidente de l'Association internationale de psychologie scientifique pour l'étude des contacts de cultures (AIPSECC), enseigne la psychologie culturelle à l'université Paris-V. A publié notamment : *Inégalités sociales et procédés identitaires*, Armand Colin, 1999 ; *L'Identité culturelle*, Armand Colin, 2002.

** *Sciences Humaines*, n° 110, novembre 2000.

groupes sociaux et des situations traversées. On appelle socialisation les modifications qui se produisent à cette occasion dans les rapports de chacun avec son environnement et avec soi-même. Chaque groupe social possède des significations culturelles propres, auxquelles est confronté le sujet.

D'origine collective, ces significations culturelles sont reliées à des logiques partagées et elles se transmettent, en perdurant dans le temps, au point d'être confondues avec un patrimoine consensuel et durable. Le sujet se les approprie donc, les incorpore, en quelque sorte, sous l'effet du processus d'« enculturation », dynamique procédant de la socialisation et qui varie largement selon le type de société dans lequel elle opère.

On peut par exemple naître dans une société rurale où l'autorité paternelle et masculine constitue une valeur essentielle et sera transmise par l'ensemble des membres de la communauté – femmes comprises – au jeune enfant. Cela s'opérera à la fois par les tâches à accomplir, par les mythes et croyances qu'il intégrera, par les espaces et les temporalités de la société, etc. On peut aussi naître dans une société urbaine et postmoderne du nord de l'Europe. La négociation familiale, la tolérance aux différences individuelles et la démocratie participative y constituent autant de valeurs et de pratiques généralisées que la socialisation, familiale et scolaire, permettra à chacun d'intégrer progressivement.

Les structures sous-jacentes aux développements culturels sont loin d'être uniformes. Il s'avère qu'une fracture sépare les sociétés dites modernes, qui se sont industrialisées depuis la fin du XVIIIe siècle, et celles qui résistent à ce processus ou en demeurent plus ou moins à l'abri, et que l'on qualifie de traditionnelles. Ici, nous nommerons traditionnelle toute collectivité anciennement constituée, préservée des changements rapides et discontinus qui, depuis deux siècles, secouent les sociétés en proie aux révolutions techniques. De sorte que ce qui caractérise ces collectivités est l'incessante répétition de pratiques maintenues identiques à elles-mêmes. Mises au point par le passé, ces pratiques permettent de faire face à des problèmes inchangés, ou tout au moins qui évoluent très lentement, ce qui autorise la cristallisation d'un vaste réseau de traditions. On observe de tels fonctionnements aussi bien parmi des sociétés à faible degré de stratification sociale – sociétés « simples », dites primitives par les premiers ethnologues – que dans certains sous-groupes d'anciennes sociétés asiatiques, arabo-musulmanes ou européennes. Plus le caractère traditionnel des sociétés est important ou s'accroît, plus ses membres sont enserrés dans un système culturel cherchant à lui prescrire à la fois ses pratiques et ses croyances. La culture est alors hégémonique – ses prescriptions tendent à concerner toutes les situations de l'existence – et elle vise le détail de chacune des situations.

La culture peut être ici considérée comme un ensemble, cohérent et précis, qui forme un système, c'est-à-dire une philosophie ordonnée de l'existence, à forme habituellement religieuse. Les communautés rurales chrétiennes médiévales, certaines minorités ethniques de Chine contemporaine, quelques communautés rurales d'Asie centrale ou du Moyen-Orient peuvent par exemple relever d'une telle compréhension.

Sociétés industrialisées et *subcultures*

Dans les sociétés industrialisées modernes, l'accélération du changement induit des transformations structurelles, rendant délicate, voire impossible, la cristallisation en traditions des représentations, valeurs, savoirs, savoir-faire... Simultanément à la diversification des activités et à l'accroissement de la complexité sociale, les sous-groupes sociaux se multiplient et tendent à exister pour eux-mêmes. Les modèles qui les gouvernent suscitent alors une diversification sous forme de *subcultures*.

Disparates et conflictuelles, ces *subcultures* introduisent une problématique dans la culture d'ensemble, au sein de laquelle elles se distinguent. Si dans les contextes traditionnels la socialisation prescrit les comportements et les valeurs dans le détail, dans les sociétés industrielles modernes, elle tend en revanche à proposer des principes de conduites généraux et des valeurs morales globales. Les difficultés qu'a connues l'Eglise catholique en matière de prescription d'une morale sexuelle, et son retrait pratiquement complet de la prescription politique ou sociale dans les sociétés européennes actuelles illustrent par exemple ce fait. L'Eglise a dû s'adapter aux modifications de la culture et suivre des pratiques sociales réelles. On peut ainsi parler, pour nos sociétés, de « socialisation-cadre ».

Par ailleurs, en société complexe, l'individu peut être soumis tout au long de sa vie à des opérations de désocialisation et resocialisation successives, qui ne sont pas totalement différentes de ce que vivent les membres des minorités étrangères à l'épreuve de l'immigration.

Dans les sociétés contemporaines, l'existence de *subcultures* disparates offre aux acteurs sociaux la possibilité de développer des comparaisons et, par voie de conséquence, de prendre des distances par rapport à leur propre culture d'origine. Ainsi ne sont-ils plus en situation d'immersion socioculturelle ; les individus acquièrent la possibilité de se poser comme sujets « émergés » face à des éléments culturels qu'ils peuvent traiter comme des objets de conscience, en les manipulant à leur convenance personnelle. Il est de fait que la connaissance de la diversification socioculturelle est renforcée par les médias : ceux-ci installent désormais les individus dans des réseaux planétaires, où circule un corpus d'informations mondialisées. De sorte que les acteurs sociaux peuvent être amenés à juger les propositions de la collectivité, à les évaluer, pour choisir finalement parmi différentes « socialités divergentes ». Autrement dit, les acteurs sociaux peuvent, dans une certaine mesure, édifier eux-mêmes leurs projets de socialisation.

Dans ce contexte, le maintien de l'unité de l'être ne se réalise qu'au prix de gros efforts. La problématique identitaire s'inscrit précisément à ce niveau. On appelle identité la dynamique évolutive par laquelle l'acteur social donne sens à son être : en reliant le passé, le présent et l'avenir, ce qui procède des faits et des prescriptions sociales, ou de ses propres projets. Elle en constitue une totalisation, adaptée au monde, tout en procurant à l'acteur social un sentiment d'unité et de constance. La psychologie fournit aujourd'hui d'abondantes études qui nous éclairent sur la question de l'identité. Les recherches sur le oi, en particulier, analysent la façon dont chacun se définit (concept de soi), s'estime (estime de soi) et se présente tant à autrui qu'à soi-même (présentation de soi). Les facteurs culturels peuvent infléchir à la fois les conceptions possibles de soi, les manières de se porter estime et les divers modes de présentation de soi qui sont également liés aux processus cognitifs. Le sujet n'est pas le créateur exclusif du sens de son être, dont l'existence se déploierait en toute liberté dans un vide social. La culture interagit avec le développement cognitif du sujet et donne elle aussi forme à l'esprit.

Si la psychologie a coutume d'éclairer des procédés individuels, susceptibles de présenter des régularités, la psychologie culturelle s'efforce d'expliquer la spécificité des productions des acteurs sociaux dans des contextes culturels particuliers. Dans ces circonstances, elle cherche à comprendre la manière dont opèrent les cadres de référence, les grilles d'interprétation du réel, les positions que l'on se donne dans le monde.

André Rauch*

CULTE ET DÉCLIN DE LA VIRILITÉ**

Au XIXe siècle, à l'armée, à l'usine, au cabaret et dans tous les cercles masculins, c'est à partir d'une virilité affichée que se construisaient les identités masculines. Les progrès de l'égalité entre les sexes ont progressivement introduit un renversement dans les statuts et les rôles des hommes.

Pour la première fois dans l'histoire peut-être s'annonce l'avènement de notre société mixte. En quelque deux siècles, on est passé d'une société dominée par le modèle de la propriété foncière, où la famille constituait la cellule économique de base et où la reproduction (des individus, des modes de vie, du rang dans la société, etc.) était essentielle, à une société de production, où l'innovation, la mobilité, l'esprit d'entreprise et d'initiative dominent. C'est au cœur de ces transformations que se jouent les nouveaux rôles masculins. Les modifications des identités, du statut et de l'image de l'homme dans la société entrent en crise au moment où s'effacent les anciens repères.

Le pouvoir des hommes avait façonné notre société, lui avait donné son énergie vitale. Jeter un regard sur la crise de la domination masculine suppose que l'on porte une attention particulière au démantèlement de l'ordre social ancien. La Déclaration des droits de l'homme de 1789, puis les lois sur le divorce promulguées par la Convention (1792), même si elles n'entraînent pas de changements sociaux immédiats, établissent entre les sexes une symétrie des actions juridiques. La domination masculine en sort altérée de manière irréversible. Une crise d'identité traverse alors les individus mâles

* Professeur à l'université Marc-Bloch de Strasbourg. A publié notamment : *Le Premier Sexe. Mutations et crise de l'identité masculine*, Hachette, 2000 ; *L'Identité ou la revanche des femmes*, Hachette, 2004.

** *Sciences Humaines*, n° 112, janvier 2001.

confrontés au renversement de leur statut. Assiste-t-on depuis deux siècles à la fin d'un héritage sacré de l'histoire et les hommes ont-ils renoncé aux privilèges qui les solidarisaient autour de leur différence sexuelle ?

N'oublions pas cependant que, dans les rapports sociaux, la hiérarchie des sexes s'est combinée au consentement féminin. La résistance des femmes s'est elle-même accordée à la répression masculine. Leur condition revêtait un aspect équivoque : elles se sentaient à la fois protégées et contraintes. Récemment encore, le monopole de la vie professionnelle, détenu par les hommes, a maintenu les femmes, matériellement et socialement, sous leur dépendance ; les moyens de subsistance dans la vie domestique étaient fournis par les pères ou les maris, qui représentaient aussi la famille. Parallèlement, la revendication qu'elles ont menée a souvent emprunté des formes de protestation qui correspondaient à leur maigre marge de manœuvre. Résister ou se rebeller dans les conflits de la vie privée, se solidariser dans les crises de l'emploi ou les drames de la guerre n'opposent pas de contre-modèle féminin à l'ordre établi. Les hommes abandonnent-ils réellement leur priorité ou leur suprématie, et renoncent-ils à leur domination ? Et quand bien même il en serait ainsi, comment se réorganisent les rapports entre les deux sexes ?

Les territoires de la virilité

Longtemps, l'espace est resté partagé. Les lieux de culte, les places et voies publiques, les emplacements privés ou domestiques se divisaient selon la séparation des sexes. La distribution de l'espace urbain ou des localités rurales reproduisait la symbolique de la division sociale. Au XIXe siècle, les cabarets, les places de village, les espaces de jeu et par ailleurs, les cercles, les associations et les terrains de sport ont continué de dessiner un domaine spécifiquement masculin.

Ces territoires, où s'expriment les qualités distinctives de la virilité, ne sont pas dénués de misogynie. La conscription consacre le culte voué au soldat et aux valeurs viriles. Au café et au cabaret, où retentissent propos graveleux et égrillards, les débordements des buveurs traduisent une sociabilité de refuge, à l'abri des femmes. Menacée par des forces hostiles, la fidélité que se doivent les hommes entre eux s'éprouve. Au pensionnat, les chahuts contre un maître abhorré donnent cohésion et dignité au groupe.

Le développement des loisirs s'accompagne d'un engouement pour la culture physique. Semblables aux soins de la toilette féminine, des attentions inédites à la musculature sont encouragées par la publicité de certains catalogues. La mise en scène des corps masculins illustre le courage, le sang-froid, la force ou l'adresse. Au café Paul Pons, à Montmartre, la clientèle populaire vient boire un verre en regardant le spectacle des boxeurs, lutteurs ou haltérophiles. Les murs sont tapissés d'images de torses athlétiques. Aucune femme ne peut consommer et aucune d'entre elles ne s'aventurerait à se mesurer avec quiconque sur le plan sportif. Mais qu'advient-il lorsque les femmes se mettent à fréquenter l'école puis le lycée, les lieux de loisirs et les rivages marins ? Dans l'hôtel des Bains, à Dieppe ou à Deauville, le salon des dames, ou salon de conversation, est longtemps resté isolé du fumoir des hommes. Certes, le salon des hommes a cessé d'être un lieu réservé et donc sexuellement interdit. Mais une femme y est simplement accueillie, elle n'occupe pas un espace qui lui revient ; elle demeure invitée, et donc étrangère. Qu'advient-il de ces dispositions lorsque, durant le XXe siècle, plages, casinos, compartiments de chemin de fer, salons et clubs sportifs deviennent communs ? Comment les hommes se reconnaissent-ils, une fois que les lieux ne portent plus de marques symboliques ?

Rien de plus naturel pour préserver une différence sociale que de la fonder sur le corps. A comparer les rôles qui définissent la virilité, on constate que les tâches traditionnellement affectées aux femmes supposent moins de puissance musculaire. Mais là n'est pas l'essentiel. Elles comportent aussi une autre manière de s'exposer à la douleur et à la mort : il était entendu que risquer sa vie au travail ou à la guerre héroïse l'homme, alors que la femme, qui a laissé la vie en accomplissant son devoir maternel, subit simplement le sort commun.

Jadis, les femmes qui transgressaient le rôle qui leur était accordé par le partage des sexes prenaient le risque de passer pour des garçons manqués, autrement dit des femmes ratées. De nos jours, seuls vestiaires et toilettes rappellent les anciens partages des interdits et des pudeurs sexuelles qui confondaient, dans la mise à nu du corps, le regard de l'autre et son désir. Peu de chose, somme toute. Mais cela compte au regard des séparations et des exclusions dans la société européenne. L'ignorance ou la méconnaissance de la révolution des mœurs prend alors au dépourvu ceux qui restent campés sur les traditions. Socialement discrédités, les cloisonnements entre hommes et femmes passent pour des mesures d'*apartheid*, des conventions arbitraires à contre-courant de la démocratie. Clivages sociaux, idéologiques, culturels font crier à l'inégalité, voire à l'injustice. Quelles nouvelles morales de soi ont surgi de l'égalité ?

L'effacement des repères

Durant des siècles, les jeunes gens ont appris les rôles masculins dans des lieux éloignés du foyer maternel. Le principe de la séparation est tenu pour un acte initial et initiatique. Devenir homme revient à découvrir le désir par la privation de l'autre sexe, en apprenant pendant ce temps les gestes masculins : une arrogance du regard, une moue des lèvres ou un haussement de la tête, une manière de serrer les poings, un geste pour retrousser ses manches, une façon de se débrailler pour uriner. Chacune de ces disciplines a charnellement marqué les individus et écarté ce qui pouvait entraîner la confusion avec l'autre sexe, tenu à l'écart. Ces initiations ne sont pas seulement symboliques, elles introduisent réellement le garçon dans la société. Et les hiérarchies entre hommes et femmes ne marquent pas simplement une ségrégation arbitraire : elles sont constitutives d'un ordre.

Lorsque la femme a agi sur l'ordre social, elle a attiré l'homme hors des cercles masculins. Dans la séduction, celui-ci s'exposait ; s'il se laissait aller à la tendresse, son indépendance pouvait être dévorée. Pour ceux qui se font ainsi dévoyer, c'est la honte, l'abandon des solidarités naturelles, le reniement des obligations fondées sur les rapports virils. Les connivences, le rappel des complicités dans les lieux réservés aux hommes, l'usage des codes masculins de la communication gestuelle ont signalé les fidélités au clan du sexe fort. Ainsi se conjuraient les puissances maléfiques du sexe féminin, soupçonné de vouloir soutirer leur force aux hommes pour les attendrir et les dominer.

Avec la reconnaissance de l'égalité, la base de cet ancien monde s'est effritée. Les persiflages contre la fille vierge, la célibataire revêche ou la femelle insatiable paraissent désormais déplacés dans les conversations masculines. Lorsque la mixité scolaire associe garçons et filles, les défis du bizutage deviennent les expressions d'une barbarie brutale. Aujourd'hui, dans les cours de récréation et les campus universitaires, la mode vestimentaire a confondu les repères traditionnels et les images de soi n'obéissent plus à la loi des sexes. Miroitent à présent des codes d'élégance, des formes de civilité intégratives, que peuvent partager jeunes gens et jeunes filles au travail, dans le loisir, pour la séduction, insouciants du rappel au genre originel.

Nouveaux savoir-faire amoureux

C'est à la fin du XIXe siècle que le temps investi pour former un homme et une femme aptes à travailler et à se marier commence à s'uniformiser. Les uns et les autres sont envoyés à l'école et ils se marient à peu près aux mêmes âges. Mais l'un ne devient pas un homme comme l'autre devient une femme. Longtemps, l'apprentissage d'un métier, le service militaire (l'homme du XIXe siècle prenait pour modèle la virilité guerrière) ou l'attente de l'embauche (considérée comme l'entrée dans la maturité masculine) ont retardé l'accès des garçons au rôle d'adulte. Leur instruction les avait habitués à se tenir éloignés de la famille, plus particulièrement de la mère. Alors que l'initiation des filles les a rapprochées et les a liées, les hommes découvraient leur différence, celle qui après la conscription a fait la terreur mais aussi l'orgueil de leur vie entière : jusqu'à la vieillesse, ils se sont mis à raconter leur guerre et à débiter leurs campagnes militaires. Lorsque le temps des conquêtes et des aventures marque le pas, les hommes cessent de s'identifier aux prédateurs : conquêtes professionnelle, sexuelle, territoriale ne sont plus leurs privilèges.

Les initiations sexuelles elles-mêmes ont changé de valeur. Entre eux, les garçons, puis les jeunes gens, apprentis au travail ou militaires du contingent, se sont initiés à la sexualité : les secrets chuchotés dans un coin reculé ont préparé la rencontre de l'autre sexe. Le narcissisme a dicté les gauloiseries d'une chambrée de caserne ou les récits hâbleurs, qui ont pimenté sur le chantier le casse-croûte autour de la gamelle ou endiablé la tablée d'une salle de garde d'hôpital. Leur identité sexuelle s'est forgée d'après des modèles dont on retrouve la teneur dans les chansons estudiantines, publiées par exemple

dans *Le Bréviaire du carabin* (Editions médicales universitaires 1976). Récits, moqueries et *lazzi* ont dégrossi la niaiserie et défini l'âge mûr.
Filles et jeunes filles ont, elles, tout appris des sociétés de femmes : mères, sœurs, tantes, voisines et amies se sont mises de la partie pour suggérer ce qui allait se passer au premier rendez-vous, ce qu'il convenait de faire les fois suivantes. Jamais un homme ou une femme ne s'est présenté devant l'autre en s'exposant à des risques inconsidérés. Et lorsque cela s'est produit, une catastrophe en a résulté. Rien de plus désobligeant pour un garçon que d'apprendre cela d'une fille. Rien de plus risqué pour celle-ci que d'être livrée à une initiation sexuelle par le premier venu. Dans l'intimité de la confidence, échecs et déceptions se sont partagés entre personnes du même sexe. Les dévoiler à la partie adverse eût conduit au déshonneur.
La fin de la différence met-elle un terme à une forme ancestrale de sentiments ? Au-delà de la surprise attendue sur la naïveté de l'une ou l'égoïsme de l'autre, la relation amoureuse les met-elle face à face, sans que joue le clan d'origine ? La nouveauté passe évidemment par l'expression des désirs. Or on ne peut oublier qu'entre hommes, parmi d'autres, le récit de séduction affirme l'identité. Ils ont contrôlé ou fait surveiller la conduite des femmes vivant sous leur pouvoir, alors qu'ils fondent ensuite leur réputation sur la jalousie qu'ils peuvent leur inspirer : de censeurs, les voilà devenus trompeurs.
Pudeur et gêne ont longtemps parlé. L'éloignement des garçons à bonne distance du foyer des femmes, le choix du vêtement et l'obligation de ne jamais s'avancer négligé au-devant d'elles ont marqué un moment essentiel de l'initiation au rôle d'homme. Cependant, la poussée des seins et l'arrivée des premières règles entraînaient chez les filles des différences fondamentales. Elles ont attendu, ou subi souvent dans la crainte, cet écoulement, signe de féminité accomplie. A peine le sang a-t-il frôlé leurs cuisses qu'elles ont compris qu'il n'y avait rien à dire, qu'elles devaient consentir, muettes, à la priorité de la maternité. En adhérant à l'ordre biologique, elles ont subi un ordre social.
Les campagnes pour maîtriser les naissances ou conjurer la contagion des maladies vénériennes ont inversé bien des imaginaires masculins. Les filles n'ont pas nié que le sperme est une substance puissante et féconde, et que cela explique ou légitime les privilèges masculins : son écoulement est voulu et n'obéit pas à une périodicité inéluctable. La contraception masculine et l'usage du préservatif (que Flaubert en 1857 appelle *« capote anglaise »* ou *« condom »*) ont canalisé ou contenu le débordement des arrogances. Ils ont aussi privilégié la prudence au détriment de la jactance, la réserve plus que l'exubérance. L'usage de la pilule et les méthodes de contraception ont rendu les femmes indépendantes du plaisir des hommes. Voilà que se valorisent l'entente au lieu de la domination, la retenue et non l'éclat, bref, d'autres images du savoir-faire amoureux et d'autres manières d'investir le corps de désirs.

La tendance *queer*

Venue d'outre-Atlantique, la tendance *queer* propose un point de vue nouveau sur la construction des identités, issu des études féministes et des mouvements homosexuels. En proposant de dépasser les dualismes, le mouvement *queer* réaffirme le caractère politique de la construction sociale des corps, des genres et des sexualités. C'est donc dans le sillage de Michel Foucault, comme le montre bien David Halperin (1), qu'il faut inscrire ce courant intellectuel.

Certes, on pourrait trouver d'autres antécédents, y compris chez ceux que M. Foucault prend pour cible, Herbert Marcuse, Gilles Deleuze et quelques autres. Le point essentiel est l'opposition à la naturalisation des rapports sociaux, et aux tendances essentialistes. Au lieu de s'enfermer dans une nouvelle identité qui serait solide et définitive, la tendance *queer* préfère insister sur la porosité et la reconstruction incessante des catégories. De la même manière que l'opposition binaire homme/femme serait une production sexiste, la dualité hétéro/homosexuel serait une production qui réaffirme et entérine des différences socialement construites.

La caractéristique des *queers* est de revendiquer le droit à la multiplicité des identités et à une remise en cause de l'étiquetage. L'identité *queer* ne se définit pas de manière substantielle par ce qu'elle est, mais par ce qu'elle transforme. C'est, selon D. Halperin, un horizon de possibilités « *pour repenser les relations entre les comportements sexuels, les identités érotiques, les constructions du genre, les formes de savoir, les régimes de l'énonciation, les logiques de la représentation, les modes de construction de soi et les pratiques communautaires – c'est-à-dire pour réinventer les relations entre le pouvoir, la vérité et le désir* ».

SERGE CHAUMIER

1. D. Halperin, *Saint Foucault*, Epel, 2000.

Progrès et nostalgies

Ce regard cursif sur les enjeux de l'égalité entre hommes et femmes nous permet de mesurer le renversement des statuts de la condition masculine. Effacer la différence entre les genres masculin et féminin suppose que soient redéfinies les identités. Cet ordre nouveau a engendré des marges où s'expriment excès et réactions. Sur cette frontière se joue la fin de tous ces îlots d'isolements qu'illustrent les cercles clos, l'internat des collèges et toutes sortes de retranchements. Derrière de telles digues

– rituelles aujourd'hui chez les fondamentalistes de tous bords et de toutes religions –, des groupes d'hommes se sentent marginalisés et imaginent devoir se souder pour résister à la démocratie. Cependant que la disparition des anciens clivages a changé les approches entre les deux sexes, ils redoutent une relégation assimilable à la condition féminine. Face à la mixité, ils parviennent à déclencher autour d'eux une nouvelle peur de la femme, qui justifie leurs tentatives de rétablir un ordre masculin révolu. Progrès et nostalgies, voilà les enjeux de la condition masculine dans la société contemporaine.

POUVOIR, IDENTITÉ, RÔLES MASCULINS

À LA RECHERCHE DU MATRIARCAT

• *Un matriarcat primitif ?*
Dans les années 70, au moment où le mouvement féministe bat son plein, la question de l'existence de matriarcats dans les sociétés primitives est sur la sellette. On exhume certains travaux (Johann Jacob Bachofen, 1815-1887) faisant état de sociétés protohistoriques (tels les Lyciens de la Grèce mycénienne) où le pouvoir, la religion et le mariage auraient été régis par les femmes. Au XIXe siècle, cette hypothèse influence d'ailleurs Friedrich Engels qui lie l'histoire de la domination masculine à celle de la propriété privée.

• *Des sociétés matrilinéaires*
Depuis le début du XXe siècle, les ethnologues se sont penchés sur les liens de filiation. Certains ont montré que, dans les sociétés traditionnelles à filiation matrilinéaire (où les enfants d'un couple appartiennent au clan de leur mère), les femmes jouissent souvent de prérogatives importantes : ainsi, les Iroquoises avaient le pouvoir d'arrêter la guerre et les femmes de guerre cherokees prenaient une part importante dans les stratégies et les tactiques de combat.

• *Matrilinéarité ne signifie pas matriarcat*
Aucun ethnologue ne s'est hasardé à assimiler le régime de filiation matrilinéaire à une société où le pouvoir et la direction des affaires appartiendraient aux femmes. Quant à la question d'un matriarcat des origines, elle reste une hypothèse qui n'a pas reçu de confirmations plus fondées.

HOMMES/FEMMES : UNE QUESTION DE NATURE ?

• *Sexe fort* versus *sexe faible*
Depuis Aristote, nombreux sont les philosophes qui ont affirmé l'existence d'une différence ontologique entre l'homme et la femme. Par ailleurs, la naturalisation des différences hommes/femmes est très répandue dans les représentations sociales : l'homme, doté de force, de puissance musculaire, d'agressivité, serait destiné à chasser, à faire la guerre et donc à commander aux femmes.

• *La raison des gènes*
Pour les sociobiologistes, ce sont nos gènes qui dictent nos comportements. L'inégalité des investissements des deux sexes dans la reproduction expliquerait la différence des comportements sexués. Selon Edward O. Wilson (1), l'homme serait naturellement disposé à être volage et à multiplier ses conquêtes féminines pour mieux diffuser ses gènes. La femme, à l'inverse, voudrait sélectionner le meilleur géniteur, cherchant à garder auprès d'elle un mari apte à assurer la meilleure progéniture possible.

Différence des sexes : le regard des psychanalystes

• *Le complexe d'Œdipe à l'origine de l'identité masculine*
Sigmund Freud décrit la construction de l'identité masculine à partir du complexe d'Œdipe. Entre 3 et 5 ans, le petit enfant se met à désirer le parent de sexe opposé et rejette celui de même sexe. Le petit garçon, amoureux de sa mère, redoute la castration comme punition. Cette peur aboutit au refoulement du désir incestueux, ce qui rend favorable la construction du surmoi, par identification au père (2).

• *La fonction symbolique du père*
Jacques Lacan s'intéresse à la valeur symbolique de la fonction paternelle. Le père interdit l'inceste et devient donc porteur de la loi. Peu importe qu'il soit réel ou non, ce qui compte, c'est qu'à travers le « Nom-du-Père », la mère lui reconnaisse sa place. Les théories psychanalytiques ont ainsi joué un grand rôle dans le peu d'intérêt accordé aux relations entre le père et l'enfant. Il faudra attendre les années 70 pour voir apparaître les premiers travaux empiriques sur cette question.

Masculin/féminin : une diversité de modèles

• *Des identités culturellement construites*
« Sois un homme… Un homme, ça ne pleure pas… » se sont entendu dire beaucoup de garçons dans leur enfance. Pour les sciences sociales, l'identité de chaque sexe se construit par l'éducation et la culture. L'une des pionnières fut l'ethnologue Margaret Mead qui avait voulu montrer la variété des modèles culturels masculins et féminins dans les tribus d'Océanie (3).

• *Un masculin plus ou moins viril*
Dans nos sociétés occidentales, les critères de la masculinité ont varié selon les époques. Ainsi au XVIIe siècle, alors que la fréquence des guerres diminuait, les valeurs viriles se sont estompées au profit de valeurs plus féminines : les hommes de l'aristocratie portaient perruques et collants, sortaient poudrés et parfumés.

• *Vers l'androgynie ?*
Selon Elisabeth Badinter, les crises de la masculinité apparaissent lorsque les femmes revendiquent plus de liberté, comme depuis trente ans avec l'explosion du mouvement féministe. Cette philosophe a notamment mis en évidence la présence dans chacun et chacune de tendances androgynes, faites de valeurs masculines et féminines (4).

La fin du patriarcat ?

• *L'âge d'or*
Littéralement, le patriarcat signifie l'autorité du *pater familias*. Le sociologue Manuel Castells définit la société patriarcale comme un modèle d'« *autorité institutionnalisée des hommes* » au sein de la famille, qui

pénètre toute l'organisation sociale (5).
Au XIXe siècle, le modèle patriarcal évoquait de petites communautés rurales, unités familiales de production ; une sorte d'âge d'or menacé par l'urbanisation, l'industrialisation, le salariat...

• *Critiques de la domination masculine*
Le courant critique marxiste analyse la société patriarcale comme un rapport de domination masculine et d'oppression des femmes. L'explosion du mouvement féministe (à partir des années 70) va plus loin en lui accolant les étiquettes de sexisme et de machisme. Les féministes se révoltent contre l'autorité des « 3 P » : le père, le professeur et le patron.
Pour le sociologue Pierre Bourdieu, la domination masculine serait « *le produit d'un travail incessant de reproduction* », auquel contribuent non seulement les hommes mais aussi les femmes, par des *habitus* qui s'inscrivent jusque dans les manières d'utiliser son corps et dans les pratiques sexuelles. La domination masculine bénéficie ainsi du « *consentement des dominées* » (6).

• *La crise*
A l'aube du XXIe siècle, il paraît difficile de nier que le patriarcat est en crise, tout au moins dans les sociétés occidentales. Selon M. Castells, sa désintégration s'explique par plusieurs facteurs : la montée des femmes à l'école et sur le marché du travail ; la contraception qui a permis la libération sexuelle ; la puissante onde de choc de mouvements sociaux culturels (le féminisme et les revendications homosexuelles). Le tout aidé par un « monde en réseaux » où les structures pyramidales et hiérarchiques tendent à disparaître.

---

1. E.O. Wilson, *On Human Nature*, Cambridge, 1978.
2. S. Freud, *Introduction à la psychanalyse*, Payot, 1985.
3. M. Mead, *Mœurs et sexualité en Océanie*, Plon, 1963.
4. E. Badinter, *XY. De l'identité masculine*, Odile Jacob, 1992.
5. M. Cartells, *Le Pouvoir de l'identité*, Fayard, 1997.
6. P. Bourdieu, *La Domination masculine*, Seuil, 1998.

Jacqueline Pousson-Petit*

L'IDENTITÉ PERSONNELLE FACE AU DROIT**

L'identité juridique dans les pays occidentaux constitue un outil étatique de pouvoir et de contrôle, mais également un mode d'individualisation pour les personnes. Or, l'évolution des systèmes juridiques fait apparaître que les individus revendiquent de plus en plus un droit à une identité personnelle choisie et non imposée par le groupe, notamment en ce qui concerne l'identité sexuelle et les liens de filiation.

Thème éditorial à la mode, le concept d'identité de la personne humaine est assez curieusement de plus en plus incertain, indécis et mouvant. Plus on en parle, moins on le cerne. Sur le plan juridique, on peut faire le même constat. Notion fonctionnelle, l'identité juridique dans les pays européens et américains constitue à la fois une technique d'identification sociale de l'individu et un mode d'individualisation revendiqué par ce dernier. L'identité conçue pour et par autrui coexiste avec l'identité vécue par la personne elle-même. En d'autres termes, l'identité est soit un instrument politique de pouvoir et de contrôle, soit un outil permettant l'exercice de la liberté individuelle et la construction de la personnalité. Elle est imposée et choisie. Ces deux aspects contradictoires, mais complémentaires, se retrouvent dans tous les systèmes juridiques occidentaux. En revanche, dans les cultures juridiques non occidentales, l'individu n'est pas au centre de l'ordre juridique. Le principe fondamental est le respect de l'ordre naturel. Les normes juridiques mêlées à des normes morales, religieuses ou de convenance sociale sont inégalitaires ; le groupe est fondamental. Le droit est alors purement objectif. Toutefois, à l'heure actuelle, l'opposition n'est plus aussi nette. Les droits occidentaux, français, anglo-saxon,

---

* Professeur de droit privé à l'université des sciences sociales de Toulouse-I et directrice du Centre de droit comparé. A publié notamment : (dir.) *L'Identité de la personne humaine. Etude de droit français et de droit comparé*, Bruylant, 2003.

** Texte inédit.

allemand, espagnol, etc. sont devenus une partie intégrante de la plupart des cultures juridiques non occidentales. Même si les traditions persistent, surtout dans la sphère personnelle et familiale, une tendance à l'individualisation de la personne se manifeste.

Etat civil, pouvoir politique et autorités religieuses

L'histoire révèle le lien entre l'identité et l'organisation politique, sociale et juridique de toute société, quelle qu'elle soit. Dans l'Egypte des pharaons, chaque Egyptien porte un nom écrit au moyen de hiéroglyphes suivi du titre qui lui est assigné dans le service des dieux et du pharaon. La pratique des recensements paraît aussi ancienne que l'unification de l'Egypte, elle sert de base à l'impôt. Les autres peuples antiques connaissent la double fonction identitaire : assigner à une personne sa qualité dans le lignage familial et la repérer comme membre de la cité afin de répondre à des préoccupations militaires et politiques. En droit romain, le nom (les Romains en avaient trois : le *praenomen* ou le prénom, le *nomen gentilicum* ou l'appartenance à une des gentes, le *cognomen* ou le surnom), la citoyenneté et la parenté identifient la personne. Apparaissent alors les fondements de l'état civil. Mais les peuples germaniques, notamment les Francs, délaissent ce système. Tous les éléments de l'état civil sont soumis aux usages. A l'époque carolingienne, le prénom ou le nom de baptême coexiste avec le surnom devenant nom patronymique, et l'identité prend aussi en compte l'appartenance à un état, notamment à la noblesse.

Rapidement le choix des éléments réglementant l'état civil des personnes revêt une importance politique considérable. Les rois et le pouvoir religieux entrent en compétition. L'Eglise estime nécessaire l'enregistrement de l'état des personnes pour éviter les mariages entre parents au degré prohibé par le droit canonique. En France, sous l'Ancien Régime, une entente est trouvée : les ministres du culte catholique se voient confier les registres sous le contrôle de la justice royale. Les protestants, après une dure période de négation de leurs droits (édit de Fontainebleau du 18 octobre 1685 révoquant celui de Nantes), acquièrent un état civil par l'édit de Louis XVI de 1787. Cet édit organise aussi l'état civil déconfessionnalisé des Juifs. Avec la Révolution, les constituants transforment, en 1792, l'état civil en généralisant la « déconfessionnalisation » au profit des municipalités. En France, cette sécularisation n'a jamais été par la suite remise en cause. Seule la célébration civile du mariage est reconnue sur le plan juridique. Cette laïcité « à la française » a été exportée suite aux conquêtes napoléoniennes et à la colonisation, mais elle reste une exception. En effet, la bataille entre les autorités civiles et religieuses n'a pas eu lieu dans les autres sociétés européennes ou canadiennes. Dans les pays latins, le partage des compétences entre l'Etat et l'Eglise catholique a été résolu par la conclusion de concordats. Le droit italien notamment est un droit intermédiaire, mi-laïque mi-religieux. En Grèce jusqu'en 1982, seul le mariage religieux était valable. Dorénavant, les futurs époux ont le

choix entre la célébration civile ou religieuse du mariage. La religion est cependant encore très prégnante, la discussion relative à l'indication de la religion sur la carte d'identité en témoigne.
Dans les pays nordiques et au Royaume-Uni, la célébration du mariage est également alternative : civile ou religieuse, selon le choix des intéressés. Au Québec, sous l'ancien Code civil de 1866, les officiers religieux étaient les seules personnes habilitées par l'Etat à célébrer le mariage. Le mariage proprement civil ne fut institué qu'en 1969. En 1994, la réforme législative a élargi le cercle des célébrants religieux en autorisant le ministre responsable de l'état civil à conférer à tout ministre du culte le pouvoir de célébrer le mariage à la condition que sa religion le lui permette, que le ressort dans lequel il exerce son ministère soit situé en tout ou en partie au Québec et que l'existence, les rites et les cérémonies de sa confession aient un caractère de permanence. Le ministre a appliqué ce texte avec beaucoup de souplesse et a même autorisé les chefs spirituels de plusieurs sectes religieuses à célébrer des mariages. Les greffiers et greffiers adjoints remplacent les protonotaires (les fonctionnaires chargés de l'enregistrement des actes au Canada) et les protonotaires adjoints. En juin 2002, les modifications législatives ont permis aux notaires, aux maires et à d'autres élus de célébrer le mariage et l'union civile.
Dans les ex-pays socialistes, une tendance favorable à la célébration religieuse du mariage apparaît à côté du mariage civil, seul autorisé durant toute l'ère communiste. Depuis peu, en Croatie et en Lituanie notamment, la conclusion d'un mariage religieux a les mêmes effets juridiques qu'un mariage civil. La reconnaissance par l'Etat de l'enregistrement du mariage religieux est même inscrite dans la Constitution de la république de Lituanie. En droit polonais, la loi du 24 juillet 1998 introduit le nouveau mode de conclusion matrimoniale. Les époux choisissant la célébration religieuse doivent faire deux déclarations séparées, l'une soumise au droit canonique, l'autre au droit civil ; les liens sont indépendants, la dissolution de l'un ne provoque pas la disparition de l'autre. La plupart des droits ont donc aujourd'hui trouvé des solutions de compromis.
D'autres sociétés connaissent cependant encore des tensions, voire des conflits. Les oppositions sont d'autant plus vives que l'identification a parfois une incidence sur le statut personnel. Le droit libanais en est un bon exemple. L'Etat libanais a une structure multicommunautaire confessionnelle (17 communautés sont légalement reconnues dont onze chrétiennes, cinq musulmanes et une israélite) et a choisi de reconnaître le rôle des autorités religieuses. La religion constitue le facteur de rattachement du statut personnel de tout Libanais. Cette conception particulière de l'état civil soulève des difficultés car, dans la pratique, les services de l'état civil sont transformés en véritable terrain d'affrontement entre les communautés. Les individus changent éventuellement de religion pour éviter une règle impérative du statut personnel qui leur est applicable. Les athées sont obligés d'opter pour une

religion qu'ils ne pratiquent pas et à laquelle ils n'adhèrent pas.

Les carences de l'état civil

L'état civil ne remplit pas toujours aujourd'hui la double fonction qui était la sienne d'identification de l'individu par l'autorité étatique dans un intérêt général et de protection de l'individu dans un intérêt privé. A défaut d'identification, en effet, un être humain est juridiquement inexistant : il n'est pas une personne juridique, sujet de droit. Il est privé de toute capacité juridique. Le système est en effet incomplet, lacunaire. Les actes de l'état civil ne prouvent que certains éléments de l'état d'une personne, dont la définition et le contenu sont d'ailleurs problématiques et variables. Pour certains, l'état civil comprendrait le prénom, le nom, la filiation, l'état de célibataire ou de conjoint, de partenaire, l'âge, le sexe, le domicile, la profession, la nationalité. Pour d'autres, le contenu serait moins étendu. Quoi qu'il en soit, l'état civil est souvent contesté, soit parce qu'il n'a jamais été réellement adopté malgré des textes qui l'imposaient, soit parce qu'il a été rejeté catégoriquement pour des raisons idéologiques. En Afrique noire francophone, le système français des actes de l'état civil a été repris après l'indépendance. Or une évidence s'impose : les textes ne sont respectés ni par les officiers de l'état civil ni par les usagers. Chaque officier d'état civil fait ce qu'il entend et les individus font couramment de fausses déclarations. Le système se heurte aux coutumes et aux usages. Le nom est en fait une institution coutumière des plus complexes. La distinction patronyme-prénom n'est pas vraiment transposable. Ce qui se rapprocherait le plus du patronyme est le nom de clan, mais ce dernier est plus ou moins utilisé (on le trouve très souvent chez les Peuls mais beaucoup moins au Niger par exemple). Ce nom a moins de valeur identitaire que les noms « individuels » attribués à l'enfant. Comme le note Florence Laroche-Gisserot, *« ces noms-prénoms sont fonction d'abord de leur disponibilité dans la famille et pour le reste du rang de naissance de l'enfant, du fait qu'il est la réincarnation d'un parent disparu, de l'existence d'enfants prédécédés, de la présence de jumeaux, du jour de la naissance, de l'état des affaires de la famille... »* (1) Même si la plupart des codes africains disposent que l'enfant prend le nom de son père et limitent le changement de nom, les coutumes subsistent. Quant au mariage, nombreux sont ceux à n'être mariés que coutumièrement, car le mariage découle de la dot et de l'accord des deux familles. S'agissant du décès, la déclaration n'est pas courante malgré la législation existante, car elle ne s'inscrit pas dans la culture africaine. Les mêmes carences peuvent être observées en Guyane, département français depuis 1946. La particularité de la population guyanaise réside dans son caractère pluriethnique avec la présence sur le territoire de communautés composées d'Amérindiens et de

1. Voir F. Laroche-Gisserot, « L'identité des personnes physiques en Afrique subsaharienne francophone », dans J. Pousson-Petit (dir.), *L'Identité de la personne humaine. Etude de droit français et de droit comparé*, Bruylant, 2003.

« noirs marrons » (les descendants d'anciens esclaves). Le problème de personnes dépourvues d'état civil est apparu dans les années 80 avec la guerre civile au Surinam, pays voisin, qui a entraîné un déplacement massif vers la Guyane. Les autorités françaises ont accordé un état civil à ces personnes qui n'en avaient pas par des jugements supplétifs et par des jugements déclaratifs de naissance. Cet état civil « forcé » a eu des effets pervers et s'est traduit par de nombreux inconvénients dans la mesure où les coutumes ancestrales ont survécu et continuent à régir la vie quotidienne des populations autochtones.

Les autres techniques de l'identification : remède ou menace ?

Le rejet idéologique de la conception de l'état civil est illustré par le droit britannique qui refuse cette sorte d'identification par l'autorité étatique. La vision anglaise est originale : il n'existe pas de carte d'identité, les registres des naissances et des mariages ne sont pas mis à jour. En revanche, le Royaume-Uni est pionnier dans les nouvelles méthodes d'identification : l'informatique et la génétique (empreintes digitales et génétiques). Ces techniques posent un problème auquel tous les Etats modernes sont confrontés. Elles sont redoutables car elles permettent d'identifier avec certitude les personnes. Depuis la tragédie du 11 septembre 2001, un climat « orwellien » pèse sur le monde. La biométrie est devenue à la mode : il s'agit de la version moderne et informatisée de la technique de mesure du corps humain dite « anthropométrie », de sinistre réputation. Le but est de lutter contre le terrorisme et contre l'immigration clandestine. Les Etats-Unis ont développé systématiquement les opérations de fichage de personnes présumées dangereuses ou à risques. La France, qui va se doter d'une nouvelle carte d'identité, se pose la question de savoir s'il faut regrouper les informations en créant un fichier central qui rende possible la « traçabilité » des personnes ou si, au contraire, il ne faut recueillir ces données biométriques, comme les empreintes ou l'iris de l'œil, que pour permettre l'authentification des documents concernant la personne qui les détient. Aujourd'hui, seule la population délinquante est fichée. Si le fichage était étendu à tous les Français, la réforme serait considérable et le contrôle social total, beaucoup plus attentatoire à la vie privée que l'état civil traditionnel.

Le droit à l'identité personnelle : progrès ou dérive ?

L'histoire révèle qu'un mouvement séculaire n'a cessé d'arracher l'individu à l'emprise des groupes et des communautés dans les sociétés libérales. Même dans les sociétés « holistes » cette tendance se manifeste. Au Japon par exemple, le registre de l'état civil est tenu par unité de famille « nucléaire » qui se compose des parents et de leurs enfants mineurs. Mais les femmes commencent à contester le système des maisons. En effet, lors du mariage, les époux doivent choisir un nom conjugal selon l'article 750 du Code civil. Celui qui garde son nom, en principe le mari, est le chef du registre. Le conjoint est mentionné sous ses prénoms à la seconde

case et perd son nom. Aujourd'hui, les épouses souhaitent une réforme afin de préserver leur identité personnelle en gardant leur nom d'origine.
Si, de tout temps, la personne a eu le droit de changer de nationalité, de domicile ou de profession, il n'en est pas de même des véritables éléments de l'état civil à savoir le nom, les prénoms, le sexe et le lien de filiation, qui relèvent de l'ordre public.
Certains droits fondamentaux consacrés par les constitutions et par les conventions internationales, comme la liberté et l'égalité, ont pénétré dans le droit privé et accéléré le processus de pulvérisation du droit objectif. Ce droit à l'identité remet en cause le principe de l'indisponibilité de l'état (selon lequel nul ne peut obtenir par sa seule volonté la modification des divers attributs de son état). Le sexe est à l'heure actuelle un droit de la personnalité plutôt qu'un élément objectif de l'état. Du droit à l'identité sexuée, masculine ou féminine, affirmé notamment dans le contexte du transsexualisme, on est passé progressivement à l'identité sexuelle et à l'égalité de toutes les sexualités. Le processus d'assimilation s'est fait en deux périodes. L'octroi de droits à l'enfant né hors du mariage a provoqué tout d'abord la « juridicisation » du couple marital. Des règles spécifiques ont été élaborées en vue de conférer un statut minimal aux concubins homosexuels : tel est le cas des partenariats nordiques (loi danoise du 1er juin 1989, loi norvégienne du 30 avril 1993, loi suédoise du 23 juin 1994, loi islandaise du 27 juin 1996, loi finlandaise du 28 septembre 2001). Quelquefois, le statut est réservé au couple marital hétérosexuel comme en Croatie et en Lituanie. Une autre variante consiste à aménager des statuts applicables aux couples hétéro et homosexuels (droits néerlandais, français, espagnol). Outre le droit à la différence, les homosexuels revendiquent aussi le droit à la ressemblance, c'est-à-dire le droit au mariage et à l'adoption. Deux lois néerlandaises du 21 décembre 2000 ont admis ces deux droits. De nombreux pays tolèrent l'adoption de l'enfant du partenaire. L'adoption conjointe par le couple homosexuel est permise en Grande-Bretagne et en Suède depuis 2002.
La loi québécoise du 23 juin 2002 instituant l'union civile et établissant de nouvelles règles de filiation va encore plus loin. La filiation de l'enfant peut résulter d'un projet parental formulé par un couple de même sexe. Outre l'adoption, le droit québécois permet au couple de femmes d'être « co-mères ». L'enfant conçu au terme d'une procréation médicalement assistée aura, suite à sa naissance, un lien de filiation avec la mère dont il est issu (art. 538 du Code civil québécois). Si le couple est civilement uni, la conjointe (c'est-à-dire la concubine unie civilement) de la mère inséminée sera présumée comère de l'enfant en vertu d'une présomption de parenté, voisine de la présomption de paternité applicable en matière de mariage. Si le couple est une union de fait, la conjointe de fait pourra reconnaître l'enfant. Une possession d'état, c'est-à-dire le fait d'être considéré ainsi par les autres (parents, entourage ou administration), pour-

rait même suffire. La procréation assistée peut résulter également du concours d'un « ami dévoué » offrant, en toute connaissance de cause, sa contribution au projet parental d'autrui au moyen d'une relation sexuelle. Contrairement au tiers donneur de l'insémination artificielle, le tiers géniteur ami pourra, dans l'année qui suit la naissance de l'enfant, revendiquer un lien de filiation avec l'enfant et faire échec au lien de filiation avec la conjointe de la mère. La filiation est incertaine pendant un an et peut dépendre d'une négociation privée entre la mère, sa conjointe et le géniteur. Le droit de la filiation dépend donc de la volonté des adultes et non de la réalité biologique ; il est fictif, purement subjectif.

En Afrique du Sud, dans un cas de gestation pour le compte d'autrui dans le cadre d'une insémination artificielle, la Cour constitutionnelle, le 28 mars 2003, a reconnu un couple de lesbiennes comme parents légaux des jumelles, à savoir la mère génétique ayant donné son ovule et la mère biologique qui a accouché.

Cette évolution n'illustre-t-elle pas les dérives de ce droit à l'identité dans le droit de la filiation ? En effet, les règles de droit ne peuvent satisfaire tous les souhaits des parents potentiels. Ne serait-il pas alors préférable que prédominent l'intérêt de l'enfant et les lois de la nature ? Un autre problème préoccupant est celui de la légitimité des pratiques d'accouchement sous X. La mère peut-elle priver l'enfant de son droit à la filiation ? Dans ce cas, le droit doit arbitrer un conflit entre deux droits fondamentaux. La Cour européenne des droits de l'homme, dans l'arrêt Odièvre du 13 février 2003, a ainsi constaté que, face à la diversité des systèmes juridiques, les Etats devaient jouir d'une certaine marge d'appréciation pour décider des mesures propres à assurer la reconnaissance des droits garantis par la Convention européenne des droits de l'homme.

Ce droit à l'identité comporte aussi un versant communautaire, car il est souvent conforté par les appuis de groupes ou de minorités. Par exemple, le droit à l'identité homosexuelle est renforcé par les *lobbies gays*. Quelquefois, la logique communautariste freine, limite la liberté personnelle. Mais contrairement au passé, l'appartenance à un groupe est la plupart du temps choisie librement. L'engagement implique le désengagement. Il n'est jamais définitif ni exclusif. L'individu a du reste des allégeances multiples, parfois contradictoires, et hiérarchise lui-même ses affiliations. Pour certains, la région est supérieure à l'Etat, pour d'autres la religion transnationale est prédominante. Ces formes de communautarisme et de revendications à l'identité culturelle, religieuse émergent dans tous les pays, mais reçoivent des solutions variées selon la rigidité ou la tolérance des Etats face aux appartenances plurielles de leurs citoyens.

Carmel Camilleri*

Cultures et stratégies, ou les mille manières de s'adapter**

La culture n'est pas cette empreinte inamovible qui enfermerait les groupes dans un corset statique et invisible. Les cultures changent et les individus adoptent diverses stratégies à leur égard.

Des considérations sur la notion de culture, il faut distinguer les usages qu'on en fait. La tendance la plus répandue fut pendant longtemps de classer les cultures sur une échelle de valeurs. Pour s'y opposer, l'anthropologie a avancé les deux propositions qui fondent « le relativisme » : d'une part, chaque culture est «auto-centrée», c'est-à-dire se comprend par rapport au modèle dont elle procède et, d'autre part, aucun modèle ne peut être jugé à partir d'un autre. En effet, ce sont des options pour des philosophies de l'existence qui, envisagées dans leur globalité, ne sauraient être départagées (ni donc hiérarchisées) par une démonstration rationnelle indiscutable : il n'y a pas de mètre étalon des cultures. Il faut également signaler les approches de ceux qui, s'appuyant sur leur culture pour fonder leur différence, ont souvent tendance à se représenter celle-ci comme un absolu immuable. Cette sacralisation, due à une sorte de «passion de la différence», les amène à figer les groupes dans des «identités» immobiles et imperméables et, ainsi, à s'exclure réciproquement.

Le maniement des cultures

A cette dérive s'oppose le point de vue «situationniste» : les systèmes de significations collectives s'élaborent en

* Carmel Camilleri, décédé en 1997, était professeur émérite de psychologie interculturelle à l'université Paris-V et coordinateur scientifique de la revue *Intercultures*. A publié notamment : *Choc de cultures : concepts et enjeux pratiques de l'interculturel* (avec M. Cohen Emerique), L'Harmattan, 1989 ; et *Stratégies identitaires* (coll.), Puf, 1990.

** *Sciences Humaines*, n° 16, avril 1992.

fonction des besoins des hommes, dont la part de variabilité est considérable, en interaction avec des environnements qui se transforment eux-mêmes et modifient les problèmes affrontés. Si bien que les cultures sont des formations historiques évolutives (ce qui relativise la notion de « culture d'origine ») et qui, de surcroît, doivent beaucoup à l'emprunt mutuel.

Cette sacralisation, qui fait postuler l'immuabilité des configurations culturelles, est un premier aspect de leur « substantialisation ». Mais il en est un autre : la représentation commune de l'« enculturation », c'est-à-dire l'ensemble des opérations par lesquelles un sujet prend possession de la culture de son groupe, est celle de systèmes s'introduisant en bloc, comme des structures inamovibles, dans l'esprit d'individus considérés comme devant en être des « copies conformes ». Or, ce n'est même pas vrai des anciens groupes traditionnels, car chaque système, tel qu'il est reconstitué par l'anthropologue, est un « idéal-type » autour duquel les sujets effectuent des variations. Et ce l'est encore moins des sociétés contemporaines. Car la circulation du sujet à travers des sous-groupes et des sous-cultures devenus disparates lui donne la possibilité d'accéder à la conscience des représentations qu'ils contiennent et, donc, de s'en distancer : d'où le pouvoir de se livrer à une manipulation personnelle de cette matière et de se constituer sa « formule culturelle » propre. Dans la relation avec ces individus « émergés », il devient plus fonctionnel de connaître cette formule, grâce à leur fréquentation, que le système des groupes dont ils relèvent.

Stratégies d'adaptation

Les manières par lesquelles les cultures s'influencent sont variées. Parmi celles-là, la plus importante dans les temps actuels est l'acculturation. Ses modalités se situent entre deux pôles. Au premier, un seul système influence l'autre, auquel cas on est en présence d'une relation asymétrique qui évolue vers la domination. A l'autre pôle, se produisent des échanges plus ou moins réciproques, avec modification ou non des traits échangés.

Au niveau du sujet, les deux attitudes extrêmes sont l'imperméabilité à la culture étrangère, la « séparation », et l'absorption totale de celle-là : l'« assimilation », par laquelle l'individu ne se reconnaît plus comme adhérant à son ancien système culturel, mais comme affilié au groupe défini par ce système. Entre les deux s'observent une quantité de positionnements, qui se traduisent par des manipulations diverses des codes de l'une et l'autre cultures : c'est ainsi que le sujet essaie de maintenir l'unité de son moi autour d'une structure modifiée de représentations et de valeurs (opérations relevant de ce que j'appelle la fonction « ontologique » de l'identité), en même temps que de ne pas être désadapté par rapport à son nouvel environnement (fonction « pragmatique » ou instrumentale). Dans la mesure où l'on a des raisons de les considérer comme tendues vers cette finalité, toutes ces conduites (y compris, éventuellement, la séparation et l'assimilation) sont tenues pour des « stratégies », dont l'échec ouvre les crises qui alimentent la pathologie de l'acculturation. L'« inté-

Les stratégies au sein d'une culture étrangère

	Référence à une culture unique	**Articulation des cultures**
Attitudes egocentrées	**Attitude conservatrice :**	**Attitude syncrétique :**
	Repli sur la culture d'origine. Ex. : l'immigré qui maintient des rites et des mœurs qui n'ont plus cours dans son pays d'origine.	Emprunt d'éléments aux deux cultures sans souci de cohérence. Ex. : l'immigré maghrébin qui reste musulman mais ne respecte plus le ramadan ou les interdits alimentaires.
Attitudes d'ouverture	**Attitude opportuniste :**	**Attitude synthétique :**
	Se moule dans la culture d'adoption. Ex. : donner à ses enfants des prénoms du pays d'accueil.	Recherche d'une synthèse nouvelle et cohérente entre les deux cultures. Ex. : le prophétisme africain.

gration », telle qu'elle est généralement définie, correspond à l'une de ces formations, lorsque le sujet estime qu'elle lui permet d'éliminer les tensions dues aux différences entre son groupe et l'environnement étranger, tout en restant ancré dans ses anciennes références.

Cohérence et hybridation

Pour formaliser ces stratégies, j'ai proposé, d'après mes observations, une typologie qui me paraît suffisamment généralisable (1), par croisement de quelques paramètres :

– celles qui évitent le conflit par « la cohérence simple », c'est-à-dire en occultant les exigences de l'un des deux codes culturels antagonistes. C'est le cas des « conservateurs », sujets qui s'attachent à préserver le système culturel autour duquel ils se sont édifiés, en ignorant le plus possible celui – étranger – qui a infiltré fortement leur environnement. Ils évitent le conflit intérieur au détriment de leur adaptation : c'est-à-dire qu'ils survalorisent la fonction ontologique de leur identité aux dépens de sa fonction pragmatique. A l'opposé, et symétriquement, se placent ceux qui font le contraire et, au prix d'une « fluidité identitaire » remarquable, tendent vers des conduites opportunistes ou qui y ressemblent. Dans tous ces cas, on se tient à des formations culturelles et identitaires « simples », car univoques ;

1. Voir C. Camilleri, « Identité et gestion de la disparité culturelle : essai d'une typologie », dans collectif, *Stratégies identitaires*, Puf, 2002 [1990].

– d'autres stratégies s'efforcent d'articuler des représentations des deux cultures en présence, ce qui correspond au souci d'élaboration des formations équilibrées permettant de s'y investir (souci ontologique) et, en même temps, de s'adapter à l'environnement tel qu'il est devenu (souci pragmatique). On veut donc résoudre la contradiction en tenant compte des deux termes de l'opposition : ainsi s'affirme l'effort de « cohérence complexe », où l'on peut encore distinguer deux niveaux. Au premier, les stratégies révèlent des liaisons indifférentes à la logique dite rationnelle : il s'agit de « débrouillages » obéissant aux incitations subjectives, comme dans la « logique affective ». Ce sont des constructions culturelles et identitaires complexes et « syncrétiques », bonnes seulement pour l'individu : par exemple celles qui réalisent la « maximisation des avantages personnels », où le sujet prend dans les deux cultures ce qui lui convient le mieux sans se soucier des contradictions et des obligations corrélatives. Au second niveau, en revanche, apparaît le souci de justifications qui convainquent les autres autant que soi-même : d'où la recherche d'articulations qui paraissent logiques aux membres du groupe, dans des formations visant à être « synthétiques ».

Le cas type est celui où l'on fait accepter un contenu étranger par rattachement organique au traditionnel (« hybridation »). Par exemple, dira-t-on, c'est pour que la femme réalise encore mieux ses rôles traditionnels d'épouse et de mère qu'il faut l'instruire. Ou bien, dans le « prophétisme » africain, la figure biblique étrangère du prophète est incarnée par des personnages qui la font accepter en la mettant au service de formes et de conduites locales. Ainsi, les formations à visée synthétique et cherchant à convaincre autrui acquièrent, contrairement aux formations syncrétiques tournées vers l'*ego* du sujet, des chances d'aboutir à un changement collectif, et ce sans traumatisme perceptible. Car la configuration des significations d'une culture peut se modifier sans donner l'impression d'être détruite, dans la mesure où se découvrent des médiations qui font considérer ce changement comme conciliable avec la logique du modèle d'où elle procède.

Cela étant, il faut complexifier ce tableau. Jusqu'ici, on s'est centré sur le rôle joué, dans la rencontre, par les caractéristiques internes des structures culturelles. Or, ce ne sont jamais les cultures qui se rencontrent, mais leurs porteurs qui, par leur dynamisme propre, introduisent de nouveaux paramètres.

La régulation interculturelle

Ces acteurs peuvent subir les effets négatifs de crises atteignant leur société. Ils peuvent aussi souffrir d'un psychisme fragilisé par des sentiments intenses de frustration, d'insécurisation, d'anxiété, d'infériorisation, pour des raisons collectives ou individuelles, sur la base de problèmes réels ou imprégnés d'imaginaire. Mais, comme le montrent diverses observations, une manière de rétablir cet équilibre à bon compte est de s'en prendre à ce qui est extérieur au groupe auquel on s'identifie (ce qui permet de l'épargner), de se servir de l'étranger en le chargeant, en le dévalorisant, etc. Les différences culturelles en tant que telles n'ont rien à voir en l'affaire : les immigrés italiens et polonais de proche culture furent, en France et en période de crise économique, aussi fortement victimes de cette hétérophobie que les Maghrébins ou les Africains aujourd'hui. Mais on les invoquera volontiers pour servir d'alibi et éviter d'affronter la réalité des problèmes. Autrement dit, si la culture contribue à construire les groupes et les individus, ceux-ci à leur tour s'en emparent pour la faire servir à leurs buts et intérêts : on ne saurait donc traiter de la dimension culturelle en occultant le dynamisme social et psychique avec lequel elle entre en interaction.

Les développements précédents ont concerné la coexistence de fait de groupes culturellement différents, livrés aux rapports spontanés qui en résultent. C'est ce que j'appelle, en me référant à l'étymologie, le « multiculturel » (*multus* signifie « nombreux », « plusieurs »). Ces rapports étant généralement peu satisfaisants, et les sociétés étant destinées à s'entremêler toujours davantage, « l'interculturel » représente une option, choisie par ceux qui, avec le philosophe Emmanuel Kant, pensent que les sujets humains doivent être traités comme des fins et non comme des moyens (maxime matrice de la Déclaration des droits de l'homme) ; si bien que tout individu a le droit d'être pris en considération avec ses particularités. Relève de l'interculturel (« inter » renvoyant à la mise en rapport de termes en présence) toute entreprise en vue de construire une articulation entre porteurs de cultures différentes, visant au moins à prévenir les inconvénients de leur coexistence et, au mieux, à les faire bénéficier des avantages qui en sont attendus.

Cette construction demande un effort multiforme, incluant le social et le politique. Car on ne saurait aller bien loin si les problèmes objectifs de tous ordres surgissant dans la cohabitation des groupes ne sont pas affrontés et résolus dans un esprit de justice. Mais la composante culturelle de cette entreprise peut contribuer à la régulation d'une dimension essentielle de la situation : les représentations qui enveloppent ces problèmes, capables de les dénaturer et de les envenimer quand ils sont réels, ou qui les créent de toutes pièces. En ce sens, l'effet central et salutaire de l'interculturel est de faire passer de l'imaginaire au réel ; cet imaginaire étant, comme nous l'avons vu, soit dû à l'ignorance, soit construit en fonction de besoins et d'intérêts.

Cela nécessite un triple apport d'informations :

– des informations anthropologiques d'abord. Faire connaître les cultures en présence, et plus encore ce qu'est une culture, d'une part, évite les tensions dues aux malentendus, d'autre part, prémunit contre les jugements de valeur hiérarchisants et fait admettre l'égale légitimité des systèmes différents – ce qui est une condition de base de l'interculturel ;

– des informations en provenance des sciences humaines ensuite, éclairant, conformément aux analyses effectuées plus haut, les mécanismes de l'hétérophobie et ses déguisements à l'aide

du culturel : ce qui sert de propédeutique à la prise de conscience et à la réduction de ces processus chez les acteurs impliqués dans l'entreprise interculturelle ;
– enfin, distribution des informations exactes sur le contentieux des problèmes objectifs présents entre les groupes, afin de corriger le discours ambiant sur ce sujet et de contribuer à les aborder rationnellement.

Comment concilier des valeurs contradictoires

Une fois effectué le passage au groupe interculturel, son maintien exige, comme pour tout groupe, un « contrat d'association » autour d'un minimum de valeurs fondamentales communes. Comment faire lorsque les systèmes des partenaires présentent des valeurs antagonistes dans des domaines où leur diversité ne saurait être acceptée sans les rompre ?
Le principe sur lequel se fonde l'option pour l'interculturel (la nécessité de traiter les sujets comme des fins) oblige à dénouer le conflit par une solution que tout le monde admettra en conscience. Une confrontation sérieuse des systèmes devient alors nécessaire. Pour cela, les partenaires doivent être disposés à adopter une attitude réflexive envers leurs cultures, les amenant, même s'ils y restent attachés, à se réarticuler avec elles de façon autonome. Ils doivent aussi accepter, sans la considérer comme une trahison, l'éventualité d'aboutir à des formations nouvelles et faisant du nouveau groupe un lieu de créativité culturelle. Et si, malgré ces efforts, l'accord de tous n'est pas obtenu, il leur faut consentir aux procédures relevant du modèle démocratique, impliquant que les minoritaires acceptent de ne pas se conduire conformément à leurs convictions.
C'est ainsi une exigence d'apparence contradictoire que les membres du groupe interculturel doivent surmonter : assurer le respect des différences culturelles (et par là procurer à leurs porteurs le sentiment bienfaisant d'être reconnus), mais dans le cadre d'un système d'attitudes autorisant leur dépassement. Opérer ce mouvement dialectique implique cette désacralisation des cultures et des identités évoquée plus haut, qui peut être préparée, elle aussi, par l'information anthropologique correcte. Sa réussite est nécessaire pour assurer l'autre condition de base de l'aménagement de l'interculturel : signifier la différence comme ouverte, et non comme le moyen de se fermer en s'enfermant.

Chapitre III

Identité et construction de soi

INDIVIDU ET MODERNITÉ

ENTRETIEN AVEC CHARLES TAYLOR*

L'individualisme moderne a été un formidable facteur d'émancipation. Il tend cependant à briser les liens qui unissent le sujet à autrui, sans lesquels on ne peut construire de véritable identité.

***Sciences Humaines :* L'identité moderne se caractérise par ce que vous appelez « l'éthique de l'authenticité » et « l'affirmation de la vie ordinaire ». Quels en sont les enjeux philosophiques et les significations ?**

Charles Taylor : Dans l'éthique traditionnelle de l'existence, prônée par Aristote, la vie matérielle a seulement une importance infrastructurelle. Pour lui, une vie qui se consacrerait uniquement aux choses matérielles est une vie d'esclave ou d'animal. Dans *La Politique*, Aristote soutient qu'une « vie bonne », proprement humaine, ne se réduit pas à la survie. Elle suppose la perfection morale, la contemplation et la participation du citoyen à la vie de la cité.

Avec le protestantisme apparaît une conception moderne de la vie. Inspirée par la culture chrétienne, elle valorise au contraire la vie ordinaire. Il faut vivre humblement, dans la piété et dans la crainte de Dieu. La vie doit s'accomplir dans le mariage et les devoirs sociaux. Je propose le terme technique de « vie ordinaire » pour désigner les aspects de l'existence humaine qui se rattachent à la production et à la reproduction, c'est-à-dire le travail, la fabrication des biens nécessaires à la vie, notre vie en tant qu'êtres sexuels – y compris le mariage, la famille, la vie sentimentale. A cet égard, la relation hommes/femmes a une importance capitale. Je crois que l'affirmation de la vie ordinaire est devenue l'une des idées les plus puissantes de la civilisation moderne. La vision « bourgeoise » de la vie, préoccupée du bien-être, tout comme la vision marxiste, qui valorise l'homme producteur, participent de cette valorisation de la vie ordinaire.

Un autre axe de la conception moderne de la vie est lié au thème de l'authenticité : chaque être humain a sa propre façon d'être, recherche une forme de vie qui soit la sienne. Je dois puiser à l'intérieur de moi-même les sources morales de mon existence. Quelque chose dans la nature de mon expérience à moi-même semble rendre presque irrésistible, incontestable, une telle localisation.

** Professeur à l'Université McGill, à Montréal. Parmi ses ouvrages traduits en français :* Hegel et la société moderne, *Cerf, 1998;* Les Sources du moi. La formation de l'identité moderne, *Seuil, 1998;* La Liberté des modernes, *Puf, 1997.*

SH : **La laïcité, la désacralisation, le « désenchantement du monde » ont, selon vous, changé le sens que l'individu donne à sa vie.**

C.T. : Nos ancêtres pensaient faire partie d'un ordre qui les dépassait. Il s'agissait parfois d'un ordre cosmique, d'une « grande chaîne des êtres » qui assignait à chacun une place dans la société. L'ordre divin assignait et justifiait aussi la place de chacun dans la société : son rôle, son statut et le sens qu'il doit donner à sa vie (la recherche du salut dans l'au-delà, par exemple). La liberté moderne a fini par discréditer ces hiérarchies. Ce qui m'intéresse, c'est d'examiner les conséquences que la désacralisation a entraînées pour la vie humaine et pour son sens. L'individu contemporain s'est coupé des vastes horizons sociaux et cosmiques qui régentaient son existence. Pour l'éthique guerrière du cavalier ou l'éthique contemplative platonicienne, la vie ordinaire est vile et méprisable. L'affirmation de la vie ordinaire a impliqué, pour certains, la perte de toute dimension supérieure dans l'existence, la valorisation des *« petits et vulgaires plaisirs »*, comme le disait Alexis de Tocqueville.

SH : **Mais vous ne partagez pas le point de vue de ceux qui voient dans l'affirmation du sujet moderne un repli vers le narcissisme, l'égocentrisme ?**

C.T. : L'existence humaine n'a effectivement pas de sens hors de son caractère dialogique fondamental, c'est-à-dire hors du lien qui unit le sujet à autrui. Nous devenons des agents humains à part entière, capables de nous comprendre, et donc de définir une identité, par l'intermédiaire d'une relation à autrui. En effet, nous nous définissons toujours dans un dialogue, parfois par opposition, parfois par identité, avec « les autres qui comptent ». Et même quand nous survivons à certains d'entre eux – nos parents, par exemple –, la conversation que nous entretenons avec eux se poursuit en nous, bien après leur disparition, aussi longtemps que nous vivons. Si certaines des choses auxquelles j'accorde le plus de valeur ne me sont accessibles qu'en relation avec la personne que j'aime, cette personne devient un élément de mon identité intérieure. De ce point de vue, les discours à la mode, qui prônent l'authenticité et l'épanouissement de soi indépendamment de nos liens aux autres, sont improductifs et détruisent les conditions mêmes de l'authenticité.

SH : **Vous menez donc une double critique : contre le relativisme postmo-**

derne qui nie l'existence de valeurs supérieures, et contre les théories plus conservatrices d'auteurs qui remettent en cause toute forme de culture de l'authenticité.

C.T. : L'idéal de l'authenticité affirme que l'existence humaine ne trouve son sens que dans l'affirmation de soi, de sa nature propre, de son autonomie. Certains aspects de cette philosophie de l'existence contribuent à sa propre dégradation. Je viens d'évoquer un premier dérapage de la culture populaire actuelle vers les modalités égocentriques de l'idéal de l'épanouissement de soi. Une seconde dérive est celle du nihilisme, qui sévit depuis un siècle et demi. Sa figure principale est Friedrich Nietzsche. Plusieurs traits de ce nihilisme ont trouvé leur expression dans diverses tendances de la modernité, qui a resurgi chez les philosophes que l'on qualifie souvent aujourd'hui de «postmodernes», comme Jacques Derrida ou Michel Foucault.

Or, la recherche de la liberté et celle de l'authenticité ne vont pas ensemble. Pour beaucoup de jeunes, cette philosophie de la vie propose un scénario captivant dans lequel on peut essayer d'écrire sa vie. Il y a un certain penchant vers la rupture, contre la famille, le système, le capitalisme… «J'ai raison, puisque je m'évade.» C'est de là que naissent beaucoup de ces illusions autour de l'authenticité. C'est un discours très séducteur qui touche beaucoup de gens. Ce n'est rien d'autre qu'une recherche de loisirs, une aspiration que l'on a lorsqu'on est étudiant, placé entre l'enfance, d'une part, et la «vraie vie», d'autre part; d'où l'extraordinaire popularité de ces auteurs. Dans un monde aplati, dont les horizons de signification reculent, l'idéal de liberté autodéterminée en vient à exercer une attraction de plus en plus forte.

Par ailleurs, d'autres penseurs adoptent un ton méprisant à l'égard de la culture qu'ils décrivent. Par exemple, Alan Bloom ne semble pas reconnaître l'idéal moderne d'authenticité, si dégradée et si travestie qu'en soit l'expression. La critique d'A. Bloom néglige la force morale de l'idéal de l'authenticité. Contrairement aux détracteurs de la culture contemporaine, je pense qu'on devrait considérer l'authenticité comme un véritable idéal moral.

SH : **Dans *Le Malaise de la modernité* (1), vous observez la face sombre de la modernité : perte de sens, éclipse des fins, et perte de la liberté. Vous associez cela à trois causes : l'individualisme comme repli sur soi ; le progrès de la raison instrumentale, de la technique comme primauté des moyens sur les**

fins humaines ; la crise de la citoyenneté et de la participation politique. Comment articulez-vous ces malaises de la modernité ?

C.T. : Je crois que ces causes ont des sources différentes mais qu'elles se combinent de façon dangereuse. Commençons par la troisième. Dans toutes les démocraties, des gens disent que la politique ne mène à rien, que la démocratie n'est pas véritable. Quiconque dit qu'il n'est plus intéressé par la politique parce que les politiciens sont tous des corrompus n'exprime pas seulement un dégoût personnel, mais aussi un acte de délégitimation de l'Etat. Par exemple, l'importance extraordinaire que prend dans notre civilisation la raison instrumentale – technologie, gestion, recherche de l'efficacité – veut dire que beaucoup de problèmes sont conçus nécessairement comme des problèmes techniques, avec des solutions trouvées par des experts ou par des systèmes dont on va garantir qu'ils vont donner les meilleurs rendements, comme le marché. Et on ne semble plus trouver le moyen d'en sortir. Et cela crée le cynisme et le sentiment d'impuissance. Tel est le défi contemporain : comment réimprimer des buts humains sur ces mécanismes qui gèrent notre vie.

***SH :* Vous accordez une grande place dans votre œuvre aux questions identitaires et à ce que vous appelez la « reconnaissance », qui doit prendre le pas sur les questions économiques et techniques. En quoi la politique de la reconnaissance et le multiculturalisme sont-ils des exigences de la politique moderne ?**

C.T. : Les questions identitaires vont surgir autant, sinon plus, que les questions socioéconomiques. Les deux dimensions sont inévitables dans une démocratie. Déjà, au XIXe siècle, il en a un peu été de même : le mouvement ouvrier n'était pas seulement un mouvement visant certains buts concrets, il exprimait aussi un besoin de reconnaissance, d'être inclus dans la démocratie qu'il pouvait infléchir. Le développement d'un idéal d'identité engendré intérieurement donne une importance nouvelle à la reconnaissance. Celle-ci est aujourd'hui universellement reconnue sous une forme ou sous une autre, sur le plan personnel ou sur le plan social. A ce niveau, la conception selon laquelle les identités sont formées en dialogue ouvert rend la politique de reconnaissance égalitaire plus fondamentale et davantage chargée de tensions. La reconnaissance égalitaire n'est pas simplement le mode approprié pour une société démocratique en bonne santé. Son refus peut

Aux « sources du moi » : quel sens donner à sa vie ?

La question du sens de la vie ne peut être posée que par un sujet ayant acquis une certaine autonomie, une intériorité, qui le place seul face à lui-même. Le sujet moderne s'est affranchi des liens qui l'enserraient autrefois dans le cadre de puissantes hiérarchies sociales, le liaient à des codes moraux contraignants, rivaient son destin à l'espoir de salut dans l'au-delà. L'individu moderne a conquis sa liberté, mais se retrouve seul face à sa destinée. Il a perdu ce que Charles Taylor nomme les *« horizons de sens »* ou *« horizons de signification »* qui gouvernaient la vie. C'est l'émergence de cette identité moderne, coupée de ses sources morales, dont C. Taylor a entrepris l'histoire et la généalogie dans *Les Sources du moi* (1).

Car on ne peut comprendre les idéaux, mais aussi les désarrois de l'identité moderne, sans en comprendre les conditions de formation. C. Taylor raconte comment, notamment, l'individualité moderne s'est édifiée autour de « l'affirmation de la vie ordinaire », c'est-à-dire la valorisation de la vie matérielle : le travail, le bien-être matériel. Il explore aussi l'émergence de « l'intériorité » qui se forme *« chez les élites sociales et spirituelles dans le nord de l'Europe »*. Philosophes et écrivains partent à la recherche d'un « moi intime » qui se situe en marge de la société. Pour C. Taylor, l'émergence de l'identité moderne, si émancipatrice, comporte un revers. Cette conception d'un moi autonome, coupé du monde, préexistant en quelque sorte à la société, est une illusion. Dans quelle mesure peut-on fonder une existence qui serait uniquement consacrée à soi (sans la « reconnaissance » d'autrui) ? Peut-on penser par soi-même (sans un dialogue critique avec autrui) ?

Le moi individuel est toujours enraciné et situé à l'intérieur d'un groupe. Une pensée se forme toujours dans un dialogue – parfois invisible – avec un interlocuteur. On ne peut fonder le sens de sa vie en dehors du lien à l'autre, car *« la liberté complète serait un vide où rien ne vaudrait la peine d'être accompli, rien ne mériterait de se voir attribuer une quelconque valeur. Le moi qui obtient sa liberté en écartant tous les obstacles et toutes les entraves extérieures est dénué de caractère, est donc privé de tout objectif défini. »* (2)

JEAN-FRANÇOIS DORTIER

1. *Les Sources du moi. La formation de l'identité*, Seuil, 1998.
2. *Hegel et la société moderne*, Cerf, 1998 [1979].

infliger un dommage à ceux à qui on la refuse. Non seulement le féminisme contemporain, mais aussi les discussions sur le multiculturalisme sont sous-tendus par l'idée que le déni de reconnaissance peut être une forme d'oppression.

***SH :* En quoi l'enjeu pratique du multiculturalisme au Canada et au Québec peut-il nous éclairer sur cette question du multiculturalisme et de la communication interculturelle ?**

C.T. : Nous avons eu à en débattre depuis très longtemps au Canada et au Québec. Nous en sommes donc venus, peut-être plus rapidement que d'autres, à reconnaître cette dimension et à prendre certaines mesures. Dans certaines sociétés, on a le sentiment que les définitions publiques de ce sur quoi la société est fondée sont déjà closes. Aux Etats-Unis comme au Canada, les vagues successives d'immigrants ont effectivement changé la culture de référence de façon profonde. L'existence du Canada est menacée par un problème qui, jusqu'à un certain point, affecte toutes les collectivités. Nous devons essayer de permettre à divers groupes nationaux de coexister librement et volontairement à l'intérieur des frontières politiques existantes. Les empires multinationaux d'autrefois doivent être remplacés par les Etats démocratiques et multinationaux de demain. Toute nation qui se reconnaît comme telle, c'est-à-dire qui possède un sens poussé de son identité et qui désire diriger ses propres affaires, n'acceptera d'adhérer volontairement à un Etat multinational qu'à condition d'être reconnue par cet Etat d'une manière non équivoque. Or, la reconnaissance du Québec, nation minoritaire la plus visible du Canada, a jusqu'ici été des plus pénibles à obtenir. Certes, sur certains plans, nous avons enregistré des progrès spectaculaires.

***SH :* N'opposeriez-vous pas au modèle de la politique de la reconnaissance un contre-modèle français qui, au nom du républicanisme, continue d'opposer dans les discours reconnaissance et intégration ?**

C.T. : Je crois qu'il s'agit là d'une crispation inutile et très dangereuse à la longue. Mais je visite la France régulièrement et je constate cependant que les choses changent. Certains intellectuels commencent à contester ces vues. Mais comme vous le devinez, je n'ai aucune sympathie pour ceux qui tiennent ce discours rigide sur la République, comme si celle-ci était primordialement fondée sur un certain nombre de principes indépassables.

***SH :* Si vous vous inquiétez du poids de la « raison instrumentale », de la technologie dans nos sociétés, vous contestez cependant l'image de la « cage de fer », d'une humanité enfermée par la technologie ou la raison économique.**

C.T. : S'il était vrai que la société technologique nous enfermait dans une cage de fer, toute mon entreprise se réduirait à un aimable bavardage. Je crois qu'il y a une sorte de vérité dans cette image de la cage de fer, mais je crois que la vision de la société technologique comme une sorte de fatalité ne tient pas : elle oublie l'essentiel. Sans chercher à l'exagérer, je crois que notre marge de liberté existe, elle n'est pas nulle. Cela implique que comprendre les sources morales de notre civilisation peut contribuer à une nouvelle prise de conscience collective. J'ai analysé certaines des sources qui expliquent la force d'un idéal de liberté autodéterminée dans notre culture. Nous sommes libres quand nous pouvons redéfinir les conditions de notre propre existence, quand nous pouvons maîtriser ce qui nous domine. Nous pouvons comprendre ce qu'impliquerait une réflexion de ce genre en examinant l'exemple important des soins médicaux. La mise en œuvre abusive de la raison instrumentale, comme ces pratiques médicales qui oublient que le patient est une personne, ne tient aucun compte, dans l'administration des soins, de son histoire, et donc de ses motifs d'espérer ou de désespérer, néglige le rapport essentiel entre le pourvoyeur de soins et le patient qui les reçoit, etc. Si nous parvenions d'abord à comprendre pourquoi la technologie est importante, alors nous saurions lui assigner des limites et l'encadrer dans une éthique de soins.

Dans ce contexte, il importe de comprendre nos sources morales. C'est pourquoi un travail de ressourcement vaut d'être tenté. Mais il est également vrai que ce combat d'idées est inextricablement lié à des luttes politiques concernant les modes d'organisation sociale. En d'autres termes, la seule force qui peut faire reculer l'hégémonie galopante de la raison instrumentale est un vaste mouvement démocratique. Le danger ne réside pas tant dans un contrôle despotique que dans la fragmentation, c'est-à-dire dans l'inaptitude de plus en plus grande des gens à former un projet commun et à le mettre à exécution. Une société fragmentée est celle dont les membres éprouvent de plus en plus de mal à s'identifier à leur collectivité politique en tant que communauté. Des obstacles qui paraissent incontournables à un moment donné peuvent, par une lente éducation publique, devenir surmontables.

Actuellement, il y a une certaine perte de moral, voire de désespoir chez certains mouvements de gauche, parce que la marche vers la mondialisation, la pénétration des marchés partout au niveau supranational, semble avoir rendu caduques toutes les mesures qui avaient été prises dans le passé.
Les mouvements de gauche sont divisés entre ceux qui veulent revenir aux bonnes vieilles mesures d'antan, et qui n'ont pas de réel programme de rechange à proposer, et ceux qui prônent une reconstitution de mouvements de solidarité nécessairement plus larges, supranationaux. S'il n'y a pas eu préalablement une implication de la société civile dans des associations, dans les ONG, qui suscitent l'intérêt médiatique qui lui-même a un effet à rebours, les initiatives politiques ne sont pas possibles. A cet égard, l'arrestation de Pinochet représente un progrès possible de l'humanité.

Propos recueillis par
SERGE LELLOUCHE
(*Sciences Humaines*, n° 97, août/septembre 1999)

1. Cerf, 2002 [1994].

Gilles Marchand*

LA QUÊTE DE SOI, UN CHEMIN DE CROIX ?**

Dans nos sociétés aux structures fragilisées, l'individu est de plus en plus livré à lui-même. Trouver le sens de sa vie semble relever de la gageure. Une situation inédite, révélatrice du succès croissant des techniques de développement personnel.

L'HOMME POSTMODERNE serait immature, incertain. C'est en tout cas l'avis de plusieurs spécialistes de l'individu, tels le psychosociologue Jean-Pierre Boutinet ou le sociologue Alain Ehrenberg, qui s'interrogent sur les causes et les manifestations de cette redéfinition de l'être humain. Que s'est-il passé pour en arriver à un tel constat ? L'homme sûr de lui, maître de sa propre vie, a-t-il été supplanté par un homme en pleine perte de repères identitaires ? Pour J.-P. Boutinet (1), l'individu a subi de nombreuses mutations depuis les années 60, lorsque l'âge adulte était encore magnifié comme la *« période signifiant la véritable entrée dans la vie, l'accomplissement de l'idéal humain »* (2).

Après celui de l'idéal-type fonctionnel à incarner (que ce soit la mère au foyer, le prêtre ou l'ingénieur), qui exprimait un certain accomplissement de la vie, un nouveau modèle de la vie adulte va émerger : l'adulte en perspective. *« L'idéologie du changement aidant, l'adulte, dans sa façon de se concevoir, modifie ses repères : il ne se définit plus à travers l'une ou l'autre forme de maturité, mais se considère en continuelle maturation. »*

On est donc passé de la perception de l'adulte envisagé comme un être accompli à celle d'un individu en incessante

* Journaliste scientifique au magazine *Sciences Humaines*.

** *Sciences Humaines*, hors série n° 40, mars 2003.

1. J.-P. Boutinet, *L'Immaturité de la vie adulte*, Puf, 1998.

2. J.-P. Boutinet, « L'adulte immature », *Sciences Humaines*, n° 91, février 1999.

(re)construction. La quête de soi, dans cette nouvelle donne, correspond de plus en plus à un chemin qui débuterait dès la naissance et ne se terminerait qu'avec la fin de la vie. Mais si la vie avait pu être un long fleuve tranquille, elle semble maintenant davantage s'apparenter aux flots capricieux d'un océan. L'individu se trouve toujours inscrit dans des repères sociaux, mais ceux-ci sont fragilisés, remis en question alors qu'ils semblaient relativement immuables, gages d'une stabilité rassurante pour l'être en devenir. Ecole, famille, travail, religion recouvrent autant de domaines de la vie autrefois clairement définis, mais leurs propres mutations les rendent moins structurants pour chacun de nous. Nous voilà placés face à de nombreux défis, le principal étant de devenir pleinement responsables de notre propre personne, de notre destinée.

De l'individu conquérant à l'individu souffrant

L'individu doit répondre à l'injonction qui lui est faite d'un projet de vie, à redéfinir constamment selon ses propres décisions. Mais est-il suffisamment armé pour affronter ces changements, qui ne datent que de quelques décennies ? Rien n'est moins sûr. Il semble en tout cas que sa quête identitaire implique le dépassement d'une immaturité qui comporte, pour J.-P. Boutinet, plusieurs facettes : l'immaturité liée à des contraintes de situation déstructurantes, comme le chômage ; l'immaturité face à la complexité croissante de nos environnements, au point que l'individu peut perdre tout sentiment de maîtrise sur ce qui l'entoure et ce qu'il vit ; l'immaturité provenant de l'effacement des repères, entraînant un conformisme ambiant et empêchant l'affirmation de la singularité de chacun ; enfin, celle liée à une incapacité d'anticiper et au repli sur le moment présent. Ces diverses formes d'immaturité peuvent s'exprimer par des crises, des *« blocages momentanés ou durables dans le développement de (ses) capacités d'autonomie »*. Mais de manière plus diffuse, l'immaturité de l'adulte peut se manifester dans un manque de reconnaissance identitaire. Une autre conception résonne comme un écho à la vision de l'individu immature : celle de l'individu incertain. Par « incertain », A. Ehrenberg (3) entend un individu dont les expériences de vie se déroulent sur fond de questionnements sans fin sur sa propre place. Lui aussi insiste sur les responsabilités croissantes que l'individu a le devoir d'assumer, obligation née d'un report sur l'individualité de ce qui était auparavant pris en charge au-dehors, c'est-à-dire par les institutions.

Nous sommes dorénavant dans une société de responsabilité de soi, où, d'après A. Ehrenberg, *« chacun doit impérativement se trouver un projet et agir par lui-même pour ne pas être exclu du lien, quelle que soit la faiblesse des ressources culturelles, économiques ou sociales dont il dispose »*. Car si l'exclusion reste limitée, *« le sentiment d'être exclu, le handicap relationnel, le manque d'être sont partout présents :*

3. A. Ehrenberg, *L'Individu incertain*, Hachette, 1999 [1995].

sentiment de l'exclusion culturelle dans un monde où l'offre d'informations est surabondante, peur des adolescents de ne pas réussir aux examens et concours, difficultés des enseignants à s'appuyer sur une culture professionnelle porteuse, etc. ».

Situation ambivalente, car l'individu d'aujourd'hui doit tout faire pour rester dans le lien social tout en se centrant essentiellement sur lui-même. La vie, qui était vécue avant tout comme un destin collectif, est maintenant davantage une histoire personnelle, et cette référence à soi comme mode d'action, spécifique de cette nouvelle forme d'individualisme, se retrouve dans tous les aspects de la vie sociale : famille, entreprise, école, religion. Le nouveau *« gouvernement de soi »* intègre à l'image de l'individu conquérant celle de l'individu souffrant. Souffrant car, pour A. Ehrenberg, la contrepartie de l'émancipation, qui fait de chacun de nous notre propre maître, tient au fait qu'après avoir été tiraillés entre le permis et le défendu, nous devons faire face aux dilemmes entre le possible et l'impossible.

Pour l'homme incertain et immature, point d'issue possible vers une identité affirmée et sereine ? Ne fait-il que subir les changements imposés par cette autonomisation, cette responsabilisation de son devenir ?

On peut aussi concevoir que la redistribution des rôles soit une source de découvertes sur nous-mêmes. Dégagé de l'emprise des carcans institutionnels, acteur et spectateur des changements sociaux, chacun de nous peut également changer de positionnement et considérer qu'une réelle évolution personnelle est maintenant possible, et affirmer sa singularité. Si l'on en croit Bernard Lahire, partisan de l'idée d'un *« homme pluriel »* (4), l'individu possède des compétences, des savoirs qui peuvent rester en sommeil, et donc engendrer en lui un sentiment de frustration, d'incompréhension, de malaise : son « moi authentique » (personnel, a-social) ne trouverait pas sa place dans une société aux cadres contraignants.

Un « chemin individuel »

N'est-ce pas dans la volonté de dépasser ce malaise que pourrait se trouver le sens de la quête identitaire ? Si la société ne me permet pas de m'affirmer totalement, en tant qu'individu unique, c'est à MOI de construire ce qui me définit, et de l'exprimer au travers de diverses activités qui ME correspondent, que ce soient la poterie, le bénévolat ou la sophrologie. A la question *« qui êtes-vous ? »*, au lieu de la réponse traditionnelle *« je suis ouvrier en bâtiment et père de famille »*, l'homme postmoderne répond maintenant *« je suis passionné de jardinage, j'adore les films policiers des années 50, j'utilise mes vacances pour des missions humanitaires, j'ai trois enfants, etc. »*. La singularité de l'individu est plus qu'un de ses traits caractéristiques pour Alain Touraine : elle est *« sa raison d'être, son dernier recours »*, à l'heure d'un monde *« socialisé, collectivisé, massifié »* (5). Chacun a droit à l'individuation – un

4. B. Lahire, *L'Homme pluriel. Les ressorts de l'action*, Nathan, 2001 [1998].
5. A. Touraine, F. Khosrokhavar, *La Recherche de soi. Dialogue sur le sujet*, Fayard, 2000.

droit qui doit être reconnu comme universel – et peut chercher à tracer son *« chemin individuel »*, c'est-à-dire combiner sa participation au monde des techniques, des marchés et de la consommation avec la défense de ses orientations culturelles, reçues ou créées.
Si l'on en croit le sociologue Farhad Khosrokhavar, *« ce ne sont plus tellement les institutions, mais une désinstitutionnalisation poussée, ce ne sont plus les obstacles sociaux à l'affirmation de soi de l'acteur, mais le nivellement de la société en un ensemble sans aspérité, ce ne sont pas les traditions, mais le sentiment d'absence de repères qui menacent de détruire le sujet »* (6). L'individu est dorénavant livré à lui-même. Mais doit-on considérer ce changement comme une fatalité, et pleurer sur son sort en se disant *« c'était mieux avant »* ? Ces penseurs de l'individu s'accordent à reconnaître la fragilisation des normes (qui prennent des visages toujours changeants), une désocialisation grandissante, au point que *« prolifèrent les formes de décomposition sociale et personnelle »* pour A. Touraine. *« Mais cette décomposition est-elle plus grave que l'immobilité, la solitude, l'isolement des sociétés d'autrefois ? »*

Et maintenant, que vais-je faire ?....

Comme on l'a vu, l'individu a un prix à payer pour cette autonomie croissante (qu'il la subisse ou la considère comme une chance) : celui d'une quête de soi sans fin, comme condition permanente de l'existence. L'identité personnelle n'est pas statique, elle s'inscrit dans une logique dynamique de construction pour Pierre Tap, spécialiste de psychologie sociale du développement (7). Première caractéristique : la continuité, c'est-à-dire le sentiment de rester le même au fil du temps ; la deuxième est la représentation, plus ou moins stable, que j'ai de moi-même et que les autres ont de moi ; on trouve également le sentiment de vouloir se différencier et se percevoir unique ; un autre aspect de l'identité serait la diversité, c'est-à-dire le fait de se sentir plusieurs personnages en une même personne ; enfin, l'identité intègre l'idée de réalisation de soi par l'action, qui permet à l'individu de se définir par ce qu'il fait, ainsi que l'estime de soi (la nécessaire vision positive de soi). De fait, *« l'identité constitue un effort constant pour gérer la continuité dans le changement »*.
Mais l'individu peut ressentir, à un moment ou à un autre de son parcours de vie, un besoin d'accompagnement pour parvenir à cet équilibre entre changement et stabilité. Et, de plus en plus, il recourt aux techniques de développement personnel. Or même s'il existe des thérapies à visée « instaurative », qui favoriseraient le développement, l'épanouissement, elles sont fortement critiquées, notamment par les tenants de la conception « suppressive » (dont l'objectif est de supprimer le symptôme). Paul Watzlawick (8), un des fondateurs de la

6. *Idem.*
7. « Marquer sa différence », entretien avec P. Tap, pp. 57-60.
8. P. Watzlawick, *Changements, paradoxes et psychothérapie*, Seuil, 1975.

thérapie systémique, dénonce le *« syndrome d'utopie »* de certains objectifs thérapeutiques. Pour lui, *« les limites d'une psychothérapie responsable et humaine sont bien plus étroites qu'on ne le pense généralement. Si elle ne veut pas être la cause du mal qu'elle soigne, la thérapie doit se limiter à soulager la souffrance ; elle ne peut prendre pour objet la quête du bonheur. »*
En revanche, le développement personnel se situe directement dans une perspective de travail sur soi pour parvenir non à un mieux-être, mais à un *« plus-être »*, d'après le philosophe Michel Lacroix (9).
Issu du Mouvement du potentiel humain (créé dans les années 60 par les tenants de la psychologie humaniste, comme Abraham Maslow), le développement personnel a donné une impulsion nouvelle à la quête de soi, en se définissant comme l'actualisation du potentiel humain. *« Au lieu d'une existence qui serait seulement "adaptée", et qui leur semble presque ennuyeuse et stérile, ils (les individus) rêvent d'une vie excellente, débordante de créativité, intensément heureuse. »*
Pour les défenseurs du développement personnel, la croissance de l'individu passe par deux objectifs. Le premier vise à renforcer la position du moi, en développant ses aptitudes et ses compétences. Pour cela, des techniques diverses proposent d'accroître le pouvoir sur sa propre pensée, en stimulant sa mémoire, sa créativité, ou par des méthodes de méditation, de gestion du *stress* ou de maîtrise de ses émotions.

Développement personnel : la fin de la quête ?

Il peut s'agir de dynamiser la personnalité, en augmentant la confiance et en développant les ressources jusque-là inexploitées ; potentialiser le pouvoir de l'esprit sur le corps (les méthodes de contrôle physiologique par exemple) ; développer le pouvoir de la pensée sur l'environnement extérieur, grâce notamment à la gestion du temps et à la pensée positive (cette dernière consistant à combattre la tendance à la dévalorisation de soi, se mobiliser en vue d'objectifs précis, voir l'avenir avec confiance – toutes ces démarches facilitant la réalisation des projets et les chances de réussite) ; enfin, actualiser « le potentiel relationnel » pour gérer plus efficacement les relations interpersonnelles.
Le second objectif du développement personnel se situe *« au-delà de la sphère de l'*ego *»* : le potentiel à accroître n'est plus l'affirmation de soi, mais celui de *« la communion, la fusion avec le monde »*, proche de l'expérience mystique. Les EMC (états modifiés de conscience) peuvent être induits par différentes techniques, comme l'hypnose, la méditation ou le *rebirth* (thérapie cathartique, à base de relaxation et de respiration accélérée, visant à guérir l'individu de ses traumatismes anciens comme la naissance).
Le développement personnel, selon la méthode employée (la PNL ou programmation neurolinguistique, qui repose sur la potentialisation des capacités cérébrales ; l'analyse

9. M. Lacroix, *Le Développement personnel*, Flammarion, 2000.

L'écriture de soi

Chacun de nous peut entreprendre la rédaction de son « roman familial » pour le transmettre à ses descendants : une histoire individuelle dans un cadre collectif.

L'Espace famille de la Caf (caisse d'allocations familiales) d'Avallon, dans l'Yonne, proposait depuis quelques années des conférences, des débats et des rencontres articulés autour d'un thème : l'accompagnement aux fonctions parentales. Les échanges ont mis à jour l'importance qu'il y a à connaître ses origines familiales dans sa construction identitaire. De ce sentiment est né un atelier d'histoire et de transmission familiale, animé par Brigitte Paillet et Anne-Noëlle Stephan, respectivement médiatrice et technicienne en intervention sociale et familiale de la Caf, ainsi que Jean-Paul Cazamayou, psychothérapeute systématicien.

L'idée de cet atelier était de concevoir un lieu où chacun pourrait aller à la découverte de ses ancêtres et des secrets de famille, et apprendre à la retranscrire, la retransmettre à ses propres descendants, sous la forme d'un livre. Celui-ci pourra être accompagné par exemple d'*interviews* des personnes de la famille pour construire le film de la saga familiale. Créer une banque de données familiales, en quelque sorte ! On se situe ici dans l'idée du lien entre ascendants et descendants, de l'inscription dans une lignée.

Même si la démarche n'est pas généalogique, les participants effectuent des recherches, échangent des anecdotes savoureuses. Untel se découvre des origines arméniennes, un autre que son grand-père n'est pas le fils biologique de l'arrière-grand-père, etc. Tout cela donne du poids et du corps à des personnes qu'ils n'ont pas connues, auxquelles ils peuvent s'attacher. Ils mettent à jour leur patrimoine, comme un puzzle qui s'assemble peu à peu. Il faut bien comprendre que le but de l'atelier n'est pas thérapeutique, mais cela donne du sens à leur vécu, leur apporte de nouveaux repères, à une époque où les familles recomposées commencent à poser de sérieux problèmes identitaires aux gens. Les participants découvrent aussi d'anciennes pratiques, comme le changement de prénom à l'âge adulte, très usité il y a quelques générations. Cela leur donne de nouvelles directions pour leur propre fonctionnement, un nouveau regard. Ils peuvent même se rebaptiser !

L'atelier peut aider à se réapproprier sa vie : on connaît son histoire, on sait d'où l'on vient, donc forcément on sait mieux où l'on va.

G.M.

transactionnelle, qui se centre sur les problèmes de communication, etc.) et l'objectif poursuivi, va donc viser soit le renforcement du moi, soit le dépassement du moi dans l'expérience spirituelle. Malgré le succès de ces méthodes, il peut sembler quelque peu illusoire d'en attendre une transformation radicale de sa personnalité, ou l'achèvement de sa quête de soi. *« Développer une personnalité » dans l'absolu est une idée séduisante mais trompeuse.* (...) *Cela permet de mieux remplir les rôles sociaux que chacun est amené à exercer, d'accroître ses connaissances et savoir-faire, d'un peu mieux se connaître soi-même à travers telle ou telle situation, mais sans pouvoir prétendre se prononcer sur ce qu'il en est des insaisissables évolutions de la personne et de son identité.* » (10)

Toujours est-il que le développement personnel a donné naissance à différentes conceptions, comme *« l'entreprise de soi »*, de Bob Aubrey (11), consultant et directeur d'une entreprise de formation. L'entreprise de soi se fonde sur l'idée que l'individu *« augmente sans cesse sa capacité à se connaître, à s'éduquer, à s'adapter aux contextes sociaux et à développer des stratégies de vie. En un mot : qu'il peut réellement être l'entrepreneur de sa vie.* » Dans cette perspective, à la question *« que vais-je faire ? »* se substitue une autre : *« comment vais-je atteindre mes objectifs ? »* (qu'ils soient liés à la vie personnelle ou à l'activité professionnelle). Quelle que soit la conception de l'individu, on en revient finalement toujours au même constat : chacun de nous n'a d'autre choix que de devenir son propre maître...

Pour A. Touraine, *« l'acteur est de moins en moins social, il est de plus en plus dirigé par un idéal de lui-même, tout en n'existant que dans des situations sociales »*. Cette ambivalence est peut-être la *« marque de fabrique »* de l'homme postmoderne, qui cherche encore à constituer son propre mode d'emploi...

10. J. Vincent, « Le développement personnel, un faux ami », *Pour*, n° 176, Grep, 2002.
11. B. Aubrey, *L'Entreprise de soi*, Flammarion, 2000.

David Le Breton*

TATOUAGES ET *PIERCINGS*… UN BRICOLAGE IDENTITAIRE ?**

Les marques du corps ont longtemps signifié une adhésion à un groupe social bien défini, découlant parfois, dans les sociétés traditionnelles par exemple, d'un rite de passage obligé. Aujourd'hui, elles semblent plutôt devenir l'expression de démarches individuelles et du choix de chacun.

Dans le récit de Russel Banks, Chappie, fugueur de 15 ans en pleine déroute personnelle, use du tatouage comme d'une forme de renaissance : *« Je me sentais super bien comme si j'étais une personne toute neuve avec un nouveau nom et même un nouveau corps. Ma vieille identité de Chappie n'était pas morte, mais c'était devenu un secret. Un tatouage vous fait ce genre de chose : il vous fait penser à votre corps comme à un costume particulier que vous pouvez mettre ou enlever chaque fois que vous en avez envie. »* (1) Chappie décide de se nommer désormais Bone, parce qu'un *« os, c'est dur »*. La marque corporelle fait changer de peau.

Dans nos sociétés, les marques corporelles semblent faire l'objet d'une nouvelle fascination. Que signifie cet engouement constaté aujourd'hui pour les tatouages, *piercings*, *brandings*…, toutes manières de dessiner, modeler, bricoler son propre corps ? Ces nouveaux usages ont-ils partie liée avec des pratiques plus anciennes, issues par exemple des sociétés traditionnelles ? Peuvent-ils être assimilés, comme dans celles-ci, à ce que les anthropologues ont décrit comme des rites de passage ? Ou bien manifestent-ils simplement de nouvelles formes du rapport au corps ?

Le tatouage, par exemple, est un signe inscrit à même la peau grâce à l'injec-

* Professeur de sociologie à l'université Marc-Bloch de Strasbourg. A publié notamment : *Signes d'identité, tatouages,* piercings *et autres marques corporelles*, Métailié, 2002.

** *Sciences Humaines*, n° 132, novembre 2002.

1. R. Banks, *Sous le règne de Bone*, Acte Sud, 1995.

tion d'une matière colorée dans le derme (à la différence du maquillage, éphémère, féminin, et destiné au visage), il est définitif, touche les hommes et les femmes, et porte essentiellement sur l'ensemble du corps (épaule, bras, poitrine, dos, etc.), plus rarement sur le visage. Pendant longtemps, le tatouage a été associé à la « primitivité » de ceux qui y recouraient. Pour des psychiatres comme Cesare Lombroso ou Alexandre Lacassagne, au tournant du XXe siècle, les individus tatoués étaient des « sauvages », c'est-à-dire des hommes d'une piètre intelligence et enclins à toutes les formes de délinquance. Barbares d'ici ou d'ailleurs, ils auraient choisi eux-mêmes de signifier leur infamie par ce dessin tégumentaire qui marquait leur dissidence face aux valeurs posées comme étant celles de la civilisation. Par une méconnaissance de la signification culturelle des marques corporelles dans les sociétés traditionnelles, et de celle intime de la trace tégumentaire dans les milieux populaires (soldats, ouvriers, marins, paysans étaient les plus enclins au tatouage), se renforçaient le sentiment de la supériorité de la civilisation « blanche » et bourgeoise, porteuse de « progrès », et l'effroi devant des classes laborieuses perçues comme dangereuses…

L'émergence d'un phénomène culturel

Un saut dans le temps nous projette dans l'Angleterre et la Californie du milieu des années 70. La scène primitive de la diffusion du tatouage, mais surtout de la multiplication des marques corporelles, sollicite sur un registre bien différent. A Londres, les *punks*, dans une volonté de dérision des conventions sociales et des apparences physiques et vestimentaires, se transpercent alors le corps d'épingles, s'accrochent des croix gammées, des symboles religieux, toutes sortes d'objets hétéroclites à même la peau. Le corps est brûlé, mutilé, percé, tailladé, tatoué, entravé dans des vêtements inappropriés. La haine du social se retourne en une haine du corps qui symbolise justement le rapport obligé à autrui. A l'inverse d'une affirmation esthétique, il importe plutôt de traduire une dissidence brutale avec la société britannique. Le corps est une surface de projection dont l'altération dérisoire témoigne du refus radical des conditions d'existence d'une certaine jeunesse. Mais très vite, la culture *punk* est détournée et entre dans le circuit de la consommation, transformée en style et en signe d'élégante excentricité.

L'esthétique du *piercing*, elle, naît sur la côte Ouest des Etats-Unis autour de Doug Malloy, décrit par Fakir Musafar comme un *« millionnaire excentrique »* qui réunit une poignée de *« personnes percées »* (dont F. Musafar, Jim Ward…). J. Ward ouvre la première boutique de *piercing* en 1975 à Los Angeles, il y commercialise des bijoux spécifiques qui connaissent un immense succès. D'autres boutiques essaiment aux Etats-Unis, puis en Grande-Bretagne, et enfin dans le reste de l'Europe. Les marques corporelles connaissent un succès grandissant, elles échappent aux officines marginales du sadomasochisme, du fétichisme ou du mouvement *punk*, absorbées par ce qu'il est désormais convenu de nommer les « tribus urbaines » (*punk, hard rock,* techno, *grunge, bikers, gays, modern primitives*, etc.), puis pénètrent l'ensemble de la société par l'intermédiaire de la haute couture, notamment les mannequins de Jean-Paul Gautier. L'idée implicite que le corps est un objet malléable, une forme provisoire, toujours remaniable (2), pénètre les jeunes générations. Celles-ci grandissent dans une ambiance intellectuelle qui voit le corps inachevé et imparfait, dont l'individu doit compléter la forme avec son style propre.

Aujourd'hui, le tatouage s'éloigne de la mauvaise image qui a longtemps été la sienne, sa valeur se renverse, il s'assouplit même puisque des *kits* de tatouage provisoire font leur apparition dans le commerce. L'engouement pour les marques corporelles investit l'ensemble de nos sociétés et particulièrement, avec le *piercing*, les jeunes générations.

Si parfois le conflit d'interprétation à propos des marques demeure, il est lié aux références divergentes des générations. Les aînés restent encore imprégnés de l'ancienne association entre marques corporelles et stigmates, là où les plus jeunes y voient plutôt l'adhésion passionnée à une classe d'âge. Les marques corporelles changent radicalement de statut, happées par la publicité, la mode, le cinéma, le sport, la culture des jeunes générations..., elles se diversifient également dans une quête de singularité personnelle : *branding* (dessin ou signe inscrit sur la peau au fer rouge ou au laser), scarification, lacération, fabrication de cicatrices en relief, *stretching* (agrandissement des trous du *piercing*), implants sous-cutanés, etc. Les studios de modifications corporelles se multiplient aujourd'hui et accentuent la demande.

Un rite de passage ?

Dans de nombreuses sociétés traditionnelles, les marques corporelles sont associées à des rites de passage à différents moments de l'existence ou, tout au moins, liées à des significations précises au sein de la communauté. Le tatouage a ainsi une valeur identitaire : il dit au cœur même de la chair l'appartenance du sujet au groupe, à un système social, précise les allégeances religieuses, personnalise en quelque sorte à travers cette mainmise culturelle. Au sein de ces sociétés, la lecture du tatouage renseigne sur l'inscription de l'homme dans une lignée, un clan, une classe d'âge ; il indique un statut et son porteur proclame son affiliation à une totalité symbolique. Toute singularité de la part d'un individu signerait son exclusion de la communauté. Impossible de se fondre dans le groupe sans ce travail d'intégration que les signes cutanés impriment dans la chair.

Une analogie s'impose entre les rites de passage des sociétés traditionnelles et les épreuves que les jeunes se donnent dans nos sociétés à travers ces jeux symboliques avec le corps. Mais les différences sont essentielles, à commencer par le fait que, dans nos sociétés occidentales, les aînés n'y participent pas, ne les organisent pas et qu'ils ne sont en rien un moment de transmission.

2. D. Le Breton, *L'Adieu au corps*, Métailié, 2000.

Les modifications corporelles (tatouages, scarifications, etc.), même si elles miment parfois de manière explicite celles des sociétés traditionnelles, en sont bien éloignées en dépit du discours enthousiaste de ceux qui, dans nos sociétés, en revendiquent, sans les connaître, la filiation.

Dans nos sociétés contemporaines, c'est la dimension esthétique qui compte d'abord, même si parfois le souci de leur signification d'origine est simplifié pour entrer dans un autre contexte social et culturel. Les marques traditionnelles se transforment en signes indifférents à leur contenu dont seule importe la valeur de représentation. Tatoo Mike, dont le corps est presque intégralement tatoué, visage inclus, donne dans la philosophie en parlant de ses nombreuses marques corporelles issues de *« dessins allant des Samoans aux Indiens, combinés ensemble dans une sorte de* psychedelia *des différentes cultures »* (3). Les marques corporelles entrent ainsi dans un syncrétisme radical.

Autre différence : dans les sociétés traditionnelles, les marques ne sont jamais une fin en soi comme elles le sont dans nos sociétés, elles accompagnent de manière irréductible des rites de passage dont elles sont les traces définitives, elles disent le franchissement d'un seuil dans la maturation personnelle, le passage à l'âge d'homme, l'accession à un autre statut social… Elles sont un élément de la transmission par les aînés d'une ligne d'orientation et d'un savoir pour les novices qui en bénéficient. Elles ne sont que le moment corporel d'une ritualité plus large. L'identité n'est pas un choix personnel, mais la conséquence d'une position au sein d'un groupe qui impose dès lors des droits et des devoirs et insère dans une symbolique difficile à modifier. La marque fixe donc un statut, ou plutôt le confirme, là où dans nos sociétés elle est une décision personnelle n'influant en rien sur le statut social, même si elle colore la présence d'une singularité particulière.

La marque contemporaine, au contraire, est individualisante. Elle signe un sujet singulier dont le corps n'est pas relieur à la communauté et au cosmos comme il l'était dans ces sociétés où l'homme cherchait à se dissoudre dans le groupe. Elle est, à l'inverse, une affirmation de son irréductible individualité. Son corps n'appartient qu'à lui. Il dit sa dissidence d'individu, là où le membre d'une société traditionnelle proclame son affiliation au sein d'une totalité symbolique à laquelle il ne saurait se soustraire sans perdre son identité. C'est justement parce que nos sociétés sont individualistes, faisant du corps un instrument de séparation, l'affirmation d'un « je », qu'une telle marge de manœuvre existe dans le remaniement de soi. Le corps est un facteur d'individuation. En le modifiant, on modifie son rapport au monde.

Ou l'affirmation de sa singularité…

On pourrait encore penser que la douleur qui advient lorsque l'on se fait tatouer ou percer comporte une dimen-

3. A. Juno, V. Vale, *Incredibly Strange Music*, RE-Search Publications, 1993 ; pour un équivalent français, S. Heuze (dir.), *Changer le corps*, éd. La Musardine, 2000.

sion initiatique ressortissant elle aussi du rite de passage... Mais, dans les configurations contemporaines, seul l'individu est comptable de ce qu'il vit alors et du changement induit en lui. Dans nos entretiens avec maints clients des boutiques de modifications corporelles, la douleur est en effet souvent vécue comme un ingrédient majeur de la métamorphose personnelle. D'autres cherchent à la fuir et en conservent un souvenir cuisant. Si rien n'est changé dans le sentiment de soi et la relation avec le monde, l'épreuve a pu être exaltante, passionnante, mais elle n'est en rien un rite de passage, seulement un épisode de l'existence. La signification d'un tel acte ne réside plus dans le social mais dans la manière dont l'individu singulier le vit. Ce qui, pour l'un, est merveilleux et bouleversant, change en profondeur sa vision du monde, est pour l'autre un « bon moment » ou le pénible prix à payer pour arborer un bijou envié ou ressembler à ses amis (4). Le mythe intime n'a pas d'emblée la puissance symbolique pouvant opérer la mutation ontologique, il exige un supplément de sens dont seul est responsable l'individu.
Si la valeur d'intégration à un groupe n'est pas négligeable, elle est rarement recherchée, elle est plutôt une conséquence de la décision que son point de départ, et certains jeunes se disent même assez indifférents aux autres tatoués ou percés. Nous ne sommes pas dans des sociétés du « nous autres », mais du « moi, personnellement, je ». Le jeune choisit de lui-même son groupe d'appartenance, ou affirme sa singularité. Il décide de se rattacher au monde grâce à un mythe personnel bricolé sur sa connaissance d'autres rites culturels, ou bien il se satisfait de ses marques corporelles sans éprouver la nécessité intérieure de tenir un discours élaboré à leur propos.
Le choix d'une marque manifeste donc une initiative personnelle. Elle ne relève pas d'une évidence culturelle, d'une cosmologie socialement vivante, mais d'une appropriation personnelle. Si un lien existe avec une symbolique quelconque, l'individu doit dès lors en expliquer aux autres la signification. Et si elle est essentielle à ses yeux, elle ne l'est pas nécessairement pour ceux qui lui sont le plus proches. Nous sommes aux antipodes du statut culturel des marques dans les sociétés traditionnelles. Le tatouage, la scarification, le *piercing*, le *branding*, le *cutting*, les cicatrices délibérément faites, etc., témoignent peut-être d'une nostalgie de fusion avec le cosmos, mais ils ne sont pas fondés sur un récit fondateur, un mythe et un ordre de sens transcendant la personne. Ils participent non à une religiosité, mais à une sacralité personnelle.
Ce n'est pas dénier la valeur personnelle d'un tatouage « maori » d'un jeune de Strasbourg ou de Londres que de penser que son tatouage est loin de la

4. Parler de « rite de passage » pour évoquer le fait d'une transformation corporelle est devenu un lieu commun, un mot d'ordre même de ce milieu culturel. Dans *Signes d'identité* (Métailié, 2002), nous avons avancé la notion de rite personnel de passage en montrant toute la différence avec les rites de passage des sociétés traditionnelles, et en insistant sur le caractère individuel de ce qui est vécu dans nos sociétés. Pour une analyse plus approfondie du tatouage et du *piercing* dans nos sociétés, nous renvoyons à ce même ouvrage.

signification qu'il a eue pour les Maoris. Les signes passent d'un monde à l'autre, ils se métissent, mais se vident de leur ancien contenu. Le masque dogon qui émerveille les visiteurs du musée de l'Homme n'est plus celui qui accueillait les génies. L'emprunt du signe, hors des conditions sociales qui lui donnent un sens plein, est une forme de citation culturelle. Il ne dit pas l'intégralité du texte, il le fait pressentir. Une citation de Marcel Proust n'est pas *A la recherche du temps perdu*. Le tatouage maori à Strasbourg n'est pas maori, il traduit l'intérêt éventuel de l'individu pour la culture maorie, mais pas nécessairement car la forme seule, et le style du dessin, ont pu provoquer l'attrait sans que l'individu en connaisse la provenance. Tout juste le signe peut-il suggérer une connivence. Mais la quête symbolique de l'autre sert ici d'abord à une transfiguration personnelle.

S'inventer une mythologie personnelle

Le recours au tatouage est cependant un mime de rite de passage pour celui qui attache une signification essentielle à sa marque et aux conditions de sa délivrance. S'identifiant alors de manière imaginaire à une société particulière, ou au légendaire du tatouage, il a dès lors l'impression de vivre le passage symbolique d'un monde à un autre par l'intermédiaire de son corps. Il invente une mythologie personnelle. Si le processus se rencontre parfois à travers le tatouage où l'engouement pour les signes tégumentaires est clairement lié dans l'esprit du jeune à un groupe culturel, il en va de même parfois pour la scarification, le *branding*, voire le *piercing*. Seule importe ici la signification subjective. Le jeune, à juste titre, ne vit pas dans une volonté de fidélité ethnologique, son souci n'est pas là, mais dans l'adhésion à une vision du monde ou à un aspect de la culture de l'autre qui a retenu son attention.
Si les modifications corporelles traditionnelles, répétant des figures ancestrales, inscrivent dans une filiation, celles de nos sociétés sont à l'inverse des formes symboliques de remise au monde, mais d'une manière strictement personnelle, parfois à travers l'invention d'un signe propre. Elles sont peut-être avant tout une manière de se sentir vivant.

Bricoler son identité

Le tatouage ou le *piercing* signent le changement ontologique, ils le provoquent rarement. Ils confirment le jeune dans sa prise d'autonomie, la rendent visible, et la rappellent ensuite au cours du temps, jusqu'au moment où cette période de transition est lointaine et où il y fait moins attention. Le tatouage ou le *piercing* induisent ou accompagnent le passage délicat vers l'âge d'homme. Ils ne changent pas nécessairement l'existence, mais modifient en partie le regard sur elle, accroissent la confiance en soi, le mûrissement personnel. Le propos est courant : « *Je me sens plus sûr de moi. J'ai l'impression aussi d'être moins timide. J'ai plus de courage. Je ne sais pas pourquoi. Peut-être qu'inconsciemment j'accepte l'idée que le tatouage est réservé aux gens forts et résistants.* » (Alex, 26 ans, infographiste). « *Quand j'ai eu mon premier tatouage, je me suis dit maintenant je suis une dure. Je blaguais mais c'était un peu comme ça.* » (X, 27 ans, étudiante). Magali, 19 ans, étudiante, un dauphin tatoué sur l'épaule, se sent métamorphosée : « *Je suis devenue moins timide qu'avant. J'ai l'impression d'être mieux dans ma peau. J'étais une fille assez réservée, je n'allais pas vers les gens. Maintenant ils viennent plus. Je suis devenue quelqu'un d'intéressant.* »

Le signe tégumentaire est désormais une manière d'écrire métaphoriquement dans la chair des moments clés de l'existence (une relation amoureuse, une connivence amicale ou politique, un changement de statut...), sous une forme ostentatoire ou discrète dans la mesure où sa signification reste énigmatique aux yeux des autres et le lieu plus ou moins accessible à leur regard dans la vie courante. Il est mémoire d'un événement fort, du franchissement personnel d'un passage dans l'existence. Cette revendication identitaire fait du corps une écriture à l'adresse des autres, une surface protectrice contre l'incertitude du monde.

La marque tégumentaire ou le bijou du *piercing* sont aussi des modes d'affiliation à une communauté flottante avec une complicité qui s'établit d'emblée entre ceux qui les partagent. Ils sont aussi les attributs d'un style plus large traduisant l'adhésion à une communauté urbaine particulière.

Les marques corporelles impliquent également une volonté d'attirer le regard, de fabriquer une esthétique de la présence, même si le jeu demeure possible selon les lieux d'inscription, qu'elles soient en permanence sous le regard des autres ou seulement de ceux dont on recherche la complicité. Elles demeurent sous l'initiative de l'individu et incarnent alors un espace de sacralité dans la représentation de soi. La surface cutanée rayonne d'une aura particulière. Elle ajoute un supplément de sens et de jeu à la vie personnelle. Elle est souvent vécue comme la réappropriation d'un corps et d'un monde qui échappent, on y imprime physiquement sa trace d'être, on prend possession de soi, on inscrit une limite (de sens et de fait), un signe qui restitue au sujet le sentiment de sa souveraineté personnelle. La marque est une limite symbolique dessinée sur la peau, elle fixe une butée dans la recherche de signification et d'identité.

L'individu bricole avec les références, les traditions et invente un syncrétisme qui s'ignore, l'expérience de la marque devient alors pour certains une expérience spirituelle, un rite intime de passage. A défaut d'exercer un contrôle sur son existence, le corps est un objet à portée de main sur lequel la liberté personnelle est presque sans entraves. Le stigmate symbolisait l'aliénation à l'autre dans la société grecque antique, aujourd'hui, à l'inverse, la marque corporelle affiche l'appartenance à soi. Elle traduit la nécessité de compléter par une initiative individuelle un corps insuffisant en lui-même à incarner l'identité personnelle.

Deuxième partie

Le groupe

Chapitre IV

Les cadres de l'appartenance

Dominique Oberlé*

VIVRE ENSEMBLE. LE GROUPE EN PSYCHOLOGIE SOCIALE**

La victoire de l'équipe de France en coupe du monde, la violence des bandes dans les banlieues... La vie des groupes fait parfois les titres de l'actualité. Selon le tour que prennent ces événements, les représentations que l'on se fait du groupe seront soit positives et idéalisées, soit au contraire négatives.

Avant d'être un objet scientifique, le groupe est un objet de croyances. Le nous idéal est un groupe dont l'action surmonte les impuissances individuelles – *« l'union fait la force »* – par la mise en commun des énergies, des enthousiasmes, des capacités, et grâce à la solidarité entre les membres. Mais quand le groupe n'est pas idéalisé, il fait peur. L'individu redoute d'y être contraint, malmené, nié, entraîné malgré lui. De façon plus large, transparaissent couramment à son égard méfiance et suspicion. Les connotations péjoratives présentes dans les termes de secte, clan, bande, gang, clique sont associées dans l'imaginaire collectif à l'idée de secret, de conspiration, de violence, de transgression. Le groupe devient alors une menace. La force des croyances à propos du groupe n'en rend pas aisée l'investigation scientifique. Malgré la nécessité théorique de distinguer le savoir scientifique du sens commun, les représentations et les croyances ordinaires imprègnent le discours scientifique. Peut-être est-ce là une des raisons des crues et des décrues de l'engouement pour l'étude des groupes, particulièrement sensibles en psychologie sociale. Les petits groupes et l'étude des processus qui s'y déploient ont pourtant constitué l'un des socles fondateurs de cette discipline.

---

* Maître de conférences à l'université Paris-X-Nanterre. A publié notamment : avec V. Aebisher, *Le Groupe en psychologie sociale*, Dunod, 1998.
** *Sciences Humaines*, n° 94, mai 1999.

Comment définir le groupe ?

Quand il est question de définir le groupe, on s'accorde plus volontiers sur des définitions négatives (ce qu'il n'est pas) que sur des définitions affirmatives. Il est ainsi classique de signaler que tout regroupement de personnes ne constitue pas forcément un groupe, qu'il peut se réduire à un agrégat, c'est-à-dire à un ensemble d'individus unis par la simple proximité physique, mais sans liens entre eux, comme dans une file d'attente. Si le groupe se différencie d'une simple collection de personnes, ce ne peut être que par l'établissement d'une ou plusieurs liaisons entre elles. Un premier type de lien est imaginaire : c'est parce que les désirs et les rêves des membres entrent en résonance que le groupe se forme. Un autre grand type de lien dérive de la technique, de procédés ou de savoir-faire partagés qui créent des liens fonctionnels entre les personnes. Le psychanalyste français Didier Anzieu, à la suite de son collègue anglais Wilfred R. Bion, s'est attaché à montrer l'enchevêtrement des dimensions imaginaire et technique dans toute activité collective (1). La liaison se constitue également par l'adhésion commune à un système de valeurs. Si ce type de lien est particulièrement explicite dans les groupes confessionnels par exemple, en fait, il existe dans tous les groupes par le biais du système de normes qui les régit. Il n'y a pas de groupe sans normes et, réciproquement, les normes sont produites par des collectifs.

Ainsi, l'agrégat des personnes qui forment cette file d'attente au bureau de poste se transformera en groupe lorsque, se mettant à interagir entre elles, ces personnes échangeront leurs représentations du service public et s'organiseront pour engager ensemble une action de contestation visant à obtenir que plus de guichets soient ouverts. C'est donc dans l'interdépendance de ses membres qu'un groupe se forge. Encore faut-il bien voir que cette interdépendance implique une triple détermination : fonctionnelle, normative et imaginaire. Ce constat s'applique à toute une série de situations (prise d'otages, panne d'ascenseur, etc.) qui semblent transformer brusquement une collection d'individus hétérogènes en un collectif capable d'une action commune.

Dans ce qui précède, le groupe a été défini par l'interaction et l'interdépendance, c'est-à-dire défini de l'intérieur. Or, ce qui se passe dans un groupe et la manière dont il se forme, s'organise et se structure dépendent pour une bonne part de ce qui se passe à l'extérieur du groupe, et en particulier de ses rapports avec d'autres groupes (2). C'est ce qu'a magistralement démontré le philosophe Jean-Paul Sartre, dans son analyse de la Révolution française (3). Sans la famine, explique-t-il, ce groupe (des insurgés) ne se serait pas constitué. Mais d'où vient qu'il se définisse comme organe de lutte commune ? Pourquoi ces

1. D. Anzieu, *Le Groupe et l'Inconscient*, Dunod, 1999 [1976].
2. M.A. Hogg, *The Social Psychology of Group Cohesiveness : From Attraction to Social Identity*, New York University Press, 1992.
3. J.-P. Sartre, *Critique de la raison dialectique*, Gallimard, 1985 [1960].

hommes ne se sont-ils pas disputé les aliments comme des chiens, comme il arrive parfois ? C'est l'encerclement de Paris par les troupes du roi qui a transformé la horde des affamés en groupe. Et c'est contre un autre groupe, le gouvernement qui tentait une politique de force, contre *« les dragons »* que le peuple de Paris s'est armé.

On le voit, le groupe ne peut être défini sans rapport d'extériorité. C'est particulièrement frappant dans l'analyse sartrienne, où la délimitation du groupe est figurée concrètement par l'encerclement. Mais tout groupe s'établit en rapport avec d'autres groupes, et définit son fondement, son identité, sa raison d'être, même si ce n'est pas immédiatement apparent. Ainsi, à La Poste, la transformation de la file d'attente en groupe s'opère par rapport à une autre entité, aux intérêts antagonistes, l'entreprise publique La Poste qui cherche à faire des économies. Dans une entreprise, le groupe des grévistes s'oppose aux non-grévistes. Certes, le processus de différenciation grâce auquel un groupe se forme par rapport à d'autres n'est pas forcément aussi conflictuel que dans les exemples évoqués, mais il est toujours à l'œuvre. Le groupe des femmes se constitue par rapport aux groupes des hommes, des gens du troisième âge regroupés en association revendiquent leur droit à la sexualité en référence aux plus jeunes, etc. On le voit, les caractéristiques du groupe, ses finalités, ses enjeux n'acquièrent de signification que dans la confrontation, la comparaison avec d'autres groupes et les évaluations qui en découlent.

La découverte des motivations sociales

C'est incontestablement à l'issue des résultats de l'étude d'Elton Mayo à la Western Electric (4) que le groupe est devenu un objet d'étude privilégié de la psychologie sociale. On est à la fin des années 20 aux Etats-Unis, les principes du management scientifique de Frederick W. Taylor sont appliqués dans les grandes entreprises, caractérisées par le développement récent de la production en grande série. Ces principes consistent en un immense effort de rationalisation du travail, rendu d'autant plus nécessaire que le travailleur est considéré comme un être non rationnel. Puisqu'il n'a que des motivations économiques (gagner de l'argent) et une tendance à la flânerie, on ne peut pas compter sur ses conduites spontanées au travail. Il faut donc rationaliser le travail par l'analyse rigoureuse des tâches et l'établissement de règles qui suppriment tout imprévu.

C'est dans ce contexte qu'après une première étude non concluante, des chercheurs supervisés par E. Mayo étudient à la Western Electric, à Hawthorne près de Chicago, des facteurs susceptibles d'augmenter le rendement, comme l'amélioration de l'éclairage, la mise en place de pauses, etc. Comme d'autres à cette époque, E. Mayo, qui a fait des études de médecine et de psychologie en Ecosse et en Angleterre, pense que ce sont les conditions matérielles de travail qui peuvent expliquer la fatigue, l'absentéisme, les accidents

4. E. Mayo, *The Social Problems of an Industrial Civilization*, Arno Press, 1977 [1945].

du travail et le mauvais rendement. Quel n'est donc pas son étonnement lorsqu'il constate auprès des ouvrières sujettes de l'expérimentation, installées dans une pièce spéciale à cet effet, que l'amélioration du rendement est indépendante de celle des conditions de travail. Ainsi, lorsque les conditions de travail initiales sont rétablies (baisse de l'éclairage, suppression des pauses, etc.), la productivité reste à son plus haut niveau ! Les ouvrières, elles-mêmes étonnées, attribuent ce constat à l'établissement de bonnes relations à l'intérieur du groupe qu'elles ont formé, ainsi que vis-à-vis de la direction. E. Mayo reprend à son compte ces explications et les théorise.

Ce ne sont donc pas les conditions matérielles qui expliquent l'amélioration du rendement, mais la constitution d'un groupe solidaire avec un bon climat ! Cela signifie en particulier que les travailleurs n'ont pas que des motivations économiques, mais aussi sociales, telles que développer des relations cordiales, devenir visibles aux yeux des autres, obtenir de la considération, de la reconnaissance, développer un sentiment d'appartenance. Et c'est justement dans le cadre de petits groupes que cela est rendu possible ! En effet, c'est en se constituant comme le groupe des volontaires pour l'expérimentation que ces ouvrières ont satisfait ces motivations. D'une part, elles ont développé entre elles une vraie camaraderie et des liens de solidarité, d'autre part, leur groupe est repéré et leur attire du prestige, tant des autres ouvrières de l'usine que de la direction. D'ailleurs, ce dont se rend compte E. Mayo dans la suite de l'étude dans d'autres ateliers de l'usine, c'est que lorsque l'organisation formelle de l'entreprise ne permet pas de satisfaire ces motivations sociales, les travailleurs créent sur la base d'affinités des groupes informels dans lesquels cela devient possible. Et c'est bien plus en qualité de membres d'un groupe qu'en tant qu'individus qu'ils réagissent (positivement ou négativement) aux injonctions de la direction, aux normes de l'entreprise.

Voilà comment fut découvert, par hasard, l'impact de l'appartenance à un petit groupe et l'influence du groupe sur les comportements de ses membres. Le mouvement des relations humaines se développa à la suite de cette découverte et se donna un double objectif théorique et pratique : d'une part, mettre en évidence et conceptualiser les différents phénomènes et processus de groupe, d'autre part, développer des interventions dans les organisations pour mettre à profit les découvertes faites à Hawthorne. Pour améliorer la vie et la productivité de l'entreprise, il s'agissait en particulier d'apprendre à la hiérarchie à tenir compte du facteur humain – en distribuant des renforcements sociaux, en faisant participer les salariés à l'élaboration de décisions les concernant, en organisant les équipes de travail sur le modèle de groupes cohésifs. Ce mouvement a été à juste titre critiqué pour son angélisme et sa non-prise en considération de la dimension nécessairement conflictuelle du monde du travail, où se côtoient des groupes et des personnes aux intérêts antagonistes.

Un système d'interdépendance

Kurt Lewin (5), l'un des fondateurs de la psychologie sociale moderne, a profondément orienté l'étude des groupes. Sa théorie repose sur un principe gestaltiste : un tout est autre chose que la somme de ses éléments, et c'est la manière dont ces éléments s'agencent et se structurent entre eux, et non leurs caractéristiques intrinsèques, qui le caractérise. Dans cette perspective, le groupe a une réalité propre. Non réductible à la somme des individus qui le composent, il forme un système d'interdépendance.

Les principaux éléments du groupe sont les membres bien sûr, mais pas seulement. Il y a aussi les buts du groupe, ses valeurs, ses normes, ses modalités de communication et de commandement, les statuts et les rôles des participants. Enfin, la manière dont ces différents éléments sont perçus par les participants, les représentations qu'ils en forgent, font aussi partie des différents éléments interdépendants d'un groupe, de sorte que si l'un d'eux vient à varier, les autres varieront aussi. K. Lewin a cherché les preuves empiriques de cette analyse théorique en tentant de vérifier expérimentalement l'hypothèse suivante : en modifiant le style de commandement dans un groupe, on modifie son climat, en particulier le taux d'agressivité qui s'y développe. Autrement dit, si l'élément « style de commandement » varie dans un groupe, alors l'élément « climat » variera également. En 1939, K. Lewin et ses collaborateurs Ronald Lippit et Ralph K. White ont pu ainsi mettre en évidence que, lorsque les groupes d'enfants sur lesquels a eu lieu l'expérience étaient dirigés de manière autoritaire, cela produisait un climat soit très agressif, soit apathique. Quand le style de commandement était de type « laisser faire », on constatait toujours une grande agressivité. Quant au style de commandement démocratique, c'est lui qui provoquait le moins d'agressivité. K. Lewin voulait démontrer que les résultats observés étaient bien des phénomènes de groupe, et que l'on ne pouvait les attribuer à des facteurs personnels, c'est-à-dire aux traits de personnalité des adultes qui commandaient et/ou des enfants qui participaient à l'expérience.

La conception lewinienne du groupe met donc en lumière des processus spécifiques, qui ne peuvent être déduits de la seule psychologie individuelle ni étudiés au seul niveau des individus. Cette approche théorique a ouvert la voie à l'étude des facteurs constitutifs de la structure des groupes (réseaux de communication, hiérarchie des rôles et des statuts) et à la saisie de phénomènes collectifs comme le climat, la cohésion, le moral, la normativité des groupes.

Peut-on résister à l'influence du groupe ?

Même si vous faites partie de ces personnes qui se sentent autonomes, libres d'esprit et non influençables, il vous est arrivé de vous ranger, à votre corps défendant ou non, à l'avis d'un groupe ou de ce que vous avez ressenti comme

5. K. Lewin, *Resolving Social Conflicts*, Harper, 1948.

tel. Cette adhésion plus ou moins forte, ou plus ou moins feinte, et qui concerne aussi bien les pensées, les opinions que les conduites, recouvre deux phénomènes différents : la normalisation (6) et le conformisme (7).

La normalisation renvoie à des situations où des normes au départ absentes vont progressivement être créées, par tâtonnements successifs et influence mutuelle. Par exemple, dans ce groupe avec lequel vous faites depuis peu de la musique, il devient clair pour tous les participants qu'un retard d'un quart d'heure est acceptable, jusque-là personne ne dit rien, mais pas plus. Inutile d'ailleurs d'arriver à l'heure exacte, car personne n'est là et vous attendez bêtement. De même, tous les participants ont pris l'habitude de faire une pause au bout de deux heures et de grignoter alors ce que chacun à tour de rôle apporte. Cela s'est fait petit à petit. Quand, lors d'une des premières séances, un de vos camarades a mis sur la table des paquets de chips pour tout le monde, vous vous êtes dit que, la prochaine fois, vous amèneriez quelque chose. Et comme vous n'avez pas été le seul à le penser et à le faire, cela est devenu une habitude, une norme de fonctionnement.

Le conformisme, lui, concerne des situations où une norme existe déjà, soutenue par la majorité du groupe. Qu'est-ce qui peut amener un individu à modifier ses opinions ou ses comportements pour les mettre en accord avec ceux prônés par la majorité ? En 1958, le psychologue social Herbert C. Kelman a mis en évidence trois raisons :

– on peut se conformer par complaisance : le conformisme est alors utilitaire, il n'atteint pas les croyances profondes de l'individu mais lui permet seulement de ne pas se faire remarquer, ni d'avoir de problèmes ;

– on peut se conformer par identification : il importe dans ce cas de préserver des relations positives avec un groupe auquel on tient. On se conforme parce que l'on s'identifie à ce groupe et que l'on veut plaire à ses membres. On parle alors d'influence normative. Son enjeu est l'acceptabilité sociale ;

– on peut se conformer par intériorisation : le contenu évoqué par la majorité est alors intériorisé au point que l'individu, convaincu par ce qu'il a entendu ou vu, n'a pas l'impression de se conformer mais d'adhérer de son plein gré. C'est notamment quand la majorité a une haute crédibilité que ce type de conformisme se développe.

Quoi qu'il en soit, du seul fait qu'elle existe, la majorité exerce une pression à se conformer, comme l'a bien montré l'expérience de Solomon E. Asch (8) dans laquelle les sujets avaient à évaluer les tailles de bâtonnets. C'était une tâche très simple, facile, sans aucune ambiguïté. Le hic, c'est que les sujets effectuaient cette évaluation après avoir entendu plusieurs compères de l'expérimentateur donner des réponses fausses. Un nombre significatif des

6. M. Sherif, *The Psychology of Social Norms*, Octagon Books, 1965 [1936].
7. S. Asch, « Effects of Group Pressure upon the Modification and Distortion of Judgment », dans H. Quetzkow (dir.), *Groups, Leadership and Men*, Carnegie Press, 1951.
8. *Idem*.

sujets se conforma à l'opinion de la majorité, en adoptant les réponses erronées ! Ils exprimèrent après l'expérience leur malaise de s'être trouvés dans une si troublante situation : d'abord persuadés qu'ils avaient raison, puis progressivement ébranlés par la constance des réponses de la majorité. Mais la résistance à la pression majoritaire n'est-elle pas envisageable ? Plusieurs cas peuvent se présenter. Ainsi, par exemple, vous avez osé affirmer votre point de vue opposé à celui de la majorité après vous être aperçu qu'il y avait quelqu'un dans le groupe qui pensait comme vous, c'est-à-dire que vous avez bénéficié d'un *« support social »* (9). Ou bien, le fait de vous être opposé à l'avis majoritaire a provoqué votre rejet du groupe (10). Ou encore, non content de vous être opposé à la majorité, vous n'avez eu de cesse de la convaincre de la justesse et du bien-fondé de votre point de vue. A la condition d'avoir développé vos arguments de manière consistante, convaincue et calme à la fois, sans dénigrer les membres de la majorité, vous êtes parvenu à vos fins et ils ont fini par renoncer à leur point de vue pour adopter le vôtre ! Dans ce cas, vous avez agi comme un minoritaire actif (11).

On le voit, même si ce n'est pas évident, il est possible non seulement de résister à l'influence majoritaire, mais aussi de lui opposer une alternative. Cependant, la psychologie sociale a mis un certain temps à concevoir puis à étudier ces processus d'influence, qui sont le fait de minorités et mènent à l'innovation. C'est en particulier sous l'impulsion du psychologue français Serge Moscovici que ce champ de recherches s'est développé.

La prise de décision collective

Notre vie est largement déterminée par des décisions prises par des groupes, comités de sélection, commissions parlementaires, jurys, commissions d'examinateurs, etc. C'est dire l'importance de la prise de décision en groupe et l'intérêt d'en comprendre les mécanismes. La décision de groupe est potentiellement supérieure à la décision individuelle, puisque l'instance de décision collective dispose de plus de points de vue et d'un *pool* d'expertise plus large. Sans doute le processus y est-il plus lent, mais ce n'est pas forcément un handicap si cela correspond à un examen attentif de toutes les facettes du problème considéré. Pourtant, la qualité des décisions groupales peut être amoindrie par un certain nombre de biais, qui limitent la rationalité des décisions. C'est en particulier le cas lorsqu'un phénomène, appelé « pensée de groupe », se développe. Il est spécifique des groupes cohésifs qui ont à prendre des décisions dans un contexte stressant, sous la direction d'un *leader* autoritaire et partial. Dans ce cas, les opinions minoritaires ont du mal à s'exprimer, le conformisme aux idées les plus évidentes et à celles des membres les plus

9. V.L. Allen, « Social Support of non Conformity », dans L. Berkowitz (dir.), *Advances in Experimental Social Psychology*, vol. VIII, Academic Press, 1975.
10. S. Schachter, « Deviation, Rejection and Communication », *Journal of Abnormal and Social Psychology*, n° 46, 1951.
11. S. Moscovici, *Psychologie des minorités actives*, Puf, 1996 [1982].

en vue domine. La recherche du consensus à tout prix prime sur tout le reste et aboutit à un comportement moutonnier, qui inhibe l'esprit critique, l'indépendance de pensée et la recherche d'alternatives pourtant nécessaire à une décision rationnelle. C'est en analysant le compte rendu de prises de décisions qui se révélèrent catastrophiques, comme celles qui aboutirent à la destruction de la flotte américaine à Pearl Harbor, à l'escalade de la guerre au Viêtnam ou à l'invasion de la baie des Cochons, que le psychologue social américain Irving L. Janis (12) identifia ce phénomène, caractérisé en particulier par la limitation de la recherche d'informations, l'évitement du débat et l'autocensure.

Comme la prise de décision en groupe correspond à une convergence finale à partir d'une relative diversité des positions de départ, de nombreux chercheurs (13) ont proposé des modèles susceptibles de permettre des prédictions, en fonction de la distribution des opinions initiales et des règles décisionnelles adoptées. Les plus courantes de ces règles procèdent soit de l'unanimité, soit de la majorité, soit de l'évidence de la vérité. Dans ce dernier cas, c'est la rigueur de la démonstration qui est valorisée, et non le nombre de personnes qui partagent le point de vue. Cette règle – *« la vérité l'emporte »* – est en particulier de mise quand la décision concerne un problème bien défini qui n'admet qu'une seule solution.

Pour les autres types de problèmes, c'est souvent la règle de la majorité qui prime, bien qu'elle implique, comme on vient de le voir à propos de la pensée de groupe, bien des inconvénients. La règle d'unanimité, qui implique que les participants adhèrent réellement à la solution proposée et ne se contentent pas de s'y plier, favorise le débat entre des positions divergentes. Dans ce cadre, la minorité peut s'exprimer et amener les autres participants à prendre en compte des options concurrentes. Or, l'existence de dissensions et le traitement de celles-ci par le débat améliorent la qualité des décisions, car ils obligent à examiner les différentes facettes d'un problème, et à ne pas cantonner la réflexion dans des démarches de confirmation des premières et plus habituelles idées... qui ne sont pas forcément les meilleures !

Quand on pense aux jurys d'assises et aux règles qui président à leurs délibérations, ces remarques prennent toute leur importance. Dans une expérience, des étudiants durent, comme dans les jurys, juger de l'innocence ou de la culpabilité d'une personne accusée de meurtre. Mais certains groupes avaient pour consigne d'adopter la décision à l'unanimité, les autres à la majorité des deux tiers. Les jurys qui devaient aboutir à un verdict unanime examinèrent les dossiers plus longuement et scrupuleusement que les autres.

Bien que le sens commun considère souvent que les décisions de groupe sont plus prudentes et conservatrices que les décisions individuelles, ce n'est

12. I.L. Janis, *Victims of Groupthink*, Houghton-Mifflin, 1972.
13. J.H. Davis, « Social Interaction as a Combinational Process in Group Decision », dans H. Brandstëtter, J.H. Davis, G. Stocker-Kreichgauer (dirs), *Group Decision Making*, Academic Press, 1982.

pas toujours le cas. Dans certaines circonstances, en particulier quand la diversité des points de vue de départ correspond malgré tout à une même orientation normative, et quand les participants se sentent impliqués par l'objet de la décision et s'engagent sans réticence dans la discussion, les décisions de groupes peuvent être plus risquées et extrêmes que la moyenne des positions individuelles initiales. On observe alors une radicalisation de la tendance de départ. Les chercheurs (14) s'en sont rendu compte en comparant les décisions prises sur une même question par des sujets ayant réfléchi d'abord seuls, puis en groupe. Cette extrémisation des positions, connue sous le nom de « polarisation », a reçu trois principaux types d'explication, en fonction de trois perspectives théoriques :

– la théorie des arguments persuasifs (15) : puisque les participants penchent au départ pour une position, ils vont avoir tendance à développer des arguments à l'appui de cette position. Chacun va donc découvrir dans la bouche des autres de nouveaux arguments en faveur de sa position ;

– la théorie de la comparaison sociale : les participants, toujours avides d'approbation sociale, n'hésitent pas à accentuer leur point de vue lorsqu'ils réalisent qu'il est partagé (16) ;

– la théorie de l'autocatégorisation : les participants réagissent, non à partir de leurs préférences personnelles, mais en tant que membres du groupe. Ils adoptent la position qui leur paraît la plus prototypique dudit groupe. Celle-ci est souvent plus extrême que la moyenne des positions individuelles, puisqu'elle se définit notamment pour se différencier d'autres groupes (17).

En jetant toute la lumière sur les effets de radicalisation que peut avoir l'interaction groupale, la découverte de la polarisation aide à comprendre que les situations de groupe puissent aboutir au pire comme au meilleur. En effet, et l'actualité nous le rappelle tous les jours, les groupes peuvent générer des débordements violents et destructeurs, mais aussi des comportements de dévouement et de solidarité admirables. Encore faut-il bien voir que dans un groupe, c'est essentiellement en tant que membres que les individus réagissent, en fonction des normes, des valeurs, des représentations qui y sont à l'œuvre. Et celles-ci sont grandement affectées par les rapports intergroupes et les processus de différenciation mutuelle qui s'y déploient.

Appartenance et identité

Il est frappant de voir combien la normativité des groupes contribue à l'uniformité des conduites. Ce que pensent, disent ou font les membres des groupes auxquels nous appartenons ou nous nous référons exerce incontestablement une grande influence sur nos propres choix. Est-ce à dire que la vie de groupe correspond forcément à une

14. S. Moscovici, M. Zavalloni, « The Group as a Polarizer of Attitudes », *Journal of Personality and Social Psychology*, n° 12, 1969.
15. E. Burstein, A. Vinokur, « Persuasive Argumentation and Social Comparison as Determinants of Attitude Polarization », *Journal of Experimental Psychology*, n° 13, 1977.
16. G.S. Sanders, R.S. Baron, « Is Social Comparison Irrelevant for Producing Choice Shifts ? », *Journal of Experimental Social Psychology*, n° 13, 1977.
17. J.-C. Turner, *Social Influence*, Brooks/Cole, 1991.

sorte d'embrigadement plus ou moins forcé ou consenti, et à une dépersonnalisation ? La première réponse qui s'impose est évidemment de rappeler que, si les autres nous influencent, nous influençons aussi les autres ! Et que si les groupes façonnent les gens en leur imprimant leur mode de faire et de pensée, ils sont aussi produits par eux. Par ailleurs, c'est la connaissance d'un phénomène qui permet de se prémunir de ses aspects éventuellement néfastes. Ainsi, l'étude des groupes a mis en évidence que la meilleure façon d'éviter les inconvénients de la pression à la conformité, consiste à favoriser le doute, la réflexion, l'esprit critique, en particulier par l'acceptation des points de vue minoritaires. Cela dit, l'adhésion à des normes communes n'a pas que des aspects négatifs. Elle facilite non seulement les rapports avec les autres, car les normes partagées fournissent un cadre de référence commun, mais elle permet aussi d'entreprendre des actions salutaires, impossibles à accomplir seul, et de construire des rêves de lendemains meilleurs. Et sans cette capacité à imaginer un futur, il est difficile de s'investir dans le présent et d'y exister autrement que par la violence ou dans l'apathie. Enfin, l'intégration dans des groupes et l'appartenance catégorielle participent de la définition de soi qu'élabore l'individu. Dans cette perspective, la dépersonnalisation, qui est certes un des processus qui sous-tend les phénomènes de groupe, n'implique rien de négatif. Elle ne correspond pas en effet à une perte d'identité mais à un changement d'optique. En effet, en groupe, notre appartenance se transforme en levier de nos pensées et de nos actions. Et pour chacun de nous, être membre d'un groupe n'est pas secondaire mais au contraire constitutif de notre identité.

LES CLASSES SOCIALES SONT-ELLES DE RETOUR ?

ENTRETIEN AVEC LOUIS CHAUVEL*

On disait les classes sociales en voie de disparition. Pourtant, selon Louis Chauvel, même si leur identité collective a reflué, la stagnation des salaires et la persistance des inégalités font apparaître de nouveaux clivages dans la société française. Faute de se manifester clairement dans la conscience collective, ces clivages n'en constituent pas moins le ferment d'un nouveau conflit de classes.

***Sciences Humaines* : Pourquoi parler du « retour des classes sociales » ?**

Louis Chauvel : En ce début de XXIe siècle, l'idée s'est répandue depuis longtemps que la notion de classe sociale n'est plus pertinente pour analyser les sociétés développées. En 1959, ce n'est pas hier, le sociologue Robert Nisbet publie *Decline and Fall of Social Classes* et expose toutes les raisons pour lesquelles, à ses yeux, les classes sociales sont appelées à disparaître. Depuis, cette théorie a été largement diffusée, et tout ou partie de ses arguments sont régulièrement repris. Il y a donc plus de quarante ans que les sociologues s'efforcent de montrer cela, mais, comme l'écrit un collègue anglais, John Scott : *« If class is dead, why won't it lie down ? »* (1) Ce qu'on peut traduire par : *« Si les classes sociales sont mortes, où est passé le corps ? »* En réalité, lorsqu'on observe de près la nature, les contours et l'intensité des inégalités structurées dans la société contemporaine, la théorie de la « fin des classes sociales » a été confrontée au cours des vingt dernières années à de nombreux paradoxes. Elle ne permet pas de rendre compte de certaines évolutions : le maintien voire l'augmentation de nombreuses inégalités tel le fait que 80 % des places dans les grandes écoles françaises sont dévolues aux 20 % de milieux sociaux les plus favorisés... On a donc, d'un côté, une théorie qui affirme que les classes sociales devraient disparaître, et, de l'autre, des données sur le monde du travail, sur les rapports de production, sur la détention du capital productif..., autant d'indicateurs qui montrent que les

** Maître de conférences à l'IEP de Paris, chercheur à l'Observatoire sociologique du changement et à l'OFCE. A publié notamment :* Le Destin des générations, *Puf, 1998 (rééd. 2002).*

inégalités économiques et sociales sont aussi fortement structurées qu'il y a vingt ans. Ces inégalités sont peut-être moins marquées que dans les années 50, lorsque R. Nisbet écrivait, mais elles affectent les nouvelles générations rentrant aujourd'hui dans le monde du travail. Elles sont certainement plus violentes que celles qu'ont connues leurs parents, entrés dans le monde du travail en 1970. Quand on constate que les faits ne correspondent pas à la théorie, on révise les hypothèses.

***SH :* Souligner l'existence d'inégalités économiques mène-t-il nécessairement à affirmer l'existence de classes sociales ?**

L.C. : Non, et une partie de la discussion tient évidemment à la manière dont on définit la notion de classe sociale. Dans la tradition marxiste, la classe sociale est liée de manière objective à la répartition inégale de la propriété des moyens de production, d'où résulte l'exploitation des classes laborieuses par les propriétaires desdits moyens. Les uns et les autres se trouvent dans des « situations de classes » spécifiques, qui permettent de repérer des classes « en soi ». Mais ce n'est pas tout : une classe sociale se manifeste aussi par la conscience qu'ont ses membres de partager la même condition et de devoir s'organiser en conséquence pour lutter contre l'exploitation. Pour Karl Marx, donc, pas de classe ouvrière sans mouvement ouvrier, politique et syndical : c'est alors la classe « en soi et pour soi ». Pour les partisans de la disparition des classes sociales, cette définition est bien pratique : au vu d'une certaine « moyennisation » des revenus, de la diminution des effectifs ouvriers, et enfin du recul du mouvement syndical, il est évident que les classes sociales sont mortes. Mais si l'on prend une définition moins radicale de la classe sociale – par exemple celle que pratiquait Max Weber –, il en va autrement. Selon ce dernier, les classes sociales sont des groupes d'individus spécifiés par des situations de classes et par des *« chances de vie »* ou *« potentialités d'évolution »* (*Lebenschancen*, en allemand) différentes, qui dépendent de leurs ressources, notamment en termes de qualifications. Si l'on constate que ces « destins » ou ces probabilités correspondent à de grandes fractions de la population, alors on peut commencer à parler de classes sociales. C'est en des termes semblables que le sociologue anglais John Goldthorpe s'exprime.

Mais ces « communautés de destins » n'exigent pas qu'il existe une conscience de classe qui anime politiquement et socialement ces catégories, et les mène à lutter les unes contre les autres. Pour ma part, concernant des groupes socio-économiques inégalement dotés en matière de ressources scolaires, patrimoniales et autres, je considère qu'il est légitime de parler de classes sociales si trois critères d'identité de classe sont vérifiés. D'abord, l'identité temporelle, qui implique la durabilité du groupe, sa reproduction sociale, et notamment sa fermeture à l'égard de la mobilité sociale – ce qui va de pair avec l'homogamie, la tendance à se marier dans les mêmes strates sociales. Ensuite, l'identité culturelle, le fait de partager des modes de vie et des façons de faire, un langage et des traits culturels permettant l'interreconnaissance. Enfin, l'identité collective, c'est-à-dire la capacité à agir de concert, dans un même but, animé politiquement par la prise de conscience d'intérêts collectivement partagés : c'est là que se cache la classe pour soi. Cette identité-là semble avoir considérablement reflué. Même si l'analyse de ces critères montre que les frontières de classes ont décliné des années 50 aux années 80, la société sans classes reste fort loin de nous.

***SH* : Quel regard portez-vous sur l'état actuel de la société française ?**

L.C. : Le constat que je fais est que, depuis vingt ou vingt-cinq ans – le tournant se trouvant entre le début du ralentissement économique en 1975 et la rigueur de 1983 –, pour l'ensemble de ces critères, il n'y a plus de rapprochement entre les groupes sociaux, mais une réouverture des écarts. Jusqu'aux alentours de 1983, l'éventail des revenus des salariés français s'était resserré, la dynamique de moyennisation annoncée par Henri Mendras était à l'œuvre (2), avec le développement d'une culture moyenne animée par un groupe social intermédiaire, une « constellation centrale » dans laquelle venaient se déverser les enfants de la classe ouvrière en mobilité ascendante, mais aussi les enfants de la bourgeoisie. Au même moment, le parti socialiste, le parti des classes moyennes salariées, arrivait à rassembler 40 % du vote ouvrier et employé dès le premier tour (contre 11 % et 19 % pour Lionel Jospin le 21 avril 2002). Après 1983, toute cette dynamique d'amoindrissement des contours de classe s'étiole. Quand on délaisse l'étude des moyennes pour préférer une division plus subtile – la dynamique générationnelle –, le retour des classes apparaît clairement. On constate qu'en 1984 encore, les plus pauvres étaient les générations âgées, amenées à disparaître dans un délai assez court. La situation est maintenant différente : les pauvres sont maintenant jeunes et pleins d'avenir… Quand on mène une analyse générationnelle des moyennes, on constate que les anciennes générations nées avant 1920 étaient très inégales, polarisées entre un prolétariat mal payé et mal intégré dans le salariat stable, et une bourgeoisie aisée. Ensuite, pour les générations nées dans les années 1930 à 1940, les générations de l'Etat providence, la moyenne est beaucoup plus haute, mais surtout, les écarts nettement moins importants : ce sont les générations pour lesquelles la dynamique de la moyennisation a fonctionné à plein régime. Enfin, pour celles nées après 1955, les générations qui ont eu 20 ans dans le contexte de chômage de masse, l'éventail des revenus s'est ouvert à nouveau, avec un blocage de l'ascenseur social que l'on repère notamment à la dévalorisation des titres scolaires. Vingt-cinq ans après leur entrée dans la vie active, les clivages existant au départ se sont conservés, voire accentués. Les perspectives de progrès par le travail et le salariat se referment : il suffit de comparer la croissance des salaires et celle des loyers pour comprendre comment. Cette situation est marquée par une nouvelle polarisation à l'intérieur des classes moyennes : d'un côté des professions libérales, les anciens des grandes écoles sélectives dans des emplois du privé et les détenteurs de qualifications relativement rares, qui progressent ; et de l'autre, des gens aux limites des classes populaires, qui déclinent. Entre la moitié et les trois quarts du revenu médian, autour de 1 000 euros par mois, on note une accumulation de population située aux limites de la pauvreté. Cette dynamique est radicalement différente de celle des années 70.

***SH :* Quelle est la raison de cette déstabilisation des catégories moyennes du monde du travail ?**

L.C. : Jusque dans les années 80, on assistait à l'émergence de la société salariale, marquée par la figure du salarié stable en CDI, auquel des droits sociaux nouveaux s'ouvrent au long de la trajectoire de travail. Le débat des années 70 est celui des « nouvelles classes moyennes » salariées, du public et du privé, rétribuées autour de 1500 de nos euros, classes qui supplantent les « anciennes classes moyennes » agrégeant fonctionnaires et petits commerçants. La dynamique de moyennisation était leur fait. Que s'est-il passé à partir des années 80 ? D'une part, la part des salaires s'est effondrée face aux profits dans le partage des revenus. La croissance des salaires est bloquée autour de 0,5 % par an, de sorte que le temps de doublement du revenu, qui était d'une vingtaine d'années en 1960, est multiplié par cent ! Le blocage de l'ascenseur social provient aussi de cette dynamique. Désormais, au sein des classes dites moyennes, il y a deux destins possibles. D'abord, celui de gens qualifiés, mais dont les revenus stagnent. Ceux-là rencontrent des difficultés à transmettre leur statut social à leurs enfants. Ensuite, il y a une classe moyenne en voie d'enrichissement : des indépendants, des salariés ayant accès aux *stock-options*. Ceux-là sont en mesure d'accumuler un patrimoine de haut niveau qui leur permettra de transmettre leur statut social à leurs enfants, notamment en leur offrant un accès aux lycées sélectifs du centre-ville.

***SH :* Dans un schéma de classes, le jeu se ramène en général à deux ou trois grands ensembles inégaux. La sociologie a longtemps pratiqué l'idée que les ouvriers incarnaient à eux seuls la classe prolétaire. Qu'en est-il aujourd'hui ?**

L.C. : Evidemment, les ouvriers ne sont plus les seuls à entrer dans cette « classe populaire ». Il faut y inclure une bonne partie des employés du tertiaire, du commerce et des services qui n'ont aucune perspective d'amélioration de leur sort. Ils sont payés comme des ouvriers (1200 euros en moyenne pour un plein temps sur toute l'année), et leurs conditions d'emploi sont souvent similaires. On affirme souvent que la classe ouvrière disparaît parce que les ouvriers ne sont plus que 30 % de la population active, contre 40 % dans les années 70. En réalité, à mesure de la baisse de la part des ouvriers, l'expansion des employés fait que la classe populaire qui résulte de leur union représente 60 % de la population française, part invariable depuis 1960. Il est vrai qu'en termes de conscience sociale, l'identité collective des employés est moins claire que celle des ouvriers. Mais, objectivement, ils partagent leurs conditions, et vivent souvent ensemble sous le même toit.

***SH :* Vingt années, n'est-ce pas une période un peu courte pour annoncer que la société a pris un tournant historique vers le retour d'une structure de classe ?**

L.C. : Si c'est trop court, il faut renoncer à réfléchir à ce qui s'est passé depuis 1982. Certes, à l'échelle de l'histoire, c'est peu, et cela peut bien n'être qu'un mauvais passage. Mais le constat, aujourd'hui, est que tout un ensemble de difficultés connues par les jeunes des années 80 ne se sont pas résorbées. Les jeunes des années 80 ont vécu un taux de chômage de 33 % sur les deux ans de la sortie de leurs études, contre 4 % pour les jeunes du début des années 70. Ce fut un changement considérable qui a laissé des séquelles collectives. Vingt ans après, il est temps d'en prendre acte, d'autant que le tournant est aussi idéologique.

***SH :* Est-ce que l'on peut penser que ces données économiques se traduisent par un vécu collectif ? Est-ce que, par exemple, les gens d'aujourd'hui ne vivent pas plutôt leurs réussites ou leurs échecs comme des affaires personnelles ?**

L.C. : C'est un point très important. Il y a deux volets dans la question des classes sociales : celui des conditions réelles d'existence, et l'autre, qui est subjectif. Effectivement, l'individualisme de masse, la norme d'autonomie moderne font que beaucoup de gens vivent leurs difficultés comme un problème de destin personnel. Les idées contemporaines veulent que l'individu soit, en quelque sorte, responsable de tout ce qui lui advient, en positif comme en négatif. Pour les 10 % de membres des classes moyennes supérieures, la perspective est flatteuse. A l'inverse, beaucoup de gens sont ainsi amenés à intérioriser les causes de leur propre échec. On peut considérer que c'est une doctrine partagée de manière diffuse par toute la société. Mais c'est, avant tout, l'idéologie des gens qui ont les moyens de vivre avec. Que se passe-t-il lorsque cet individualisme se répand chez les gens qui n'ont pas les moyens économiques, psychiques ou culturels suffisants pour l'assumer : c'est une catastrophe. L'atomisation qui en résulte – Robert Castel appelle cela *« l'individualisme négatif »* – est propice à une déstabilisation de fond de la personne, dont l'agressivité intériorisée (les conduites suicidaires) ou extériorisée (la délinquance) sont des symptômes collectifs parmi d'autres. Poser l'autonomie comme règle d'existence sans en fournir les moyens peut être assez criminel. Doit-on conclure pour autant que tout sentiment d'appartenir à une classe est désormais banni ? Pour faire un retour en arrière, on constate que la formation d'une classe ouvrière politiquement consciente et organisée, avec une doctrine et un objectif, le point auquel on est parvenu en 1950, est en fait le résultat d'un long processus historique séculaire. A l'époque de *Germinal*, la « conscience de classe » des mineurs de fond n'était pas parfaitement construite. L'individualisme paysan était loin d'avoir disparu. Voilà un siècle, le conflit central de la société française n'était pas celui des classes, mais celui de l'affaire Dreyfus et de l'école laïque. En 1914 non plus, l'internationalisme ouvrier n'a pas résisté aux passions de la guerre. Bref, la construction subjective de la classe ouvrière a été un processus séculaire. Mon avis est que les inégalités sociales existent bien longtemps avant d'être objectivées pour fonder une identité collective. Inversement, cette identité peut subsister bien après que les conditions de départ se soient transformées. La période des années 70 est parlante à cet égard : jamais la lutte des classes n'a été plus souvent invoquée, alors que, nous l'avons vu, la réalité objective de la croissance venait relativiser cette vision du monde. Aujourd'hui, au contraire, le paradoxe inverse prévaut : alors que les inégalités sociales se reconstituent, l'existence des classes sociales n'a jamais fait l'objet d'autant de dénégations, au point même que le mot est devenu presque tabou. Les idées semblent toujours en retard, d'une génération peut-être, sur l'histoire et les faits.

***SH :* Existe-t-il des mouvements sociaux qui actuellement traduisent ou annoncent l'évolution que vous décrivez ?**

L.C. : Aujourd'hui, nous sommes héritiers de la mémoire des trente glorieuses, et il est parfaitement plausible que l'offre idéologique ne soit pas adaptée à la réalité sociale actuelle. La réévaluation de cette situation va-t-elle prendre vingt ans, ou plus encore ? Maintenant, la question sociale, celle des salaires, des conditions de travail, de la protection sociale, etc., semble moins aiguë dans le débat public que d'autres enjeux relevant plutôt de l'ordre « culturel ». Jan Pakulski et Malcolm Waters, les sociologues de la Tasmanie postmoderne, affirment que dans la société d'abondance, des questions symboliques telles que la place des minorités ethniques et sexuelles, des fumeurs et des femmes supplantent les questions plus matérialistes (3). Pourtant, ici, chez les jeunes salariés, ces questions ne remplacent pas les autres. L'opposition fumeur/non-fumeur touche aussi à des questions de conditions sociales que l'épidémiologie connaît bien : le décalage de sept ans d'espérance de vie entre cadres et ouvriers en dépend. Au même moment, taxer le tabac – le plus légitime des impôts –, c'est taxer principalement la classe ouvrière, qui compte beaucoup de gros fumeurs. La question féministe n'est pas non plus indépendante de celle des classes : si on rapproche les employées de la classe ouvrière, l'accès des femmes aux classes moyennes est bien moins avancé qu'on ne le dit. Faire l'impasse sur ces difficultés, comme les nouveaux mouvements sociaux tendent parfois à le faire en se fixant sur des enjeux symboliques, moraux ou culturels, c'est faire fausse route. Le 21 avril dernier (2002) a marqué, d'une façon ou d'une autre, une étape importante dans la prise de conscience du risque que l'on court à oublier plus de la moitié de la population sur la route du progrès.

Propos recueillis par
NICOLAS JOURNET
(*Sciences Humaines*, hors série n° 39, décembre 2002)

1. J. Scott, « If Class is Dead, Why Won't it Lie Down ? », dans A. Woodward, M. Kholi (eds), *Inclusions and Exclusions in European Societies*, Routledge, 2000; voir aussi le site Internet http://privatewww.essex.ac.uk/~scottj/socscot6.htm
2. H. Mendras, *La Seconde Révolution française (1965-1984)*, Gallimard, 1988.
3. J. Pakulski, M. Waters, *The Death of Class*, Sage publications, 1996.

Identité politique et sentiment d'appartenance à une classe

Dans l'usage sociologique marxiste, la notion de classe sociale suppose une communauté d'action, d'opinion, fondée sur un sentiment d'appartenance partagé par les membres d'une même classe. Le déclin des manifestations d'identité collective ouvrière a largement contribué au diagnostic de la « fin des classes ». Ainsi, le recul de l'affiliation et du vote communiste en Europe de l'Ouest, ainsi que la diminution des effectifs syndiqués ont été considérés comme des symptômes de l'effacement du sentiment de classe chez les ouvriers et les employés. Mais qu'en est-il aujourd'hui ?

Depuis quelques années, les politologues français pointent de nouveau l'émergence d'un électorat socialement clivé en France : l'abstention croissante, le vote communiste, le vote Front national et l'opinion antieuropéenne forment une constellation d'opinions dont les études montrent qu'elle est majoritairement populaire. Par exemple, en 1992, le vote « oui » pour Maastricht ne dépassait pas 35 % chez les ouvriers, contre 70 % chez les cadres.

Une vision clivée de la société

Quant au sentiment d'appartenance, il a fait l'objet d'enquêtes d'opinion. Elles montrent que, contrairement à une idée reçue, le sentiment d'appartenir à une classe sociale (quelle qu'elle soit) ne décline que de 10 % entre 1975 et 1989, puis connaît même un renouveau (61 % de « oui » en 1994).

On note évidemment un rétrécissement de l'affiliation à la « classe ouvrière », une croissance de l'appartenance aux « classes moyennes » et un déni de l'affiliation « bourgeoise ». Mais la multiplication des affiliations à la catégorie « autres classes » suggère à Louis Chauvel l'idée que derrière cette réponse floue se dissimulent des qualificatifs non classiques comme « les exclus », « le peuple », « les pauvres » dénotant une vision clivée de la société, peu orthodoxe dans le schéma des classes.

NICOLAS JOURNET

IDENTITÉS PROFESSIONNELLES : LE TEMPS DU BRICOLAGE

Entretien avec Claude Dubar*

Pour Claude Dubar, la crise des identités professionnelles s'inscrit dans une remise en cause générale des identités sociales, qui traduit le passage de relations communautaires à des relations sociétaires. Produites autrefois collectivement, les identités professionnelles tendent désormais à être bricolées par les individus en fonction de leurs trajectoires personnelles.

***Sciences Humaines :* Dans votre livre *La Crise des identités. L'interprétation d'une mutation*, vous analysez la crise des identités professionnelles comme l'expression du passage de relations à dominante communautaire à des relations sociétaires.**

Claude Dubar : La remise en cause des identités professionnelles, à laquelle nous assistons depuis au moins un quart de siècle, prend en effet tout son sens si on l'interprète à la lumière du processus de modernisation tel qu'il a été théorisé par des penseurs comme Max Weber ou Norbert Elias. M. Weber en particulier interprète la modernité par le passage de relations à dominante communautaire à des relations de type sociétaire. Dit autrement, la modernisation à l'œuvre dans les sociétés industrielles est un mouvement qui fait primer l'identité des « je » sur l'identité des « nous », les formes individualisantes, différenciatrices, sur les formes collectives, généralisantes. A la fin des années 50, le sociologue allemand N. Elias proposa une théorie similaire en accentuant l'analyse psychohistorique du processus de civilisation.

** Directeur du laboratoire Printemps (Institutions, professions, temporalités), professeur de sociologie à l'université de Versailles-Saint-Quentin-en-Yvelines, spécialiste des identités professionnelles. A publié notamment :* La Crise des identités. L'interprétation d'une mutation, *Puf, 2000.*

***SH :* Comment cela se traduit-il concrètement pour les identités professionnelles ?**

C.D. : En France, le passage de relations communautaires à des relations sociétaires a été tardif ; ses effets sur les identités professionnelles se sont manifestés dans les années 70. Jusqu'alors, au cours des trente glorieuses, l'identité professionnelle était le résultat d'un processus collectif : les syndicats et le patronat négociaient, l'État validait. Elle s'écartait peu des catégories officielles (ouvrier, employé, cadre...) qui s'imposaient à presque tous les salariés. Que l'on fût titulaire d'un CAP ou diplômé d'une grande école, on quittait la formation initiale avec une identité professionnelle reconnue et qui, normalement, accompagnait le salarié jusqu'à sa retraite. Bien sûr, il y avait des exceptions. Mais dans l'ensemble, le système a bien marché jusque vers le milieu des années 70. Depuis, il est entré en crise, sous l'effet de la montée du chômage, de la libéralisation de l'économie..., sans oublier la reconnaissance de l'entreprise comme acteur dans le contexte de concurrence mondiale. Tout d'un coup, le niveau de qualification, qui avait jusqu'ici déterminé la production des identités professionnelles, va se trouver supplanté, du moins dans les discours, par les exigences de compétitivité. Désormais, ce qui compte, c'est le résultat que chaque salarié va apporter à l'entreprise. Sur le plan de la gestion des ressources humaines, cela se traduit par les tentatives de transformer les salariés en « partenaires » volontaires de l'entreprise. Une tendance qui a été facilitée par le déclin ou la transformation profonde des syndicats. Les identités professionnelles ne sont pas les seules concernées par le déclin des relations communautaires : dans les sphères familiale, religieuse, politique, les anciennes formes d'identification sont également mises en question. Les catégories autrefois légitimes et « allant de soi » (l'autorité paternelle, l'Eglise, l'Etat-nation...) deviennent problématiques, parfois invalidées. Après trente ans de crise économique, on s'aperçoit que c'est toute l'architecture symbolique qui est atteinte.

***SH :* Au sein du monde du travail, quels changements ont contribué à remettre en cause la conception collective des identités professionnelles traditionnelles ?**

C.D. : L'entrée massive des femmes sur le marché du travail est un changement majeur. La grande majorité d'entre elles entend concilier son activité professionnelle avec un investissement familial ou personnel. Il en résulte un nouveau rapport social, où l'on privilégie la tentative de forger son propre projet de vie, sa propre identité professionnelle par rapport aux rôles sociaux définis une fois pour toutes. D'autres changements ont été décisifs : la tertiarisation des activités (dites « de services ») ou encore la flexibilisation des formes d'emploi. L'ancien « modèle » du travailleur masculin, industriel, syndiqué n'est plus dominant. Les modèles éclatent, se diversifient, se brouillent. L'entreprise, autrefois considérée comme lieu d'exploitation, est devenue un espace de concurrence externe et interne, de mobilisation salariale, d'exclusion aussi pour ceux qui sont invalidés. L'intensification du travail prend de nouvelles formes et la peur du chômage a constitué un puissant levier de réorganisation de l'entreprise à partir de dispositifs individualisés (compétence, qualité, juste-à-temps...). Ceux-ci exigent des salariés de nouvelles formes d'implication au travail, qui peuvent aller jusqu'à la participation à l'exclusion des plus fragiles.

***SH :* Justement, quels rapports faites-vous entre précarisation de l'emploi et crise des identités professionnelles ?**

C.D. : Je vois une relation directe. Dès lors que les jeunes qui entrent sur le marché du travail savent que leur emploi est (plus ou moins) précaire, qu'ils devront changer plusieurs fois de travail au cours de leur vie active et qu'ils seront continuellement évalués sur leurs « compétences », leur identité professionnelle n'est plus « donnée », acquise une fois pour toutes à la sortie des études. Elle devient un processus identitaire qui risque de comporter des phases diverses, des « conversions » de formes, des risques d'exclusion et des constructions de projets liés à sa personne. Elle est aussi liée à des opportunités de nouveaux apprentissages, de *lifelong learning*, les formations tout au long de la vie professionnelle (1).

***SH :* Qu'en est-il de l'identité ouvrière ?**

C.D. : Elle est indéniablement en crise, sinon en déclin, mais depuis plus longtemps qu'on ne le pense, même si les ouvriers sont encore nombreux. Le sociologue Georges Friedman a été l'un des premiers, dans les années 50, à percevoir les premiers signes de la dévalorisation de cette identité professionnelle alors dominante. Depuis le XIXe siècle, celle-ci avait été plutôt valorisée, notamment par le discours communiste, l'héritage révolutionnaire, la lutte des classes, etc. Dans les années 20, elle s'est substituée définitivement à celle de prolétaire. Les premiers signes de dévalorisation se manifestent, selon G. Friedman, dès la fin des années 30, avant de s'accentuer dans les années 50-60. D'où le pessimisme qui se dégage de ses analyses sur la fin des ouvriers de métier, l'impossible autonomie ouvrière, le « travail en miettes ». Au cours des enquêtes que j'ai menées à la fin des années 80 dans de grandes entreprises, j'ai pu constater que les plus jeunes salariés, de plus en plus qualifiés, ne s'identifiaient plus comme ouvriers. Le discours et les notions du *management* – le « collaborateur », l'« opérateur » – avaient remplacé le vocable traditionnel. L'appellation d'ouvrier n'était pas tombée en désuétude mais, si l'on peut dire, en disqualification. Quand on demande aux salariés en travail posté ce qu'ils font, qui ils sont..., peu se définissent spontanément comme ouvrier, du moins dans les grandes entreprises. Bref, les catégories traditionnelles sont entrées en crise sans être remplacées par des catégories parfaitement intégrées ou reconnues.

***SH :* Cela veut-il dire que les individus ne cherchent plus à s'identifier professionnellement ?**

C.D. : Bien au contraire. Aujourd'hui, force est de constater que le spectre d'identification des salariés est beaucoup plus large qu'autrefois. Des personnes exerçant la même activité peuvent se définir de manière différente. Il n'y a plus ou peu de catégories officielles qui s'imposent uniformément. Tout le travail du sociologue est d'essayer de comprendre ce qui régit la manière dont les personnes se définissent désormais.

***SH :* Par crise, il ne faut donc pas entendre déclin mais recomposition...**

C.D. : Oui. Pas plus que les autres identités, les identités professionnelles ne sont des catégories acquises une fois pour toutes. Comme les autres, elles se construisent dans et par les interactions, tout au long de la vie. Elles s'élaborent à partir d'un parcours, d'une trajectoire, en débordant les limites du lieu de travail. Cela explique que des personnes, qui font le même travail au sein de la même entreprise, peuvent construire des identités professionnelles différentes. L'identité professionnelle diffère de l'identité au travail ; elle est une manière de se situer dans le champ professionnel et, au-delà, dans la vie sociale ; elle continue à influencer toute l'existence hors travail, même si elle est de plus en plus soumise à l'incertitude. La crise de l'identité ouvrière montre *a contrario* que le processus d'identification professionnelle ne se réduit pas au champ du travail. Cette crise s'explique en effet par différentes évolutions extérieures : le déclin du parti communiste, la transformation des identités sexuées au sein de la famille, la remise en cause du modèle masculin dominant, mais aussi des identités politiques. Ces évolutions ne conduisent pas au remplacement d'un mode d'identification par un autre ; elles invalident le mode traditionnel en ouvrant un champ de possibles qu'il revient au sociologue de comprendre. Ce que l'on peut d'ores et déjà dire, c'est qu'on assiste à l'éclatement de modèles dominants au profit d'identités professionnelles qui sont davantage singularisantes, incertaines mais individualisées.

***SH :* Comment le sociologue peut-il appréhender ces nouvelles formes identitaires ?**

C.D. : Dès lors que les catégories officielles sont moins opérantes, il convient de rentrer davantage dans l'analyse des interactions quotidiennes ou situées, en partant des catégories bricolées par les individus et non seulement des catégories officielles produites par les institutions. Il faut pour cela prendre au sérieux la verbalisation, la manière dont les individus expriment leurs conditions de travail. Il s'agit aussi de mieux comprendre ce qui se passe dans l'échange verbal entre les différents acteurs du monde du travail, les négociations autour des catégories professionnelles... Aussi, plutôt qu'identités professionnelles, je préfère l'expression « formes identitaires », car elle indique qu'il s'agit, d'abord, de formes langagières que l'on peut rencontrer dans d'autres champs et qui renvoient à des visions de soi et des autres, de soi par les autres mais aussi des autres par soi : des catégorisations « subies » (identités pour autrui) et des identifications « construites » (identités pour soi) (2). Ces formes langagières sont une entrée dans la vie sociale qui correspond à la tradition sociologique de l'interactionnisme symbolique. Ce courant de la sociologie a abordé la question des identités de cette façon et a permis de rompre avec une conception statique et déterministe des identités sociales imposées et inculquées par les institutions, une fois pour toutes. De George H. Mead à Erving Goffman, en passant par Everett Hughes, Anselm Strauss, Howard Becker, ses principaux représentants ont tous attaché une grande importance à la question des parcours biographiques et des stratégies identitaires destinées à obtenir ou à négocier la reconnaissance des définitions de soi par les partenaires des activités, notamment de travail.

Propos recueillis par
SYLVAIN ALLEMAND
(*Sciences Humaines*, n° 114, mars 2001)

---

1. C. Dubar, *La Formation professionnelle continue*, La Découverte, 2000 (4e éd.).
2. C. Dubar et *al.*, *La Socialisation. Construction des identités sociales et professionnelles*, Armand Colin, 2002 (3e éd.).

Plasticité des identités au travail

La famille et l'école sont des lieux de socialisation importants pour les individus. Elles façonnent leurs attitudes, leurs manières de penser, leurs comportements... En 1977, le sociologue Renaud Sainsaulieu affirme qu'un nouveau lieu de socialisation est apparu : l'entreprise. Il s'y construit de l'identité (d'où le titre de son ouvrage *L'Identité au travail* (1)) par un processus social de reconnaissance de son travail par les collègues ou les supérieurs hiérarchiques, d'opposition entre salariés et de confrontations aux contraintes sociales. Cette élaboration n'implique aucunement l'unicité des identités au travail... bien au contraire. Ce que R. Sainsaulieu et son équipe vont constater sur le terrain.

Les modèles identitaires en entreprise

De 1965 à 1969, des chercheurs enquêtent dans des entreprises publiques (SNCF, EDF) et privées (assurances, construction électrique, fabrication de peinture). Ils y repèrent des processus identitaires très différents en fonction des moyens dont disposent les individus pour obtenir la reconnaissance des autres. Quatre idéaux-types sont formalisés.

• Des salariés dotés d'un pouvoir individuel d'infléchir leurs conditions de travail très limité vont compenser cette faiblesse par une lutte collective. Celle-ci nécessite une forte solidarité entre pairs (identification horizontale) et un regroupement sous la bannière d'un *leader* (identification verticale). Valeurs communes, camaraderie, unité du groupe... sont les caractéristiques du modèle dit « fusionnel ». Les chercheurs l'ont rencontré chez les ouvriers spécialisés et des employées de bureau dans les diverses entreprises qu'ils ont étudiées.

• A l'opposé, des professionnels très qualifiés (y compris des ouvriers) et des cadres de production, grâce à la richesse de leurs compétences et aux responsabilités acquises par leur fonction, ont les moyens *« d'affirmer leurs différences, de négocier leurs alliances et leur reconnaissance sociale »*. Leur modèle identitaire est basé sur la négociation.

• Sur un mode beaucoup plus individualiste, se construit un modèle identitaire qualifié d'*« affinitaire »* par R. Sainsaulieu. Ici, il n'y a pas de forte solidarité entre collègues comme dans le premier modèle, mais simplement quelques connivences affectives. En effet, les salariés sont tendus vers une ascension sociale qui passe souvent par une mobilité externe à l'entreprise. C'est ce carriérisme qui les motive, qui les mobilise dans leur travail.

• Enfin, quelques salariés forgent leur identité davantage hors du travail que dans la sphère laborieuse. Présents tout en étant absents de l'entreprise, leur vie est ailleurs. Ce modèle de retrait est souvent plus subi que désiré. L'équipe de R. Sainsaulieu a rencontré ce mode identitaire chez des travailleurs immigrés, des jeunes ou des ouvriers spécialisés occupant des emplois non qualifiés.

Ces différents modèles identitaires repérés au cœur même des entreprises sont la preuve que cette organisation est un lieu central de gestation et d'incubation identitaire à l'instar, hier, des corporations ou des villages paysans et aujourd'hui de la famille ou de l'école.

La dynamique des identités

L'examen de ces modèles laisserait penser que R. Sainsaulieu s'intéresse à la permanence, au déterminisme. Il n'en est rien. Dans la postface écrite en 1985 pour la 2e édition de *L'Identité au travail*, il s'interroge sur les changements majeurs susceptibles d'avoir affecté les modèles identitaires et il constate leur plasticité. Par exemple, il affirme que la crise économique des années 70 a étendu le modèle de retrait à d'autres catégories comme les cadres, parce que leurs perspectives de carrière se sont rétrécies et que leur sécurité de l'emploi s'est amoindrie. Bref, dans la sociologie de R. Sainsaulieu, il n'y a pas de permanence, tout est en mouvement y compris les repères identitaires. D'ailleurs, des enquêtes de terrain réalisées à la fin des années 80 vont permettre à une nouvelle équipe de chercheurs d'actualiser la typologie identitaire forgée par R. Sainsaulieu, quelque vingt ans plus tôt. Dans *Les Mondes sociaux de l'entreprise* (2), ce ne sont plus quatre mais six ideaux-types qui sont élaborés en fonction du degré de sociabilité (plus ou moins fort) et du mode d'intégration (par la règle ou pas les interactions) des salariés. Les chercheurs constatent notamment le déclin du modèle fusionnel ou communautaire, qui tend à devenir plus un symbole qu'une réalité, attestant eux aussi la thèse de la fin de la classe ouvrière.

EVELYNE JARDIN

1. R. Sainsaulieu, *L'Identité au travail*, Presses de Sciences Po, 1988 [1977].
2. I. Francfort, F. Osty, R. Sainsaulieu, M. Uhalde, *Les Mondes sociaux de l'entreprise*, Desclée de Brouwer, 1995.

DANIÈLE HERVIEU-LÉGER*

LA TRANSMISSION DES IDENTITÉS RELIGIEUSES**

Adhérer à une religion, c'est traditionnellement s'inscrire dans une lignée croyante et en transmettre l'enseignement. Mais cette exigence se heurte, dans les sociétés occidentales, au refus d'adhérer aux communautés instituées et aux traditions exclusives. Cette contradiction se manifeste de deux manières opposées : éclectisme et sectarisme.

ASSURER LA TRANSMISSION régulière des institutions et des valeurs d'une génération à une autre est, pour toute société, la condition de sa survie dans le temps. Dans les sociétés traditionnelles, des rituels d'initiation marquent solennellement l'entrée des jeunes dans la communauté des adultes. En même temps que ces rites effectuent et signifient l'incorporation des nouveaux initiés dans le groupe, ils confèrent aux jeunes la responsabilité d'en assurer à leur tour la continuité. Mais « continuité » ne signifie pas « immuabilité » : dans toutes les sociétés, la continuité s'assure toujours dans et par le changement. Ce changement oppose inévitablement les nouvelles générations aux anciennes. Il n'y a, de ce fait, pas de transmission sans qu'il y ait en même temps « crise de la transmission ».

Cependant, dans les sociétés modernes où la rapidité du changement constitue un véritable impératif culturel, cette « crise de la transmission » a profondément changé de nature. Les distorsions entre les univers culturels des différentes générations ne correspondent plus seulement aux adaptations que les données nouvelles de la vie en société rendent nécessaires. Elles localisent de véritables fractures qui atteignent en profondeur les identités, le rapport au monde et les

* Sociologue, présidente de l'Ecole des hautes études en sciences sociales. A publié notamment : *La Religion en miettes ou la question des sectes*, Calmann-Lévy, 2001 ; *Catholicisme, la fin d'un monde*, Bayard, 2003.

** *Sciences Humaines*, hors série n° 36, mars 2002.

capacités de communication des individus. Elles correspondent à un remaniement global des références collectives, à des ruptures de la mémoire, à une réorganisation des valeurs qui mettent en question les fondements mêmes du lien social. Toutes les institutions de socialisation (famille, école, etc.) sont confrontées à cette discontinuité culturelle qui les contraint à une redéfinition de leur mission.

Dans le domaine religieux, les enquêtes récentes (1) font apparaître à la fois une mutation sans précédent de la croyance chez les jeunes, et un doute manifesté par la génération adulte quant à l'importance même de la transmission. Ainsi, un sondage montre que 4 % seulement des parents retiennent la foi religieuse parmi les qualités importantes à encourager chez les enfants. Cela ne signifie pas que les parents en question soient étrangers à toute croyance. Mais la croyance religieuse est devenue à leurs yeux une affaire de choix personnel, et elle n'est pas nécessairement associée à l'obligation de transmettre. Le thème du « droit au choix » laissé aux enfants leur permet couramment de justifier leur refus, explicite ou implicite, d'agir eux-mêmes comme agents de la transmission religieuse. Ce thème fait écho au souhait exprimé par les jeunes de « pouvoir choisir leur religion » (s'ils jugent nécessaire d'en avoir une) en fonction de l'affinité qu'ils ressentent avec telle ou telle tradition (2). Toutes les institutions de socialisation sont confrontées à cette mutation. Mais l'ébranlement qui en résulte est d'autant plus grave, dans le cas des institutions religieuses, que la transmission engage – au-delà de la reproduction institutionnelle proprement dite – ce qui est au principe même de leur existence, à savoir la continuité de la mémoire qui les fonde. Toute religion implique en effet une mobilisation permanente de la mémoire collective.

Dans les sociétés traditionnelles, où l'univers symbolico-religieux est structuré par un mythe rendant compte à la fois de l'origine du monde et de celle du groupe, la mémoire collective est entièrement contenue, de fait, dans les structures, l'organisation, le langage, les pratiques quotidiennes.

Dans les sociétés où prévalent des religions fondées, la mémoire religieuse est l'enjeu d'une réélaboration permanente de la part des communautés de foi qu'elle réunit. Le groupe religieux donne un sens à son expérience présente en la rapportant à un événement fondateur (la promesse faite au peuple élu, la mort et la résurrection de Jésus de Nazareth, l'expérience du Bouddha, le parcours de Mahomet, etc.) qui contient son avenir. Il se constitue ainsi, objectivement et subjectivement, comme une lignée croyante mettant en œuvre – à travers le culte, l'étude, l'observance, l'exercice spirituel… – le travail spécifiquement religieux de l'anamnèse, qui est *« acte de faire mémoire »* (3).

1 Y. Lambert, « La religion : un paysage en pleine évolution », dans H. Riffault (dir.), *Les Valeurs des Français*, Puf, 1994 ; P. Bréchon, « La religion : développement du hors-piste et de la randonnée », dans *Les Valeurs des Français. Evolutions de 1980 à 2000*, Armand Colin, 2001.

2. Y. Lambert, G. Michelat, *Crépuscule des religions chez les jeunes ? Jeunes et religions en France*, L'Harmattan, 1992 ; R. Campiche (dir.), *Jeunes et religions en Europe*, Cerf, 1997.

3. D. Hervieu-Léger, *La Religion pour mémoire*, Cerf, 1993.

Au principe de toute croyance religieuse, il y a la croyance dans la continuité de cette lignée des témoins au sein de laquelle on transmet, de génération en génération, la révélation d'une vérité, la promesse d'un accomplissement à venir, le chemin d'une sagesse. Dans cette perspective, la transmission religieuse ne consiste pas seulement à assurer le passage d'un contenu de croyances d'une génération à l'autre. Elle est le mouvement même par lequel la religion se constitue comme telle à travers le temps : elle est la fondation continuée de l'institution religieuse elle-même.

Ces considérations posent la question du devenir de la religion dans des sociétés soumises à l'impératif de l'innovation permanente et du changement. Dans ce domaine comme dans les autres, la capacité de l'individu à choisir l'orientation qu'il donne à sa vie tend à prendre le pas sur la fidélité à l'héritage reçu.

Des religions sans tradition ?

Le devoir d'adhérer à des vérités reçues d'en haut est aujourd'hui moins valorisé (notamment par les jeunes) que l'authenticité du sujet qui cherche « sa » vérité. Celui-ci revendique de plus en plus de définir lui-même les références croyantes qui font sens pour lui. Même les plus convaincus et les plus intégrés à une confession particulière font valoir leur droit à cette recherche personnelle de la vérité. Dans le même mouvement, tous sont amenés à produire eux-mêmes, si possible, le rapport à la lignée croyante dans laquelle ils se reconnaissent.

Dès lors, les identités religieuses se définissent de moins en moins comme des appartenances héritées. Elles sont bien davantage le fruit, toujours précaire et révisable, de trajectoires d'identification qui se réalisent dans la durée. C'est l'individu lui-même qui donne à la succession d'expériences disparates qu'il vit la valeur d'un parcours doté de sens. Les récits de conversion – dont les nouveaux croyants de toute confession ne sont jamais avares – fournissent, par excellence, l'exemple de cette reconstitution narrative du chemin parcouru, au fil duquel le travail d'identification s'effectue. Il y a formation d'une identité religieuse lorsque cette construction biographique subjective rencontre l'objectivité d'une lignée croyante, incarnée dans une communauté dans laquelle l'individu se reconnaît.

Cette démarche n'implique qu'exceptionnellement l'adhésion totale à une doctrine religieuse et l'entrée dans une communauté selon les règles fixées par l'institution. Les enquêtes menées sur les phénomènes contemporains de conversion (ou de réaffiliation) aux différentes religions montrent toutes qu'elle s'apparente plus souvent à un bricolage. Chacun prend en charge, pour son compte personnel, la mise en forme progressive de la référence à la lignée dans laquelle il se reconnaît au moins pendant un temps, d'autres rencontres et d'autres expériences pouvant toujours orienter le parcours vers d'autres directions. *« Je me sens spirituellement chrétien, mais je n'appartiens à aucune Eglise »*, *« je me sens proche du bouddhisme »*, *« je suis attiré par la mystique musulmane »* : pour faire valoir de telles préférences personnelles, il n'est pas nécessaire de rejoindre un groupe religieux particulier. Il suffit de lire telle revue, de fréquenter telle librairie, de suivre tel programme de télévision, ou encore – et de plus en plus fréquemment – de se brancher sur tel ou tel site Internet.

Cette disjonction de la croyance et de l'appartenance est évidemment encore plus nette dans les cas où le sujet croyant revendique de pouvoir choisir, dans les différentes traditions, ce qui lui convient. Peut-on encore parler de religion ? Cette atomisation des quêtes spirituelles ne marque-t-elle pas la fin de la transmission des vérités partagées par les communautés passées, c'est-à-dire la fin du lien religieux ?

Cette question croise celle du rapport entre religion, mémoire et société. Les sociétés modernes ont brisé le carcan de la tradition et érigé l'innovation en règle de conduite. Mais, lorsque le changement s'accélère, ce processus de libération produit aussi la déstructuration de la mémoire collective, au point que ces sociétés apparaissent de plus en plus incapables de penser leur propre continuité, et donc, par voie de conséquence, de se représenter leur avenir. Leur éloignement d'avec la religion tient, pour une large part, au fait qu'elles sont des sociétés amnésiques.

Faut-il s'arrêter là, et considérer que cet épuisement de la mémoire est le lieu où se joue ultimement la dislocation du lien religieux ? Dans les formes les plus diluées des réseaux du *New Age*, par exemple, le lien social entre les adeptes se résume en effet au recours épisodique à des centres de ressources : librairies, centres de stage, salons d'exposition, etc. Mais les liens qui se nouent au sein de ces coopératives spirituelles sont impuissants à associer « religieusement » les intéressés entre eux. Manque en effet la référence commune à une vérité partagée, à une mémoire faisant autorité, référence constitutive du lien social-religieux. La validation du croire demeure une opération individuelle : à chacun sa vérité, dit-on… Ce régime purement subjectif de la vérité peut préserver une forme de religiosité individuelle, mais il dissout, potentiellement, toute forme de communalisation et donc toute transmission religieuse.

Cependant, ce schéma ne décrit qu'une tendance, qui est loin d'être la seule dans le paysage religieux actuel. La subjectivisation du croire suscite également un mouvement contraire de prolifération communautaire, dont témoigne par exemple, en terrain chrétien (catholique et protestant), la montée remarquable des communautés dites « nouvelles », de genre charismatique, qui valorisent une expression émotionnelle (exubérante ou seulement doucement euphorique) du bien-être spirituel partagé par leurs membres.

La recherche de communauté

Paradoxalement, plus les individus « bricolent » leur système de croyances, plus ils aspirent à échanger cette expérience avec d'autres qui partagent le même type d'aspirations. Ils ont besoin de trouver auprès d'autrui l'assurance que leurs croyances sont pertinentes et efficaces. Pendant des siècles, cette confirmation leur était fournie par les institutions et leurs clercs. Ces dispositifs de la validation institutionnelle du croire sont aujourd'hui partiellement disqualifiés. C'est donc dans l'échange mutuel que les individus trouvent les moyens de valider leurs croyances. Cette tendance favorise le déploiement d'un régime de validation mutuelle du croire, qui privilégie le témoignage personnel et l'échange collectif des expériences individuelles. Cette formule n'est pas seulement au cœur des réseaux mystiques-ésotériques qui constituent notamment la nébuleuse flottante du *New Age*. Elle envahit aussi le monde des religions instituées. Le paysage actuel des Eglises est caractérisé par le développement de groupes et de réseaux qui ont pour finalité principale de donner à chacun les conditions optimales d'une expression de ses expériences et de ses attentes : ainsi les mouvements charismatiques catholiques (environ 300 000 adeptes en France), les évangélistes en Angleterre et dans de nombreux pays du Sud.

Mais ces dispositifs souples de « compréhension mutuelle » mis au service de chacun des membres ne répondent pas entièrement aux besoins de certitude que les conditions présentes de la vie sociale font surgir. Au moment même où la prétention des grandes institutions à dire le « croire vrai » pour tous est remise en question, des individus et des groupes réclament de disposer de références solides, définitives et non discutables leur permettant de se situer et de s'identifier eux-mêmes dans un monde incertain. Ces requêtes font le lit d'un régime de la validation communautaire du croire, qui s'affirme aussi bien à l'intérieur qu'à l'extérieur des grandes traditions religieuses. Dans ce cas de figure, les croyants investissent leurs certitudes partagées dans des formes communes d'organisation de la vie quotidienne et d'action dans le monde. C'est dans un mode de vie entièrement fondé sur des principes religieux que s'atteste, de façon exemplaire, la pertinence des croyances. Celui-ci peut s'inscrire dans une action militante prosélyte tendant à « convertir » la société entière, comme savent le faire les mormons, les Témoins de Jehovah et de nombreux groupes évangélistes... Il peut également prendre corps dans la recherche d'une vie communautaire menée hors du monde et réservée à des virtuoses religieux, comme chez les adeptes de Krishna. Dans tous les cas, l'adhésion à un régime commun du croire est gagée, si l'on peut dire, sur l'intensité de l'engagement individuel et collectif. La cohésion communautaire témoigne, pour chacun, de la vérité du croire commun.

Contrairement à ce qu'on pourrait penser, la montée de l'individualisme religieux, qui rend chacun responsable de sa foi, vient aussi renforcer l'affirmation de ces régimes communautaires aux dépens des croyances institutionnelles formellement (et mollement) partagées par un peuple de fidèles soumis à l'autorité de ses pasteurs. La tension entre régime institutionnel et régime communautaire de validation de la vérité (du « croire vrai ») est présente dans toutes les institutions religieuses. Poussée à l'extrême, elle isole de la masse des fidèles de petits groupes d'individus « purs », capables de témoigner intégralement les uns pour les autres de la vérité qu'ils partagent, capables donc de se passer de la légitimation de l'institution. La scène musulmane contemporaine – où s'affirme la prétention à dire « l'islam vrai » de *leaders* religieux dispersés (Frères musulmans, cheiks algériens, le calife autoproclamé Oussama Ben Laden) qui défient l'autorité traditionnelle des oulémas (docteurs de la loi islamique) – offre aujourd'hui une illustration particulière de ce processus. Mais celui-ci concerne tout autant la scène chrétienne ou juive, où des groupes intégristes (la Fraternité de Mgr Lefebvre, les mouvements créationnistes) s'efforcent aussi d'imposer un modèle fondamental de la vie religieuse authentique, en délégitimant des autorités institutionnelles jugées trop portées, selon eux, à composer avec les normes et valeurs modernes et démocratiques.

Les deux tendances de l'époque

Le paysage religieux de la modernité contemporaine est donc façonné par deux tendances opposées.

La première, en lien direct avec la culture de l'individu qui s'impose dans la société contemporaine, tend à relativiser les normes fixées par les institutions religieuses. En mettant l'accent avant tout sur la valeur de la recherche et de l'appropriation personnelle du sens, ce mouvement dilue et conteste parfois explicitement la notion d'obligation en matière de croyances et de pratiques.

Si communauté il y a, elle a pour vocation de manifester la convergence mutuellement reconnue des démarches personnelles de ses membres, et non leur conformité. La reconnaissance des différences est aussi importante, dans cette démarche, que l'affirmation des croyances partagées au sein du groupe. Le lien communautaire est censé se constituer et se reconstituer en permanence à partir du « crédit spirituel » que s'accordent des individus engagés dans la recherche d'une expression commune.

Un autre mouvement, en sens contraire, oppose à cette conception souple de la communauté la solidité collectivement attestée de petits univers de certitudes, qui assurent efficacement la mise en ordre de l'expérience des individus. La communauté concrétise alors l'homogénéité des vérités partagées au sein du groupe, et l'acceptation de ce code du croire communautaire – qui embrasse croyances et pratiques – fixe en retour les frontières du groupe.

Non seulement ces mouvements s'opposent l'un à l'autre, mais ils défient également la conception institutionnelle des grandes religions. En régime de validation institutionnelle, c'est l'ensemble des croyants passés, présents et futurs qui constitue la communauté authentique. Les petites communautés ne sont que des condensations historiques de la lignée croyante. Elles ne sont que des réalisations partielles de la « grande communauté » (le peuple élu, l'*Umma* ou l'Eglise) qui est leur référence permanente. L'autorité religieuse légitime est celle à laquelle est reconnu le droit de parler au nom de la « grande communauté ». Garantes de la continuité et de l'unité de celle-ci, ces autorités contrôlent les dispositifs de la transmission autorisée.

Lorsque, comme c'est le cas aujourd'hui, cette régulation institutionnelle se défait, ou lorsqu'elle est inexistante, les dynamiques de l'individualisation et de la communautarisation développent leurs effets contraires. Elles tendent à se stimuler l'une l'autre. Elles accentuent la tension entre les régimes de la validation mutuelle et de la validation communautaire du croire. Ce phénomène se manifeste à l'extérieur des «grandes religions» où l'on observe à la fois le développement d'un monde de croyances individuelles bricolées et la prolifération de petites communautés, ordinairement appelées «sectes», qui prétendent pour leurs membres au monopole de la vérité. Mais il affecte aussi les «grandes institutions» (comme l'Eglise catholique) déboutées, au moins partiellement, de leur légitimité à fixer pour l'ensemble de leurs ressortissants un régime uniforme du croire. La référence à la lignée croyante commune, privée de ce support qui assurait la transmission des identités religieuses à travers le temps, se trouve ainsi écartelée entre, d'un côté, le mouvement de la dissolution de la mémoire collective dans le libre jeu de la reconnaissance subjective, et, de l'autre, l'enfermement de celle-ci dans de petites communautés assurant la sécurité d'un sens clé en mains : une tension qui commande, pour une large part, le devenir du religieux en modernité (4).

4. D. Hervieu-Léger, *Le Pèlerin et le Converti. La religion en mouvement*, Flammarion, 1999; *La Religion en miettes ou la question des sectes*, Calmann-Lévy, 2001.

Croyances et religions : du déclin à l'affirmation

On a longtemps pensé que la « modernisation » économique et scientifique rimait avec la disparition des institutions religieuses et peut-être même la fin de la religion. Or, les transformations religieuses contemporaines vont à l'encontre de ce schéma. La sécularisation n'empêche pas dans certains pays l'augmentation des pratiques et partout une recomposition des croyances.

L'un des piliers de la pensée sociologique au XXe siècle est l'idée de « sécularisation » qui passait, pensait-on, par le processus de déclin de l'emprise du religieux et notamment des institutions et des Eglises. Le lent processus de « désenchantement du monde », qui court depuis la Renaissance et les Lumières, s'était, disaient les sociologues, mué en une sécularisation quasi complète dans certains pays comme la France. Pendant plus d'un siècle, et particulièrement dans les quarante dernières années, on a scruté les pratiques et les croyances en constatant cette déprise du religieux, correspondant à la fin des civilisations agraires.
Pourtant, il y a une dizaine d'années, les sociologues se sont avisés que le processus de sécularisation – essentiellement cantonné en Europe – faisait place à une réaffirmation et un renouveau religieux : mouvements charismatiques et communautaires, nouveaux mouvements mystiques-ésotériques, etc. Puisque le religieux semblait résister, on s'est alors penché sur l'analyse de la religion dans les diverses parties du monde. Et là, ô surprise pour les esprits laïques et éclairés des penseurs occidentaux, le constat est tout autre ! Il est d'ailleurs dressé par celui qui fut l'un des plus ardents défenseurs de la thèse de la sécularisation, le sociologue américain de renommée mondiale Peter Berger : *« L'idée selon laquelle nous vivons dans un monde sécularisé est fausse. Le monde d'aujourd'hui, à quelques exceptions près, est aussi furieusement religieux qu'il ne l'a jamais été. Il l'est même davantage dans certains endroits. »* En effet, dans les vingt dernières années on a constaté pêle-mêle par exemple une radicalisation politico-religieuse dans l'espace islamique, l'expansion du protestantisme en Amérique latine, le développement de nouveaux mouvements religieux dans les pays occidentaux...

Un particularisme européen ?
Une phase religieuse nouvelle a été franchie dans les trente dernières années. On assiste à deux phénomènes conjoints :

les transformations de l'appartenance et des pratiques religieuses et une recomposition religieuse liée à la globalisation des réseaux culturels et religieux. La première constatation est que le déclin de la religion instituée, si net en Europe occidentale, ne l'est pas ailleurs. L'analyse de la pratique et de la croyance des jeunes, l'un des aspects les plus analysés de la modernité religieuse, montre une similarité dans tous les pays de l'Europe latine. A Nancy par exemple, on constate la baisse de l'appartenance religieuse chez les jeunes étudiants : en 1991, 71,8 % se déclaraient catholiques alors qu'en 1999, ils n'étaient plus que 55,4 %. En Espagne, alors que le contexte des rapports entre religion et Etat est historiquement bien différent, la chute des pratiques religieuses est également attestée. La pratique mensuelle et festive (Noël, Pâques, etc.) se maintient aux alentours de 25 % des jeunes. Mais la pratique hebdomadaire ne cesse elle de diminuer (de 17 % à 10 %). Ces constats européens ne sont pas vérifiés en Amérique latine où l'on assiste, non pas à la baisse des pratiques religieuses, mais à la mise en place d'un champ religieux concurrentiel. Le pentecôtisme protestant d'inspiration nord-américaine est aujourd'hui le principal vecteur d'une réaffirmation du religieux et il a conquis de l'ordre de 20 % des populations de la Caraïbe et de l'Amérique centrale. Ce mouvement d'affirmation d'une religiosité émotionnelle (prêches vibrants du pasteur, manifestations d'enthousiasme des fidèles durant des offices longs et orchestrés comme des spectacles) passe de plus en plus par la mise en place de communautés autonomes et d'Eglises nouvelles qui essaiment au gré des *diasporas*, des immigrations, et conquièrent de nouvelles aires géographiques. On assiste dans l'espace chrétien à une hybridation des formes religieuses, qu'il s'agisse de la réinterprétation du protestantisme guérisseur des télévangélistes nord-américains se combinant avec les religions et cultes démonologiques en Amérique centrale, qu'il s'agisse du développement de l'Eglise universelle du royaume de Dieu brésilienne ou encore de l'implantation d'un néohindouisme en Occident. Seul l'espace orthodoxe et spécialement russe s'est au contraire replié sur une tradition préservée. Cette situation répond à la nécessité de définir une identité russe depuis la chute du communisme. On assiste de manière explicite aujourd'hui à une prise de distance des chercheurs face aux conséquences supposées de la fin des institutions religieuses… que l'on ne constate qu'en Europe : la religiosité demeure, les croyances se recomposent. Comme le souligne Danièle Hervieu-Léger, *« toutes les ana-*

lyses sociologiques de la modernité religieuse mettent l'accent aujourd'hui sur l'éclatement des systèmes de croyance et sur la dissémination des petits récits croyants que les individus produisent eux-mêmes à partir de leurs aspirations, de leurs intérêts, de leurs dispositions, de leurs expériences ». Ce bricolage individuel s'effectue en référence aux « grands récits » des traditions religieuses dans lesquels les individus puisent comme dans une bibliothèque de symboles et de formes religieuses. Ce va-et-vient entre la pratique de croyance individuelle et les grandes traditions constitue partout la dynamique de transformation religieuse, qui court en permanence du local au global.

JEAN-CLAUDE RUANO-BORBALAN

Chapitre V

Les sociabilités primaires

LA MÉMOIRE FAMILIALE

Entretien avec Anne Muxel*

La mémoire familiale est une composante essentielle de la construction de l'identité. Anne Muxel distingue trois modalités de son influence : la transmission, l'expérience affective et la « réflexivité ».

***Sciences Humaines :* Quel rôle joue la mémoire familiale dans la construction de l'identité individuelle ?**

Anne Muxel : Ce rôle me paraît tout à fait fondamental : on naît dans une famille, on s'inscrit dans une histoire en fonction d'un certain nombre de valeurs, d'expériences, d'attributs sociaux et symboliques qui vous ont été transmis par une histoire familiale lointaine (généalogique) et par celle que l'on a vécue dans son enfance avant d'acquérir son autonomie d'adulte. Cette double inscription fixe les configurations de ce que l'on appelle l'identité individuelle.

***SH :* Il semble que l'on puisse distinguer différentes fonctions de la mémoire familiale. En quoi consistent-elles ?**

A.M. : La première fonction que l'on peut identifier est une « fonction de transmission » : tout le folklore familial, les rituels de la table, la recette du gâteau de la grand-mère que l'on réutilise, le livre de chansons que l'on conserve, un outil avec lequel on a vu son grand-père travailler et que l'on va pendre au mur de la cuisine ; des objets qui, souvent, n'ont aucune valeur en soi mais qui ont pour fonction de préserver un héritage dont se nourrira l'identité de l'individu... Dans cette première fonction, l'identité puise ses ressources au sein d'un « nous collectif » familial, dont les référents doivent être perpétués.

La mémoire familiale va également servir l'identité par la « fonction de reviviscence », liée à l'expérience affective. C'est alors sa vie d'enfant qui est convoquée, l'expérience directe et intime de son passé dans la famille, les émotions, les sensations... La mémoire sensorielle y occupe une place très importante : les odeurs, les saveurs, les sons que l'on retrouve, les décors qui renvoient à des moments heureux, mais aussi douloureux, car la mémoire peut aussi faire revivre des souffrances. Il s'agit là de souvenirs privés dont Marcel Proust a donné une illustration célèbre en décrivant comment le goût

* *Sociologue, chercheur au CNRS. A Publié notamment :* Individu et Mémoire familiale, *Nathan, 1996.*

d'une madeleine fait resurgir sa vie d'enfant à Combray… Cette seconde fonction fonde ce que l'on pourrait appeler l'identité intime de chacun.

La troisième fonction, que j'appellerai de « réflexivité », fait que l'on mobilise sa mémoire pour tirer une leçon, pour se situer par rapport à sa famille. Pour dire « *cela m'a fait souffrir, donc je ne le referai pas avec mes enfants* », ou au contraire pour garder et retransmettre à son tour… Dans ce cas, on se positionne par rapport à son passé pour mieux négocier son inscription dans le présent, son identité sociale mais aussi intime et affective. C'est une fonction de construction et d'évaluation de sa propre destinée.

***SH :* Vous évoquez une certaine subjectivité de la mémoire familiale, *« la façon dont le passé est convoqué pour construire l'identité sociale du sujet et servir sa situation présente »*. Comment l'oubli intervient-il dans cette configuration ?**

A.M. : On ne peut effectivement pas évoquer la mémoire familiale sans évoquer le rôle fondamental de l'oubli. Par exemple, dans la fonction de transmission, l'oubli intervient pour permettre l'intrusion de la nouveauté, l'expression de nouvelles valeurs ; en fait pour créer du changement social d'une génération à l'autre. On ne se reproduit jamais à l'identique… Même si cela peut paraître paradoxal, l'oubli est la condition d'une mémoire vivante et donc d'une transmission dans laquelle on va se poser la question de ce que l'on va garder ou pas. Dans le domaine affectif, l'oubli aura une fonction de refoulement : consciemment ou non, on ne voudra pas se souvenir de certaines choses qui font trop mal… Le rôle de l'oubli est donc central puisque l'individu opère une sorte de tri, dans lequel il négocie son passé pour élaborer son devenir.

Propos recueillis par
MARTINE FOURNIER

(*Sciences Humaines*, hors série n° 15, décembre 1996/janvier 1997)

FAMILLES : DE QUOI HÉRITONS-NOUS ?

ENTRETIEN AVEC MARTINE SEGALEN*

La famille actuelle ne garantit plus l'hérédité d'un statut ou d'un patrimoine, mais plutôt l'héritage d'une mémoire et d'une culture familiale dans lesquelles chacun puise à sa guise en y privilégiant les liens affectifs.

***Sciences Humaines* : Un petit retour sur le passé semble nécessaire pour comprendre les transformations importantes que connaissent les familles aujourd'hui. Pouvez-vous nous expliquer de quoi était faite la transmission familiale dans ce qu'il est convenu d'appeler la famille traditionnelle ?**

Martine Segalen : Il faut tout d'abord souligner qu'il n'existe pas un modèle de famille traditionnelle, comme l'ont montré de nombreux travaux sur l'histoire de la famille. L'institution familiale a varié au fil du temps ou selon les sociétés, le contexte économique ou les valeurs…

Disons que, dans les familles des sociétés paysannes européennes, les générations étaient très fortement liées par le patrimoine. Même modeste – il pouvait être constitué simplement du bail de la ferme –, il était transmis dans la famille, et l'éventail des professions était très peu ouvert. On peut dire que, hors de la famille, il n'y avait guère de salut. C'est dans la famille que l'on trouvait les ressources pour vivre, et les soins aux enfants et aux vieillards étaient entièrement de son ressort.

Dans cette optique, la question du désir de chacun ne se posait pas. La ferme était à la fois unité de travail, de résidence, de vie, de reproduction. La transmission familiale, d'ordre patrimonial, liait les individus, même si, comme l'ont montré les anthropologues, les systèmes de transmission des biens et les modalités de résidence étaient très différents selon les régions d'Europe.

Ce système a fonctionné aussi dans la bourgeoisie capitaliste qui a émergé au XIXe siècle. On y voit chacun des membres au service de l'entreprise familiale. Même si les enfants sont souvent envoyés dans d'autres entreprises, ils sont destinés à former une sorte de réseau qui va servir à développer l'entreprise familiale. Là encore, les emplois se trouvent dans ou par la famille, et c'est la famille qui dote les filles pour qu'elles puissent se marier. Chacun est au service de la famille, ce qui constitue d'ailleurs un coût important pour les individus, et particu-

** Professeur à l'université de Nanterre-Paris-X, directrice du Département de sociologie. A publié notamment :* Sociologie de la famille, *Armand Colin, 1981 (5e éd. 2000);* Ethnologie. Concepts et aires culturelles, *Armand Colin, 2001; avec N. Lapierre, C. Attias-Donfut,* Le Nouvel Esprit de famille, *Odile Jacob, 2002.*

lièrement les déviants qui se retrouvent exclus et souvent démunis. Les générations sont formées pour perpétuer l'entreprise familiale, et cet idéal familial s'impose comme le modèle bourgeois.

A la fin du XIXe siècle, ce modèle bourgeois se répand dans les familles ouvrières qui vont former progressivement les classes moyennes. Lorsque cela devient possible, les femmes ne vont plus travailler à l'usine. Elles deviennent femmes au foyer et se consacrent à l'éducation des enfants. Ce modèle incarne ce que des sociologues comme Emile Durkheim (1858-1917) puis, dans les années 50, Talcott Parsons (1902-1979) appellent la «famille moderne». Dans les sociétés industrielles et urbaines, l'unité familiale est constituée du couple et de ses enfants, et les rôles de chacun sont bien définis : la sphère publique pour le mari chargé de gagner l'argent du ménage, la sphère privée pour l'épouse à qui reviennent les tâches domestiques, éducatives et le soutien affectif à chacun de ses membres. Selon T. Parsons, ce modèle de famille nucléaire aurait cassé les relations entre les générations. Cela a en fait été beaucoup plus vrai aux Etats-Unis qu'en France dans la mesure où, dans le développement qu'a connu l'Amérique depuis le milieu du XIXe siècle, la mobilité géographique des individus était très importante.

Toujours est-il que ce modèle familial des sociétés industrielles et urbaines a aujourd'hui volé en éclats. Les femmes sont sorties du foyer pour faire des études et travailler; on a vu se multiplier à partir des années 70 les divorces, les cohabitations et les naissances hors mariage, les recompositions familiales… Parallèlement, d'excellents travaux en sociologie de la famille – comme ceux d'Irène Théry, de François de Singly et bien d'autres – se sont focalisés sur ces nouvelles familles et les changements dans le couple. De notre côté, nous avons voulu montrer que les liens familiaux entre les différentes générations devenaient très importants dans les familles aujourd'hui, et même qu'ils se sont renforcés depuis une vingtaine d'années.

***SH :* Pouvez-vous décrire ces nouveaux liens intergénérationnels sur lesquels Claudine Attias-Donfut, Nicole Lapierre et vous insistez beaucoup dans votre dernière enquête (1) ?**

M.S. : Il faut d'abord préciser que l'on a assisté d'une part à une augmentation importante du niveau de vie des plus âgés (les grands-parents actuels) et, d'autre part, à une transformation de l'image de la vieillesse grâce à l'amélioration des conditions de santé et de vie. La génération des 75 ans actuelle et celle des cinquantenaires ont bénéficié de l'enrichissement de la période des trente glorieuses, alors que les jeunes, les trentenaires actuels, connaissent des situations économiques beaucoup plus précaires. C'est déjà un élément économique important, qui fait que les parents (ceux qui ont 50 ans) protègent le plus possible leurs enfants. Non seulement les plus âgés ne sont plus à charge, mais il existe une véritable circulation des ressources des plus âgés vers les enfants lorsque ceux-ci ont des difficultés, et encore plus souvent vers leurs petits-enfants.

Mais plus surprenante encore est l'importance renouvelée des liens familiaux entre les générations, que nous avons constatée dans notre enquête, alors que notre époque proclame l'avènement de l'individualisme et des liens électifs. C'est d'ailleurs dans le cadre de ces valeurs que s'ajustent les relations entre parents et enfants. L'indépendance résidentielle permet de respecter l'intimité de chacun, on est là lorsque le besoin se fait sentir sans être intrusif pour autant. Une erreur serait de croire que dans les familles traditionnelles, la cohabitation de plusieurs générations procurait le bonheur : des historiens ont montré la violence des conflits qu'elle générait, comme les tensions permanentes entre les belles-mères et les belles-filles par exemple.

Dans notre enquête, nous avons rencontré de nombreuses jeunes femmes seules avec leurs enfants, soutenues par leur famille, alors qu'elles auraient été mises dehors dans les années 50. Certains grands-parents prennent en charge l'éducation des enfants, aident la jeune femme à reprendre ses études… Il existe en définitive une circulation de biens et de services importante entre les différentes générations.

Ce qui caractérise le lien familial aujourd'hui, c'est ce soutien des générations plus âgées vers les plus jeunes – lors de difficultés conjugales ou sur le marché de l'emploi –, sans imposition et en laissant à chaque génération sa liberté de choix. Ce travail a d'ailleurs été fait en grande partie par la génération des 50 ans qui, lorsqu'ils étaient soixante-huitards, ont imposé à leurs parents de vivre en couple ou d'avoir des enfants hors mariage…

Or, ce lien familial est d'autant plus fort qu'il se tisse désormais dans le respect des valeurs de chacun, du fait aussi que la tolérance et l'écoute entre les générations ont beaucoup progressé… Le creuset familial est aujourd'hui issu d'un nouveau contexte dans lequel les normes se sont beaucoup assouplies, ce qui permet à chacun de pouvoir s'y retrouver. C'est paradoxalement parce qu'on ne dépend plus des autres que l'on peut être lié à eux.

***SH :* Jusqu'au XIXe siècle, la transmission du patrimoine matériel constituait un élément important du lien familial. Qu'en est-il aujourd'hui ?**

M.S. : Dans les familles rurales puis bourgeoises, il était indispensable de bénéficier du patrimoine familial pour s'établir. Les fils succédaient aux pères et les filles devaient être dotées par la famille pour pouvoir se marier. Aujourd'hui, dans les classes moyennes, avec l'allongement de la vie, on devient héritier à 60 ans, c'est-à-dire lorsque l'on a déjà l'âge de la retraite et que l'on a généralement constitué son propre patrimoine. La transmission du patrimoine matériel a cependant encore une réalité, en ce qui concerne notamment l'habitat. Plus de 50 % des Français sont propriétaires d'une résidence principale ou secondaire – dont ils ont souvent hérité à la mort des parents. Ce patrimoine peut d'ailleurs être utilisé pour aider la génération des 25-30 ans, lorsqu'ils en ont besoin, à s'installer dans leurs meubles.

***SH :* Vous mettez en évidence aussi, dans votre dernier livre, l'importance de transmissions d'ordre symbolique et les fonctions ambiguës de la mémoire familiale…**

M.S. : La transmission symbolique, constitutive du lien familial, se fait par exemple à partir de la conservation d'objets, souvent sans grande importance ni valeur mais auxquels on est très attaché. Dans la société de consommation qui est la nôtre, où les objets ne semblent avoir qu'une valeur marchande, on garde amoureusement le vieux fusil du grand-père, la petite bague de la grand-mère…

Dans notre enquête, les trois générations que nous avons interrogées (les 75 ans, les 50 ans et les 30 ans) ont eu des expériences de vie très différentes, en fonction des époques qu'ils ont vécues. De sorte qu'il est apparu que la mémoire familiale se recompose à chaque génération, chacune d'elle y puisant ce qui lui convient pour se situer et construire son identité. Ce qui est dégagé de l'histoire familiale est ce qui fait sens dans la lignée présente. Ceci conforte la thèse du sociologue Maurice Halbwachs (1877-1945) qui, au début du XXe siècle, avait déjà montré que la mémoire est toujours fabriquée en fonction du contexte présent.

Il ressort aussi de nos entretiens que l'expérience est intransmissible. Les anciens pensent que les jeunes ne peuvent pas comprendre, dans un monde contemporain où «tout est devenu plus facile», les difficultés qu'ils ont connues : le travail à 14 ans, les modes de vie sans confort, etc. Pourtant, de leur côté, les jeunes évoquent souvent leurs grands-parents comme des modèles du fait justement qu'ils ont vécu dans des conditions très difficiles. Ils fabriquent en fait ce que l'on pourrait appeler une «néo-mémoire», qu'ils adaptent à leur compréhension. Cette néo-mémoire est nourrie principalement par les réunions et les fêtes familiales qui sont devenues nombreuses, grâce entre autres aux possibilités de transports rapides qui permettent par exemple d'attraper un TGV pour une simple réunion dominicale.

L'identité familiale est en définitive tissée de ces histoires que l'on réinvente, que l'on se réapproprie à chaque génération, histoires faites de petits souvenirs de ces rencontres, de vacances passées ensemble, de la mémoire de personnalités fortes qui ont marqué chacun – un grand-père particulièrement généreux par exemple… Tout cela constitue le ciment familial.

On aime à fabriquer actuellement, disons-le, une image assez rose de la famille. L'apparition de sites familiaux sur Internet en est un exemple : on fait circuler des photos, on reconstitue les généalogies familiales, en évitant soigneusement d'évoquer tout ce qui est conflit.

***SH :* N'y a-t-il pas cependant un envers à ce tableau d'une tribu idéalisée que nous proposent les représentations actuelles de la famille ? La famille contemporaine ne génère-t-elle pas aussi des tensions et des conflits ?**

M.S. : La famille en effet n'est pas qu'entraide et soutien, elle est aussi lieu de nombreuses difficultés qui peuvent occasionner de la souffrance. Agnès Martial, par exemple, dans une thèse remarquable (2), a étudié la famille recomposée du point de vue des enfants. Elle souligne toute une diversité de difficultés comme, quelquefois, un phénomène d'inversion des générations : certains enfants deviennent le soutien de leurs propres parents en tentant, par exemple, d'arranger le remariage de leur mère. Egalement des problèmes touchant à l'inceste, lorsque par exemple le compagnon de la mère se retrouve dans la même salle de bains que la fille adolescente ; ou encore le problème de la double résidence pour les enfants de couples séparés, qui produit des trajectoires résidentielles

complètement chahutées entre les domiciles des parents…
Le fait, entre autres, que l'on ne supporte plus les pratiques intrusives surprend les générations les plus âgées, qui se font parfois remettre à leur place de manière assez violente par les plus jeunes et peuvent le vivre douloureusement. L'inverse peut aussi se produire : certains parents retraités décident de se consacrer à leur passion, le sport pour cet homme de 70 ans qui adore la montagne, ou les voyages pour cet autre qui a décidé de faire le tour du monde, et leurs enfants adultes vivent leur indisponibilité comme de l'indifférence, voire un abandon.
Notre travail a aussi mis en évidence le choc des valeurs qui peut exister entre les générations. On constate ainsi que la mobilité sociale peut faire rupture. Tel grand-père ouvrier considère que sa fille et sa petite-fille ne sont que des intellectuelles, incapables de partager les mêmes plaisirs que lui. Notons toutefois que ces ruptures apparaissent plus accentuées chez les hommes que chez les femmes. Les grands-mères arrivent plus facilement à faire perdurer le lien.
D'une manière plus générale, avec le brassage qui existe dans les sociétés actuelles, des cultures familiales différentes sont amenées à se confronter : on observe des familles où règne la culture de l'embrassade, d'autres de la non-embrassade. Le ton de voix, l'expression plus ou moins chaleureuse participent aussi de la culture familiale : *« Dans la famille de mon mari,* explique une jeune femme, *on a toujours l'impression qu'ils s'engueulent. »* Ou cette autre qui déclare : *« Je m'aperçois combien c'était froid chez moi, lorsque je viens dans la famille de mon mari. »* Ce choc des cultures familiales peut produire des conflits, mais il peut aussi générer, comme dans le dernier exemple, des enrichissements. Dans chaque famille, chacun puise ce qui lui plaît.

***SH :* Les femmes ont-elles un rôle spécifique dans l'élaboration du lien familial ?**

M.S. : C'est en effet un changement important que nous avons pointé. D'une part, on voit se constituer des mémoires sexuées. Telle femme âgée parle de la guerre à travers les difficultés qu'elle a eues à se procurer du lait pour le bébé qu'elle a mis au monde à ce moment-là, alors que les hommes parlent de faits de guerre ou de la Résistance…
Mais surtout, on observe maintenant un véritable rapprochement entre les femmes, particulièrement entre la génération

des 50 ans (celles qui avaient 20 ans en 1968), qui ont été actrices du changement des normes et de la promotion de nouvelles valeurs, et celles des 25-30 ans. Les premières sont aujourd'hui très engagées dans le soutien à leurs filles – lorsque celles-ci commencent à travailler, s'installent dans la vie ou deviennent elles-mêmes mères.

Avant, la transmission se faisait majoritairement par les hommes : le nom, le patrimoine, l'autorité..., tout ce qui symbolisait le patriarcat. Ce lien fort des lignées féminines, conséquence de l'émancipation des femmes depuis un demi-siècle, est pour moi un phénomène émergent.

***SH :* Peut-on dire alors que de patrimoniale et patriarcale, la transmission familiale serait en train de devenir davantage d'ordre affectif et sexué ?**

M.S. : Il est clair qu'aujourd'hui, les dispositions affectives prédominent dans la famille. Conjugal, filial ou intergénérationnel, le lien affectif est mis en avant : on n'a plus honte de dire que l'on aime ses parents, son frère, sa demi-sœur... dans la mesure où cela n'est plus imposé. Les sentiments sont devenus un matériau essentiel de la transmission.

Le lien familial est donc devenu affectif mais, comme il est aussi électif, on pourrait dire que la transmission a changé de sens. On constate par exemple que ce sont maintenant souvent les petits-enfants qui décident du terme par lequel ils vont appeler leurs grands-parents. Plus généralement, ce ne sont plus les aînés qui imposent les éléments de la transmission familiale selon un plan convenu d'avance, mais les jeunes générations qui vont puiser dans les familles ce qui leur convient pour tisser le lien familial qui leur convient. Une transmission à rebours en quelque sorte, dans laquelle, en tous les cas, la hiérarchie des générations disparaît...

Propos recueillis par
MARTINE FOURNIER
(*Sciences Humaines*, hors série n° 36, mars-avril-mai 2002)

1. *Le Nouvel Esprit de famille*, Odile Jacob, 2002.
2. *Qu'est-ce que la famille ? Ethnologie des liens de familles recomposées*, Université Toulouse Le Mirail, septembre 2000.

FAMILLE ET SOCIALISATION

La famille transmet à l'enfant, dès son plus jeune âge, le langage et les codes sociaux les plus élémentaires (apprendre à manger « correctement » par exemple), mais aussi les valeurs et les normes qui l'aideront ensuite à développer des relations sociales. Mais elle transmet encore aussi bien d'autres choses : du patrimoine économique, culturel, et des liens affectifs qui, en retour, participent aussi de la socialisation des individus...

Les penseurs de la socialisation

Émile Durkheim (1858-1917)

Chaque génération doit se socialiser sur la base des « *modèles culturels transmis par la génération précédente* » (1). La socialisation est donc un processus de transmission linéaire, qui se fait par l'éducation, comprise comme la transmission contrainte d'un « *esprit de discipline* » et d'un « *attachement aux groupes sociaux* ».

Jean Piaget (1896-1980)

Connu pour ses conceptions du développement de l'intelligence chez l'enfant, J. Piaget met en avant le rôle actif de l'individu dans l'apprentissage des codes sociaux et des valeurs morales (2). Selon lui, c'est par le contact avec les autres (enfants et adultes) et ensuite la coopération (dans le jeu par exemple) que l'enfant sort de son égocentrisme et apprend à considérer progressivement le point de vue d'autrui et à s'intégrer au groupe. La socialisation apparaît donc comme un processus interactif entre les « *structures mentales* » et les « *structures sociales* ».

Pierre Bourdieu (1930-2002)

Pour rendre compte de l'intégration des codes sociaux par les individus, P. Bourdieu utilise deux concepts : l'*habitus* et la fonction de reproduction.
– Les *habitus* constituent des ensembles de « *schèmes incorporés* » qui se traduisent par des pratiques, des comportements et des représentations propres à sa classe sociale, son sexe, sa culture... L'*habitus* ne constitue donc pas une obéissance à des règles ou une conformité à des valeurs, mais un usage non conscient de celles-ci. Il prend en compte les stratégies des acteurs tout en les replaçant dans une logique sociale qui les dépasse.
– Dans *Les Héritiers. Les étudiants et la culture*, puis dans *La Reproduction* (3), P. Bourdieu et Jean-Claude Passeron montraient les mécanismes cachés par lesquels l'institution scolaire reproduisait et légitimait les inégalités socioculturelles. Aujourd'hui, toutes les études continuent de montrer que ce sont les enfants des catégories socioprofessionnelles les mieux dotées de capital culturel (cadres, enseignants...) qui réussissent le mieux à l'école. La famille aurait donc également une fonction de reproduction – les enfants d'ouvriers continueraient à devenir ouvriers...

La théorie de P. Bourdieu a été critiquée pour son déterminisme, qui laisse peu de place aux initiatives des acteurs. Pour une nouvelle génération de sociologues, il faut aussi prendre en compte la pluralité des milieux d'appartenance et donc des formes de socialisation, comme le fait Bernard Lahire (4). La socialisation, qui selon Claude Dubar (5) permet la construction des identités sociales, ne se résume donc pas, en tous cas, à une simple transmission de normes et de valeurs. Aujourd'hui, on a tendance à la définir comme un ensemble de représentations que l'individu se construit.

COMMENT S'INTÈGRE-T-ON DANS LA SOCIÉTÉ ?

Les membres d'une collectivité partagent un patrimoine culturel commun qui leur permet d'entretenir des relations sociales. On a tous appris par exemple qu'il faut saluer son interlocuteur avant d'engager une conversation avec lui.
La socialisation désigne le processus par lequel on apprend et intériorise des modèles culturels qui nous permettent de nous intégrer dans la société et qui sont transmis d'une génération à l'autre par la famille, l'école, le travail, les groupes de pairs… A la fin du XXe siècle, on constate le déclin de certaines institutions qui participaient de manière importante à la socialisation : Eglise, syndicats, partis politiques… Mais d'autres prennent leur place : la télévision, par exemple, jouerait un rôle croissant dans le processus de socialisation.

LA TRANSMISSION FAMILIALE

Le poids du patrimoine

Dans les sociétés rurales européennes, la transmission d'un patrimoine économique était essentielle dans les familles qui étaient aussi des unités de production des ressources. Même si les modalités de transmission ont varié dans le temps et selon les régions, les fils recevaient en général des terres (ne serait-ce qu'un lopin ou simplement le bail de la ferme) ou l'atelier du père ou du beau-père, qui leur transmettait aussi leur savoir-faire. Quant aux filles, elles devaient être dotées pour se marier.

L'éclatement de la famille

Avec l'avènement des sociétés industrielles (à partir du XIXe siècle), la diversification des métiers et l'extension du salariat, l'importance de la fonction patrimoniale a diminué. Aujourd'hui, avec l'allongement de la vie, lorsque l'on hérite de ses parents, c'est après 50 ou 60 ans, c'est-à-dire à l'âge de la retraite.
Dans les années 50, le sociologue américain Talcott Parsons (1902-1979) avançait que la famille nucléaire moderne (composée d'un couple et de ses enfants) marquait l'avènement de l'individualisme et entraînerait la rupture des liens entre les générations.

De nouveaux liens intergénérationnels

Des sociologues comme Martine Ségalen et Claudine Attias-Donfut ont mis en évidence qu'avec l'élévation du niveau de vie des personnes à la retraite, il existe aujourd'hui une véritable circulation de biens matériels des grands-parents aux enfants et aux petits-enfants. Cette solidarité intergénérationnelle peut se manifester aussi en services (garde des petits-enfants, etc.). Elle est devenue en tout cas un élément important du lien familial.

---

1. E. Durkheim, *L'Education morale*, Puf, 1992 (cours donnés en 1902-1903).
2. J. Piaget, *Etudes sociologiques*, Droz, 1975.
3. Minuit, 1964 et 1970.
4. B. Lahire, *L'Homme pluriel. Les ressorts de l'action*, Nathan, 2001.
5. *La Socialisation. Construction des identités sociales et professionnelles*, Armand Colin, 1996.

VINCENT TROGER*

UNE JEUNESSE LONGTEMPS SOUS CONTRÔLE**

Pendant trois siècles, en même temps que la jeunesse a été progressivement reconnue comme un âge spécifique de la vie, la société s'est préoccupée de l'encadrer et de la contrôler. Aujourd'hui pourtant, ces modèles coercitifs ont volé en éclats et ils ont fait apparaître de nouvelles identités juvéniles.

LES EXCÈS de la jeunesse ont de tout temps inquiété et perturbé la société des adultes. Les sociétés rurales de l'Ancien Régime étaient à cet égard relativement fatalistes, faisant en sorte que *« jeunesse se passe »*. Au XIXe siècle en revanche, l'industrialisation et l'urbanisation se sont accompagnées d'un vaste effort de contrôle des comportements de la jeunesse. La scolarisation et la conscription en ont été les instruments privilégiés. Ce modèle d'éducation coercitif est demeuré valide jusqu'au lendemain de la Seconde Guerre mondiale, mais il est désormais obsolète. L'émergence de l'adolescence comme catégorie psychologique et sociale autonome s'est articulée avec l'essor de la société de consommation et de loisir pour déstabiliser en profondeur les principes éducatifs issus du XIXe siècle. Les sociétés contemporaines sont à nouveau en difficulté avec leur jeunesse, et les structures de l'enseignement secondaire se révèlent difficilement adaptables aux nouvelles exigences d'adolescents dont le rapport à l'autorité des adultes et à la culture a été totalement transformé.

L'intégration précoce à la société des adultes

Dans les sociétés traditionnelles de l'Ancien Régime, les jeunes étaient étroitement associés à la vie des adultes. Voici par exemple, tel qu'a pu le reconstituer

* Maître de conférences à l'IUFM de Versailles. A publié notamment : *L'École*, Le Cavalier bleu, 2001 ; avec P. Pelpel, *Histoire de l'enseignement technique*, L'Harmattan, 2001 [1993].
* *Sciences Humaines*, n° 127, mai 2002.

une historienne (1), le déroulement d'un dimanche dans la vie d'un apprenti maréchal-ferrant poitevin en 1782 : le jeune Jean Mulleau, âgé de 12 ans, se lève à l'aube pour accompagner dès cinq heures du matin l'épouse de son employeur à la messe ; il assiste ensuite avec elle à une bénédiction, puis consacre le reste de sa matinée à accomplir des travaux ménagers et à faire les courses de la famille dans Poitiers ; il déjeune, comme les autres jours, avec la famille de son patron et les autres compagnons ; il n'est finalement libéré que l'après-midi, qu'il décide de consacrer à la pêche. On voit à quel point la vie de ce préadolescent était imbriquée à celle des adultes qui l'employaient ou travaillaient avec lui. On devine également que cette proximité permanente avait une fonction éducative globale : éducation religieuse, initiation aux usages de la vie pratique et sociale, intégration des modes de civilité et de sociabilité en vigueur dans son futur milieu professionnel. C'est le modèle de « l'éducation intégrale », que défend encore Pierre Proudhon (1809-1865) au XIXe siècle. La jeunesse n'était donc différente de la vie adulte que par la situation de dépendance économique qui la caractérisait.

De la même manière, les rituels qui marquaient la fin de l'enfance correspondaient à des rites d'admission directe dans l'âge adulte. C'est le cas de la première communion, dont l'Eglise fixe définitivement l'âge entre 12 et 14 ans au milieu du XVIIe siècle. Elle constitue un signe fortement visible d'admission dans le monde des adultes, puisqu'elle autorise le jeune à communier avec eux à l'église. C'est également le cas d'un autre rituel très significatif, l'admission dans le groupe des jeunes du village ou de la ville. Jusqu'au XVIIe siècle, ces groupes jouissaient d'une reconnaissance quasi officielle. Ils portaient des noms variés (« bachèleries », « jeunesses », « liesses », « vogues », etc.) et avaient un chef reconnu. Ils étaient en quelque sorte comparables, sur un mode mineur, aux corporations.

Or, la fonction de ces groupes était très révélatrice du statut de la jeunesse dans la société. Ils étaient d'abord censés canaliser le « tumulte » ou l'« impatience » caractéristiques de la jeunesse. Canalisation souvent difficile : témoin, cette intervention de l'évêque d'Angers qui, en 1595, les interdit dans son diocèse au motif qu'à l'occasion des fêtes religieuses *« les jeunes gens de l'un et l'autre sexe »* organisent des quêtes en promettant d'acheter *« un cierge en l'honneur de Notre-Dame »* alors qu'ils dépensent en fait le produit de leurs quêtes *« en banquets, ivrogneries et autres débauches »* (2). Mais cet exemple illustre aussi une autre fonction de ces groupes : leur participation déterminante à l'organisation des fêtes religieuses ou laïques. Fonction socialement intégratrice, puisque la communauté leur reconnaît ainsi la capacité à organiser des rituels essentiels pour le maintien de l'identité collective et les admet dans la société adulte. En outre,

1. N. Pellegrin, « L'apprentissage ou l'écriture de l'oralité », *Revue d'histoire moderne et contemporaine*, juillet-septembre 1993.
2. D'après F. Lebrun, M. Venard, J. Quéniart, « De Gutenberg aux Lumières », dans L.-H. Parias (dir.), *Histoire générale de l'enseignement et de l'éducation en France*, Nouvelle librairie de France, 1981.

par les débordements qu'entraînent inéluctablement les fêtes, les jeunes se chargent aussi, comme l'écrit Daniel Fabre (3), de *« l'exploration dangereuse de marges, de limites »*. Autrement dit, la société de l'Ancien Régime utilise l'énergie contestataire de la jeunesse pour tester la solidité et la cohérence de ses normes collectives, et éventuellement les renouveler.

L'immaturité de la jeunesse est donc reconnue par la société de l'Ancien Régime, et son potentiel perturbateur plus ou moins canalisé. Mais l'adolescence n'est pas identifiée comme une période spécifique, et les activités de la jeunesse sont étroitement intégrées à celles des adultes.

Après la Révolution, le service militaire et la scolarisation vont progressivement modifier cet équilibre. Bien que du XVIe au XVIIIe siècle l'Europe ait connu des décennies de guerres permanentes, l'armée ne constituait alors pas un passage obligé de la jeunesse masculine. Il n'y avait pas de conscription obligatoire, sauf « levées » exceptionnelles. En promouvant l'idée d'Etat-nation et de patrie, la Révolution transforme profondément et pour deux siècles la relation de la jeunesse masculine à l'armée et à la guerre. Le 5 septembre 1798, la loi Jourdan-Delbrel instaure en effet la conscription universelle obligatoire, qui sera ensuite adoptée par toute l'Europe, sauf la Grande-Bretagne. Dès lors, le « service militaire » devient rapidement ce long rituel d'initiation virile d'où le « jeune » revient « homme » et que nous avons connu jusqu'à ces dernières années. Le conscrit a voyagé loin, souvent pour la première et la dernière fois de sa vie, il a fréquenté des hommes d'autres lieux et d'autres milieux, des prostituées l'ont initié au sexe, il s'est physiquement endurci. Plus que l'entrée sur le marché du travail ou le mariage, l'armée signale dès lors l'accès des mâles à l'âge adulte.

Les nouvelles frontières de la conscription et de l'école

Simultanément, on le sait, la scolarisation élémentaire se généralise. Depuis François Guizot (1787-1874), qui en 1833 rend obligatoire l'ouverture d'une école primaire dans chaque commune, jusqu'à Jules Ferry (1832-1893) qui, en 1882, fait de la fréquentation de cette école une obligation gratuite après l'avoir laïcisée, tous les petits Français sont assez régulièrement scolarisés.

Ainsi, au cours du XIXe siècle, la jeunesse devient une période plus précisément délimitée, même si on n'y distingue pas encore l'adolescence. En amont, la fréquentation de plus en plus régulière de l'école communale commence à constituer la fin de la scolarité primaire en rupture symbolique, qui annonce l'entrée dans la jeunesse. En aval, le même processus s'accomplit avec la conscription. Le service militaire introduit une rupture plus précoce et plus visible que le mariage et marque clairement pour les garçons la fin de la jeunesse. De nouveaux rituels s'instaurent et accompagnent cette évolution. L'Eglise s'appuie sur la scolarisation, qu'elle contrôle partiellement jusqu'en 1882, pour systématiser l'enseignement

3. D. Fabre, « Faire la jeunesse au village », dans G. Lévi, J.-C. Schmitt, *Histoire des jeunes en Occident*, Seuil, 1996.

du catéchisme. Elle accorde de ce fait à la communion, devenue solennelle, une plus grande importance que précédemment. L'école républicaine de la fin du XIXe siècle, devenue laïque, fait en quelque sorte de même en entourant l'examen du certificat d'études primaires d'une grande solennité. De la même manière, la conscription s'accompagne de manifestations festives qui transforment la signification des pratiques collectives de la jeunesse. Dans les régions rurales, la « tournée des conscrits » s'est pratiquée jusqu'à ces dernières années : maison après maison, les jeunes garçons chantent quelques chansons, distribuent éventuellement de menus cadeaux, et exigent en échange libations, oboles et baisers des jeunes filles, terminant en général la journée fort tard et complètement ivres.

Plus précisément délimitée, la jeunesse est aussi plus précisément définie. Aux caractéristiques générales d'immaturité et d'énergie qui lui étaient traditionnellement attribuées, viennent progressivement s'ajouter des appréciations plus précises. Le jeune est désormais aussi celui qui « n'a pas encore fait son service » ; il est celui qui sait ou ne sait pas lire et écrire, et, à partir du début du XXe siècle, qui a ou n'a pas été reçu au certificat d'études. Or, ces nouvelles appréciations ne sont plus le produit spontané des valeurs collectivement admises par la communauté où vivent les jeunes : elles sont imposées « d'en haut », par les institutions de l'Etat.

Autrement dit, l'école et l'armée induisent deux évolutions complémentaires : d'une part, une certaine marginalisation des jeunes, d'autre part, un contrôle plus formalisé de leurs activités. Scolarisation et conscription opèrent en définitive un lent processus de délimitation et de contrôle de la jeunesse, qui rompt progressivement avec le caractère plus informel de son intégration antérieure dans la société des adultes. Mais en structurant ainsi la jeunesse d'une manière de plus en plus spécifique, ce processus va aussi favoriser l'émergence en son sein de manifestations particulières des inégalités sociales.

Dès le XVIe siècle en effet, une nouvelle institution scolaire s'était développée : le collège. Jusqu'à la Révolution, ces établissements n'ont été fréquentés que par une fraction de la bourgeoisie et de la noblesse, rarement de manière continue. En outre, surtout en province, la jeunesse favorisée n'était pas complètement séparée de la jeunesse populaire : les jeux pouvaient être communs, de même que la participation aux fêtes ou l'initiation sexuelle des garçons. « *Les polissons de la ville étaient devenus mes plus chers amis* », écrit Chateaubriand à propos de son enfance dans les rues et sur les rochers de Saint-Malo dans les années 1770.

L'étudiant et l'ouvrier

En revanche, la création des lycées par Napoléon Ier en 1802 initie un processus d'isolement de la jeunesse des classes sociales favorisées. Conçus sur le modèle ascétique des collèges jésuites, les lycées publics se développent dans toute la France. A la fin du XIXe siècle, ils sont fréquentés par la quasi-totalité des garçons de la bourgeoisie. La discipline y est quasiment militaire, les journées d'études très longues et les exigences intellectuelles de plus en plus élevées. La Troisième République ouvre ces établissements aux jeunes filles, mais ils restent payants (ils le seront jusqu'en 1930) et continuent de proposer des classes élémentaires distinctes des écoles communales, également payantes.

Au début du XXe siècle, la figure de l'étudiant devient ainsi un stéréotype qui révèle plus qu'auparavant les clivages sociaux. Dans son enfance, le jeune bourgeois ne va pas à l'école primaire communale : sa première instruction se fait soit dans la famille, soit dans les classes élémentaires payantes des lycées. Il poursuit ensuite des études secondaires dans un environnement contraignant et clos, et, de plus en plus, passe le baccalauréat et entame des études supérieures. Ces études lui permettent également de reculer l'âge du service militaire et d'être incorporé comme officier. En forçant le trait, on pourrait donc dire que les jeunes bourgeois entrent à l'école quand les jeunes ouvriers ou les jeunes paysans en sortent, et que la jeunesse est pour les uns une longue et contraignante ascèse intellectuelle, et pour les autres une courte et triviale accoutumance au travail productif. Même le service militaire les sépare : ils ne le font ni au même âge ni à la même place. L'école secondaire du XIXe siècle n'est donc pas seulement une institution d'instruction. Elle participe, au même titre que l'armée et le service militaire obligatoire, à un vaste processus d'isolement et de contrôle de la jeunesse, qui s'accompagne d'un renforcement des inégalités sociales. En inversant ce processus de contrôle de la jeunesse, la société d'abondance qui s'instaure après la Seconde Guerre mondiale va donc inéluctablement induire de fortes contradictions entre le nouveau statut de la jeunesse qui émerge alors et les finalités d'un enseignement secondaire démocratisé.

Deux formules ont été abondamment employées pour qualifier les trois décennies qui suivent la Seconde Guerre mondiale : les « trente glorieuses », en raison de l'exceptionnelle croissance économique qui a caractérisé cette période, et la « société de consommation », pour souligner l'une des principales conséquences de cette croissance. Or, si croissance et consommation ont transformé la vie quotidienne de la plupart d'entre nous, elles ont aussi entraîné une nouvelle mutation du statut de la jeunesse.

La jeunesse : nouvelle cible commerciale

Les jeunes ont en effet été très tôt une cible commerciale pour certains des produits de la nouvelle société d'abondance. Cinéma, tourne-disques, radio, presse spécialisée, cycles et motocycles, ou encore nouvelles pratiques touristiques et sportives telles que le camping, ont dès les années 50 commencé à définir les contours d'une consommation spécifique de la jeunesse. Dans les décennies suivantes, elle s'enrichit de nouveaux produits : télévisions, automobiles, vêtements, sports divers, jeux vidéos. Aucun de ces produits n'est spécifiquement réservé aux jeunes, mais les jeunes se caractérisent par une surconsommation de ces produits et une organisation de leur vie sociale et de leur identité autour de cette consommation. La consommation collective de la culture de masse confère ainsi à la sociabilité des jeunes une intensité nouvelle. C'est le temps des copains, qui a fait notamment la fortune de Daniel Filipacchi et de sa revue emblématique *Salut les copains*. Dans certains cas, les jeunes constituent même des groupes (des « bandes ») centrés autour d'une consommation ou d'une activité spécifique : style musical, sports de glisse, moto, etc. Les sociologues soulignent unanimement ce développement d'une sociabilité juvénile intense. D'une certaine manière, la croissance contemporaine des activités de loisirs et la sociabilité de groupes ou de bandes qui l'accompagne rappellent les groupes de jeunesse d'Ancien Régime et leur intervention dans les activités festives.

D'une part, en effet, les modes de consommation et les pratiques culturelles de la jeunesse ont à l'évidence une fonction de canalisation de l'énergie et du dynamisme propres à cette tranche d'âge. Le rôle que les jeunes jouent par exemple aujourd'hui dans le sport est en définitive assez proche de celui qu'ils jouaient dans l'animation des fêtes rituelles de l'Ancien Régime. Mais d'autre part, dans beaucoup de leurs pratiques de consommation culturelle ou sportive, les jeunes jouent aussi avec les marges et les tabous (la drogue, le sexe, la violence, le danger), ils expérimentent le dépassement des normes sociales, et, comme sous l'Ancien Régime, contribuent ainsi à en éprouver la validité et parfois à les faire évoluer. Dans le domaine culturel, ce double jeu a été mis en évidence par Edgar Morin (4) et Paul Yonnet (5), qui ont montré comment, depuis quatre ou cinq décennies, chaque génération s'est reconnue dans un genre musical contestataire, et comment ces genres musicaux ont ensuite participé au renouvellement de la culture légitime jusqu'à perdre toute valeur transgressive. L'analyse vaut pour le rock, la *pop'music*, le folk, le *hard-rock*, le reggae, le *punk*, le rap ou la musique techno : toutes ces musiques ont suivi le même itinéraire, des maisons de disques marginales et des radios confidentielles aux médias à grande audience et aux publicités, et parfois jusqu'aux manifestations les plus culturellement légitimes de la musique, de la chorégraphie ou du cinéma contemporains.

L'invention de l'adolescence

Mais la modernité a aussi significativement innové en « découvrant » l'adolescence. Sous l'influence des psychologues, celle-ci va être reconnue, dès la fin du XIXe siècle, comme une « seconde naissance ». Elle devient dès lors un moment jugé particulièrement délicat de la constitution de la personnalité, marqué par la maturation sexuelle, qui s'intercale en quelque sorte entre enfance et jeunesse proprement dite. Après la Seconde Guerre mondiale, la figure de « l'ado » s'impose comme un stéréotype. Il est perçu comme un être fondamentalement ambigu, travaillé par l'affirmation de son identité sexuelle, à la fois dangereux et en danger.

Ainsi défini, l'adolescent ne peut plus relever des méthodes éducatives antérieures. Celles-ci, presque exclusivement constituées des interventions dis-

4. E. Morin, *L'Esprit du temps*, Grasset, 1982 (t. 1) et 1983 (t. 2).
5. P. Yonnet, *Jeux, modes et masses*, Gallimard, 1990.

continues et coercitives des adultes, sont considérées comme totalement inadaptées à la complexité de ce nouvel âge de la vie. La psychologie vulgarise une conception de l'éducation fondée sur ce qu'Olivier Galland appelle une *«pédagogie incitative»* (6). Elle privilégie l'écoute, la négociation, le contrat, l'autonomie, l'orientation discrète, et redoute le conflit frontal et ses conséquences. En forçant un peu le trait, l'adolescence devient une sorte de long rite de passage assisté, voire médicalisé. Ces nouvelles pratiques éducatives des familles, que le mouvement de Mai 1968 contribue largement à généraliser, entrent évidemment en résonance avec les nouvelles pratiques de sociabilité et de consommation des jeunes. Les générations d'après-guerre devaient la plupart du temps conquérir leur autonomie culturelle par des luttes plus ou moins intenses, qui ont souvent fait les délices du cinéma de l'époque. A l'inverse, les générations d'après 1968 se la voient accorder dans un jeu subtil de négociation, de contrat, de justification de l'autorité, d'exhortations à la prudence et d'encouragement à l'initiative. Dès 1975, 74 % des jeunes Français de 15 ans pouvaient sortir le soir avec des amis et la moitié d'entre eux pouvait introduire ces amis en toute liberté dans le domicile familial (7). Pour les adolescents comme pour les enfants, les relations familiales se transforment donc, passant du primat de l'autorité à celui de l'affect.

Dès lors, un *hiatus* majeur apparaît entre, d'une part, les pratiques de consommation des jeunes et l'éducation qu'ils reçoivent dans leurs familles, et, d'autre part, la généralisation du modèle de l'enseignement secondaire. En une quinzaine d'années, en effet, de 1959 à 1975, la structure de l'enseignement secondaire a été totalement bouleversée. En même temps que la scolarité obligatoire était prolongée jusqu'à 16 ans (1959), le premier cycle de l'enseignement secondaire était progressivement unifié, pour aboutir en 1975 à un seul type d'établissement, le collège unique. Alors qu'antérieurement les publics populaires poursuivaient rarement des études au-delà du primaire, et encore plus rarement au lycée, à partir de 1975 tous les publics sont réunis au collège, qui fonctionne sur les mêmes logiques pédagogiques que le lycée. Le collège unique, puis le lycée se sont donc trouvés confrontés à ce que l'on a appelé un nouveau public, c'est-à-dire des jeunes dont ni la culture familiale, ni les résultats scolaires ne préparaient aux programmes et aux modes de travail du secondaire.

Le divorce entre culture sociale et culture scolaire

Or, les enseignants du secondaire ont continué à être majoritairement formés selon les critères universitaires antérieurs. Ils sont donc restés principalement orientés vers le savoir savant de leur discipline et son découpage didactique. Le cours magistral, qui suppose l'adhésion du public et supporte mal la discussion, est resté le mode de transmission dominant. Certes, le modèle pédagogique traditionnel de l'enseignement secondaire

6. O. Galland, *Sociologie de la jeunesse*, Armand Colin, 1997.
7. D. Fabre, *op. cit.*

a été réformé dans ses contenus, les mathématiques prenant la place du latin comme discipline d'excellence et de sélection. Mais les modes de définition des savoirs et de leur transmission, initialement conçus à l'intention d'une petite élite, sont restés les mêmes et ont été imposés à la totalité de la population française entre 11 et 16 ans, voire 18. Dès lors, l'écart entre ce que les sociologues appellent la culture sociale de la jeunesse et la culture scolaire s'est inéluctablement manifesté avec vigueur.

D'une part, en effet, la lecture de Jules Vallès (1832-1885) ou les mémoires de Jules Michelet (1798-1874) suffisent à nous rappeler que, même pour la jeunesse archisélectionnée des lycées du XIXe siècle, les études secondaires apparaissaient souvent comme une épreuve pénible, contraignante et déconnectée de la réalité.

L'émergence des pratiques de consommation des loisirs de masse et la transformation des rapports d'autorité dans la famille ne pouvaient évidemment qu'aggraver jusqu'à l'absurde ce sentiment de décalage entre les vécus scolaires et extrascolaires. Mai 68, avec ses slogans hédonistes (*« Sous les pavés, la plage »*), a de ce point de vue été la première manifestation massive du refus de la culture académique et des méthodes coercitives d'un enseignement secondaire retranché derrière la certitude de « l'universalité » des savoirs qu'il transmet. La condamnation du « lycée-caserne » signalait d'ailleurs une conscience assez juste des fonctions complémentaires du lycée et de l'armée telles qu'elles viennent d'être décrites.

Le temps de la massification

Mais surtout, l'entrée massive des publics populaires au collège puis au lycée a exacerbé cette opposition. En effet, l'une des propriétés de la consommation culturelle de masse chez les jeunes est d'estomper en partie les frontières sociales. Des enquêtes sociologiques montrent certes que les différences sociales sont toujours à l'œuvre dans les pratiques culturelles des jeunes, mais ces enquêtes portent presque toujours sur des milieux situés aux deux extrémités du spectre social. On étudie ainsi la pratique des « rallyes » dans la grande bourgeoisie, ou les rituels initiatiques violents des bandes de jeunes des banlieues les plus défavorisées. Mais entre ces deux extrêmes, c'est-à-dire pour la majorité, les limites sont beaucoup plus floues : des jeunes de familles favorisées peuvent écouter une musique habituellement typée « ouvrière » telle que le *hard-rock*, en adoptant les comportements qui y sont associés, tandis que des jeunes de milieux plus modestes peuvent aussi choisir un sport typé « classes moyennes » tel que le tennis, et aligner de la même manière leurs goûts musicaux. La pratique généralisée de la mixité a en outre accéléré ce processus d'homogénéisation sociale relative de la jeunesse, en accompagnant le mouvement de libération des mœurs et en autorisant moins exceptionnellement qu'avant des relations amoureuses affranchies des barrières sociales.

Autrement dit, le collège unique puis le lycée ont subi deux chocs simultanés. D'une part, ils ont accueilli des publics peu préparés, scolairement et socialement, aux études secondaires, alors même que la transformation des pratiques éducatives familiales leur interdisait de maintenir une imposition arbitraire de l'autorité des enseignants. D'autre part, ils ont favorisé la circulation et l'extension de la consommation d'une culture de masse commune à l'ensemble de la jeunesse et porteuse d'une forte charge critique contre les pratiques traditionnelles de l'enseignement secondaire. Il convient d'ajouter que cette culture est aussi désormais celle de beaucoup de parents, y compris dans les classes sociales favorisées : l'apparition de pages régulièrement consacrées aux sports, à la musique rock ou aux bandes dessinées dans le journal *Le Monde* est là pour rappeler que la culture de masse irrigue désormais la culture légitime. Autrement dit, beaucoup de parents sont aujourd'hui plus proches des pratiques culturelles de leurs enfants que de celles auxquelles se réfère encore la plupart du temps l'enseignement secondaire.

Cela ne signifie évidemment pas que dans l'enseignement secondaire, et surtout au collège, la question des inégalités sociales ne soit plus en jeu. Au contraire, la « démocratisation » de l'enseignement a probablement eu un effet contraire à celui escompté : en supprimant les discriminations sociales à l'entrée de l'institution sans en changer fondamentalement les modes de fonctionnement, elle a créé pour les familles non averties, souvent les plus modestes, un effet d'opacité. C'est d'ailleurs la mise à jour des mécanismes de ce relatif hermétisme des modes de fonctionnement du secondaire pour les milieux populaires qui a fait le succès des analyses de Pierre Bourdieu (1930-2002). Ce n'est, de ce point de vue, pas un hasard si toutes les enquêtes disponibles montrent que les enfants d'enseignants sont ceux qui réussissent le mieux à l'école : ils n'y travaillent pas plus, mais leurs parents peuvent les y piloter avec efficacité, surtout en cas de difficultés. Il reste néanmoins que cette question des inégalités dans l'enseignement secondaire ne peut pas aujourd'hui se comprendre sans être articulée à celle du décalage entre la culture scolaire et celle de la jeunesse contemporaine.

L'enseignement secondaire s'est depuis un demi-siècle désynchronisé de l'évolution du statut de la jeunesse. Après avoir participé, au même titre que l'école primaire ou le service militaire obligatoire, à une redéfinition normative de la jeunesse et à une accentuation de son contrôle par les adultes et par l'Etat, il a ensuite été confronté à un processus inéluctable de « déligitimation ». La rencontre de la culture de masse et des nouvelles pratiques éducatives familiales, cautionnées par la psychologie, a invalidé le modèle du dressage construit au XIXe siècle. La vision moralisatrice et ascétique du travail et la légitimité immanente de l'autorité des adultes, qui fondaient ce modèle, ont été déstabilisées par la reconnaissance du droit au loisir et par la valorisation d'une éducation partenariale et contractuelle. Ainsi, entre les quelques établissements d'élite, souvent les anciens lycées du XIXe siècle, qui maintiennent la tradition, et les établissements en grande difficulté de certains quartiers défavorisés, s'est installée pour la majorité des collèges et des lycées une sorte de routine du bricolage quotidien : dans une certaine paresse intellectuelle, la jeunesse s'ennuie, les enseignants se plaignent et les parents s'inquiètent. Quelques semaines avant Mai 68, le rédacteur en chef du *Monde* avait titré un de ses éditoriaux « La France s'ennuie ». Personne ne peut dire aujourd'hui si le malaise né du décalage entre les pratiques éducatives et culturelles dominantes de notre société et le fonctionnement de l'enseignement secondaire aboutira à une seconde crise du type de celle de 68, ou si la logique des ajustements locaux, encouragée par la politique d'autonomie des établissements, finira par produire une mutation de l'ensemble de l'institution susceptible de réajuster les pratiques scolaires à l'évolution des mœurs.

TABLEAUX DE JEUNESSE

ENFANCE, ADOLESCENCE, JEUNESSE... OÙ SONT LES FRONTIÈRES ?

Enfants, préadolescents, adolescents, postadolescents, jeunes adultes, *tweens* (contraction anglo-saxonne de *teenagers* et de *twenty something*), les termes se multiplient pour qualifier les différentes étapes de la jeunesse. La sortie de l'univers symbolique de l'enfance, par exemple, devient de plus en plus précoce. Spécialiste des cultures juvéniles, Pierre Bruno (1) note que le marché du jouet, qui touchait il y a encore une quinzaine d'années les 4-14 ans, s'adresse aujourd'hui à la tranche d'âge 0-8 ans. Les traditionnelles bibliothèques rose et verte ont, elles aussi, procédé à une translation des sujets en direction des plus jeunes, alors que les adolescents ont désormais une littérature qui leur est spécifiquement destinée dans la plupart des grandes maisons d'édition, et que les « séries paralittéraires » disent cibler un public de jeunes adultes.

Le mode de consommation des 8-10 ans s'apparente désormais à celui des adolescents, axé sur les produits audiovisuels et les vêtements. Le magazine féminin *Elle* s'est intéressée aux « petites lolitas », ces fillettes qui s'habillent maintenant comme leurs grandes sœurs ou leurs égéries des feuilletons télévisés ou autres *pop'stars* : chaussures à semelles compensées, *tee-shirts* dénudant le nombril, vrais ou faux tatouages et *piercings*... Et même les caractéristiques physiques se mettent à brouiller les frontières entre les classes d'âge : en ce qui concerne les filles par exemple, l'âge des premières règles (toutes variables individuelles, sociales et géographiques confondues) est passé de 16-17 ans, il y a un siècle, à 12-13 ans aujourd'hui.

L'adolescence avait été « découverte » par les psychologues et les médecins à partir de la fin du XIXe siècle comme une phase de maturation sexuelle et une réorganisation de la personnalité engendrant la fameuse « crise d'adolescence ». Aujourd'hui, c'est plutôt une définition sociologique qui prime, la définissant comme période de dépendance vis-à-vis de la famille et de l'école. Avec l'allongement de la scolarité, l'entrée de plus en plus tardive sur le marché du travail, la cohabitation de plus en plus longue au sein du nid familial, le statut d'adolescent peut alors se prolonger jusqu'à 30 ans... On parle alors de postadolescents ou de jeunes adultes, sans que les frontières entre ces différentes catégories soient vraiment précises. Plus globalement, les sociologues ont mis en évidence un phénomène d'« *allongement de la jeunesse* » (selon l'expression d'Olivier Galland) dans tous les pays industrialisés.

CONDUITES À RISQUE

Conduire son scooter sans s'arrêter ni aux feux ni aux stops sur une distance donnée est certes une conduite à risque qui fait froid dans le dos... Les jeunes ont cependant toujours pratiqué ce genre de défi (voir par exemple, dans les années 50, *La Fureur de vivre* avec James Dean et ses courses de voitures). Aujourd'hui, les conduites à risque sont répertoriées par les sociologues : cette catégorie réunit aussi bien les incivilités (prendre le bus sans payer ou narguer la police, les profs, les parents…), les sports extrêmes (*free-riders* et *funboarders* à la recherche des exploits les plus limites), mais aussi les atteintes à la santé (prise d'alcool, tabagisme, toxicomanie), les tentatives de suicide et l'anorexie (propre aux filles) ou les conduites plus gravement délinquantes…

Les conduites à risque sont-elles en augmentation chez les adolescents ? La question est très discutée. Pour certains, le fait de répertorier ces types de comportements a pour effet de focaliser dessus. Pour d'autres, ces comportements témoigneraient d'une montée de la violence sociale dont les jeunes seraient les responsables en même temps que les victimes.

« *En s'affrontant physiquement au monde, en jouant réellement ou métaphoriquement avec sa vie, en s'exposant au risque de la perdre, on force une réponse à la question de savoir si l'existence vaut ou ne vaut pas d'être vécue* », explique David Le Breton (2). Pour ce sociologue, les transgressions constatées à l'adolescence auraient une fonction initiatique dans la quête de l'identité, jouant comme un « *détour symbolique pour s'assurer de la valeur de son existence, rejeter au plus loin la peur de son insignifiance personnelle* ». Parfois non perçues comme dangereuses par ceux qui les pratiquent, elles manifestent aussi ce sentiment de toute-puissance propre à l'adolescence que, depuis Sigmund Freud, les psychologues ont bien mis en évidence. Mais D. Le Breton, qui affirme une augmentation de ces comportements dans la société actuelle, les attribue aussi aux difficultés d'une société « *en déliaison* », dans laquelle les conduites à risque seraient la manifestation d'une souffrance sociale qui touche évidemment beaucoup plus certains groupes sociaux que d'autres. La culture de la rue par exemple, au sein de la bande des pairs, amène souvent à des démonstrations de force et des conduites violentes.

Tolérance, solidarité, autorité

Tolérance et solidarité sont-elles des valeurs de la jeunesse ? C'est ce que montrent les enquêtes récentes, avec certaines nuances toutefois. Bien sûr, depuis 1968, l'attachement à la liberté et au respect de chacun a progressé dans toute la population. Les jeunes (18-29 ans) sont certes les plus nombreux à refuser de condamner les comportements jugés il y a encore trente ans comme déviants (avortement, divorce, euthanasie, homosexualité), mais ces jugements s'inscrivent dans une évolution générale de toutes les classes d'âge, même les plus âgées. Ils se déclarent aussi solidaires des malades, des chômeurs, des immigrés et sont prêts à soutenir les grandes causes humanitaires. Mais…

Sachant que famille et amis constituent aujourd'hui les premières valeurs de la jeunesse, la tolérance et la solidarité paraissent s'appliquer avant tout aux proches. L'adhésion aux grandes causes universalistes (comme la lutte contre le racisme), quant à elle, est très liée à l'environnement social et au niveau d'études, les jeunes poursuivant des études supérieures étant nettement plus nombreux à y adhérer.

Par ailleurs, le souffle antiautoritaire, issu de 1968, qui s'est prolongé jusqu'aux années 80 semble avoir depuis perdu de sa vigueur. Deux tiers des 18-29 ans déclarent leur confiance en l'armée et la police. Et, dans la sphère privée, l'adhésion au principe de fidélité conjugale a enregistré une spectaculaire remontée… Comment interpréter ces tendances ? Générations en quête de repères, comme le suggèrent certains auteurs ? Selon le sociologue Etienne Schweisguth (3), « *la tendance montante chez les nouvelles générations semble être de désirer à la fois les avantages de la liberté et ceux de l'ordre* ». De là à affirmer un certain conformisme de la jeunesse actuelle, il n'y a qu'un pas qui divise la communauté des sociologues… Pour certains, le conformisme des jeunes de milieux favorisés trouve ses limites dans la violence radicale d'une jeunesse marginalisée des quartiers populaires où se concentrent toutes les difficultés. Pour d'autres, comme O. Galland, les valeurs des jeunes et des adultes se sont rapprochées et la jeunesse n'est plus en rupture avec la société actuelle.

SEXE, AMOUR ET… BASTON

« *La libération sexuelle est un discours* has been », explique Michel Fize, spécialiste des adolescents. Toutes les études le montrent, les adolescents sont sentimentaux, ils ne dissocient pas facilement sexualité et sentiments. Et si les premiers flirts sont devenus très précoces, l'âge du premier rapport sexuel est resté d'une remarquable stabilité depuis les années 60 : 17 ans environ. En famille, si la sexualité n'est plus un tabou, ce n'est pas pour autant que l'on débat aisément du sujet. La plupart des adolescents s'initient avec leurs pairs et avec les médias. Mais la télévision, par exemple, n'offre pas que des feuilletons à l'eau de rose ou des « *Loft story* » dont les jeunes raffolent. Une enquête de Denise Stagnara (4), citée par M. Fize, a montré que la moitié d'une classe de CM2 avait déjà vu un film pornographique. Tout en restant très « fleur bleue », les ados sont aussi confrontés aux pratiques sexuelles les plus crues, voire agressives : d'où, explique M. Fize, « *des demandes, tout à fait banales dans leur esprit, de fellation, voire de sodomie parfois à de jeunes camarades* » (5). C'est peut-être la raison pour laquelle les rapports garçons-filles sont plus compliqués que ne le laissent penser les progrès de la mixité à l'école et dans la société : draguer se fait souvent – surtout devant les copains – avec des mots blessants et des gestes humiliants pour les filles. Et, d'après les sociologues et les éducateurs, ces démonstrations abruptes de la virilité ne sont pas que l'apanage des « jeunes de banlieues ». M. Fize y voit une « *crise du masculin* » qui a pour pendant – surtout dans les quartiers populaires – une « *crise du féminin* » : certaines filles se cachent dans des vêtements de garçon et imitent les attitudes masculines ; d'autres accentuent leur féminité (minijupes, *jeans* moulants), bien décidées à se faire respecter. Ces rapports de force induisent alors des comportements agressifs, qui seraient en augmentation chez les filles.

MARTINE FOURNIER

1. *Existe-t-il une culture adolescente ?*, In Press, 2000.
2. *Les Conduites à risque*, Puf, 2002.
3. « Un nouveau cocktail de valeurs : liberté privée et ordre public », dans O. Balland, B. Roudet, *Les Valeurs des jeunes. Tendances en France depuis vingt ans*, L'Harmattan, 2002.
4. *Aimer à l'adolescence*, Dunod, 1999.
5. *Les Adolescents*, Le Cavalier bleu, 2002.

Chapitre VI

Les groupes professionnels

CATHERINE PARADEISE*

COMPRENDRE LES PROFESSIONS : L'APPORT DE LA SOCIOLOGIE**

Les professions, ce sont des identités à construire, des statuts à défendre, des territoires à protéger, des clientèles à rassurer... Autant d'enjeux que la sociologie des professions s'est employée à décrypter de part et d'autre de l'Atlantique.

POURQUOI L'EXERCICE de la médecine est-il réservé, dans la plupart des pays du monde, à des titulaires de diplômes particuliers alors que celui de la psychanalyse ne l'est pas ? Pourquoi les architectes sont-ils généralement organisés en ordre, mais pas les ingénieurs ? Pourquoi parle-t-on de professions libérales alors qu'elles sont de plus en plus salariées ? Toutes ces questions font pénétrer au cœur de la sociologie des professions telle qu'elle s'est développée aux Etats-Unis depuis le début du XXe siècle.

La langue française ne donne pas un sens très précis au terme de profession, qui peut désigner aussi bien le métier, l'activité professionnelle, la profession à statut, le groupe professionnel, l'emploi, le corps, la corporation, etc. La langue anglaise distingue nettement les professions des occupations ordinaires. Est définie comme profession une activité professionnelle qui utilise un savoir abstrait, long à acquérir, pour résoudre des problèmes concrets de la société. La qualité du service rendu exige un contrôle scientifique de la formation et un contrôle éthique de la pratique. Seul le collectif de pairs peut se porter garant de la production des professionnels et de la valeur de leurs prestations. C'est le cas chez les médecins et les avocats. Ils ont leurs propres écoles supérieures, leurs ordres, leurs codes de déontologie.

* Professeur de sociologie, ENS Cachan. A publié notamment : *Les Comédiens. Profession et marché du travail*, Puf, 1998, et coordonné le Dossier « Les acteurs de la santé publique et les réformes » de *Sociologie du travail*, vol. XLII, n° 1, janvier 2000.

** *Sciences humaines*, n° 139, juin 2003.

Leur activité est empreinte de valeurs universalistes et ils en retirent encore souvent un revenu, un prestige et un pouvoir importants. L'exercice de l'activité est restreint aux seuls titulaires des diplômes. Ces professions échappent donc aux «lois du marché». Du coup, de façon récurrente, sont questionnés les privilèges, jugés exorbitants et néfastes à l'aune de l'idéal de la «liberté du travail». Certains diront que les médecins se protègent de la concurrence par un *numerus clausus*. D'autres affirmeront au contraire que cette entrave au marché est nécessaire. En effet, si tout le monde pouvait se prétendre médecin et si l'exercice de la médecine n'était pas éthiquement contrôlé par les pairs, ne risquerait-on pas de voir le bon docteur Jekill se transformer en diabolique Mister Hyde?

Les seules vraies professions, selon la terminologie anglo-saxonne classique, sont celles qui contribuent à la régulation et au contrôle de la structure sociale, en mettant en œuvre un ensemble de valeurs spécifiques (universalisme, spécificité fonctionnelle, neutralité affective). Partant de la médecine et des professions juridiques, le sociologue américain Talcott Parsons (1) construit dans les années 50 l'idéal-type de la profession. Elle est nécessairement libérale, au service de personnes pour le bien commun. Cette volonté de trier le bon grain de l'ivraie, les « vraies » des « semi » professions, exprime, chez T. Parsons et ses successeurs, la crainte des déséquilibres issus du désir d'un nombre croissant d'occupations (au sens anglo-saxon du terme) de se faire professions. Des occupations vont cogner à la porte pour obtenir une reconnaissance professionnelle. Aux Etats-Unis, ce sont les cours suprêmes qui statuent en évaluant les occupations candidates par des critères que reprennent en fait les sociologues. Est-ce à dire que les juristes sont aussi bons sociologues que les sociologues? Ou que les sociologues ont imprudemment accepté, sans les discuter, les définitions construites pour des besoins spécifiques qui ne sont pas les leurs?

Pour un sociologue tel que Everett C. Hughes (2), l'affaire est entendue : T. Parsons et ses ouailles se sont fourvoyés. Plutôt que de se demander si telle occupation est une profession, il vaut mieux comprendre dans quelles circonstances les membres d'une occupation tentent de la transformer en profession. On ne peut s'en tenir à ce que les professions prétendent être, en transcrivant en catégories savantes les catégories spontanées de perception de soi des professionnels. Pour découvrir ce qu'elles sont, il faut en étudier *«l'histoire naturelle»*, la socialisation, les carrières, le travail concret... Bref, il convient de passer d'une approche des professions comme structures (comme chez T. Parsons) à une approche des occupations comme acteurs collectifs.

Qu'est-ce qu'une profession, selon cette nouvelle approche? C'est une occupation qui a réussi à imposer deux propriétés clefs : une licence individuelle (permission spéciale de poursuivre une

1. T. Parsons, « Professions », *International Encyclopedia of Social Sciences*, vol. XII, McMillan, 1968.
2. E.C. Hughes, *Men and their Work*, Free Press, 1985.

activité) et un mandat légal, moral et intellectuel (la charge de dire ce qui est juste et utile). Prenons un exemple (3). Les infirmières anglaises vont batailler ferme à la fin du XIXe siècle pour se faire reconnaître comme profession. Elles ont deux obstacles à surmonter. Tout d'abord, elles exercent un « métier de femme » et surtout, elles l'exercent comme une vocation (ce sont des religieuses pour la plupart) ou bénévolement (lors des guerres). Quelques pionnières (comme Florence Nightingale) vont lutter d'arrache-pied. Elles feront ouvrir la première école en 1860. Elles s'opposeront aux *nurses* (appuyées par l'Association des médecins) qui refusent d'être des professionnelles afin de garder leur statut de bénévoles. Elles créeront en 1897 une association, la British Nurses Association. Et la reconnaissance professionnelle viendra avec la Première Guerre mondiale. Les infirmières françaises, qui n'ont pas mené les combats de leurs collègues britanniques, ne se verront jamais reconnaître une autonomie professionnelle.

La consécration juridique

On mesure bien à travers cet exemple les obstacles à surmonter pour obtenir la consécration juridique. Et l'on peut se douter que les professions, une fois reconnues, ne le seront pas nécessairement pour l'éternité. D'abord, loin de former des mondes homogènes, elles consacrent une énergie considérable à laver en famille le linge sale des conflits internes de compétences entre les divers segments qui les composent. C'est dire à quel point la survie de la profession est subordonnée au succès d'un travail de négociation perpétuellement recommencé (4). En outre, selon le sociologue Andrew D. Abbott (5), elles doivent protéger leurs frontières extérieures contre les concurrents qui cherchent à infiltrer leurs domaines de compétences ou « juridictions ». Elles signent des armistices, négocient des accords qui réactualisent et revivifient leurs frontières, mais ne parviennent pas toujours à résister aux forces externes et/ou internes dont se saisissent ceux qui prétendent leur arracher une part du gâteau. Les médecins ont, par exemple, à se protéger des assauts répétés d'occupations médicales non reconnues telles que les médecines parallèles ou les psychologues. Ici, on est loin de la conception altruiste des professions à la T. Parsons. Le cas des pharmaciens est à cet effet éclairant. L'Ordre veille au grain et *« lutte contre tous les exercices illégaux de la pharmacie, notamment dans les grandes surfaces, par la défense inconditionnelle du monopole »* (6). Le discours que tiennent les professions sur elles-mêmes mérite aussi d'être appréhendé. Il participe à l'élaboration collective qui construit (ou cimente) le statut professionnel, notamment en désignant alliés et concurrents. C'est ce que faisait Jean Brudon, président de l'ordre des pharmaciens, lorsqu'il s'exprimait sur les dépôts de plainte contre l'exercice illégal de la pharmacie : *« A chaque fois que la preuve sera apportée qu'il y a exercice*

3. C. Dubar, *La Sociologie des professions*, Armand Colin, 1998.
4. A. Strauss, *La Trame de la négociation*, L'Harmattan, 1992.
5. A.D. Abbott, *The System of Professions*, University of Chicago Press, 1988.
6. D. Hanot, *Les Pharmaciens*, L'Harmattan, 1995.

illégal de la pharmacie, nous continuerons à poursuivre en sachant les complications qui existent au niveau des pseudo-chaînes Leclerc, puisqu'il faut poursuivre chaque magasin. Au niveau des points de vente, nous poursuivrons systématiquement toutes les infractions que nous constaterons (...) *fort que nous sommes de notre bon droit.* » (7) On peut penser que l'argumentation développée par le président de l'Ordre sert d'abord à justifier un monopole qui permet aux pharmaciens de capter des rétributions financières et statutaires (8).

Identité professionnelle et nomenclature d'État

Alors que T. Parsons et E.C. Hughes fondent un large champ de recherche et que les débats s'attisent entre les tenants d'une vision altruiste des professions et leurs opposants, que se passe-t-il en France? Dans les années 60, la sociologie du travail s'intéresse au seul travail industriel, dans l'atelier. La sociologie des organisations s'attelle à l'étude de quelques corps de l'Etat. Ici ou là, on trouve une recherche sur les architectes, les notaires ou les médecins, mais aucun mouvement d'ensemble qui ferait participer la France au débat si actif outre-Atlantique. Plusieurs facteurs concourent pourtant au *come-back* de la littérature dédiée aux professions dans la recherche française à la fin du siècle. D'abord, la recomposition majeure qu'a connue la société française de l'après-guerre conduit l'Insee à imaginer, au tournant des années 80, un exercice de refonte de la nomenclature des catégories socioprofessionnelles datant de 1954 (9). Ceci va être l'occasion pour les acteurs collectifs de travail de négocier (autant que le permettent leur cohésion et leur puissance collective) leurs identités sous forme de classements dans une nomenclature d'Etat. Ensuite, cette même période connaît l'effondrement de l'inspiration marxiste en sociologie du travail. Cette dernière, qui s'était essentiellement intéressée aux ouvriers, découvre brutalement l'existence des travailleurs du secteur tertiaire. Elle sort alors de l'usine et se déploie sur la diversité des catégories qui composent la population active : cadres, enseignants, médecins, professionnels du transport, ingénieurs, notaires, employés, policiers, gardiens de prison, artistes, etc. Enfin, la montée du chômage porte les sociologues à tourner leurs regards vers les marchés du travail. Ils s'inquiètent du devenir des anciens métiers bousculés par la modernité, ils découvrent des activités en recomposition ou émergentes, ils étudient la résistance et le mouvement des identités collectives et des règles de travail. Ils cherchent à expliquer pourquoi et comment certaines occupations en viennent à bénéficier de monopoles, soumis à des règles spécifiques protégeant leurs accès, balisant leurs carrières de formations et d'expériences spécifiques.

Vers une sociologie des emplois

Cette dernière approche n'exclut naturellement pas les « professions canoniques » de ses champs d'enquête, mais

7. *Idem*.
8. M.S. Sarfatti-Larson, *The Rise of Professionalism*, Berkeley University Press, 1977.
9. A. Desrosières, L. Thévenot, *Les Catégories socio-professionnelles*, La Découverte, 1988.

elle les banalise, comme une espèce dans le genre plus large appelée les «marchés du travail fermés» (10). Ces derniers incluent des activités très hétérogènes : ils peuvent trouver leur origine dans l'action autonome d'acteurs collectifs émergents (les infirmières en Grande-Bretagne) ; ils peuvent avoir été créés de façon hétéronome, par un Etat désireux de s'assurer le concours de compétences indispensables à ses missions (corps des ingénieurs des Ponts et Chaussées (11)), ou encore par des grandes firmes, soucieuses de disposer d'une main-d'œuvre qualifiée et stable («marchés internes» (12)).

Ces activités sont également hétérogènes dans leurs statuts juridiques : il peut s'agir de professions libérales, d'activités commerciales, d'emplois salariés privés ou publics. Leur point commun réside seulement, mais c'est essentiel, dans le fait qu'elles contrôlent leurs accès au marché du travail et leur mobilité. Elles s'isolent ainsi du marché du travail «général» en créant une prime aux salariés loyaux, en fondant l'attachement mutuel de l'employeur (ou des clients) et des professionnels, en créant un solide soutènement à des identités collectives affermies dans la durée. Par exemple, l'entreprise de travaux publics Bouygues a créé un Ordre, le Minorange, gage de l'identification de sa main-d'œuvre et vecteur de la fidélisation de ses ouvriers du bâtiment qui avaient ainsi l'espoir de grimper dans la hiérarchie de «l'Ordre» et d'être récompensés pour leur loyauté.

Mais en optant pour cette approche en terme de marchés fermés, la sociologie française des années 80 s'inscrit dans une conception désacralisée des occupations. N'y aurait-il décidément pas de place en France pour une sociologie autonome des professions, «à l'américaine» ? A quoi le manque relatif de succès de ce domaine de recherche tient-il, ou plus exactement comment peut-on expliquer la différence de positionnement de cet objet dans les découpages des sociologies américaine et britannique d'une part, française de l'autre ? La difficulté à transposer les problématiques de sociologie des professions à la France pourrait bien tenir aux différences sociétales entre ces divers pays. Ainsi, la reconnaissance des occupations comme professions ne suit pas les mêmes chemins aux Etats-Unis et en France. D'un côté, les cours suprêmes évaluent l'adéquation des traits de l'occupation candidate à une description juridiquement normée de la profession. De l'autre côté, c'est une décision étatique qui concède le monopole du titre professionnel. De même, l'initiative provient aux Etats-Unis d'acteurs collectifs autonomes, candidats à la professionnalisation, tandis que les «groupes professionnels protégés» français sont les produits mixtes d'actions collectives autonomes et de décisions étatiques ou entrepreneuriales hétéronomes. Ainsi, les ouvriers du livre ou les dockers ont longtemps pu jouir d'avantages liés à leur position de monopole, avec la bénédiction de l'Etat français.

10. C. Paradeise, « Les professions comme marchés du travail fermés », *Sociologie et Sociétés*, n° spécial sur les professions, vol. XX, n° 2, 1988.
11. J.-C. Thoenig, *L'Ère des technocrates. Les ingénieurs des Ponts et Chaussées*, L'Harmattan, 1987.
12. P.B. Doeringer, M.J. Piore, *Internal Labor Markets and Manpower Analysis*, Heath, 1971.

L'introuvable sociologie des professions

Mais pourquoi diantre les professions occupent-elles le devant de la scène dans les pays anglo-saxons ? Un ouvrage récent (13) fournit une clef importante pour interpréter le succès comparé des professions en rapport avec les caractéristiques des sociétés nationales auxquelles elles appartiennent. Le sociologue Eliot Freidson oppose les Etats hiérarchiques, où un important appareil administratif impose des orientations dirigistes, aux Etats coordinateurs dont l'action est essentiellement réactive et coordinatrice par rapport aux initiatives des groupes de la société civile. Or, les professions trouvent leurs meilleures conditions d'épanouissement dans le cas où l'Etat ne s'immisce pas dans leur fonctionnement et où elles ne connaissent pas la concurrence d'autres institutions chargées du bien public. On comprend mieux pourquoi la sociologie française, par opposition aux sociologies américaine et britannique, a toujours ressenti une certaine gêne à s'approprier le concept de profession, et à considérer le fait professionnel comme central.

En France, la sociologie des professions s'est intéressée aux conditions de réalisation de l'intérêt particulier des professionnels plutôt qu'à leur adaptation à l'intérêt public des clientèles. De fait, en rabattant la quête d'autonomie professionnelle sur une interprétation économique, la sociologie française a peut-être, dans les années 80, jeté le bébé avec l'eau du bain. Comment s'en sortir ? On le peut, comme le fait Lucien Karpik (14) dans son analyse sur les avocats. Il montre comment les professions sont des entités qui doivent répondre à divers problèmes dont celui, capital, de la confiance des clients. Dans le cas des avocats, la confiance se gagne à travers des dispositifs historiquement construits par la profession (institutions de formation, de socialisation, de contrôle). Cette confiance est véhiculée par des réseaux sociaux de confrères et de clients qui étalonnent la qualité des avocats. De même, chacun a fait l'expérience que, pour trouver un médecin, on consulte ses amis et relations plutôt qu'on ne feuillette les pages jaunes de l'annuaire. C'est bien un réseau de clients (ici les collègues) qui permettra de résoudre, dans un premier temps, le problème de l'incertitude sur le résultat de la prestation. On voit que la confiance que l'on peut accorder à ces divers dispositifs, et donc à la profession, est évaluée de façon décentralisée, par la mesure de leur performance au service du public. L'autonomie et la « discrétionnarité » de l'action des professionnels peuvent ainsi être conçues comme des conditions nécessaires à leur indépendance et à leur efficacité, sous condition de capacité des dispositifs de confiance à contenir de possibles abus, en maîtrisant incompétence et malhonnêteté. La sanction collective à laquelle s'expose la profession est suspendue au risque de discrédit des dispositifs que pourraient créer des manquements répétés des professionnels aux condi-

13. E. Freidson, *Professionalism, the Third Logic : On the Practice of Knowledge*, University of Chicago Press, 2001.
14. L. Karpik, *Les Avocats. Entre l'État, le public et le marché. XIIIe-XXe siècle*, Gallimard, 1995.

tions de la confiance. Les chirurgiens, par exemple, devront communiquer pour que certaines affaires (bistouri oublié dans un ventre, membre sain amputé) n'entachent pas leur réputation et n'entament le capital confiance de leurs patients.

Avec ces questionnements, est-on toujours dans une sociologie des professions ? Oui, mais conceptualisée dans une « économie de la qualité » plutôt que laissée à elle-même comme un objet autonome. En déplaçant le regard vers les « biens dotés de mystère », non standardisables, ne pouvant donc être informés de façon satisfaisante par les prix (comme la santé), cette approche oblige à penser les conditions sociales de la régulation économique dans des mondes professionnels qui échappent à la régulation d'une « économie de la quantité ». Or, ces mondes sont de plus en plus nombreux dans les économies contemporaines fondées sur la connaissance. Ainsi considérée, l'étude du lien entre monopole, autonomie et contrôle professionnels conduit à déplacer et élargir sensiblement le concept de profession, pour y voir, comme le dit A.D. Abbott, *« un groupe occupationnel relativement exclusif appliquant une connaissance relativement abstraite à des cas particuliers »* (15).

15. A.D. Abbott, *op. cit.*

REGARDS PLURIELS SUR LES PROFESSIONS

Professionnalisation, cultures professionnelles, systèmes corporatistes... Les écrits actuels foisonnent de concepts et d'approches diverses. Il est difficile d'y trouver une cohérence. Est-ce normal ? Oui, affirme Claude Dubar (1), car il n'y a pas de sociologie des professions, mais des approches sociologiques et anthropologiques de groupes professionnels.

Professionnalisation : la voie anglo-saxonne

La sociologie anglo-saxonne s'intéresse dès le début du XXe siècle aux professions. Les travaux fondateurs des Anglais Alexander M. Carr-Saunders et Paul A. Wilson (2) en donnent une définition très précise. D'un côté, il y a les « pros » qui se distinguent par leur moralité et leur utilité sociale, qui partagent des savoirs savants, qui participent à la régulation sociale, et d'un autre côté, les « non-professionnels » (qui ont des occupations).

Dans les années 50, le sociologue américain Talcott Parsons prolonge la réflexion de A.M. Carr-Saunders et P.A. Wilson. Quatre domaines – la médecine, la technologie (les ingénieurs), le droit et l'enseignement – sont estampillés « professions », car tous participent au bon fonctionnement du système social. Les enseignants transmettent aux jeunes générations un savoir culturel commun contribuant à les intégrer au système social ; les ingénieurs participent à l'accroissement des performances économiques en appliquant dans le monde du travail les inventions scientifiques...

Et si l'on n'a pas la chance d'être médecin, ingénieur, avocat ou enseignant, doit-on désespérer toute sa vie durant de n'être pas un pro ? En fait, des occupations peuvent devenir des professions. C'est le processus de professionnalisation. En Angleterre, des occupations telles qu'infirmière, vétérinaire, opticien ou masseur seront reconnues au terme d'un long parcours passant notamment par la mise en place d'écoles spécifiques et la création d'associations réglementaires répertoriant les membres et les contrôlant.

Dans cette première approche dite fonctionnaliste, les professions ont été définies à partir d'un idéal-type combinant deux traits : la compétence technique et scientifique ; le respect d'un code éthique.

Carrières et identités

Les professions dites libérales en France sont-elles les seules « vraies » professions ? Pour le sociologue américain Everett C. Hughes, c'est largement inexact. Une profession n'est pas seulement une activité noble, prestigieuse et désintéressée, comme les sociologues fonctionnalistes le prétendent, car subjectivement chacun trouvera de l'importance à son métier. De plus, une profession ne s'appréhende pas seulement par son processus de profession-

nalisation (reconnaissance collective de son utilité sociale) mais aussi par l'étude croisée des interactions et des biographies qui font les carrières.
Ainsi, E.C. Hughes fonde l'approche dite interactionniste des professions. Les interactions permettent de saisir les mécanismes en œuvre entre les groupes professionnels pour défendre leur territoire. Certains sont plus forts que d'autres à ce jeu, entre autres parce qu'ils se coalisent plus facilement. Les médecins, par rapport aux psychologues ou aux médecines parallèles, défendent bec et ongles le monopole d'exercice légal de la médecine.
L'étude des biographies individuelles montre que l'activité professionnelle s'inscrit dans la durée, depuis l'entrée dans la vie active jusqu'à l'âge de la retraite. Elle porte un éclairage sur les processus identitaires agissant durant toute la vie active. Selon l'expression d'E.C. Hughes, un médecin, cela se fabrique. Ses compétences ne sont pas uniquement techniques ou scientifiques, elles intègrent aussi *« une conception de la maladie et de la santé »*. En incorporant cette culture professionnelle faite de savoirs savants et non savants, l'identité du médecin se construit. Cette approche sera reprise en France par Claude Dubar (3).

La logique des « corps » : la voie française

En France, il n'existe pas de sociologie des professions comme dans les pays anglo-saxons, et le terme de « profession » recouvre diverses réalités, comme la fonction, le métier ou l'emploi. En fait, c'est la sociologie du travail qui s'intéresse à l'activité professionnelle dans les années 50. Elle le fait dans un lieu bien précis : l'usine. Dans les travaux des sociologues français, ce ne sont pas les « pros » qui sont distingués des « non-pros » comme chez leurs homologues américains, ce sont les « prolos » qui le sont des « capitalistes ».
Parallèlement à ces travaux d'inspiration marxiste sur les ouvriers, des monographies mettent l'accent sur la prégnance des « corps », en France, liée à l'importance de la fonction publique. Dans une étude sur les ingénieurs des Ponts et Chaussées, Jean-Claude Thoenig (4) montre comment l'ensemble de la fonction publique maintient une stratification et un cloisonnement. Pendant que les ingénieurs des Ponts entretiennent des « chasses gardées » pour les membres de leur corps, les ingénieurs des travaux publics, qui ont les yeux braqués sur ceux des Ponts, font de même. Cette *« stratégie corporative imitative »* s'appuie sur une logique de corps très puissante, l'identité personnelle s'effaçant systématiquement devant celle de son appartenance à un corps.
Dans *La Noblesse d'Etat. Grandes écoles et esprit de corps* (5), le sociologue Pierre Bourdieu explique que cette logique n'est pas purement professionnelle. Elle s'inscrit dans une logique sociale de domination des élites qui cumulent capital culturel, social, économique et symbolique.

La permanence du corporatisme

Chez le sociologue français Emile Durkheim, les groupes professionnels jouent un rôle crucial dans les sociétés où la division du travail s'accroît et où l'individualisation progresse. Nous sommes au début du XXe siècle, l'industrialisation est en marche. Pour E. Durkheim, ces groupes doivent remplir des fonctions juridiques (conseils de prud'hommes), d'assistance (mutuelles), d'éducation (apprentissage) et de récréation (expositions, concerts). Leur incombe aussi la tâche de réguler les relations entre patrons et employés. Ces « corporations » *new look* ont, comme chez T. Parsons, une vocation sociale fondamentale.

Les corporations ont mauvaise presse en France et la thèse durkheimienne aura plus de succès outre-Atlantique. Il faut attendre les années 80 pour que des sociologues français se penchent de nouveau sur Le *Phénomène corporatiste* (6). Pourquoi les corporations existent-elles ? Parce qu'elles sont plus efficaces que le marché. En effet, dans le cas d'un marché complètement ouvert, les individus changent d'emploi très aisément, les salaires fluctuent.

Dans le cas de la marine marchande étudié par Catherine Paradeise (7), des *« superrègles »* ont été mises en place pour réguler ce marché du travail. Formations, salaires, carrières..., tout y est fait pour assurer à tous une ascension professionnelle : le mousse doit pouvoir espérer devenir capitaine au long cours après des années de bons et loyaux services. Mais des employés, plus impatients, peuvent vouloir monnayer leurs compétences ailleurs. Alors la fermeture du marché risque d'être fragilisée par leur défection. Selon C. Paradeise, tous les monopoles ont une fin, pour des raisons internes (comme chez les marins) ou externes (comme pour les agents d'EDF-GDF).

---

1. Coauteur avec P. Tripier de *Sociologie des professions*, Armand Colin, 1998.
2. The Professions, 1933.
3. *La Socialisation. Construction des identités sociales et professionnelles*, Armand Colin, 2002 (3e éd.).
4. *L'Ère des technocrates. Les ingénieurs des Ponts et Chaussées*, L'Harmattan, 1987.
5. Minuit, 1989.
6. D. Segrestin, *Le Phénomène corporatiste*, Fayard, 1985.
7. « La marine marchande française : un marché du travail fermé ? », *Revue française de sociologie*, vol. XXV, n° 3, 1984.

CHRISTIAN CHEVANDIER*

DU CÔTÉ DES CHEMINOTS : LA GRÈVE IDENTITAIRE**

Par-delà la défense de revendications, des mouvements sociaux contribuent à la formation d'une identité professionnelle. Illustration à travers l'exemple des cheminots.

En ce mois de juin 1997, des milliers de collégiens s'apprêtent à découvrir l'épreuve d'histoire du brevet. Dans cinq académies, ils doivent commenter un témoignage paru dans la presse régionale soixante ans après les « faits » : un fils de cheminot raconte la grève de juin 1936 telle que son père l'a vécue. Seul petit problème, cette année-là, les cheminots n'ont pas fait grève. A tel point que, dans un numéro de *Sciences Humaines*, c'est pour illustrer ce qu'est en histoire l'administration de la preuve que l'historien Antoine Prost prend en exemple l'absence de mouvement social dans les chemins de fer en ce printemps 1936 comme révélateur de la volonté de calme social du parti communiste, fort influent dans le syndicalisme cheminot (1). Mais la réalité importe peu. Ce qui compte, c'est qu'après deux grèves d'envergure, celle de 1986 et surtout celle de 1995, les cheminots apparaissent comme un groupe social combatif presque par nature.

Deux siècles de luttes sociales

Les mouvements sociaux des travailleurs des chemins de fer sont bien connus, ne serait-ce que parce qu'ils ont

* Maître de conférences en histoire contemporaine à l'université de Paris-I-Panthéon-Sorbonne, et chercheur au Centre d'histoire sociale du XXe siècle, il est spécialiste de l'histoire des identités professionnelles. A publié notamment : *Les Métiers de l'hôpital*, La Découverte, 1997 ; *Cheminots en grève ou la construction d'une identité (1848-2001)*, Maisonneuve & Larose, 2002.

** *Sciences Humaines*, n° 144, décembre 2003.

1. A. Prost, « Le PC et Léon Blum face aux grèves de 1936 », *Sciences Humaines*, hors série n° 18, sept.-oct. 1997.

suscité la curiosité de nombreux chercheurs (2). Le premier a lieu trois ans à peine après l'ouverture de la première ligne, dès l'été 1830. Puis les travailleurs du rail participent aux deux grandes révolutions du XIXe siècle, celle de 1848 et, dans une moindre mesure, la Commune de Paris. La fin du siècle est marquée par l'échec de deux tentatives de grève. Se met alors en place le syndicalisme des « cheminots » (on commence, dans les milieux syndicalistes et socialistes, à employer ce mot). C'est d'abord en 1890 la Chambre syndicale qui sera un des acteurs de la création de la CGT, puis une nébuleuse de petites organisations, montées sur des bases régionales (par réseau ou compagnie ferroviaire) ou par métier (notamment les mécaniciens qui conduisent les locomotives) et qui donnent une impression d'éclatement.

En octobre 1910, c'est la « grève de la thune » (la pièce de cinq francs), pour un salaire minimum. Nouvel échec, cette grève se conclut par une série de révocations et un affaiblissement du syndicalisme ferroviaire. Il faut attendre la fin de la Grande Guerre pour qu'il trouve un second souffle avec, en 1917, la création d'une grande fédération au sein de la CGT. Le monde du rail participe largement aux mouvements sociaux de l'après-guerre, lors des grèves de février et mai 1920. Elles se terminent encore sur une défaite, plus de 18 000 révocations et une scission syndicale qui affaiblit la CGT jusqu'à la réunification des années 30. En 1937, la nationalisation regroupe les différents réseaux au sein de la SNCF. Au cours de l'Occupation, la grève, modalité de résistance, acquiert ses lettres de noblesse. Contre l'obligation du travail en Allemagne, c'est d'un atelier SNCF que part, à l'automne 1942, un mouvement qui gagne l'ensemble de la zone sud. Et c'est par la grève du rail que commencent les insurrections de la Libération. La part des cheminots dans la Résistance est connue et l'action gréviste en est une modalité déterminante. Sans avoir auparavant rechigné à la tâche, les cheminots se lancent en juin 1947 dans une des grèves qui mettent un terme à la trêve sociale. A l'automne, un autre mouvement des cheminots caractérise l'entrée de la société française dans la guerre froide. Très dur, il est marqué par des violences et des sabotages, et se conclut par une nouvelle scission syndicale. Dès lors, le personnel de la SNCF participe de manière déterminante aux mouvements plus larges de l'été 1953 (une grève des fonctionnaires pour la défense de leurs retraites) et de mai 1968. Si d'autres conflits sont spécifiques à la corporation (en 1962, 1969 et 1971), c'est le mouvement de l'automne 1986, première grande grève en France depuis le début de la crise économique, par lequel les cheminots s'opposent victorieusement à la remise en cause de leur statut, qui les projette à nouveau au premier rang des luttes sociales.

Malgré toutes ces grèves, le syndicalisme cheminot est traditionnellement réformiste. Et cette liste impressionnante, qui par sa chronologie révèle à

2. Citons notamment les travaux de l'historien et sociologue G. Ribeill et de l'historien de l'économie F. Caron, ainsi que les thèses des historiens E. Fruit, A. Kriegel et A. Fukasawa, et du sociologue P. Corcuff.

quel point il est trompeur de lier les velléités grévistes à l'appartenance au secteur public, ne doit pas donner l'impression d'un groupe social toujours en ébullition. Si les moments forts et les mobilisations retiennent notre attention, la corporation s'abstient parfois de toute participation à des conflits sociaux. Ainsi, entre mai 1920 et l'Occupation, il n'y a pas de grève dans les chemins de fer. Plus près de nous, c'est le refus des cheminots de les rejoindre qui est déterminant dans l'échec de l'élargissement du mouvement des postiers en 1974. La principale faiblesse des grèves « cheminotes » réside dans la division : syndicale d'abord, soit au sein d'une organisation CGT hégémonique, soit après 1947 entre les fédérations ; entre réseaux ou régions, avec des tendances qui se repèrent sur un temps très long ; entre les différents groupes professionnels au sein du personnel de la SNCF.

Une très forte identité professionnelle

En 2001 et surtout en 2003, d'autres mouvements ancrent cette réputation de corporation combative, mais c'est sans aucun doute celui de novembre-décembre 1995 qui en constitue le principal fait d'armes. Commencé le 23 novembre contre un projet de réforme des régimes spéciaux de retraites qui reporte l'âge de la cessation d'activité, ce conflit est mené par les organisations syndicales, notamment la CGT et la CFDT, et il n'y a pas comme en 1986 de coordination. Par l'autorité des assemblées générales souveraines, par l'affichage systématique de l'ensemble des articles de presse et les débats qu'il suscite, ce mouvement est fortement marqué par son caractère démocratique et parachève ainsi l'évolution constatée en 1986. Très vite, les cheminots sont rejoints par le personnel des transports urbains, à Paris surtout. A une moindre ampleur, d'autres groupes sociaux, particulièrement dans la fonction publique, se joignent à la grève qui s'oppose également à une réforme de la Sécurité sociale annoncée au même moment. L'engagement d'intellectuels auprès des grévistes est une autre caractéristique de ce conflit, dont un des moments forts est l'intervention de Pierre Bourdieu à la gare de Lyon le 12 décembre. Le mouvement dure, est populaire, à tel point que l'on parle à cette occasion de « grève par procuration », la plupart des travailleurs du secteur privé n'osant pas arrêter le travail. Après d'énormes manifestations, la reprise a lieu lors de la semaine qui précède Noël, les cheminots grévistes (et les autres) ayant conservé les conditions de départ en retraite qui leur avaient été présentées au moment de leur embauche. Peu à peu, la grève s'inscrit dans les représentations du groupe social en dépit du traitement dépréciatif dont elle fait parfois l'objet dans les médias (3). Les torches fumigènes écarlates, utilisées lors des manifestations de cet hiver, deviennent dès lors un accessoire obligé de tous les mouvements sociaux, leur donnant un caractère ferroviaire, même hors de propos. Et après *La Bête humaine* et

3. Si la présentation du mouvement par la télévision a été tendancieuse et peu rigoureuse, celle de la presse écrite fut d'une plus grande qualité.

La Bataille du rail, c'est le film de Dominique Cabrera, *Nadia et les hippopotames* (4), dont l'action se situe sur fond du conflit de 1995, qui devient emblématique de la corporation. Mais cette image, cette mission constituent un fardeau, et sans doute ce poids va-t-il jouer un rôle au cours des prochaines années.

L'identité professionnelle des travailleurs du rail est étayée par des dispositions sociales très anciennes, datant du temps des compagnies ferroviaires privées. La principale disposition du statut, généralisé par la loi en 1920, est le commissionnement qui soustrait l'agent à l'arbitraire patronal en le faisant bénéficier de la garantie de l'emploi. Et c'est du milieu du XIXe siècle que datent les retraites, unifiées par la loi en 1909, qui permettent d'arrêter le travail en touchant une pension après vingt-cinq ans de service à partir de 55 ans, de 50 pour les roulants. Contrairement à ce qui est souvent avancé, ces mesures ne sont pas la rançon d'une capacité à paralyser le pays, mais bien une politique de fixation du personnel permettant de recruter et garder du personnel fiable en dépit de salaires bien bas et de conditions de travail fort pénibles. Par leur remise en cause, c'est l'impression d'une rupture unilatérale de contrat qui est à l'origine des grèves de 1953, 1986 et 1995.

Rester un peu Jean Gabin dans sa « bête humaine »

La dimension technique est essentielle dans une culture profondément marquée par la sécurité et l'exactitude, et explique une division du travail à l'origine des velléités d'éclatement de l'identité cheminote. Surtout, les cheminots gardent la nostalgie du prestige de la technologie ferroviaire du temps de la vapeur. Sans doute le TGV est-il une performance technique, plus encore que les grosses locos de l'entre-deux-guerres, mais l'agent SNCF n'a pas le prestige du pilote d'avion. S'attacher à son passé, c'est rester encore un peu Jean Gabin aux commandes de sa machine dans *La Bête humaine*. Dès lors, l'identité des conducteurs de locomotive s'inscrit logiquement dans la continuité de celle des mécaniciens du temps de la vapeur et le ministre qui, en 1986, croit bon de déclarer que *« la traction au charbon valait une retraite à 50 ans. Il n'y a plus d'escarbille aujourd'hui »* se retrouve confronté à un mouvement sans précédent depuis 1968.

Un autre élément de leur identité est, notamment par leur engagement massif et déterminant dans la Résistance (5), le service de l'intérêt général. Les cheminots n'ont de cesse de le mettre en avant. En prenant part aux mouvements sociaux du printemps 2003, alors qu'ils ne sont pas dans un premier temps concernés par l'accroissement des durées de cotisation pour la retraite, ne témoignent-ils pas de leur solidarité à l'égard des autres salariés ? Paradoxalement, c'est par ce même argument que les cheminots justifient leur recours à la grève mais aussi leur application à faire rouler les trains, avec des niveaux de

4. J. Renoir, 1938 ; R. Clément, 1946 ; D. Cabrera, 1999.
5. Mais cet élément de l'identité professionnelle est bien antérieur à la Résistance. Voir C. Chevandier, *Cheminots en grève ou la construction d'une identité (1848-2001)*, Maisonneuve & Larose, 2002.

productivité exceptionnels dans ce secteur. Cette contradiction se retrouve dans les moyens d'action, puisque ce sont les usagers, pour lesquels les cheminots assurent se battre en défendant le service public, qui sont les premiers pénalisés par ces grèves. Si l'expression si souvent utilisée de « prise d'otages » peut sembler quelque peu indécente, elle n'en traduit pas moins la réalité de ce désagrément imposé aux voyageurs. Cela contribue à rendre parfois ces mouvements impopulaires (6) et à les affaiblir. Il leur faudrait alors trouver des modalités d'action qui se ménageraient la complicité de la population, par exemple en assurant des transports ferroviaires gratuits. Le seul véritable précédent, en 1968, montre que cela requiert une impression d'unité et de force de la corporation et de ses organisations syndicales. Or, de tels procédés sont illégaux, et la SNCF comme les pouvoirs publics ne manquent jamais de s'y opposer. Il y a quelques années, des contrôleurs tentent la « grève de la pince », assurent l'essentiel de leur service et permettent aux trains de rouler, mais refusent de procéder au contrôle des billets. La direction, qui craint la diffusion d'un tel mode d'action, réagit alors par des sanctions.

Cette identité professionnelle, cette fierté du métier expliquent nombre de prouesses des cheminots, comme les adaptations effectuées sans coup férir aux mutations de la technologie. Cette dimension se retrouve pour les mouvements sociaux. Un peu comme les ouvriers de Renault pour la quatrième semaine de congés payés en 1962, les cheminots se plaisent à présenter leurs retraites comme un modèle, et à expliquer ainsi leur popularité. S'il est question d'équité, ces travailleurs qui ont un régime très satisfaisant de retraites peuvent bien, dans une dynamique de progrès social, inspirer d'autres professions, voire l'ensemble du monde du travail.

La dignité au cœur de l'identité cheminote

Il n'est cependant pas possible de mesurer le sentiment d'appartenance à la communauté des travailleurs du rail à l'aune de la participation aux mouvements sociaux. C'est souvent au nom des mêmes principes que des cheminots, particulièrement dans l'encadrement, sont hostiles aux grèves. Caractéristique des cultures ouvrières, la dignité est le thème central de cet affrontement au sein de la corporation. Accusés d'être des « vendus », les non-grévistes se retrouvent en porte-à-faux par rapport à nombre de valeurs de ces milieux. C'est lorsque deux compagnies accordent des gratifications supplémentaires à ceux de leurs agents qui ne font pas grève qu'ont lieu en 1920 les premières violences. En 2003, on peine à accorder crédit aux articles qui relatent les cafés et croissants offerts par les directions aux cheminots qui travaillent les jours de grève, tant ce geste porte atteinte à leur dignité. Surtout, mis en position de « passagers clandestins » puisqu'ils bénéficient de ce que ces mouvements obtiennent, les non-grévistes manquent de la légitimité qu'acquièrent ainsi les grévistes, voire de cette supériorité

6. Ce fut notamment le cas au printemps 2001, au moment des congés scolaires.

éthique que leur accorde le sacrifice du salaire (indéniable, en dépit des rumeurs récurrentes de grèves rémunérées).
Il y a bien sûr une dimension de la grève des cheminots qui pèse de tout son poids : s'ils s'arrêtent de travailler, l'activité du pays est paralysée. Du coup, au début du XXe siècle, les théoriciens du syndicalisme révolutionnaire pensent qu'elle est la condition d'un soulèvement victorieux du prolétariat. Mais ce n'est qu'un demi-siècle plus tard, dans le contexte de l'Occupation et de la Libération, que les grèves patriotiques des cheminots jouent en 1942 et 1944 un rôle de détonateur d'un mouvement plus large. Dans une tout autre situation, c'est ce qui s'est passé en 1995. Cette évidence tient encore sa place au début du XXIe siècle, lorsque le gouvernement s'attaque aux retraites des fonctionnaires en préservant prudemment celles des cheminots. Méfions-nous cependant d'y voir encore une spécificité : la production d'énergie est tout aussi cruciale et, il y a une centaine d'années, la grève des électriciens était tout autant redoutée… ou espérée.
Pendant le tournage de *Nadia et les hippopotames*, un cheminot gréviste, rejouant trois ans plus tard son propre rôle comme figurant, commente : *« A quoi ça sert d'avoir une histoire si on la ramène pas ? »* La mémoire de ce passé tient une place cruciale dans des conflits qui en entretiennent le souvenir. Actions et représentations s'alimentent réciproquement pour forger à ce groupe professionnel une très forte identité, dont la grève est un facteur déterminant. C'est sans doute ce qui explique, malgré les formidables transformations du milieu du XXe siècle (création de la SNCF et fin de la traction vapeur), la perpétuation de cette identité et l'attachement des cheminots à leur corporation et à son histoire.

Stéphanie Pryen*

PROSTITUÉE, UN VRAI MÉTIER ?**

Une prostituée ne maîtrise pas seulement des techniques, sexuelles ou relationnelles. Elle doit savoir mettre à distance son intimité, et garder secrète son activité professionnelle.

« Tu peux pas dire à quelqu'un, j'sais pas moi, t'as une fille, dire qu'est-ce que tu veux faire comme profession plus tard, « prostituée ». Non, tu peux pas souhaiter une chose comme ça ! Donc j'estime que c'est pas une profession, c'est, quand tu le fais, c'est juste un boulot, c'est tout (…). Mais c'est pas une chose que tu peux apprendre dans une école, tu vois ? Une gamine, tu lui dis qu'est-ce que tu veux faire plus tard, pour l'orienter, prostituée, non ! C'est pas une profession. Pour moi c'est juste un boulot ! Prostituée c'est ma profession, j'sais pas comment expliquer. J'sais pas si tu comprends. »

On devine, au témoignage de cette femme, combien définir l'activité de prostitution semble problématique. En effet, la prostitution en France n'est pas une profession, même si les termes de « professionnel (le) du sexe » ou « travailleur/se du sexe » traversent les colloques et les débats, qu'ils soient revendiqués ou rejetés avec force. D'un point de vue sociologique, et cela rejoint ce que peut en dire cette femme, la prostitution de rue est pourtant un métier, au sens où elle nécessite des savoirs d'expérience et où elle est exercée en vue d'obtenir les moyens de subvenir à ses besoins (1). La prostitution peut être considérée comme un cas particulier

* Maître de conférences à l'université de Lille-III, CLERSE – IFRÉSI. A publié notamment : *Stigmate et métier*, Presses universitaires de Rennes, 1999.

** *Sciences Humaines*, n° 139, juin 2003.

1. Nous ne traitons ici que de la prostitution de rue féminine, hors des réseaux de proxénétisme organisés ; certaines dimensions vécues sont toutefois transversales au genre ou aux situations.

d'une catégorie plus générale, celle des professions vouées aux services personnalisés nécessitant un contact avec le public (2). Ce métier de service s'apprend essentiellement sur le tas et dans une certaine solitude, même si le rôle des pairs n'est pas totalement inexistant, tant au niveau de la présentation de soi (comment s'habille-t-on ? comment se maquille-t-on ?), qu'au niveau des pratiques elles-mêmes (du racolage jusqu'à la passe et la définition des tarifs) et aux moyens d'en éviter les risques (d'agression ou liés aux maladies sexuellement transmissibles). Les savoirs d'expérience qu'il nécessite peuvent aussi servir dans le nouveau champ de la prévention du sida, les projets d'action de santé communautaire recrutant des animateurs et animatrices de prévention en fonction de leurs compétences acquises dans leur carrière de prostitution (champ qui lui-même pourvoit à une certaine information sur les pratiques à moindre risque). L'apprentissage ne concerne pas seulement les techniques, sexuelles ou relationnelles. Il comprend également l'intériorisation du stigmate et l'apprentissage des moyens pour le contrôler ou le manipuler.

La théâtralisation du corps

L'exercice de ce métier nécessite en effet des compétences relationnelles spécifiques. Pour une part, ces dernières renvoient à l'échange lui-même, dans lequel le corps, théâtralisé et morcelé, est en « jeu ». Elles sont également mises en œuvre pour gérer la « bonne distance » avec le client. Mais peut-on parler de compétences relationnelles, alors que le corps, lieu de l'intime par excellence, est impliqué par cette relation ? Il faudrait se garder d'une erreur, celle qui consisterait à *« ne considérer qu'il y a technique que quand il y a instrument »*, alors que le *« corps est le premier et le plus naturel instrument de l'homme »* (3). Celui qui est engagé dans le service prostitutionnel est *« hiérarchisé et découpé »* (4). Les territoires corporels sont morcelés et leur accès est interdit ou permis, dans des conditions de tarification et d'utilisation spécifiées. L'intimité de la prostituée est mise à distance. Il s'agit d'être en représentation pour satisfaire la demande du client, sans investir de soi, en se protégeant. *« C'est automatique. Pour moi c'est des étrangers ! C'est comme une vendeuse. Elle travaille dans un magasin, elle vend des vêtements. Elle est là pour vendre ! Bon on la paye. Elle a pas à raconter sa vie. »* Différentes techniques sont mises en œuvre pour que l'acte en tant que service soit distingué de ce qu'il pourrait être dans l'univers privé. C'est le respect qui est en jeu, celui du métier et de ses règles ; mais également le respect de soi-même. Le changement de prénom marque le fait que l'identité personnelle ne relève pas du même champ que celle qu'on adopte dans l'activité prostitutionnelle, et permet ainsi la protection d'une partie de leurs territoires du moi. L'adoption de tenues vestimentaires spécifiques, la prise de distance symbolique mais également physique (par l'utilisation du préservatif et

2. E. Goffman, *Asiles. Étude sur la condition sociale des malades mentaux et autres reclus*, Editions de Minuit, 1997.
3. M. Mauss, *Sociologie et anthropologie*, Puf, 1993.
4. D. Welzer-Lang et al., *Prostitution : les uns, les unes et les autres*, Éditions Métailié, 1994.

cet accès au corps morcelé, tarifé, codifié) sont d'autres techniques qui participent à cette distinction privé/public. Des valeurs et des codes professionnels sont en jeu dans la relation qu'il s'agit de respecter et de faire respecter.

Il s'agit d'obtenir le plus (d'argent, de sécurité, de reconnaissance…) en faisant croire au mieux à cet engagement, dans ce jeu du «faire croire». *«C'est pas parce que j'ai fait des années ce métier, que je suis esquintée, que je suis salie, parce que j'ai toujours fait respecter mon corps malgré tout. Y'a la limite! Parce que, vous savez, c'est un peu de vent qu'on vend. C'est du vent! C'est du vent!»* Le corps est l'instrument de cette relation, mais dans un simulacre, une théâtralisation. *«Dans l'ensemble, j'fais moitié artiste avec le client, et moitié le reste.»* Une autre dit : *«On est des clowns!»* Elles soulignent ainsi combien la prostitution n'est pas si éloignée de cette vocation, en tant qu'elle est aussi un jeu théâtral, joué avec plus ou moins de cynisme ou de sincérité. Cette «culture somatique» est sans doute spécifique, renvoyant à une perception instrumentale du corps, capital qu'il faut ménager et préserver. Difficile d'en convaincre ceux qui en ont une conception essentialiste, qui leur renvoient que ce qu'elles vendent constitue en réalité leur être, voire leur âme.

Par ailleurs, nous y reviendrons, la relation au client ne se réduit pas à l'accès au corps et à un acte sexuel. Force est de constater que la capacité à écouter (trait commun des métiers de femme sur le modèle de «celle qui aide») fait partie de la routine de la prostituée.

Le client ne dépasse-t-il jamais les limites?

L'enjeu est certes de garder la *«bonne distance»* avec le client. C'est sûrement ce qui est au cœur du *«drame social du travail»* prostitutionnel pour importer l'expression d'Everett C. Hughes, question récurrente au sein des métiers relationnels et de service. La relation de confidence, dans le modèle du métier, doit rester unilatérale. Lorsque le client déroge aux codes de l'interaction, surtout lorsqu'il présente de ce fait un risque, la relation, dans la mesure du possible, est «amortie», par l'humour et la diplomatie, par la parole rassurante, parfois maternante. Cela fait partie du métier que de savoir déceler les intentions des clients, de savoir y faire face – ce *«flair»*, ce *«sixième sens»*, acquis par l'expérience, évoqué par la plupart, mais difficilement transmissible et formalisable. *«Je préfère perdre des visites, que ce soit en voiture ou chez moi, que risquer ce qu'il faut pas. Ou alors* (…) *m'arranger pour que ça soit la personne qui dise, ben qu'elle reviendra. Pour qu'elle se sente pas agressée.* (…) *S'arranger pour que la personne parte d'elle-même. Si elle veut pas vraiment partir, "ben ce sera pour une autre fois! Aujourd'hui, non, je suis fatiguée", je dis, "oh là là, je commence à avoir mal aux dents!"* (rires). *Essayer de trouver quelque chose comme ça.»* Il faut également dissimuler sa peur, cette dernière étant la marque de la fragilité et l'ouverture possible à l'agression. *«Puis nous on le voit, d'toutes façons. Vous avez des hommes, ils rentrent, ils sont blancs, ils tremblent. Si vous avez peur, vous redescendez!* (…) *Alors il faut essayer de lui parler, de le détendre, de tout ça, moi j'le vois, moi tout de suite hein.*

Alors je le détends, tout ça, puis après ça se calme. (...) Si vous criez, c'est foutu. Faut pas crier. Ah non. J'vous dis, c'est un métier ça. Et faut savoir reconnaître les hommes, avec leurs yeux, tout, c'qu'y font, c'qu'y ressentent en eux, et tout. C'est ça, le vrai métier. C'est pas seulement de s'allonger hein. Ben non.» Il s'agit en tous les cas de ne pas laisser le client franchir les limites. Pourtant, il faut aussi parfois répondre à des agressions physiques, dont les conséquences peuvent être graves, voire définitives.

Une activité stigmatisée

Ce métier occupe toutefois une place spécifique. En effet, la prostitution est un stigmate dans la mesure où elle conduit la personne qui l'exerce, dans notre société, à être disqualifiée et empêchée d'être pleinement acceptée par la société (5). Différentes stratégies, plus ou moins contraintes, sont mises en œuvre par les personnes prostituées afin d'exercer un contrôle minimal sur l'information relative aux *«territoires du soi»* qu'il faut préserver. Les prostituées oscillent entre le monde conventionnel et le monde déviant, entre le monde profane et le monde professionnel. Les personnes accostées sur le trottoir pour le motif de leur activité mettent à distance, lors du premier contact, cette étiquette infamante, cherchant à *«garder la face»*. Elles renvoient le chercheur aux *«autres»* : *«Non, je peux rien vous dire sur la prostitution, allez plutôt voir les anciennes, elles sauront mieux que moi»*, minimisent la durée de carrière dans la prostitution : *«Je ne suis là que depuis une semaine!»*, précisent d'emblée que ce n'est que provisoire, et qu'elles vont bientôt arrêter. Cette ambivalence est le signe de l'intériorisation de la réprobation. Exposer une compétence ou un savoir plus général, dévoiler sa relative ancienneté signifieraient reconnaître son appartenance à un milieu de socialisation particulier. Et ce milieu n'est pas suffisamment intégrateur, l'identité proposée n'est pas assez positive, pour que soit même simplement énoncée cette appartenance au premier venu du monde *«du dehors»*. Peuvent-elles toutefois y donner sens ? Bien sûr. En effet, d'autres, ou les mêmes mais après l'établissement d'une relation de confiance, présentent la prostitution comme une alternative, digne, dans le contexte d'effritement de la société salariale qui est le nôtre. «Légale» malgré tout, et rémunératrice au moins au niveau économique, la prostitution peut faire le pendant de cette phrase lancée comme une évidence : *«Pas d'qualif', pas d'boulot! (...) Je me dis que... y'a peut-être d'autres moyens d'avoir du pognon, mais comment ? Y'a toujours un moyen, mais faut trouver...»* L'indépendance relative et les gains qu'elles peuvent trouver dans l'univers prostitutionnel sont comparés aux salaires ou indemnités dérisoires pour un emploi ou des formations aléatoires, peu gratifiants, et dans lesquels elles ont à subir la domination de la hiérarchie. *«Moi je suis libre de moi-même. Et ça me permettra de*

5. Ce concept renvoie à E. Goffman, *Stigmate. Les usages sociaux des handicaps*, Editions de Minuit, 1996. E. Goffman précise combien le stigmate est construit socialement : *«Le normal et le stigmatisé ne sont pas des personnes mais des points de vue. Ces points de vue sont socialement construits lors des contacts mixtes, en vertu des normes insatisfaites qui influent sur la rencontre.»*

vivre sans... devoir rien à personne. Voilà. (...) Parce que malgré tout, là y'a personne qui me rend malheureuse quoi. C'est une liberté, malgré tout.» L'argent, les nécessités économiques, dans un contexte où les jeunes non diplômées ou les plus âgées sont fortement isolées du monde du travail légitime, où il n'y a pas de *«taf»* (travail), où la drogue peut constituer une réalité quotidienne, et où les perspectives de «réinsertion» semblent bien peu engageantes (métiers d'usine ou d'employées peu qualifiées, dans lesquels elles ont de toutes les manières à vivre la domination masculine, mais sans rétribution compensatoire), sont une justification forte.

Surtout, les personnes prostituées mettent en avant la fonction sociale que remplirait la prostitution. Elles parlent de leur activité comme étant d'utilité publique. Les personnes exerçant la prostitution produisent une rhétorique comme d'autres professions peuvent le faire, exprimant la rencontre de leurs préoccupations avec l'intérêt général. Une mission plus générale est revendiquée par les personnes prostituées, celle de contribuer à l'ordre social et familial – alors même qu'elles sont désignées comme étant productrices de désordre. Le *«sale boulot»* dont elles ont la charge et qu'elles font *«malgré tout»*, participe selon elles de la cohésion sociale, et l'enjeu consiste à le faire reconnaître comme tel. Le service rendu, même réduit à ses dimensions sexuelles, est déjà d'utilité publique. Mais comme les infirmières qui revendiquent de ne pas être seulement des *«piqueuses»*, les personnes prostituées revendiquent de ne pas réduire leur activité qu'au sexe. Elles jouent également un rôle d'écoute, de confidente, de conseillère conjugale, dans leur relation aux clients. Peuvent-elles toutefois revendiquer cette fonction dans toutes les sphères de leur vie sociale ? C'est difficile. Le secret reste globalement au cœur de l'existence sociale des personnes qui exercent l'activité prostitutionnelle, dans un contexte qui construit cette activité comme un stigmate. D'abord, au sein même de l'univers familial. Il s'agit alors de donner des motifs plausibles aux absences durant des temps de la journée pas toujours en accord avec une activité professionnelle classique (certaines disent qu'elles font la plonge dans un restaurant, d'autres qu'elles font des ménages), et justifier de la rentrée d'argent (6). Pour certaines, il s'agit également de dissimuler la consommation de drogue. L'intériorisation du stigmate est telle que certaines sont persuadées d'exercer une activité interdite. Certaines vont même *«se déclarer»*, se *«faire ficher»*, se rendant à la police pour se faire enregistrer. En tout cas, la honte et la peur d'être reniée commandent le plus souvent le silence ; ou plus simplement, la connaissance des effets probables qu'une telle annonce pourrait produire : *«Alors j'étais obligée de mentir ! Pour pouvoir le protéger lui. Parce que si tu dis voilà, t'arrives dans une école catholique, "j'veux inscrire mon fils", "qu'est-c'que vous faites ?", "j'suis*

6. Les revenus de la prostitution sont jugés immoraux puisqu'ils sont obtenus de manière incompatible avec la dignité humaine. La personne prostituée ne peut en faire disposer d'autres qu'elle-même sans leur faire courir le risque d'être reconnus comme proxénètes. Ces revenus sont toutefois taxés par le ministère des Finances.

prostituée“ ou, hein, ça la fout mal hein ! » D'autres peuvent être en rupture totale, creusant la distance à une vie stable.

Les conséquences de la dissimulation

L'isolement social reste frappant, même s'il n'est pas le seul mode sur lequel se conjugue la vie quotidienne. Certaines peuvent à un moment de leur histoire « *dévoiler* » (parfois malgré elles) leur activité, en l'articulant parfois autour d'une activité militante ; c'est le cas de Claire Carthonnet (7), porte-parole des prostituées lyonnaises et une des meneuses du mouvement contre le projet Sarkozy. En tous les cas, les stratégies de dissimulation sont pesantes sur le quotidien. L'absence de fiches de paye pour trouver un logement, ou les « blancs » dans les *curriculum vitæ* pour rechercher un emploi, sont difficiles à justifier. Le secret concerne également les services sociaux quand les problèmes soulevés ne relèvent pas de la prostitution. La remise en cause de leurs compétences maternelles et l'ingérence dans leur vie familiale conduisent souvent celles qui ont des enfants à taire un pan de leur vie. « *Ah non, j'préfère pas, j'préfère pas* (en parler avec des travailleurs sociaux). *Ben non, après les assistantes sociales elles vont savoir que je travaille, elles vont m'prendre la tête, pour ma fille et tout, j'préfère pas non.* » Il s'agit de toutes les façons de se défendre d'un discrédit éventuel.

En tous les cas, ce métier de service et les compétences relationnelles qu'il engage ne peuvent être appréhendés sans considérer le contexte spécifique dans lequel ils s'exercent. Le contexte socioéconomique permet de comprendre que la prostitution puisse constituer une ressource. Mais la place socialement construite pour la prostitution disqualifie, invalide et précarise les personnes concernées. Les nouvelles dispositions accentuent encore davantage la criminalisation de cette activité. Des formes d'organisation internationale et nationale (8) existent (voir le site Internet de l'association lyonnaise Cabiria). Elles ne sont pas nécessairement réglementaristes, comme une lecture rapide pourrait le faire croire, mais plaident pour un accès aux droits communs et fondamentaux, pour une reconnaissance de la légitimité de la parole des personnes prostituées avec qui elles travaillent en parité, et pour une dépénalisation. Mais leurs possibilités d'action collective restent étroites, notamment du fait de la précarisation croissante des conditions d'existence des personnes qui l'exercent dans un contexte législatif qui se durcit. La criminalisation de la pauvreté et de la déviance évite de poser dans sa complexité la question de cette ressource, financière et symbolique, que peut constituer la prostitution, dans un contexte dont les difficultés sociales et économiques structurelles sont par suite éludées.

7. C. Carthonnet, *J'ai des choses à vous dire*, Laffont, 2003.
8. L. Mathieu, *Mobilisations de prostituées*, Belin, 2001.

Patrick Gravé*

L'IDENTITÉ PROFESSIONNELLE DES FORMATEURS**

Se référant à la littérature sociologique sur l'identité professionnelle et à une enquête menée auprès de 100 organismes de formation et de 700 formateurs, Patrick Gravé montre qu'il n'existe pas « une », mais bien plusieurs identités professionnelles chez les formateurs.

Le champ de la formation d'adultes, qu'elle soit professionnelle ou non, est particulièrement divers. Entre des associations loi de 1901 dispensant des cours d'alphabétisation, des entreprises comme Cegos ou Demos-Formation, un Greta, un service universitaire de formation d'adultes, qu'il soit public ou privé, mais aussi une chambre de commerce et d'industrie, un cabinet de consultance formation-édition spécialisé dans l'aide aux entreprises de la santé ou de l'économie sociale, les activités sont, on le sait, très différentes. Elles ont des finalités multiples qui vont de l'intégration de migrants au rattrapage scolaire, en passant par l'accompagnement de reconversions professionnelles et, bien sûr, d'apprentissages, de promotions professionnelles... sans oublier le développement personnel.

Cette hétérogénéité, singulièrement renforcée au cours des dernières décennies, s'est opposée à la volonté affichée depuis les années 70 de constituer une culture professionnelle commune, notamment au travers de la création de formations spécifiques. Elle n'explique cependant pas entièrement pourquoi, malgré l'indéniable spécificité de la formation ainsi que l'existence d'une culture pédagogique et organisationnelle spécifique, le sentiment d'une identité commune n'est pas partagé par tous les formateurs. Comme le souligne Claude

* Maître de conférences en sciences de l'éducation à l'Université du Havre. A publié notamment : *Formateurs et identités*, Puf, 2002.

** *Sciences Humaines*, hors série n° 40, mars 2003.

Dubar, l'identité professionnelle est le produit d'un double compromis entre une identité pour autrui (assignée notamment par l'institution dans le cas des formateurs et intériorisée ou non par ces derniers) et une identité pour soi (liée à la biographie, la trajectoire scolaire et à l'identité visée). Nous avons ainsi pu constater, à l'aide d'une enquête réalisée auprès de formateurs de Basse-Normandie, que ces compromis aboutissent à la définition de rôles professionnels distincts selon l'organisme, l'activité et l'itinéraire personnel de chacun.

On peut définir néanmoins de grandes tendances qui recoupent de fait les segmentations d'activité : insertion, formation et perfectionnement professionnels, enseignement, audit et conseil. On constate alors par exemple que les formateurs d'insertion aspirent majoritairement à changer de position, et ont une image d'eux plutôt «malheureuse», alors que les professionnels intervenants ou formateurs techniques (par exemple des informaticiens effectuant des formations en entreprise, des professionnels de la presse ou de l'audiovisuel assurant des cours ou conférences dans les écoles de journalisme et de communication) ont une identité plutôt positive et valorisent le champ de la formation.

La question de la formation des formateurs et de leur reconnaissance professionnelle se pose avec acuité depuis longtemps, comme l'ont souligné maints rapports et études durant les trente dernières années. En 1971, Paul Fritsch montrait l'inexistence d'un système institutionnel préparant à l'exercice de la fonction « formation d'adultes» et constatait que les formateurs ne constituaient pas à l'époque un groupe professionnel (1). Avec la loi de 1971, les choses ont commencé à changer. Alors s'est affirmée une volonté institutionnelle de reconnaissance, tant de la formation d'adultes que des fonctions de formateur.

Des avancées ont eu lieu. A la fin des années 70 et durant les années 80, se sont créés des diplômes universitaires spécifiques : le DHEPS (diplôme des hautes études en pratiques sociales) dont l'objectif premier était de permettre à des praticiens sociaux, dont les formateurs font partie, d'accéder à une certification universitaire aidant à leur reconnaissance sociale ; le DUFA (diplôme universitaire de formation d'adultes) et le DESS en formation (diplôme d'enseignement supérieur spécialisé). Ces différents diplômes étaient porteurs d'une triple logique, académique, de développement personnel et de professionnalisation. Mais, malgré la volonté affichée, la définition même d'une formation ou d'un corpus de formation commun s'avérait toujours très difficile.

L'hétérogénéité des pratiques

La fin des années 80 et le début des années 90 ont été caractérisés par un contexte social et économique de plus en plus complexe et incertain. Les nouvelles conditions d'exercice du métier ont imposé de nouvelles qualifications pour les formateurs : avoir une expérience de l'entreprise et maîtriser des savoirs techniques (notion de double compétence) ; être capable d'adapter les

1. P. Fritsch, *L'Education des adultes*, Mouton, 1971.

pratiques pédagogiques en fonction des situations; pouvoir analyser les situations, identifier les contraintes de l'environnement et connaître son public. Dans les années récentes ont encore émergé d'autres nécessités, comme la gestion de partenariats entre diverses institutions, les formations multimédias, l'individualisation des formations.

De telles mutations, renforçant une « professionnalité » spécifique du formateur, tant au plan pédagogique qu'au plan des activités d'insertion ou de conseil, n'ont pourtant pas permis que se dégage la définition d'un noyau commun de qualification de formateur. On peut y voir comme première cause les résistances des agents de formation eux-mêmes. Ces derniers oscillent en effet entre deux visions. Une vision technicienne dans laquelle ils trouvent leur identité et leur reconnaissance en référence au métier dont ils viennent : un formateur en école d'ingénieur ou dans des filières professionnelles se considérera comme un professionnel plus que comme un formateur; une vision individualiste et « charismatique » des compétences de formation : savoir former ne s'apprend pas, c'est une sorte de don.

On doit également souligner, pour comprendre la lenteur de l'émergence d'une identité professionnelle, le rôle de la segmentation de l'offre de formation et la fragmentation du marché du travail qui s'est fortement développée dans les vingt dernières années. L'impossibilité de définition des éléments d'une culture, d'une formation et d'une pratique professionnelle commune est de ce fait également liée à la réalité objective de l'offre de formation. Depuis une bonne dizaine d'années, les études et les typologies soulignent, on l'a dit, que la formation regroupe des fonctions et des métiers très différents.

Ces difficultés objectives ou subjectives de définition d'une conception commune de ce qu'est la formation et de ce que pourrait être la formation des formateurs ont évidemment nourri la persistance d'une interrogation identitaire chez ces derniers. Cette interrogation est souvent renforcée par une *« double marginalité »* scolaire et professionnelle, soulignée par Marcel Pariat (2), citant Marcel Lesne (3). Dans les années 90 vont se développer des recherches précises et des radiographies du métier. Des auteurs comme Joëlle Allouche-Benayoun et M. Pariat notent par exemple que les formateurs sont partagés entre des aspirations identitaires à une reconnaissance symbolique (elle passe notamment par l'acquisition de diplômes universitaires) et des aspirations d'action sociale accompagnant des changements sociaux et économiques (4). A partir d'une enquête de terrain auprès de formateurs de la région Poitou-Charente, une autre équipe de chercheurs montre elle aussi la segmentation de la profession et effectue une typologie des formateurs fondée sur leur socialisation et leurs trajectoires biographiques (5). Il existe, soulignent

2. M. Pariat, « L'émergence du métier de formateur », *Actualité de la formation permanente*, n° 117, 1992.
3. M. Lesne, *Travail et formation des adultes*, Puf, 1977.
4. J. Allouche-Benayoun, M. Pariat, *La Fonction formateur. Analyse identitaire d'un groupe professionnel*, Privat, 1993.
5. J.-P. Géhin, *Une profession en construction. Les formateurs de Poitou-Charentes*, Université de Poitiers, 1996.

Jean-Pierre Géhin et ses collègues, une *« identité professionnelle émergente »* spécifique des formateurs. De plus en plus s'affirme le constat d'une professionnalisation en cours, dans le cadre de la persistance de problèmes d'identité professionnelle. Dès la fin des années 80, le sociologue Renaud Sainsaulieu, par exemple, estimait que les formateurs étaient au cœur des processus de changements en organisations et entreprises qui subissent la pression de l'évolution socioéconomique (6). Ils doivent aider à construire le changement individuel et organisationnel, qui passe désormais par la capacité de réaliser des innovations. Leur position, soulignait R. Sainsaulieu, est de ce fait particulièrement inconfortable, car ils subissent le *« fardeau du changement »* qui, rappelons-le, à cette époque, équivalait souvent à la conversion ou reconversion de centaines de milliers d'emplois, sous l'effet de la mutation industrielle en cours.

Les travaux de C. Dubar, publiés à cette époque, demeurent le socle de compréhension des transformations et de la construction des identités professionnelles en formation. Il y soulignait que l'articulation entre deux dimensions de l'identité – l'identité pour autrui et l'identité pour soi – est au cœur des processus de construction ou de reproduction identitaire de chaque individu. L'identité professionnelle des formateurs d'adultes peut être comprise selon ces deux dimensions :

– l'identité pour autrui s'incarne, pour l'individu, dans la reconnaissance (ou non) à un moment et dans un contexte donnés de ses compétences et de ses savoirs en termes de statut et de rémunération ;

– l'identité biographique pour soi se caractérise par les trajectoires sociale, scolaire et professionnelle antérieures et la perception de l'avenir individuel : c'est le compromis entre l'identité héritée, l'identité professionnelle investie actuellement et l'identité visée.

Quelles identités professionnelles ?

C'est dans l'articulation entre ces deux approches de l'identité, entre trajectoires biographiques des formateurs et configurations structurelles de la formation professionnelle continue, qu'on peut mettre à jour les identités professionnelles des formateurs.

Nous avons mené, sur cette base théorique, une enquête en Basse-Normandie auprès d'environ 700 formateurs intervenants dans près de 100 organismes de formation. L'enquête souligne que les institutions ont tendance (à 60 %) à accorder une faible reconnaissance sur le plan socioéconomique à leurs formateurs, c'est-à-dire à leur proposer une insertion précaire et une faible reconnaissance statutaire ou salariale, en particulier dans les gros organismes du secteur public ou dans les petits du secteur privé lucratif. Dans les autres, les formateurs bénéficient d'une reconnaissance plus favorable : insertion stable et forte reconnaissance statutaire d'un noyau dur de formateurs dans les organismes des secteurs associatifs et de l'entreprise, ou consulaires.

6. R. Sainsaulieu, *Quelle formation, quels formateurs ?*, La Documentation française, 1987.

Selon les propres déclarations des organismes interrogés, trois rôles professionnels sont assignés : 40 % sont investis d'un rôle de transmission de savoirs, 25 % d'un rôle d'insertion des demandeurs d'emploi de longue durée, et 35 % de celui de perfectionnement technique et de conseil.

On le constate, aux identités d'insertion (surtout), mais aussi de transmission de savoirs, est attachée la plus faible reconnaissance ; aux identités de perfectionnement technique-conseil la plus forte. Trois rôles professionnels (revendiqués par les formateurs eux-mêmes) dominent : l'animateur en face-à-face pédagogique (43 %), le travailleur social-insertion (27 %) et le technicien-conseiller (30 %). De manière globale, 37 % des formateurs aspirent à conserver leur emploi actuel, 27 % envisagent de changer de fonction dans la formation et 36 % de quitter la formation. L'animateur en face-à-face pédagogique (hommes ou femmes de moins de 30 ans), en prime-socialisation professionnelle dans la formation, souhaite en général quitter la formation (un formateur souhaite conserver son emploi actuel pour quatre qui veulent quitter la formation). Le travailleur social-insertion (hommes ou femmes âgés de 31 à 40 ans, au parcours riche de formation continue diplômante) de socialisation récente dans la formation a, lui, une perception négative de l'avenir et, là aussi, nombreux sont ceux qui aspirent à quitter la formation (environ 65 %). Au contraire, les techniciens-conseillers (hommes de plus de 40 ans), dont la socialisation professionnelle dans la formation est ancienne, ont une vision positive de leur fonction et souhaitent conserver leur emploi actuel (la plus forte proportion).

L'enquête montre dans le même temps une réelle difficulté pour les formateurs à faire coïncider la conception de leur organisme de formation (l'identité pour autrui définie par C. Dubar, comme compromis entre identité assignée et identité intériorisée) et la leur propre, au regard de leur définition du rôle professionnel qu'ils occupent, ainsi que de leurs aspirations de conversion professionnelle dans ou hors du champ de la formation (l'identité pour soi définie par C. Dubar, comme compromis entre identité héritée et « identité visée »). Deux tiers des formateurs dont le rôle assigné est la transmission de connaissances investissent au plan personnel le rôle d'animation. Dans un autre registre, les formateurs, dont le rôle assigné est celui d'insertion de publics marginalisés et qui se reconnaissent dans ce rôle, sont les moins reconnus dans les organismes de formation. Quelle que soit la nature de la reconnaissance, ces formateurs sont toujours majoritairement en rupture sur le plan individuel, mais paradoxalement, ils restent fortement attachés au plan identitaire avec l'univers de la formation. Un dernier exemple : seuls les formateurs dont le rôle assigné est le perfectionnement professionnel et de conseil bénéficient majoritairement d'une forte reconnaissance. Cependant, lorsqu'ils sont faiblement reconnus, ils sont très majoritairement en rupture sur le plan individuel (logique de conversion identitaire hors du champ de la formation continue).

Les résultats de cette recherche montrent

l'existence de plusieurs identités professionnelles chez les formateurs d'adultes, identités liées en particulier aux modes de socialisation professionnelle antérieure. Quatre logiques identitaires ont pu ainsi être révélées. Elles correspondent aux quatre rôles professionnels principaux que l'enquête a pu dégager. Ces rôles sont définis par les organismes de formation, mais aussi par la perception des acteurs eux-mêmes (logiques, on l'a vu, qui ne coïncident pas forcément entre elles).

– *Les formateurs insertion* pour les publics de demandeurs d'emploi ont une identité professionnelle plutôt difficile. Elle est caractérisée à la fois par le rejet de l'identité professionnelle actuelle, mais aussi par une aspiration de conversion dans et hors de la formation continue. La volonté de transformation identitaire et professionnelle domine chez ces formateurs-insertion, notamment chez ceux qui sont entrés récemment dans la formation continue.

– *Les formateurs animateurs* en face-à-face pédagogique auprès d'actifs non-demandeurs d'emploi dans les disciplines générales, en techniques de production et de services, ou bien didacticiens, rejettent eux aussi leur identité professionnelle actuelle. L'ancrage identitaire externe à la formation continue semble le plus souvent lié à leur formation (de technicien ou d'un haut niveau de formation générale), porteuse d'identité professionnelle, plus valorisée et valorisante.

– *Les formateurs techniques* ont une pratique et une identité professionnelles caractérisées par une forte reconnaissance. Le plus souvent, leur trajectoire biographique et scolaire est continue. Ils ont une double socialisation professionnelle : d'abord dans le secteur technique d'où ils puisent leurs compétences et, en second lieu, dans la formation continue. Tous ces éléments produisent une identité valorisée dans les organismes et investie par les formateurs.

– *Les formateurs consultants et concepteurs de projets* se trouvent, eux, dans une logique de revendication de leur professionnalité, porteuse de leur identité professionnelle et mise à mal dans leur contexte d'exercice. Ils sont contraints à un investissement fort sur le plan personnel, à la mesure des doutes que font peser les financeurs (publics ou privés) sur le bien-fondé et l'utilité de leurs prescriptions, qu'il s'agisse d'audits ou de programmes de formations.

En résumé, les deux premières logiques identitaires sont marquées pour les acteurs par un rejet de l'identité professionnelle actuelle, le plus souvent associé à une socialisation professionnelle récente dans la formation continue. A l'opposé, les deux dernières logiques sont caractérisées par un ancrage identitaire fort dans la formation continue, lié à une socialisation professionnelle ancienne dans ce secteur. Les plus anciens des formateurs se sont là « auto-sélectionnés » et ont fini par s'intégrer à un secteur professionnel difficile, alors que les plus jeunes semblent à la fois s'en écarter et en être écartés.

Une place de dominés

A la lumière de ces résultats, de nouvelles questions émergent : la pluralité des logiques identitaires mises à jour ici serait-elle paradoxalement un trait constitutif majeur de l'identité de formateur d'adultes ? La volonté de construction d'une identité professionnelle et d'une catégorie « formateur » qui, on l'a vu, caractérise en France les trente dernières années, ne pourrait-elle être considérée comme cette *« opération sociale de nomination »* (selon le mot de Pierre Bourdieu (7)) d'un groupe social aux contours flous, à la composition hétérogène et aux logiques identitaires multiples ? Dans cet esprit, cette construction n'aurait-elle pas pour conséquence de masquer une certaine déstructuration de groupes socioprofessionnels existants (enseignants, travailleurs sociaux, techniciens) ? N'aurait-on pas tenté de détacher les formateurs de leur groupe d'appartenance ou de leur origine professionnelle, pour les rattacher à un seul pour lequel on a construit la catégorie de formateurs d'adultes ? Ce processus doit être mis en parallèle, selon nous, avec la faible reconnaissance de la majorité des formateurs sur le plan socioéconomique (rémunérations faibles, statut précaire ou discuté, etc.) qui les place en situation infériorisée (« dominés » au sens de P. Bourdieu) dans les hiérarchies et les stratifications professionnelles et sociales.

7. P. Bourdieu, *Ce que parler veut dire*, Fayard, 1982.

Chapitre VII

Les logiques communautaires

RÉGINE AZRIA*

L'IDENTITÉ JUIVE AU MIROIR DE L'HISTOIRE**

La culture juive est l'héritière d'une longue histoire. Des origines de la *diaspora* (1) jusqu'à aujourd'hui, les Juifs ont adopté diverses stratégies, composant entre la volonté de conserver intactes leurs traditions et la nécessité d'interagir avec leurs voisins non juifs.

L'HISTOIRE du peuple juif peut se résumer en un long paradoxe, celui d'un peuple antique dont la dispersion n'a pas émoussé le sentiment d'unité ! Faute de territoire et de pouvoir central, les Juifs ont construit leur identité collective autour de quelques notions simples, véritables piliers d'une culture spécifique issue de la *diaspora* :

– la notion de peuple élu, l'idée qu'ils avaient une mission à accomplir parmi les nations et que, dans l'attente du retour sur la terre de leurs ancêtres, ils devaient préserver leur différence au sein des peuples hôtes parmi lesquels ils vivaient ;

– l'idée que, pour ce faire, il leur fallait respecter les règles de vie que la tradition leur prescrivait tout en sachant s'accommoder des conditions du lieu et du moment.

Ces principes, et les pratiques qu'ils induisaient, leur venaient d'une parole révélée. Mais ils se fondaient aussi sur une expérience concrète de la condition minoritaire, antérieure à la destruction du Second Temple lors de la conquête de Jérusalem par les

* Chargé de recherche au Centre d'études interdisciplinaires des faits religieux (EHESS), Paris. A publié notamment : *Le Judaïsme*, La Découverte, 1996 (rééd. 2003).

** *Sciences Humaines*, n° 110, novembre 2000.

1. *Diaspora* : Dispersion à travers le monde antique des Juifs, désigne par extension toute communauté importante vivant hors de son pays d'origine. La *diaspora* juive résulte d'abord de l'émigration de populations dans le monde hellénistique, par suite soit de guerres, soit de surpopulation, aux IVe et IIIe siècles av. J.-C. S'y ajoute l'exil d'une partie de la population de Judée lors de la répression romaine, en 135 de notre ère, de la révolte dirigée par Simon Bar Kochba, qui aboutit à la destruction de Jérusalem.

légions romaines, en 70 de notre ère (2). Le Talmud (3), les différents courants de la mystique (4), puis les philosophes avaient longuement éprouvé ces principes avant que la pensée critique moderne ne s'en ressaisisse pour les séculariser.

Tradition religieuse et faculté d'adaptation

C'est ainsi qu'au cours des siècles de leur dispersion, les Juifs se sont fabriqué une tradition religieuse et intellectuelle qui leur a tenu lieu de mode de vie. Leur faculté d'adaptation, acquise par nécessité plus que par choix, et leur capacité de s'accommoder des conditions qui leur étaient imposées se sont conjuguées à la volonté de préserver une culture totale. Cette dernière englobait tout à la fois des contenus de connaissance et des savoir-faire. Elle s'est révélée comme un élément essentiel de leur survie collective en tant que groupe minoritaire enclavé dans des environnements étrangers. Car les Juifs ont cultivé ce paradoxe de vivre tout à la fois dans un quasi-vase clos et au contact permanent du monde.

La clôture par rapport au dehors devait leur permettre de mener une existence intégralement juive, cependant que cet enfermement – volontaire autant qu'imposé – était en permanence contrarié par les exigences de la vie, une vie tissée d'échanges et de circulation entre le dedans et le dehors. Tant et si bien que, loin d'être exclusive comme d'aucuns l'auraient souhaité, la culture des Juifs s'est révélée, de fait, éminemment bigarrée en raison de sa réceptivité aux apports extérieurs.

Cela étant, les Juifs ne sont pas restés passifs face à ces apports. Loin de les accepter comme une fatalité et trop soucieux de se protéger des influences exogènes et de leurs effets dissolvants, ils se sont fait fort d'effectuer un tri minutieux entre ce qui était recevable et ce qui ne l'était pas, de sélectionner et de judaïser les éléments empruntés. C'est ainsi que la gastronomie juive, la musique juive, les contes populaires juifs, les façons juives de parler, de se vêtir, de se mouvoir dans l'espace, les superstitions et les coutumes juives ont de tout temps emprunté aux pays hôtes et aux cultures des « gentils » (5).

Il en est allé de même de leur pratique des arts. Qu'il s'agisse de l'architecture des synagogues, des arts décoratifs s'exerçant sur les objets rituels, ou des beaux-arts (avec Marc Chagall, Amadeo Modigliani…), les Juifs ont toujours été soumis à l'influence esthétique et formelle des cultures environnantes. A la fois stimulés par ces modèles mais contraints par les restrictions internes

2. *Le Temple* : Construit au Xe siècle avant l'ère chrétienne afin d'abriter l'Arche d'alliance, le Temple de Salomon symbolise l'unité du peuple juif et sa vocation à habiter la Terre promise par Dieu à Moïse. Détruit en 586 av. J.-C. par Nabuchodonosor, rebâti un demi-siècle plus tard, il sera agrandi par Hérode puis anéanti par un incendie en 70 de notre ère lors d'un assaut de l'armée romaine. Du Second Temple subsiste le Mur occidental, un des Lieux saints du judaïsme. L'espérance messianique d'une fraction du judaïsme orthodoxe s'exprime par l'attente de la construction d'un Troisième Temple.

3. *Talmud* : Recueil des enseignements moraux et théologiques des grands rabbins.

4. *Mystique juive* : Les écoles juives se livrant à des exégèses des textes sacrés ont constitué un vaste corpus mystique. L'œuvre du kabbaliste Isaac Louria (1534-1572) ou la révolte messianique dirigée contre l'Empire ottoman par Sabbatai Tsevi de 1665 à 1666 en illustrent l'importance.

5. *Gentils* : Nom que les juifs et les premiers chrétiens donnaient aux païens. Par extension, les non-juifs (*goyim* en hébreu).

et externes qui leur étaient imposées, ils ont produit sur les lieux de leur séjour des œuvres dont l'originalité tenait précisément à ces tensions : des contenus de sens juifs, explicites ou détournés, coulés dans une variété de formes et de styles aussi large que l'étendue de leur *diaspora* et de leur liberté d'expression. Ce travail de retraitement n'était rien moins que le banal processus d'acculturation que connaît tout groupe minoritaire immergé dans un environnement étranger, soucieux de préserver son identité tout en s'intégrant à lui. Equilibre fragile mais nécessaire, entre des mondes qui se côtoient et s'interpénètrent, mais ne se mélangent pas.

L'émergence d'un désir d'intégration

Avec la montée des Lumières cependant, alors qu'une bourgeoisie juive se constituait et manifestait son désir d'intégration dans les sociétés hôtes, ce souci de cultiver leur différence et leur isolement ne devait plus être partagé par tous. A partir du XVIIIe siècle, cette culture qui avait toujours fait corps avec eux, encadrant et régissant leur vie au quotidien, allait cesser d'être leur unique pourvoyeuse de ressources spirituelles, intellectuelles, morales et esthétiques. Désormais, une distance n'allait cesser de se creuser entre elle et eux. A la différence de la France où l'intégration allait avant tout être une affaire politique, qui passerait par l'émancipation et la citoyenneté, dans les pays du centre de l'Europe, l'intégration allait être, d'abord, une affaire de culture.

Les Juifs participent à la dynamique de modernisation capitaliste et industrielle des XVIIIe et XIXe siècles. Bien avant l'ouverture officielle du ghetto (6), une bourgeoisie juive commence à se constituer, dominée par quelques banquiers et entrepreneurs qui ont su négocier le virage libéral (7). L'argent se fait alors l'allié de la culture. Profitant de la régression du zèle religieux et du climat de relative tolérance qui s'installe, les membres cultivés de cette classe nouvelle n'ont d'autre ambition que de se faire admettre dans les salons de la société berlinoise et viennoise. Bientôt, des Juifs, convertis ou non, se distinguent dans le monde des arts et des lettres, tandis que des femmes d'exception (Fanny von Arnstein à Vienne, Henrietta Herz et Rachel Varnhagen à Berlin…) ouvrent leurs propres salons littéraires et réunissent ce que l'Europe compte de plus distingué parmi ses élites intellectuelles et politiques (8). Cette ascension qui s'effectue en l'espace de quelques décennies ne doit rien à un quelconque génie juif. Elle trouve ses

6. *Ghetto* : Ce mot d'origine italienne désignait le quartier de résidence forcée des Juifs à Venise au XVe siècle. En Europe orientale, mais aussi dans le sud de la France, en Afrique du Nord et ailleurs en *diaspora*, les Juifs vivaient concentrés dans certains quartiers (parfois une simple rue) au sein des villes, ou dans des bourgades dont ils constituaient une partie importante sinon majoritaire de la population (en yiddish, *shtettl*). Les émancipations (ouvertures officielles des ghettos) ont pris place à des périodes diverses selon les pays considérés, débutant dans l'empire des Habsbourg en 1770 et s'achevant en Russie en 1917 avec la Révolution bolchevique. A l'époque moderne, le ghetto en est venu à désigner les lieux de regroupement forcé des Juifs par les nazis, en vue de leur extermination (exemple : le ghetto de Varsovie).

7. A. Elon, *Le Premier des Rothschild. Meyer Amschel, fondateur de la dynastie*, Calmann-Lévy, 1997 ; F. Barbier, *Finance et politique. La dynastie des Fould*, XVIIIe-XXe siècles, Armand Colin, 1991 ; W.O. McCagg Jr, *Les Juifs des Habsbourg, 1670-1918*, Puf, 1996.

8. J. Katz, *Hors du ghetto. L'émancipation des Juifs en Europe, 1770-1870*, Hachette, 1984.

causes dans la société d'Ancien Régime et la montée des Lumières.

Concrètement, qu'implique le fait d'être juif dans la société d'Ancien Régime ? Entre autres, que l'accès à des secteurs comme l'agriculture, la justice, l'administration, l'université, la politique, l'armée, les métiers encadrés par les corporations, leur est interdit. Ce qui oblige les Juifs à trouver leurs moyens d'existence ailleurs. Par un enchaînement de causes et d'effets liés à leur condition de parias, à côté du petit peuple besogneux des artisans, colporteurs, usuriers juifs, un nombre grandissant de Juifs s'engagent dans des professions que la population majoritaire n'a pas confisquées à son seul avantage ou dont l'Eglise ne leur a pas interdit l'accès, dans des activités qui n'exigent pas d'ancrage territorial et dont l'exercice n'est lié ni à la naissance ni à l'appartenance religieuse.

En les tenant à l'écart des secteurs qui confèrent statut et prestige, en les confinant dans des activités que la morale chrétienne réprouve (le prêt d'argent sous toutes ses formes : usure, change, crédit...), les sociétés prémodernes les poussent à s'investir là où s'inventera la modernité. Faute de pouvoir acquérir et cultiver la terre, les Juifs se rabattent sur la ville. Les mieux nantis et les plus doués se tournent vers les manufactures, le grand commerce, la science, la presse, l'édition, l'art, le mécénat privé, autrement dit vers des activités économiques et culturelles qui sont à la fois porteuses de dynamique modernisatrice et expression de cette dynamique. Ajoutée à l'argent, et peut-être plus encore que l'argent, l'acquisition d'un capital culturel (le *Bildung* allemand) devient un facteur d'intégration et de reconnaissance sociale dans un monde où le mérite personnel s'impose de plus en plus face à la naissance. Ainsi, loin de se répartir dans tous les secteurs de la société, les Juifs visent avant tout à rallier la bourgeoisie urbaine, le seul modèle qui s'impose à eux.

L'acquisition de, et l'entrée dans, la culture dominante se font aux dépens de la culture d'origine. Les Juifs se détournent d'autant plus aisément de cette culture qu'elle est associée à un monde qu'ils n'ont de cesse de quitter, celui du ghetto. C'est ainsi en tout cas qu'ils justifient le mépris dans lequel ils la tiennent, ainsi que leur abandon des langues juives. Les Juifs éclairés et cultivés deviennent judaïquement incultes. L'étude des textes traditionnels est peu à peu délaissée au profit de la littérature et de la poésie ; à la fréquentation de la synagogue et de la maison d'étude, ils préfèrent celle du théâtre, de la salle de concert, du musée. La réorientation des pratiques culturelles de la bourgeoisie juive accompagne, précède ou suit la transformation de ses modes de vie. Les Juifs normalisent leur façon de s'habiller, élisent domicile hors du ghetto, ouvrent leurs maisons à des non-Juifs. Les interdits rituels ne jouent plus car ils freineraient l'assimilation, on voit se conclure des mariages mixtes.

Cette sécularisation-acculturation des Juifs, jointe à leur désinvestissement vis-à-vis de leur culture, produit deux types de sursauts identitaires. Le premier, la Science du judaïsme (*Wissenschaft des Judentums*), s'inscrit dans la foulée des Lumières, tandis que le second entre dans le cadre des mouvements de réveil national.

Deux types de sursauts identitaires

La Science du judaïsme est le fait d'intellectuels juifs formés aux méthodes de la recherche universitaire. En en jetant les bases, ils se fixent un double objectif, scientifique et militant. Lorsqu'elle prend forme en Allemagne dans les années 1810-1820, cette science se veut une réponse à l'assimilation rapide des milieux juifs cultivés, à leur indifférence de plus en plus prononcée à l'égard du judaïsme, à leur ignorance grandissante. Elle se pose aussi comme une réaction à la propagande antisémite qui accompagne l'entrée des Juifs dans la vie financière, culturelle et intellectuelle. En accomplissant leur travail d'exhumation, de dépoussiérage, de traduction, d'édition critique de documents anciens, ces chercheurs espèrent réhabiliter l'image du Juif et de son patrimoine culturel, aux yeux des Juifs et des gentils.

A des centaines de kilomètres de là et quelques décennies plus tard, les Juifs d'Europe orientale connaissent des destins différents. Loin d'opérer leur percée dans la société russo-polonaise, ils doivent effectuer leur sécularisation au sein même de leurs communautés, au grand dam de leurs autorités traditionnelles, et lutter pour la reconnaissance de leur statut de minorité nationale.

Là encore, la culture et ses élites jouent un rôle de premier plan. Depuis des siècles déjà, les masses juives d'Europe orientale ont développé une culture populaire et savante d'expression yiddish (9). Or, la poussée sécularisatrice et l'effervescence politique qui gagnent les communautés juives assignent un nouveau rôle à cette culture : la littérature se fait le porte-parole du petit peuple juif ; de jeunes auteurs et acteurs attirent les amateurs de théâtre, une presse incisive mobilise l'opinion, les premiers talents juifs commencent à s'imposer au grand public dans les arts plastiques et graphiques. Cette effervescence culturelle qui dynamise la vie juive sert de toile de fond aux luttes sociales et politiques que livrent syndicats et partis juifs pour faire valoir leurs revendications collectives (10).

L'essentiel de cette culture de la *Yiddishkeit* (ensemble culturel d'expression yiddish) et des forces vives qui la portent disparaîtront dans les tourmentes du XXe siècle, avec la Shoah et la répression stalinienne.

De telle sorte que la fin de ce siècle offre un paysage culturel juif largement redessiné par la Shoah, la création de l'Etat d'Israël et la visibilité nouvelle qu'acquiert le judaïsme séfarade (11) au lendemain des décolonisations. Tandis qu'une culture israélienne spécifique se dessine dans le nouvel Etat, une fois encore le champ culturel redevient le

9. *Yiddish* : Langue parlée et écrite des communautés ashkénazes, originaires d'Europe orientale et d'Allemagne, forgée à partir de l'hébreu et de l'allemand, et d'emprunts aux diverses langues de contact.
10. J. Frankel, *Prophecy and Politics. Socialism, nationalism, and the Russian Jews, 1862-1917*, Cambridge University Press, 1981 ; J. Baumgarten, *Le Yiddish*, Puf, 2001 [1990].
11. *Ashkénaze/Séfarade* : Ashkénaze qualifie les Juifs des pays d'Europe non méditerranéenne, dont la culture a été influencée par un cadre occidental chrétien. Séfarade qualifie les Juifs dont la culture s'est forgée dans le contexte méditerranéen au contact de l'islam, notamment en Espagne jusqu'à leur expulsion de la péninsule ibérique au XVe siècle.

miroir des tensions qui traversent le judaïsme de *diaspora*.

Désormais, l'intégration dans leur pays de résidence n'est plus le souci prioritaire des Juifs. Celle-ci semble un fait acquis. A l'inverse, ce que certains redoutent, c'est l'assimilation. Victimes de leur succès, les Juifs se seraient si bien intégrés aux cultures hôtes, s'en seraient faits de tels agents et porte-parole qu'ils en auraient perdu leur âme. Aussi, pour nombre de responsables communautaires, tant religieux que laïques, le grand défi pour l'avenir serait la redécouverte de la culture juive, sa réappropriation, voire sa réinvention.

La culture juive en France aujourd'hui

Quoique moins dévasté que certains le prétendent, le paysage culturel juif actuel présente des aspects contrastés, dont la France fournit l'illustration. Bien qu'elle soit sans commune mesure avec celle des Etats-Unis (la population juive en France est estimée à 600 000 personnes, celle des Etats-Unis à 6 millions), l'offre culturelle juive y est large, qu'elle soit à destination des élites ou produit de consommation courante. Erigée au rang d'objet de connaissance, la haute culture juive est entrée dans le fonds culturel commun. Elle a trouvé sa place dans les établissements d'enseignement supérieur et de recherches publics et privés (départements de lettres des universités, Ecole pratique des hautes études, Ecole des hautes études en sciences sociales, instituts catholiques). Les ouvrages à thèmes juifs sont largement disponibles dans les bibliothèques et librairies, on ne compte plus le nombre de colloques, conférences, programmes de radio et de télévision (France-Culture, Arte…), en lien avec l'histoire ou la culture juive. Ce stock de connaissances offre par conséquent au public cultivé francophone, juif et non juif, spécialisé ou non, de multiples voies d'accès aux œuvres et aux figures juives, contemporaines ou passées, qui ont marqué de leur empreinte la culture juive et/ou universelle. Les œuvres de Maïmonide et de Moïse Mendelssohn sont traduites, les apports culturels ou scientifiques de Baruch Spinoza, d'Arnold Schoenberg, de Sigmund Freud et de Philip Roth sont soulignés, parfois de façon ambivalente, comme issus d'un contexte culturel juif.

La même observation vaut pour une certaine culture populaire juive. Depuis une quinzaine d'années environ, les cultures minoritaires sont devenues des pourvoyeurs appréciés de biens culturels alternatifs. L'économie de marché, l'industrie du spectacle et les médias excellent à transformer des savoirs et des pratiques autrefois réservés à des groupes particuliers en produits de consommation courante. C'est ainsi qu'après avoir été calibrés aux standards de la grande distribution, des CD de musiques populaires et traditionnelles juives trônent désormais sur les étagères des grandes surfaces aux côtés d'autres produits courants, tandis qu'à quelques mètres de là, le pain azyme voisine avec les galettes de riz asiatiques au rayon diététique. Dans le domaine des médias et du *show-biz*, journalistes, animateurs télé, acteurs, chanteurs, humoristes, scénaristes juifs ont banalisé et dédramatisé le fait juif (12). A en juger par son expansion, sa médiatisation, sa pénétration dans la société globale, la culture juive, savante et populaire, ne semble donc pas menacée à court terme. Le bilan cependant doit être nuancé, car une question de fond demeure du côté de la vie juive organisée.

Le recours aux stratégies identitaires

Là encore, l'exemple de la France est instructif. Comme on vient de le voir, l'extrême fluidité des rapports sociaux et des échanges ne permet plus aux pratiques minoritaires de s'exprimer dans un champ clos. Il n'y a là rien que de très normal dans une société libérale et ouverte où l'abondance de l'offre culturelle atomise et disperse les choix individuels. Il demeure que, face à la multiplication des mariages mixtes et à l'accélération du processus d'assimilation, les responsables du judaïsme organisé sont inquiets. Ils estiment qu'il est urgent de renforcer le sentiment d'appartenance communautaire. Conscients du fait que la plupart des Juifs ne sont pas prêts à reprendre le chemin de la synagogue et de l'étude traditionnelle, ils en sont venus à miser sur le potentiel mobilisateur d'autres aspects de la réalité juive contemporaine : l'antisémitisme, la mémoire de la Shoah, la solidarité autour d'Israël deviennent ainsi des motifs de participation et d'engagement, font l'objet d'actions, de discours, d'appels à manifestations, de collectes de fonds... Néanmoins, ces mêmes responsables savent que ces référents sont partiellement extérieurs au vécu juif et n'invitent qu'à des pratiques ponctuelles et intermittentes. Hormis le secteur religieux, la vie juive organisée gravite essentiellement autour de ces trois pôles.

Ainsi, la vie culturelle juive d'aujourd'hui se distingue-t-elle moins de celle du siècle précédent par la diversité de ses facettes et de ses acteurs, que par les objectifs et les orientations que ces derniers lui assignent. Dans la Vienne fin-de-siècle, l'Allemagne de Weimar ou l'Amérique de l'entre-deux-guerres, la culture était perçue par les Juifs comme un vecteur d'intégration et de reconnaissance sociale, mais aussi comme une ouverture sur l'avenir et sur le monde. La participation de l'*intelligentsia* juive à la vie culturelle y attestait tout à la fois de la bonne intégration des Juifs et de la persistance d'une certaine marginalité juive (13).

En se faisant publicistes, critiques, éditeurs, artistes, mécènes, promoteurs des avant-gardes de leur temps, ces Juifs s'installaient de plain-pied au cœur de leurs sociétés d'adoption, mais c'était pour mieux les faire bouger (14). Les élites culturelles juives voulaient y inventer l'avenir (15). Précisément parce qu'ils étaient juifs, anticonformistes, agitateurs d'idées, *outsiders*, il leur était plus facile qu'à d'autres d'aller de l'avant et de mettre la société dans un état d'ébullition culturelle et de questionnement sur elle-même.

12. Des humoristes comme Popeck ou Michel Boujenah, des chanteurs de variétés comme Jean-Jacques Goldman ou Patrick Bruel, des films comme *La vérité si je mens*.
13. C. Schorske, *Fin-de-siècle Vienna. Politics and Culture*, Random House, 1980 ; A. Mayer, *The Persistence of the Old Regime*, Random House, 1980 ; W.O. McCagg Jr, *op. cit.*
14. E. Bilski (dir.), *Berlin Metropolis. Jews and the New Culture 1890-1918*, New York Jewish Museum, 1999.
15. M. Löwy, *Rédemption et utopie. Le judaïsme libertaire en Europe centrale*, Puf, 1988.

Les acteurs de la vie culturelle juive d'aujourd'hui n'ont plus les mêmes motivations. Loin d'être innovants et ouverts, les thèmes et les projets qui les mobilisent expriment une volonté de fermeture et l'impossibilité de se projeter dans l'avenir. Leur souci de préserver la mémoire semble inhiber leur imagination ou la retient prisonnière d'un monde clos. Leur inquiétude de voir l'identité juive se dissoudre briderait leur capacité créatrice. A de notables exceptions près, comme le Colloque des intellectuels juifs de langue française (patronné par le Congrès juif mondial) et quelques autres institutions culturelles de qualité, comme le Collège des études juives, qui dépend de l'Alliance israélite universelle, on pourrait croire qu'aujourd'hui les Juifs ne sont prêts à donner le meilleur d'eux-mêmes qu'en dehors des structures de la vie juive organisée. En même temps, d'autres ne partagent pas cette vision. Aussi étrangers à la nostalgie qu'oublieux de leurs origines, ils persévèrent dans leur volonté d'être des innovateurs.

Christian Bromberger*

FOOTBALL : LA PASSION PARTISANE**

Le match de football, avec ses clubs, ses supporters et la foule des spectateurs ordinaires, suscite une gamme d'identifications infiniment variées. Il génère aussi une représentation symbolique des valeurs qui façonnent les sociétés contemporaines.

FAUT-IL SOULIGNER que les compétitions sportives, et en particulier celles mettant face à face des équipes, offrent un terrain privilégié à la célébration des appartenances et à l'exaspération des antagonismes collectifs ? Le cas du football, devenu en un peu plus d'un siècle (la codification de ses règles remonte à 1863) un des rares référents communs d'une culture mondiale masculine, est à cet égard remarquable. Des championnats régionaux et corporatifs à la Coupe du monde (en passant par les coupes et championnats continentaux et intercontinentaux), chaque confrontation fournit aux spectateurs un support à la symbolisation d'une des facettes (locale, professionnelle, régionale, nationale...) de leur identité. Le sentiment d'appartenance se construit ici, comme en d'autres circonstances, dans un rapport d'opposition plus ou moins virulent avec l'autre. Aussi toute rencontre entre villes, communautés, régions, nations rivales, prend-elle la tournure d'une guerre ritualisée où ne manquent ni les appels à la mobilisation communautaire, ni l'insistance emphatique sur les différends hérités de l'histoire, ni les emblèmes belliqueux (les étendards et les panoplies des supporters).

Le florilège de ces confrontations vives

---

* Professeur d'ethnologie à l'Université de Provence, directeur de l'Institut d'ethnologie méditerranéenne et comparative. A publié notamment : (avec A. Hayot et J.-M. Mariottini) *Le Match de football. Ethnologie d'une passion partisane à Marseille, Naples et Turin*, éd. de la Maison des sciences de l'homme, 1995; *Football, la bagatelle la plus sérieuse du monde*, Pocket Book, 2004 [1998].

** *Sciences Humaines*, hors série n° 15, décembre 1996/janvier 1997.

est particulièrement dense à l'échelle de l'Europe : tantôt s'y exacerbent des clivages religieux (on pense aux derbys opposant, en Grande-Bretagne, clubs catholiques et protestants d'une même localité : le Celtic contre les Rangers à Glasgow ; les Rouges de Liverpool contre les Bleus d'Everton) ; tantôt s'y expriment des aspirations « nationalitaires » (par exemple, en Espagne, le FC Barcelone symbolise la revendication autochtone des Catalans face aux clubs castillans) ; tantôt s'y cristallise le sentiment d'être victime d'une histoire mal écrite (ainsi les matchs opposant des métropoles méridionales déprimées, Marseille, Naples, à leurs rivales du nord apparaissent-ils comme des occasions de revanche).

Mais constater que ces compétitions sportives consacrent et exaspèrent des allégeances territoriales, et en particulier des loyautés nationales et nationalistes, c'est dire à la fois pas assez et trop.

L'affirmation des identités collectives

Pas assez, car le football n'est pas seulement une « machine » à classer les appartenances. Exécuté ici et là à partir d'une même partition de base mais selon des modalités diverses, il « dit » aussi les singularités locales et joue à ce titre un rôle « performatif » dans l'affirmation des identités.

L'adhésion à un club n'est, en effet, pas perçue et conçue par les partisans comme un signe arbitraire d'une commune appartenance, mais comme le symbole motivé d'un mode spécifique d'existence collective qu'incarnent le style de jeu et la composition de l'équipe. Le style local ou national que l'on revendique ne correspond pas toujours, loin s'en faut, à la pratique réelle des joueurs, mais plutôt à l'image stéréotypée, enracinée dans la durée, qu'une collectivité se donne d'elle-même et qu'elle souhaite donner aux autres. Non pas tant à la façon dont les hommes jouent et vivent, mais à la manière dont ils se plaisent à raconter le jeu de leur équipe et leur existence. Ainsi le jeu à la brésilienne, valorisant l'esquive, s'offre, selon le sociologue Roberto Da Matta, comme l'illustration de la règle d'or d'un univers social où il faut avant tout savoir s'en sortir avec dissimulation et élégance. Le style pratiqué par la *Squadra azzurra,* des années 30 aux années 80, apparaissait comme la métaphore expressive de l'*italian way of life,* alliance de la générosité dans l'effort des *braccianti del catenaccio* (les hommes de peine du verrou défensif) et du génie créatif des *artisti del contropiede* (les artistes de la contre-attaque), etc. On retrouve la même intensité de contrastes à l'échelle nationale : alors que la vaillance laborieuse constitue la dominante stylistique de l'équipe stéphanoise de la grande époque (celle des succès des années 70), le goût pour le panache, l'efficacité spectaculaire, la virtuosité caractérisent la « manière » de l'Olympique de Marseille, illustrée par la devise du club : « *Droit au but* ». En Italie, les oppositions traditionnelles entre les styles de la Juventus de Turin (une émanation de la Fiat) et de l'équipe de Naples sont particulièrement nettes. Le *Juventus stile* est conforme à la devise du club, symbolisée par les trois S (*semplicità, serietà, sobrietà* : « simplicité, sérieux, sobriété») ; il est fait de rigueur tout industrielle, de discipline et de bienséance, des valeurs dont le respect peut entraîner des connivences inattendues. Palmiro Togliatti, l'ancien secrétaire général du parti communiste italien, était *juventino* et assistait parfois aux matchs à côté de Gianni Agnelli, président de la Fiat et du club. A l'inverse, le style que l'on prise à Naples est modelé par le sens du spectacle et de la culture scénique, par le fantasque et par le goût pour le numéro ludique... Chaque grande équipe fabrique ainsi du singulier à partir du général, «indigénise» le langage universel de la confrontation. Pour le jeune supporter, découvrir progressivement les propriétés du style local est une manière d'éducation sentimentale aux valeurs qui façonnent sa ville ou sa région.

La composition de l'équipe offre une autre métaphore expressive de cette identité collective. Voilà bien d'ailleurs un paradoxe. De clubs fortunés on attend qu'ils recrutent les meilleurs sur des critères exclusivement sportifs. Or, sous des choix qui semblent dictés par la seule recherche de l'efficacité, se profilent des conceptions plus profondes de l'identité. Bornons-nous ici à citer quelques chiffres symptomatiques de ces choix paradoxaux. De 1945 à 1974, l'équipe de Reims, qui a dominé le football français à la fin des années 50 et symbolisait la France profonde, comptait en moyenne 7 % d'étrangers dans ses effectifs ; Saint-Etienne, le club phare des années 70, 12,3 % ; l'Olympique de Marseille, pendant la même période, 18 %. Ne faut-il pas voir, dans ce dernier pourcentage, la trace d'une histoire façonnée par de puissants mouvements migratoires, l'image du cosmopolitisme caractéristique de la cité ? L'équipe apparaît souvent ainsi comme le reflet de la population dont elle est le porte-étendard. Par exemple, la Juventus de Turin compte régulièrement dans ses rangs de grandes vedettes internationales – à l'image du rayonnement universel de la Fiat qui la soutient et la modèle – et des joueurs originaires du Mezzogiorno – comme le sont de nombreux ouvriers de l'entreprise. Bref, l'équipe symbolise, à travers son style et sa composition, l'affirmation motivée et enthousiaste d'une commune appartenance. Ce schéma s'est cependant effrité depuis le milieu des années 90. Des mesures réglementaires favorisant la circulation des joueurs et la transformation des clubs en entreprises privées de spectacle ont modifié les formes d'identification entre le public et les vedettes de « son équipe ». Si la ferveur ne se dément pas, elle change progressivement d'assise et de signification : à la célébration de l'entre-soi se substitue un show de vedettes regroupées sous le même maillot.

La diversité des supporters au sein du stade

Derrière le consensus qui unit les spectateurs autour des mêmes couleurs se profilent cependant des oppositions entre groupes conscients de leur singularité. Ainsi, les clubs de supporters soutenant une même équipe ne constituent nullement une collectivité harmonieuse et soudée, mais reflètent chacun un univers social particulier et se livrent une farouche concurrence pour imposer leur hégémonie dans le stade. Chaque secteur des gradins forme, en fait, une sorte de territoire où s'ancre une identité particulière qui s'exprime, plutôt qu'elle ne se dissout, dans l'effervescence collective. Ainsi, les virages des gradins, jadis appelés populaires mais que l'on devrait aujourd'hui rebaptiser juvéniles, car s'y agrègent les 15-25 ans, sont le théâtre de rivalités entre groupes d'origines locales, sociales, voire idéologiques bien tranchées. Cette hétérogénéité du public et de ses processus identificatoires aux quatre coins du stade s'affirme encore quand on analyse les préférences pour tel ou tel joueur. Les goûts se modulent en fonction de l'appartenance sociale, du style de vie et de comportement des différentes catégories de spectateurs. En 1987, les deux vedettes préférées par les Marseillais étaient le goal camerounais Joseph-Antoine Bell, réputé pour ses «sorties» spectaculaires, et Alain Giresse, prisé pour ses qualités d'organisateur talentueux. Leur cote de popularité dans le stade était, pour ainsi dire, inverse. Les supporters de J.-A. Bell étaient surtout des jeunes issus des quartiers défavorisés du nord de la cité, parmi lesquels on comptait une bonne proportion de fils d'immigrés; les supporters d'A. Giresse, ce petit patron sur le terrain, avaient un profil opposé : ils étaient, en majorité, âgés de plus de quarante ans, appartenaient aux classes moyennes ou supérieures, résidaient plutôt dans les quartiers sud... Ainsi, les vedettes apparaissent comme des figures emblématiques des identités sociales, ces représentations étant rendues possibles par la diversité des qualités (force, finesse, abnégation, prise de risque, discipline, solidarité, etc.) que met en scène ce sport collectif.

De ces remarques, retenons deux leçons. D'une part, l'intensité des passions locales que suscitent les matchs de football et dont témoigne, entre autres, la ferveur juvénile, souligne un des paradoxes majeurs de notre temps : c'est au moment où les identités des collectivités et des régions s'étiolent qu'elles s'affichent et se proclament avec le plus de virulence dans les stades. Au fond, jamais un Napolitain n'a été plus proche par ses pratiques d'un Turinois, et rarement sans doute se sont-ils sentis aussi différents. Pas plus ici qu'ailleurs, les sentiments d'appartenance ne sont de simples calques de spécificités culturelles.

D'autre part, de tels processus identitaires – qui mettent en jeu l'individu avec son trajet singulier, des groupes et des réseaux sociaux qui forment une foule structurée, la conscience d'une appartenance et d'une «mentalité» collectives, celles d'une ville, d'une entreprise... – nécessitent une analyse à échelles multiples, faute de quoi l'arbre (la foule unanime) risque de masquer la forêt (la variété des processus identificatoires).

Le football comme vision du monde

La clef des identités, multiples et enchevêtrées, est-elle cependant suffisante pour rendre compte de l'intérêt des spectateurs pour un match de football? Faire de l'exaltation des appartenances l'unique moteur de ces passions c'est, avons-nous avancé, trop dire.

D'une part – et plus souvent en Italie

qu'en France –, on ne soutient pas nécessairement le club de sa ville, de l'entreprise où l'on travaille, etc. L'affinité partisane peut faire l'objet d'un choix indépendant de l'insertion locale ou professionnelle (on s'identifiera à telle équipe pour son style, son prestige, pour des raisons idéologiques, par tradition familiale…).

D'autre part et surtout, prendre parti pour une équipe, c'est sans doute affirmer bruyamment une identité, mais aussi se donner les moyens de faire fonctionner à plein l'émotion que l'on recherche. Quoi de plus insipide, en effet, qu'une rencontre sans «enjeu», où l'on ne se sent pas soi-même acteur, où l'on ne passe pas du «ils» au «nous»! On admirera peut-être la qualité technique du jeu, mais l'on n'éprouvera pas le piment dramatique d'un spectacle qui ne devient véritablement intéressant que si l'on est, peu ou prou, partisan. Une telle constatation invite à relativiser – mais non à gommer – la portée sémantique des slogans «identitaires» qui résonnent dans les stades. Quand les supporters milanais traitent les Napolitains d'«Africains», l'insulte n'est pas anodine et traduit la crispation des relations entre le Nord et le Sud dont témoignent les succès électoraux des ligues septentrionales. Mais on ne prendra pas entièrement le mot au pied de la lettre en se rappelant que ces mêmes Milanais soutinrent avec enthousiasme, lors du *Mondiale* 1990, l'équipe du Cameroun contre celle de l'Argentine, qui comptait dans ses rangs un joueur… napolitain (en l'occurrence Diego Maradona). Certes, le registre de ces imprécations est lourd de sens et témoigne des peurs et des haines «identitaires» qui travaillent le corps social et trouvent dans les stades, un des rares espaces où l'expression des valeurs proscrites est tolérée, un écho amplifié. Mais de tels exemples démontrent aussi la logique de la partisanerie, qui consiste à faire usage de tout stigmate disponible pour disqualifier l'adversaire, quitte à inverser le sens de la stigmatisation pour les besoins de la disqualification.

Enfin, à se focaliser exclusivement sur les identités – fussent-elles construites, négociées, mouvantes, comme le rappellent avec insistance les sciences sociales depuis une trentaine d'années – on risque de passer à côté des propriétés structurelles du jeu qui sont sans doute au principe de son immense popularité. Si le match de football fascine, ce n'est pas seulement en raison de sa singulière capacité mobilisatrice et démonstrative des appartenances, c'est aussi parce qu'il condense, à la façon d'un drame caricatural, une vision cohérente du monde contemporain.

Comme les autres sports, le football exalte le mérite des vedettes, la performance, la compétition entre égaux; par là même, il affiche avec éclat que dans nos sociétés, idéalement au moins, n'importe qui peut devenir quelqu'un, que les statuts ne s'acquièrent pas à la naissance mais se conquièrent au fil de l'existence. Il valorise aussi le travail d'équipe, la solidarité, la division des tâches entre joueurs, la planification collective, à l'image du monde industriel dont il est historiquement le produit. Mais il souligne également le rôle, pour parvenir au succès, de la chance, de la tricherie, d'une justice – celle de l'arbitre – plus ou moins discutable. Le match symbolise ainsi des ressorts contradictoires de la réussite individuelle et collective dans le monde contemporain.

Jetant un pont entre le singulier et l'universel, ce « jeu profond » incarne aussi bien les valeurs générales qui façonnent notre époque que les identités – réelles et imaginaires – des collectivités qui s'affrontent.

Armel Dirou et André Thiéblemont*

SAINT-CYR : DES TRADITIONS TURBULENTES**

Les traditions militaires ne consistent pas seulement dans la célébration d'un passé officiel et de l'ordre institué. A l'école d'officiers de Saint-Cyr, elles sont perpétuées par les pratiques turbulentes et rebelles des élèves, et ont connu, au fil de rapports tendus avec les autorités, de multiples transformations.

En France, le fait culturel militaire est ignoré, ou bien est aperçu à travers ses expressions les plus réglementaires et officielles : hiérarchie, discipline, décorations, symboles, cérémonies et défilés d'apparat. Il en va de même au combat, où l'on imagine toujours le corps militaire gouverné par des doctrines tactiques et des structures disciplinaires préexistantes. Or, les forces qui mobilisent ou démobilisent le corps militaire ne tiennent pas seulement aux structures instituées qui imposent les règles de comportement. Elles trouvent aussi leur source dans des mythes, des symboles et des rites qu'actualise et renouvelle l'expérience de la violence extrême, et sur lesquels l'institution militaire n'a pas de prise directe.

Ainsi, à l'école de Saint-Cy-Coëtquidan, la mémoire des promotions d'élèves officiers n'est pas réductible à la mémoire officielle de l'institution. Elle est faite aussi de cette mémoire vraie *«portée par des groupes vivants»* (1). Depuis la création de l'école en 1802, les promotions d'aînés et de cadets se côtoient. Des modèles de conduites individuelles et collectives, des modèles de pensée se sont transmis de promotion en promotion par tradition orale. Celle-ci, très mouvante, échappe en partie au contrôle de l'autorité militaire. A partir de mythes fondateurs, elle s'est construite sur deux siècles, au gré de la

* Ils ont publié notamment : « Lieux et objets de mémoire à Saint-Cyr », dans A. Thiéblemont (dir.), *Cultures et Logiques militaires*, Puf, 1999.

** *Sciences Humaines*, n° 36, mars 2002.

1. P. Nora (dir.), *Les Lieux de mémoire*, t. I, Gallimard, 1984.

vie des promotions et des échos de batailles, d'histoires, de symboles, de signes et de rites. Elle est transmise par une mémoire sans cesse remaniée par les expériences vécues par les élèves.
Cette mémoire s'alimente d'abord au mythe de l'officier napoléonien. Les statues cavalières de Marceau (1769-1796) – ce fougueux général républicain mort à vingt-sept ans – et de Kléber (1753-1800) – cet autre général coléreux « sauveur de la République » – furent offertes aux saint-cyriens par la IIIe République pour leur insuffler l'esprit républicain. Ces deux statues ont été intégrées à la vie saint-cyrienne, et les deux généraux, assimilés au héros napoléonien, sont devenues deux figures ancestrales de la tradition de l'école. L'effigie de Kléber surtout – et de son cheval, dont les parties génitales rougissent de peinture lorsqu'une promotion est en colère – est le support des protestations contre la hiérarchie de l'école. On les mobilise lors des rituels turbulents de « bahutage » (bizutage des nouveaux) et de protestation des anciens contre la hiérarchie. Ces rituels ne cessent d'être renouvelés par les échos de l'épopée combattante, un mythe subversif qui contourne bien souvent les volontés réformatrices de l'autorité politique ou militaire. Ces deux statues n'ont fait qu'alimenter un modèle archétypal d'officier frondeur et haut en couleurs, qui n'est pas toujours en accord avec les normes imposées par l'enseignement de l'école. Il s'ensuit un débat culturel latent qui oppose ce modèle à celui, plus policé, que l'institution, aux prises avec les évolutions de la société et de la mission des armées, s'est efforcée d'imposer depuis près de deux siècles. Ce débat permanent alimente les tensions au sein de l'école, tensions qui, par les épisodes qu'elles suscitent, nourrissent à leur tour les traditions portées par les élèves.
Le modèle de l'officier combattant et la tradition qui le porte exercent bien souvent leurs effets perturbateurs sur un système militaire vécu comme trop technocratique ou trop autoritaire. Cette tradition légitime le pouvoir d'initiation que les anciens entendent exercer sur les jeunes lors de leur arrivée à l'école. Elle justifie le détournement des règles de subordination strictes auxquelles le saint-cyrien est soumis. Mais, de son côté, l'autorité militaire sélectionne et capte dans ces manifestations ce qui est le plus susceptible de glorifier l'institution, fondant ainsi une tradition hagiographique réinvestie dans la formation des élèves.

Le complexe rituel d'Austerlitz

La tradition saint-cyrienne est le produit d'une histoire mouvementée, au cours de laquelle des matériaux symboliques et rituels n'ont cessé d'être remaniés, déplacés, recomposés et remplacés. Parmi ces matériaux, la bataille d'Austerlitz occupe une place prépondérante. Le 2 décembre est une date fondatrice dans la mythologie saint-cyrienne : c'est à la fois l'anniversaire du sacre de Napoléon (1804) et celui de sa victoire-éclair sur les armées austro-russes à Austerlitz en 1805. Le nom d'Austerlitz est devenu l'instrument de cryptage du calendrier que les « bazars » (bizuths) sont tenus d'apprendre à manier : en langue saint-cyrienne, le 11 novembre 2001 se dit le 11 U 196 (« u », deuxième lettre d'Austerlitz, correspond au deuxième mois de la rentrée, et « 196 » à l'année, puisque Austerlitz définit « l'an zéro » de l'ère saint-cyrienne). D'abord organisée spontanément par les élèves, la commémoration de la bataille ne fut formellement autorisée par la direction de l'école qu'à la fin du XIXe siècle. Elle prit alors la forme d'une retraite aux flambeaux célébrée la veille de chaque 2 décembre. Mais à cet acte solennel les élèves continuaient d'ajouter des pratiques ludiques et turbulentes : batailles de sacs à linge et de polochons dans les chambrées transformées en camps retranchés, attaque en règle du préau de l'école figurant le plateau de Pratzen. L'affrontement rituel évoluera ensuite, au XXe siècle, vers un semblant de reconstitution de la bataille, se déroulant sur le Marchfeld. A la fin des années 50, le camp de Coëtquidan, où est implantée l'école depuis la fin de la Seconde Guerre mondiale, offre aux élèves une topographie qui leur permet de reproduire la bataille avec plus de réalisme : les uniformes, les mouvements des armées et des charges de cavalerie sont reconstitués, les feux d'artillerie sont simulés. Dans les années 70, le rituel, récupéré par le commandement de l'école, est devenu spectacle : il est ouvert au public et aux enfants des écoles. Toutefois, il n'a rien d'une véritable reconstitution historique et conserve son caractère fantaisiste et carnavalesque. Il s'achève en mêlée générale avec projections d'œufs, de farine et de mousse à raser. Parfois, le scénario comporte des gags : en 1997, les anciens introduisirent un éléphant sur les lieux et invitèrent le général de l'école à le monter. Ni la fantaisie, ni la dérision n'ont été évacuées de cette manifestation, l'humour restant un modèle de comportement que transmet la tradition.

Mais l'évocation d'Austerlitz charrie aussi du sacré, qui transparaît dans le rite de passage saint-cyrien. L'attaque victorieuse du plateau de Pratzen eut lieu au point du jour. Aussi l'aurore d'Austerlitz est devenue un élément important de la symbolique rituelle. Elle renvoie à l'aube de la carrière d'officier. Sans doute est-ce ce symbole qui est présent dans le rite au cours duquel les bazars sont astreints par leurs anciens à faire briller quotidiennement le « coquillard », un bas-relief en bronze acquis par l'école après la défaite de 1870, représentant un cuirassier blessé à terre et, à l'horizon, un soleil levant. Quant à l'anniversaire du 2 décembre, c'était, jusqu'il y a peu, la date à laquelle les nouveaux élèves recevaient des mains des anciens le casoar, ce plumet rouge et blanc porté au shako, élément distinctif de l'uniforme saint-cyrien. Cette remise du casoar marquait la fin de la période d'initiation et l'agrégation des bazars à la communauté.

Les producteurs de la tradition

L'association de ce rite à la célébration de la victoire napoléonienne, quoique datant de 1920, était mythique dans l'esprit des élèves : il en avait toujours été ainsi. Mais, en 1971, la direction de l'école prit la décision d'écourter la période d'initiation, qui perturbait le déroulement des études. Elle fixa la date de remise des casoars au 8 novembre, ce qui permettait aux jeunes recrues de défiler le 11 novembre en grand uniforme. Après des débats intenses, les anciens de la promotion De Gaulle se soumirent à l'ordre. Mais on avait touché au sacré.

La réparation survint au matin du 9 novembre : la promotion entière avait disparu de l'école. Ses chambres étaient vides. Emoi à Saint-Cyr, au ministère de la Défense, à l'Elysée… Elle refit surface juste à temps pour participer aux cérémonies du 11. Par la suite, cette fugue collective s'est ritualisée, donnant lieu à d'énormes canulars. Chaque année, le « 1er bataillon de France » disparaît pour aller s'incliner sur la tombe de Turenne (1611-1675) au-delà du Rhin, pour tenter de relever la garde de la reine au palais de Buckingham, pour organiser à Rennes ou à Nantes une fausse prise d'armes, avec faux préfet, faux député, faux général et vrai discours loufoque, devant la presse crédule ou parfois complice.

Dans les années 80, les saint-cyriens questionnés sur l'origine de ce rite répondaient évasivement : *« C'est tradi »*. La tradition transmet ses effets, mais pas ses causes. Depuis la décennie 70, la symbolique du soleil d'Austerlitz s'est déplacée dans le champ rituel saint-cyrien. Les anciens ont maintenant coutume de passer leur dernière nuit à l'école sur la « grande bosse », une colline de la lande bretonne. Là, les futurs officiers attendent le lever du soleil et célèbrent au champagne l'aube de leur carrière.

Au milieu du XIXe siècle, la « galette » était à Saint-Cyr un objet de culte. C'était une épaulette plate et sans frange que portaient les élèves les plus mal classés. On les appelait les « officiers galette » et les « fines galette » lorsqu'ils étaient en fin de classement. Ces élèves turbulents et pleins d'aplomb, méprisant la besogne intellectuelle mais excellant dans le maniement des armes, faisaient autorité auprès de leurs pairs. La réussite des anciens sortis de l'école à un rang médiocre signifiait qu'ils étaient dans le vrai : à cette époque, il suffisait de quelques appuis, ou bien encore d'être brave sur le champ de bataille pour accéder aux honneurs militaires. Leur comportement perturbateur et la création en 1848 d'une *Ode à la galette*, mise en musique sur l'air des *Puritains* de Bellini (1801-1835), seront à l'origine d'une symbolique que l'institution adoptera en oubliant ses origines : l'air de *La Galette* est joué aujourd'hui dans les défilés officiels. Mais la galette, elle, n'est plus portée par les fines.

Les rites de désordre

De nos jours, les fines désignent les représentants élus des compagnies et des sections d'élèves. Constitués en conseil (le Conseil des fines), ils assistent un bureau de cinq élèves également élus qui représente la promotion tout entière et a en charge la conception et la mise en œuvre des manifestations de la tradition. Ce bureau est appelé le « Grand Carré », d'après le nom donné à un espace de l'ancienne école où se rassemblaient les punis, les officiers galette. Les membres du Grand Carré et les fines constituent une élite de réputation et choisissent en majorité à la sortie de l'école les armes de l'avant (cavalerie, infanterie) plutôt que les armes techniques (transmission, artillerie). Or, ce choix exige d'eux aujourd'hui qu'ils soient bien classés. Ils n'ont donc plus les comportements « délinquants » des galettes d'antan, mais ce sont eux qui organisent la délinquance collective de leur promotion.

Le rituel de Saint-Cyr repose en effet partiellement sur des rites de désordre ou d'inversion de l'ordre. Comme s'il fallait signifier que l'ordre militaire doit *« laisser une place au désordre tout en le redoutant »* et qu'à défaut de pouvoir l'éliminer, *« il faut le transformer en facteur d'ordre »* (2).

Le « 240 » est un rite nocturne très ancien, pratiqué durant la période d'initiation. Les anciens imposaient aux nouveaux le mélange de tout ou partie du paquetage individuel. Il restait aux jeunes à s'organiser pour retrouver leurs effets et rétablir le rangement du paquetage qu'exigeaient les instructeurs à la revue du soir ou du matin. En un siècle et demi, ce rite s'est sophistiqué et a connu des destins divers au gré des interdits du commandement. Au milieu du XIXe siècle, dans sa forme originelle, ce n'est qu'un mélange de képis jetés au pied du 240, une marque située aux deux cent quarante mètres d'un mur servant à étalonner le pas des recrues (d'où le nom de l'épreuve). Dans les années 60, le « petit poucet » est un 240 de grande ampleur : en début de nuit, encadrés par les anciens, les jeunes pérégrinent dans le camp contraints de jeter tous les deux ou trois cents mètres un effet de leur paquetage. Une dizaine de milliers d'effets sont ainsi dispersés dans le camp.

Dans les années 50, le « vide-barreau » consistait à jeter par la fenêtre tous les objets d'une chambrée de bizuths – meubles compris – quelques dizaines de minutes avant l'inspection du soir. On conçoit l'effort d'invention qui est alors exigé des jeunes pour organiser collectivement la remise en ordre en quelques heures ou moins, et souvent la nuit. Dans les années 70, les anciens en étaient venus à concevoir une pédagogie progressive du 240 par section, compagnie puis bataillon, comme un apprentissage de l'organisation et de la cohésion de groupe.

Résistance et déplacement des rites d'inversion

Dans les années 80, enfin, ces pratiques disparurent, mais le nom de « 240 » se conserva : il désigne aujourd'hui une journée insolite organisée par la promotion d'anciens deux cent quarante jours avant la sortie de l'école (appelée « Pékin de Bahut »). Cette journée consiste en manifestations folkloriques, tournant volontiers en dérision l'institution. En 1990, la promotion Général-Deslestraint courut le cross de l'école à l'envers, fit venir un cirque et transforma le vestibule du général-directeur en mare à canards. Brimade traditionnelle par laquelle les anciens s'autorisaient à imposer le désordre aux nouveaux, les contraignant par là à trouver les clés de l'ordre, le 240 est devenu aujourd'hui une fête désordonnée et libératrice. Mais le sens général de ce rite est resté le même : il ménage un espace de désordre dans une institution où il est difficile d'échapper à l'ordre

2. G. Balandier, *Le Désordre*, Fayard, 1989.

strict des choses sans subir de sanction. A la fin du siècle dernier, à la Saint-Sylvestre, les rôles d'anciens et de nouveaux étaient inversés pendant vingt-quatre heures, les victimes se faisant tyrans à leur tour. D'autre part, chaque année, une représentation théâtrale jouée devant les cadres de l'école et devant leurs familles autorisait les élèves à passer leurs instructeurs au crible d'une critique humoristique et parfois mordante. Une autre manifestation, le « demi-tour », célébré le 30 juin lors du retournement du carton du calendrier, consistait à retourner tout ce qui, dans l'école, était susceptible de l'être : les lits, les coffres, les portes, les képis (portés visière en arrière), les bustes de statues, etc.

Dans les années 50, des rites semblables à ceux-ci étaient toujours pratiqués, notamment la « turne voraces », une performance théâtrale annuelle caricaturant les autorités (les « voraces » sont les officiers instructeurs). Dix ans plus tard, la turne voraces fut supprimée par le commandement de l'école. Tout se passa alors comme si la mission critique de la turne vorace avait été reportée sur le demi-tour, qui devint en effet une manifestation de grande ampleur, au cours de laquelle les élèves investissaient de nuit les bureaux de leurs instructeurs pour y mettre en place des décors représentatifs des jugements qu'ils portaient sur eux. Au matin, la rumeur attirait sur place les cadres et leurs familles, curieux de connaître les jugements des élèves.

Dans le même mouvement, ce rite fut enrichi par un geste inversant momentanément les pouvoirs de sanction. Durant la nuit du demi-tour, deux bustes appartenant à la statuaire de l'école, celui du maréchal Baraguey d'Hilliers (1795-1878) et celui de l'abbé Lanusse, étaient déposés respectivement devant le bureau de l'officier le plus détesté et devant celui de l'officier le plus apprécié des élèves. Le maréchal Baraguey, commandant de l'école en 1834, était en effet un officier dont la sévérité avait provoqué des mutineries chez les élèves. A l'opposé, l'abbé Lanusse, aumônier de l'école de 1871 à 1905, était un personnage adulé des saint-cyriens pour sa bonté et son courage.

Par la suite, cette pratique inventée au début des années 70 se ritualisa et devint autonome. Elle prit la forme d'une remise de trophées bien organisée caricaturant les remises d'oscars des milieux du spectacle. Au mois de décembre, le Conseil des fines investit une quelconque manifestation où l'encadrement est présent et proclame la liste des nominés. Par la suite, et jusqu'à la remise des trophées, le slogan « Baraguey » est placardé dans l'école. Il appelle à la dénonciation de tout ce qui peut concourir au choix définitif de l'officier qui recevra le Baraguey.

Cette tradition que continue d'activer le Grand Carré des saint-cyriens, promotion après promotion, est doublement marquée par sa continuité historique et par les conflits de pouvoir qu'elle entretient au sein du système strict de l'école. Nous avons vu comment, au fil du temps, elle s'est maintenue en se transformant sans cesse : de multiples changements de forme sont intervenus tout en conservant sa dynamique contestataire et ses références symboliques, notamment celle de l'officier héroïque. C'est en se faufilant à travers les contraintes de différentes époques et en se jouant des circonstances que s'est déployée cette tradition, empruntant au passé les matériaux et les dénominations de ses formes.

Avec les jeux d'acteurs qu'il suppose, le système traditionnel des saint-cyriens, considéré sur le long terme, remplit donc deux fonctions : il transmet en même temps qu'il offre les moyens d'inventer, d'alimenter, de renouveler des constructions rituelles et symboliques destinées soit à construire l'identité d'une promotion vouée, jusqu'à présent, à combattre les armes à la main, soit à briser les rythmes routiniers de la vie militaire en créant des désordres régénérateurs. Ces dernières décennies, où la modernité imposait aux saint-cyriens un modèle d'officier gestionnaire, les innovations dont ces rites ont fait l'objet à chaque nouvel interdit révèlent les cheminements inventifs qu'autorise une tradition confrontée à la modernité. Celle-ci a alors procuré aux saint-cyriens des réponses rituelles au problème que leur posait l'*aggiornamento* des armées au lendemain des guerres d'indépendance : celui de l'expression d'une identité combattante dans le contexte d'un ordre militaire nouveau, plus pacificateur que guerrier, ne tolérant plus aucun désordre, fût-il ritualisé.

Troisième partie

La société

Chapitre VIII

Cultures et identités

Bernard Formoso*

DÉBATS SUR L'ETHNICITÉ**

Qu'est-ce qu'une ethnie ? Renvoie-t-elle à un socle culturel immuable, défini par des critères stables, ou à une construction instrumentale au service d'intérêts politiques, économiques ou sociaux ? La conception essentialiste comme la thèse instrumentale s'avèrent être réductrices. Déconstruite par les ethnologues, l'ethnie est pourtant devenue une notion de plus en plus prégnante dans les discours politiques.

Bien qu'elle soit le référent fondateur de l'ethnologie, la notion d'ethnie est contestée par nombre de praticiens actuels de la discipline. On lui reproche d'être pétrie d'évolutionnisme et d'être annexée au concept de race par le sens commun. En effet, l'ethnie, dans ses premiers usages, ceux-là même qui aboutirent au clivage ethnologie/sociologie, désignait les peuplades du lointain, que l'on pensait proches de l'état de nature, soumises à l'anarchie et à la stagnation. A l'aune des préjugés occidentaux, elle se définissait, en creux, comme apolitique, aéconomique, sans histoire ; autant de carences qui légitimaient « l'action civilisatrice » des puissances européennes. De surcroît, à des fins de contrôle, les administrateurs coloniaux l'appliquèrent sans discernement, créant de la sorte des *« sujets fictifs »* ou des *« fantômes de référence »*, selon les formules respectives de Jean Bazin et Jean-Pierre Chrétien (1). L'intention bien formulée par Jean-Loup Amselle était de *« distinguer en abaissant* (...), *et de même qu'il était nécessaire de « trouver le chef », de même fallait-il trouver* (...) *des entités spécifiques »* (2). Le

* Professeur d'ethnologie à l'université de Paris-X-Nanterre. A publié notamment : *Tsiganes et sédentaires, la reproduction culturelle d'une société*, L'Harmattan, 1986 ; *Identités en regard. Destins chinois en milieu bouddhiste thaï*, MSH-CNRS, 2000.

** Texte inédit.

1. J. Bazin, « A chacun son Bambara », dans J.-L. Amselle, E. M'Bokolo (dirs), *Au cœur de l'ethnie : ethnies, tribalisme d'Etat en Afrique*, La Découverte, 1985 ; J.-P. Chrétien, « Dimension historique de l'ethnicité en Afrique », dans J.-P. Chrétien, G. Prunier (dirs), *Les éthnies ont une histoire*, Karthala, 1989.

2. J.-L. Amselle, « Ethnies et espaces : pour une anthropologie topologique », dans J.-L. Amselle, E. M'bokolo (dirs), *op. cit.*

terme enferma donc dans un cadre conceptuel dévalorisant et des catégories arbitraires des groupes qui jusqu'alors se définissaient autrement. Par là, il servit d'instrument de domination, avec des effets toujours pervers et souvent tragiques lors de la décolonisation. Que l'on pense à la violence des affrontements successifs entre Hutus et Tutsis, deux « ethnies » inventées au XXe siècle par la raciologie à partir des maigres indices que fournissait une simple stratification sociale opposant agriculteurs et éleveurs au sein de l'ensemble bantou. La thèse du polygénisme, qui voyait dans les Noirs des êtres antérieurs à Adam, se brouilla alors de la plus mauvaise des manières sous l'effet d'impressions esthétiques qui sanctionnaient des différences de statut : les éleveurs tutsis, jugés « grands », « élancés », « élégants », car politiquement dominants, furent « blanchis » et identifiés à de mythiques conquérants hamites (Adamites) venus du nord, tandis que les Hutus incarnaient la primitivité supposée des Noirs. Cet exemple illustre également la collusion qui a trop longtemps prévalu dans les cercles scientifiques entre critères biologiques et culturels. Pareille confusion a partie liée avec une vision essentialiste, qualifiée parfois aussi de « primordialiste », longtemps dominante en matière de définition de l'ethnie et d'appréhension de l'ethnicité.

Les premiers paradigmes de l'ethnicité

Jusqu'au milieu des années 70, l'ethnie était le plus souvent caractérisée par un nom, une langue, un territoire, des valeurs et des traditions propres, une origine commune et les sentiments solidaires que le tout suscitait. Or une telle définition soulève plusieurs problèmes. D'abord, du fait de l'absence ou de la non-congruence de tels critères : ainsi plusieurs sociétés, à l'image des Tsiganes, ne possèdent pas de territoire en propre et des peuples voisins peuvent parler la même langue tout en se démarquant avec force (que l'on pense aux Slovènes, Serbes, Croates et Bosniaques, tous locuteurs du serbo-croate). Plus fondamentalement, une telle vision fige la réalité sociale du groupe, conçu sur le mode de l'isolat, et ses élaborations culturelles.

Une erreur à la base de cette conception consiste à voir dans l'isolement le principe de la genèse et de la perpétuation des identités collectives. L'image des sociétés ainsi produite est falsificatrice, car, dans la pratique, elles entretiennent toutes avec leur entourage des rapports d'interdépendance plus ou moins étroits qui sont la condition même de leur existence. Une autre erreur consiste à enfermer les élaborations et les institutions du groupe dans une liste restreinte et arbitraire de traits culturels appréhendés sur un mode ahistorique. Raisonnant de la sorte, on voit dans le changement culturel un appauvrissement, une altération, tout comme un Joseph Gobineau au XIXe siècle voyait dans le métissage une atteinte à la « vigueur » de la race. A l'encontre de ces idées reçues, il faut rappeler avec force que l'acculturation n'est pas un phénomène auquel il est possible d'échapper. C'est un aspect inhérent aux rapports sociaux et économiques que toute société humaine entretient avec son environnement. Sur le plan méthodologique, ses effets ne peuvent être appréciés *a priori*, ils doivent être déduits d'une analyse minutieuse, conduite au cas par cas.

Quoiqu'ils soient aujourd'hui vivement dénoncés, les préjugés qui sous-tendent la vision classique de l'ethnie ont induit le premier paradigme de l'ethnicité, qualifié de primordialiste et qui fut porté aussi bien par des chercheurs américains que soviétiques (3). Les uns et les autres insistaient sur les liens de sang présumés, les proximités phénotypiques, la langue, la religion, l'ethnonyme et d'autres traits spécifiques qui, par les loyautés ou forces coercitives qu'ils déclenchent, seraient la «qualité primordiale» de l'ethnicité. Ces attachements étaient jugés premiers, car ils s'imposeraient à l'individu dès la naissance et présenteraient un caractère ineffable, alimentant la croyance en un génie collectif propre. De telles idées allaient de pair avec la thèse de l'introversion identitaire : le groupe se concevant uniquement par la croyance en sa singularité absolue.

De nombreuses critiques ont été adressées à cette théorie. On lui a reproché de passer sous silence les formes d'exploitation et les rivalités en tout genre qui limitent les solidarités collectives et peuvent provoquer des scissions. L'homogénéité postulée des sociétés ignore, d'autre part, les modulations de l'image de soi et du groupe liées aux variations de statut. Egalement discutable est l'idée de faire de l'ethnie le référent essentiel des attachements primordiaux sous prétexte qu'elle reproduirait à grande échelle la teneur des rapports de parenté, tout en offrant de meilleures garanties de protection et de reconnaissance sociale. En effet, l'individu entretient souvent avec ses voisins «étrangers» des rapports plus amicaux et solidaires qu'avec des congénères lointains. Finalement, cette théorie semble interpréter les pratiques identitaires des gens étudiés à travers le prisme des sentiments patriotiques cultivés en Europe ou aux Etats-Unis, ou du moins elle paraît surdéterminée par la convergence de ces sentiments et de la représentation idéalisée que les informateurs donnent de leur être collectif.

Le début des années 60 est l'époque d'une première réaction aux thèses primordialistes, que l'on a qualifiée d'instrumentaliste. Ses théoriciens (4) étudient les rapports interethniques au sein des jeunes villes d'Afrique ou d'Amérique, milieux où la compétition entre communautés est forte et les recompositions identitaires rapides. En témoignent les luttes souvent rudes entre immigrés d'origine italienne, irlandaise ou de confession juive pour le contrôle des centres-ville de New York ou Chicago. L'illustre aussi l'invention aux USA d'une «ethnie» *black*, opposée aux

3. C. Geertz, «The Integrative Revolution. Primordial Sentiments and Civil Politics in the New States», *British Journal of Sociology*, n° 8, 1957; H.R. Isaac, «Basic Group Identity : The Idols of the Tribe», dans N. Glazer, D. Moynihan, *Ethnicity : Theory and Experience*, Harvard University Press, 1975; Y. Bromley, «The Term Ethnos and its Definition», dans Y. Bromley (dir.), *Soviet Ethnology and Anthropology Today*, Mouton, 1974.

4. D. Moynihan, N. Glazer, *Beyond the Melting Pot; the Negroes, Puerto Ricains, Jews, Italians and Irish of New York City*, MIT Press and Harvard University Press, 1963; A. Cohen (dir.), *Urban Ethnicity*, Tavistock, 1974.

Wasp (White Anglo-Saxon Protestants), cette dernière catégorie, à laquelle s'identifient nombre de gens de la *middle-class*, étant elle-même issue de la confusion dangereuse de critères phénotypiques, culturels et confessionnels. L'examen de telles situations incite les instrumentalistes à penser que l'ethnicité, plutôt que de reposer sur un socle culturel immuable, est faite de constructions opportunistes, basées sur un choix raisonné de signes caractéristiques. Ceux-ci seraient autant d'« armes » ou de « ressources » au service de mobilisations collectives tendues vers la quête d'avantages économiques et politiques. Dans cette optique, l'individu s'identifie au groupe, moins par la conviction d'une ascendance commune que par un faisceau d'intérêts partagés.

Les thèses instrumentalistes, tout comme d'ailleurs le point de vue antérieur, épousent à certains égards les positions et postures des acteurs sociaux. En effet, les membres des sociétés humaines sont souvent primordialistes dans leurs convictions : ils se croient d'essence éternelle en vertu d'une sorte d'égocentrisme idéologique, alors qu'ils peuvent paraître instrumentalistes dans leurs modes d'action. C'est le cas quand ils utilisent les référents culturels qui donnent consistance à ce sentiment d'immuabilité pour se mobiliser à des fins de politique concrète, et défendre sur la base de tactiques ou stratégies définies par leurs élites des intérêts propres face aux défis externes. Leur affirmation identitaire relève donc finalement à la fois de la croyance et du calcul. Pour autant, les théories instrumentalistes sont très réductrices. Elles rapportent l'élaboration des identités collectives à des visées politiques, mais évitent de s'interroger sur la nature des interactions dont dépend leur mise en œuvre et notamment sur le jeu des forces adverses qui peuvent les neutraliser, voire les subvertir et entraîner l'effet inverse de celui recherché. La place conférée aux conditionnements culturels est aussi un de leurs points faibles. Les instrumentalistes s'interdisent en effet de considérer la culture autrement que comme une potentialité inerte, une « ressource » au sein de laquelle le groupe puiserait à loisir ses emblèmes. Ils ignorent les affects, les normes et les valeurs transmis dans le cadre du processus de socialisation et qui informent sur un mode tacite, habituel, le plus souvent irréfléchi les conduites des individus. Finalement, ces théories se présentent comme un avatar savant du dogme utilitariste et rationaliste de l'idéologie libérale.

De l'importance des frontières...

En 1969, Fredrik Barth, un ethnologue norvégien influencé par les travaux d'Edmund R. Leach et Erving Goffman, les concepts de l'écologie et la théorie des jeux, publie un article novateur sur l'ethnicité. Il part d'un double constat : les frontières interethniques peuvent être très poreuses sans que cela affecte l'intégrité des groupes en contact, dès lors que des processus d'exclusion et d'incorporation assurent la persistance des catégories par lesquelles les gens s'identifient ; d'autre part, les groupes ethniques n'existent qu'au travers d'une série de contrastes les démarquant de l'entourage. Par exemple, les Bosniaques musulmans se démarquent des Serbes orthodoxes et des Croates catholiques. Ces observations conduisent l'auteur à inverser la perspective par rapport à l'approche classique de l'ethnie : plutôt que de chercher à dégager un supposé «cœur» culturel à partir duquel serait interprétée toute forme de changement, il préfère partir des limites en axant l'analyse sur les «frontières ethniques» et leur entretien. Comme certaines observations le portent à croire que les signes distinctifs au principe des frontières sont très fluctuants, il en déduit que l'identité est processuelle (et non systémique) : que la culture n'est pas un donné, mais plutôt une résultante au contenu variable. Le groupe ethnique n'est pas une entité en soi, mais une forme d'organisation repérable par les contrastes entre les attributs culturels et par l'expression croisée des manières dont les gens se classent. Malgré l'étymologie du mot «identité», l'aspect des rapports sociaux ainsi qualifiés n'a rien d'introspectif, en ce qu'il serait défini par référence exclusive au semblable. Bien au contraire, la conscience de soi est indissociable du miroir présenté par l'étranger.

En dépit des avancées qu'elle offre, l'approche de F. Barth n'est pas pour autant exempte de critiques. La principale tient au fait qu'il minimise le poids et la cohérence des schèmes culturels hérités du passé. Ce faisant, remarque Luc de Heusch (5), il oublie que les acteurs sociaux *«sont invités à se débrouiller avec un* système socioculturel *préexistant, que chaque génération transforme selon un nombre limité de possibilités»* ; L. de Heusch ajoute : *«C'est précisément parce qu'ils ont le sentiment d'être des héritiers que les membres d'un groupe ethnique vivent si souvent dans l'illusion qu'ils ont les mêmes ancêtres.»* Sous l'emprise sans doute de E.R. Leach (6) qui voyait dans les symboles culturels de simples «habits» changeant au gré des contingences historiques, F. Barth s'interdit de réfléchir sur le sens des codes de conduite hors du contexte particulier où ils servent de traits différenciateurs face aux étrangers. De plus, rapporter les constructions identitaires aux frontières démarquant le groupe de ses voisins est réducteur. En effet, les identités collectives se définissent non seulement selon une altérité « du dehors», mais aussi, par rapport à une altérité «du dedans», qu'elle prenne la forme des dieux que l'on s'invente, des ancêtres que l'on honore ou des mauvais morts que l'on redoute. Enfin, autre reproche adressé à F. Barth, il ne considère que le point de vue des sujets de l'étude. Or le problème, c'est que l'opinion des gens sur ce qu'ils sont et ne sont pas ne suffit pas à valider leur appartenance ethnique. Il faut que cette opinion soit croisée avec le jugement d'un entourage composite pour que l'information devienne pertinente.

Leçons du passé, perspectives d'avenir

Quelles sont aujourd'hui les perspectives qui s'offrent à l'ethnicité comme objet d'étude scientifique, mais aussi

5. «Ethnie, les vicissitudes d'un concept», *Archives européennes de sociologie*, vol. XXXVIII, n° 2, 1997.
6. E.R Leach, *Les Systèmes politiques des hautes terres de Birmanie*, Maspéro, 1972 [1954].

comme phénomène politique ? Alors que la mondialisation est en marche et que l'essor de médias d'une portée inédite doit transformer la planète en un « village global », on a pu redouter une uniformisation culturelle des sociétés. Or, pour l'instant, les effets d'un tel processus ne sont guère sensibles. Pour ne prendre qu'un exemple emblématique, la chaîne américaine de restauration rapide McDonald's voit certes le nombre de ses clients augmenter en fonction de l'expansion géographique de l'enseigne, mais les plats « customisés » qu'elle propose et les modes de consommation qui lui répondent changent d'un pays à l'autre, tout comme varient les circonstances d'un repas dans ce genre de *fast-food* et le sens qu'on lui confère suivant le statut, l'âge, le niveau d'études, l'origine ethnique ou encore la position familiale des clients (7). Le phénomène est-il foncièrement différent du processus d'adaptation protéiforme qui accompagna l'introduction et la diffusion à partir du Nouveau Monde de la pomme de terre en Europe au XVIIIe siècle ? Rien n'est moins sûr ! Une récente étude relative à Trinidad montre que même les médias *a priori* les « plus globalisants », comme Internet, sont aisément récupérés pour servir et amplifier les sentiments d'appartenance locale, ceci sur un mode qui n'a rien de virtuel (8).

La référence à l'ethnie, loin de décliner, tend au contraire à se renforcer. Le sentiment de périls écologiques imminents et les peurs de dilution identitaire occasionnées par la globalisation sont si forts qu'ils engendrent des réflexes conservateurs placés sous le double signe d'un rousseauisme et d'un essentialisme renforcés. On assiste ainsi au paradoxe, bien souligné par Anne Christine Taylor (9), d'une notion d'ethnie que les ethnologues contemporains déconstruisent, alors qu'elle prend de plus en plus de consistance sur le plan politique et est revendiquée par les autochtones. D'autre part, la saillance du concept doit beaucoup à la mercantilisation et à la fétichisation croissante de « l'objet ethnique » (*trekking*, commerce d'objets « primitifs », promotion de *leaders* indigènes campés dans le rôle de sages ou d'écologistes « premiers »). Le mouvement accompagne l'extension mondiale de l'industrie et des circuits touristiques, ainsi que la montée en puissance des altermondialistes. Pour les peuples « archaïques », il s'agit d'un autre aspect de la globalisation dont les effets uniformisants sont largement compensés par les gratifications liées à l'attrait international que suscite leur être culturel. La diversification de leur « paysage ethnique » (*ethnoscape*), selon la formule d'Arjun Appadurai (10), a des effets subversifs évidents puisqu'elle contrecarre l'image dépréciative dans laquelle les confinaient jusqu'alors les autorités et médias de leur pays. Une telle ouverture sur le monde amène à des aspirations et des revendications eth-

7. Ainsi que l'ont bien montré il y a quelques années James L. Watson et ses collègues (voir J. Watson, *Golden Arches East. McDonald's in East Asia*, Stanford University Press, 1997).
8. D. Miller, D. Slater, *The Internet : an Ethnographic Approach*, Berg, 2000.
9. A.C. Taylor, « Ethnie », dans P. Bonte, M. Izard (dirs), *Dictionnaire de l'ethnologie et de l'anthropologie*, Puf, 2000 [1992].
10. A. Appadurai, *Modernity at Large : Cultural Dimensions of Globalization*, University of Minnesota Press, 1996.

nonationalistes en nombre croissant. Un tel essor trouve bien sûr un écho sur le plan scientifique, et la question de l'ethnie, de ses contours, de son contenu, ou des conditions posées à son maintien sont plus que jamais d'actualité.

Il faut rappeler ici avec force que l'identité, à quelque niveau que ce soit, n'est pas un phénomène, ou une série de faits isolables d'autres qui seraient sans impact sur la représentation de Soi et de l'Autre. Tout acte social, parce qu'il est d'ordre relationnel et procède d'une mise en regard, a sinon des intentions, du moins toujours des implications identitaires. Souligner cette vérité n'est pas inutile pour inviter à plus d'humilité ceux qui affirment péremptoirement dans leurs écrits « rendre compte de l'identité » de tel ou tel groupe. Tout au plus peut-on traiter un aspect des processus extrêmement complexes à l'œuvre et encore convient-il de bien préciser le niveau de référence que l'on choisit d'explorer. En effet, les acteurs sociaux ne s'identifient pas par rapport à une catégorie d'attribution unique, mais en font jouer plusieurs selon les circonstances : un Français pourra ainsi affirmer sa nationalité face à un Italien, se dire provençal face à un Berrichon, Nantais face à un Rennais, d'ascendance polonaise face à un concitoyen d'origine espagnole et, pourquoi pas, membre de la CEE face à un Américain ou un Japonais. Dès lors, l'une des premières tâches de l'ethnologue intéressé par les questions identitaires devrait être de dégager la *« carte cognitive »* (11) à laquelle ont recours les membres supposés de telle ou telle société selon les contextes. Une fois mise en lumière, cette classification doit aboutir au choix d'un niveau d'identification distinctive jugé pertinent.

Cette phase préliminaire d'identification de l'objet accomplie et la nécessité de partir de l'analyse des frontières interethniques admise (apport de F. Barth), plusieurs possibilités s'offrent au chercheur soucieux d'intégrer dans sa problématique les acquis et les insuffisances des théories antérieures. Il peut tout d'abord explorer la manière dont les gens se construisent en s'opposant à des entités du dedans : dieux, ancêtres, par exemple. Une étude pionnière en ce sens est celle de Patrick Williams (12), qui a bien montré que le rapport aux *mule* (aux morts) était une dimension essentielle de l'identité manouche. Comme autre option, il peut chercher à comprendre comment les normes internes et les codes relationnels qui structurent les rapports avec l'extérieur s'informent mutuellement, *via* l'examen et la mise en perspective des modes de socialisation et de différentes sphères transactionnelles. Transposant à ma problématique la sociologie de la pratique de Pierre Bourdieu, j'ai moi-même œuvré en ce sens il y a près de vingt ans (13). Il peut encore choisir d'étudier la manière dont les membres du groupe examiné utilisent des leviers plus lointains que les rapports immédiats de voisinage pour s'affirmer, lutter

11. Selon la formule de A.L. Epstein, *Ethos and Identity : Three Studies in Ethnicity*, Tavistock, 1978.
12. P. Williams, *Nous, on n'en parle pas. Les vivants et les morts chez les Manouches*, Editions MSH, 2001.
13. B. Formoso, *Tsiganes et sédentaires, la reproduction culturelle d'une société*, L'Harmattan, 1986. Pour l'exposé théorique d'une démarche analogue, voir G.C. Bentley, « Ethnicity and Practice », *Comparative Studies in Society and History*, vol. XXIX, n° 1, 1987.

Métissage : confrontation ou mélange ?

Il y a vingt ans, le métissage ne désignait encore que la situation de deux personnes de couleurs de peau différentes qui s'unissaient et donnaient naissance à une progéniture d'apparence intermédiaire. Ainsi, des populations entières, en particulier du Brésil et des Caraïbes, ont été qualifiées de « métisses ».

On pouvait, selon le cas, approuver ou réprouver la chose. Mais la notion s'applique aujourd'hui à bien d'autres domaines que l'hérédité : à la langue, à l'habillement, à l'esthétique picturale, à la musique, aux mœurs, en un mot à la culture.

Tout le poids de la notion de métissage provient de la redécouverte, par des historiens ou des sociologues, du fait que le mélange culturel est à l'origine de brillantes civilisations. Ainsi, souligne François Laplantine, la Méditerranée antique, l'Espagne des Omeyyades, l'Europe de la Renaissance, la Vienne de Gustav Klimt et Sigmund Freud ont été des moments d'intense brassage culturel. Plus encore, l'idée même d'une culture qui ne devrait rien aux autres est rejetée par les défenseurs du métissage. Prise au pied de la lettre, cette proposition aboutit à un paradoxe : comme le souligne Jean-Loup Amselle, il est difficile de penser le mélange si l'on ne dispose pas au départ d'éléments bien séparés et originaux. En outre, si toute culture n'est que métissage, le processus est irréversible et l'histoire bute à terme sur l'idée qu'il n'y a plus rien à mélanger.

C'est à peu de choses près la conclusion à laquelle aboutit l'anthropologue Ulf Hannerz, pour qui le monde se dirige actuellement, à la faveur de la globalisation économique, vers une homogénéisation des cultures. Mais tous les défenseurs du métissage ne l'entendent pas ainsi : selon F. Laplantine, le métissage n'est pas une fusion, ni un syncrétisme, mais une confrontation, tout le contraire d'un mélange.

Que retenir de ce bref débat ? D'abord que la notion de métissage culturel est loin d'être claire. Ensuite, qu'on a tout avantage à y voir un point de vue plutôt qu'un état de choses : conceptualiser le métissage, c'est souligner le fait que les échanges culturels ont toujours existé, par opposition à toutes les démarches qui viseraient à réifier ce que chaque culture conserve jalousement d'original et d'intangible.

Ainsi, dans le panorama actuel des idées, le métissage n'irait pas non plus dans le sens du multiculturalisme communautaire, parce qu'il se joue des héritages culturels et des identités ethniques. Comme le souligne Alexis Nouss, le métissage ne serait ni un concept, ni une chose, mais une disposition à penser et à mettre en œuvre une culture faite de pièces et de morceaux empruntés à divers registres.

NICOLAS JOURNET

contre les préjugés dont ils sont l'objet et défendre leurs intérêts face à l'Etat ou d'autres instances de pouvoir. On pense notamment aux ouvertures et tribunes qu'offre la mondialisation *via* l'accès à des médias supranationaux, ou à des formes de coopération inédites avec des ONG, des représentants des grands organismes internationaux (Unesco, Pnud, FAO, OMS, etc.), des ethnologues, des *leaders* d'opinion, voire des grands opérateurs de l'industrie touristique. D'autres voies sont explorées ou restent à inventer. La tendance dominante des recherches est néanmoins celle d'une réhabilitation du « relationnel interne » et des conditionnements culturels. N'en déplaise à F. Barth, la culture n'est pas aussi volatile qu'il le croit. Elle n'est pas non plus une ressource inerte ou une somme de traits atemporels comme le pensaient respectivement les instrumentalistes et les primordialistes. Elle est certes changeante, car en situation d'acculturation permanente, mais selon des possibilités le plus souvent limitées. Elle est à la fois processuelle et systémique (dès lors que l'on conçoit la possibilité de systèmes ouverts). Elle n'est pas constamment réinventée. Au contraire, elle continue à faire sens d'une génération à l'autre. Dès lors, comme le suggère Stanley J. Tambiah (14), les recherches portant sur l'ethnicité doivent considérer les processus entremêlés qui constituent la « double hélice » des identités ethniques : d'un côté, les ressorts de l'essentialisation des qualités qui amènent les groupes à se penser comme des espèces sociales, et de l'autre la construction des frontières sociales flexibles qui conduisent ces mêmes groupes à s'étendre ou se segmenter.

14. S.J. Tambiah, *Leveling Crowds : Ethnonationalist Conflicts and Collective Violence in South Asia*, University of California Press, 1996.

NATIONS, ETHNIES, COMMUNAUTÉS...

Touareg, Inuits, Bushmen, Dakota, Aborigènes d'Australie, Papous de Nouvelle-Guinée, Basques, Han, Corses, Tchétchènes... Peut-on décrire l'humanité comme une mosaïque de « peuples », d'« ethnies », de « cultures », formant des groupes homogènes où chacun possède son territoire, sa langue, ses traditions, voire son type morphologique spécifiques ?

De la mosaïque des peuples...

• **Les races.** La théorie des races a surtout prévalu au XIXe et au début du XXe siècles. Elle sépare les humains selon des types morphologiques (asiatique, négroïde, européen...) supposés corrélés des traits culturels. On découpait ensuite les grandes races en types et variétés distincts. Cette approche a été abandonnée du fait de l'impossibilité de faire correspondre étroitement un type physique et une culture, et surtout de ses implications idéologiques.

• **Les cultures.** Selon Franz Boas (1858-1942), le père de l'anthropologie culturelle, les populations humaines se distinguent d'abord par leurs cultures et modes de vie. Indiens Kwakiutls ou Bushmen, chaque culture forme un système homogène forgeant une personnalité spécifique. Les monographies d'anthropologues tendent à reconstruire l'unité d'une culture : sa cosmologie, ses rites, ses traditions, ses croyances, sa personnalité.

• **Les ethnies.** D'usage ancien, le terme d'ethnie – ou *ethnicity* – s'est surtout développé dans l'anthropologie anglo-saxonne ces dernières décennies. L'ethnie est une notion qui se démarque à la fois de celle de race (trop biologisante) et de nation (qui suppose une organisation politique à l'européenne). L'ethnie renvoie à l'idée d'un groupe humain ayant un territoire, une histoire, une langue, un ensemble de coutumes communes.

• **Peuples, populations, minorités.** Beaucoup d'anthropologues emploient désormais les termes neutres de « populations », « peuples » ou « minorités » pour désigner des communautés qui s'identifient par un dialecte, un territoire ou une histoire communs. C'est ainsi qu'ont été publiés des dictionnaires des peuples d'Asie, des minorités, etc.

.. aux constructions identitaires

A partir des années 80, la vision des communautés humaines conçues comme des groupes homogènes et séparés, avec leur culture, leur langue, leur psychologie propres, a été fortement critiquée. On conçoit désormais les identités collectives comme des constructions sociales métissées et toujours en reconstruction.

• **La construction des frontières.** Dans un texte classique (1), l'anthropologue Fredrik Barth montre que les définitions et les frontières des ethnies se construisent et se reconstruisent dans une interaction permanente entre groupes. Elles ne procèdent pas d'une logique interne, mais leur existence est définie par une logique d'opposition/inclusion avec des groupes voisins.

• **Les identités métisses.** Les africanistes Jean-Loup Amselle et Elikia M'Bokolo ont enrichi cette critique par une approche historique qui tend à montrer que la plupart des ethnies africaines sont des constructions historiques récentes, dont la culture est toujours métissée et dont le nom provient des dénominations coloniales. Tel est le cas des Peuls en Afrique.

Les Peuls forment-ils une ethnie ?

La population peule (synonyme de foulbée) est composée d'environ 10 millions de personnes vivant en Afrique de l'Ouest. On trouve des Peuls au Nigeria, au Cameroun, en Guinée, au Niger.

On identifie généralement les Peuls par leur langue, un type physique (silhouette élancée, non négroïde), un mode de vie fondé sur l'élevage des bovidés (les zébus), un territoire qui s'étend à l'ouest de l'Afrique, du Sénégal au Tchad, et des traditions communes. Ces caractéristiques permettent-elles de parler d'ethnie peule ? En fait, la dénomination « Peul » est récente et provient du colonialisme.

Il existe chez les Peuls une variété de types morphologiques (de la même façon que les Italiens ne sont pas tous petits et bruns) ; de plus, la langue peule ne recoupe pas le territoire désigné sous ce nom. L'identité peule est elle-même un produit historique et est née d'hybridations. En témoigne le fait que les Peuls ont été un des vecteurs de l'islamisation en Afrique subsaharienne.

Comme le note J.-L. Amselle dans *Logiques métisses* (2), il n'existe pas une identité peule « pure », qui se serait ensuite métissée. L'ethnie peule est elle-même le produit d'un métissage.

Les principaux peuples d'Afrique de l'Ouest

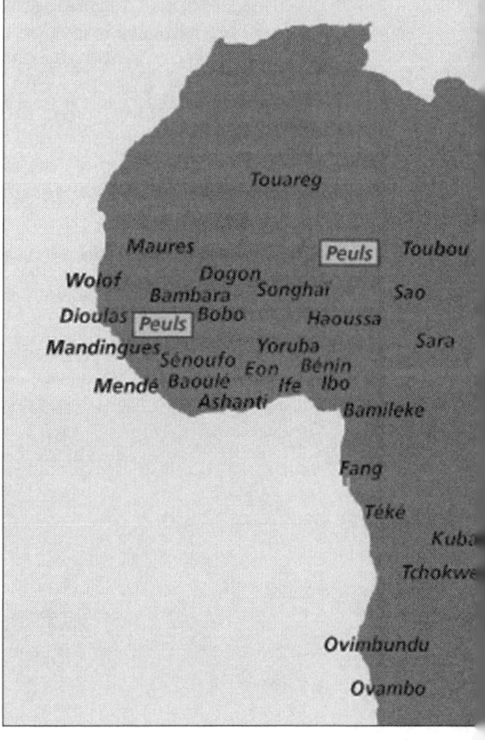

Les identités nationales

Fernand Braudel a publié en 1986 *L'Identité de la France*, un ouvrage monumental en trois tomes. Il nous montre la France comme une nation constituée au fil du temps par la sédimentation d'une géographie, d'une histoire, d'une économie, d'une langue commune. Cette histoire de France débute… à la préhistoire, ce qui semble faire de la France une sorte de réalité multiséculaire.

Selon le politologue Benedict Anderson, les identités nationales sont des «*communautés imaginées*». L'«*imaginaire national*» façonne une représentation mythique de la nation. Il crée une histoire qui plonge ses sources dans un lointain passé, raconte une épopée séculaire où apparaissent des héros nationaux, des épisodes glorieux. La langue écrite est, selon B. Anderson, un véhicule central de cette unification culturelle (3).

L'anthropologue anglais Ernest Gellner, dans *Nations et nationalisme* (4), voit dans l'école le vecteur de la diffusion d'une identité nationale. Car elle a longtemps assuré le «*monopole de la culture légitime*».

L'historien anglais Eric J. Hobsbawm, dans *Nations et nationalisme depuis 1780* (5), prend acte, lui aussi, du fait que la nation est une «*nouveauté historique*», le nationalisme contemporain étant apparu au XIXe siècle en Europe et répandu sur les continents africain ou asiatique au XXe siècle. Si les nations européennes sont liées à l'émergence d'un Etat, E.J. Hobsbawm s'intéresse particulièrement à la dimension culturelle. Comme E. Gellner, il accorde une place importante à la langue dans la construction nationale, mais cherche à relier surtout plusieurs phénomènes entre eux : la construction de l'idée nationale «*par le haut*» (par l'Etat ou une minorité agissante) et par le bas, c'est-à-dire «*à partir des espoirs, des besoins, des nostalgies et des intérêts des gens ordinaires*».

---

1. F. Barth, «Les Groupes ethniques et leurs frontières» [1969], dans P. Poutignat, J. Streiff-Fenart, *Théories de l'ethnicité*, Puf, 1999.
2. J.-L. Amselle, *Logiques métisses*, Payot, 1990.
3. B. Anderson, *L'Imaginaire national, Reflexions sur l'origine et l'essor du nationalisme*, La Découverte, 2002 [1989].
4. E. Gellner, *Nations et nationalisme*, Payot, 1994.
5. E.J. Hobsbawn, *Nations et nationalisme depuis 1780*, Gallimard, 1992.

Pierre Milza*

UN SIÈCLE D'IMMIGRATION**

Depuis cent cinquante ans, la démographie et l'économie françaises ont été nourries par l'apport des immigrés. Pour chaque nouveau flux d'arrivants, l'intégration ne s'est pas faite sans difficultés. Pourtant, on constate que tous ceux qui sont restés ont été progressivement assimilés.

VIEILLE HISTOIRE que celle de l'immigration de masse dans notre pays. Un phénomène qui fait de la France l'un des Etats de la planète qui, avec ceux des «nouveaux mondes», a eu recours avec le plus d'intensité aux populations étrangères. Il s'agissait non seulement de faire fonctionner l'économie, d'occuper les postes de travail désertés par les nationaux, mais aussi de compenser les effets ravageurs sur sa démographie des hécatombes des deux guerres mondiales, ou simplement la diminution précoce et durable du nombre des naissances (sauf durant le bref *baby-boom* de la seconde après-guerre).

A partir des années 1860-1870, émergent les effets contradictoires d'une révolution industrielle qui bouleverse la répartition des postes de travail, multiplie les besoins de main-d'œuvre non qualifiée et renforce les pratiques malthusiennes des couples.

Contrairement à ce qui se passe dans tous les autres Etats du Vieux Continent, la natalité française diminue de manière sensible, entraînant un fort ralentissement du rythme d'accroissement de la population, avec pour corollaire un manque de bras qui affecte l'agriculture et surtout les emplois industriels n'exigeant qu'une faible qualification.

Ce phénomène sera ressenti de manière

---

* Directeur du Centre d'histoire de l'Europe du XXe siècle. A publié notamment : avec L. Gerverau, E. Temime, *Toute la France. Histoire de l'immigration au XXe siècle*, Editions Somogy/BDIC, 1998.

** *Sciences Humaines*, n° 96, juillet 1999. Extrait du chapitre « L'immigration en France depuis la fin du XIXe siècle », dans L. Gervereau, P. Milza, E. Termine, *op. cit.*

particulièrement aiguë lors des phases de croissance et d'industrialisation de la Belle Epoque (1900-1914) et des trente glorieuses (1945-1975), ainsi qu'au lendemain des conflits mondiaux, les impératifs de la reconstruction conjuguant leurs effets avec ceux d'une hémorragie humaine absolument sans précédent.

Au contraire, les périodes de récession voient les flux de l'immigration décroître et les effectifs de la population étrangère stagner ou diminuer de manière sensible. Il en a été ainsi durant les deux dernières décennies du XIXe siècle, lors de la grande dépression des années 30 et depuis le premier choc pétrolier ; encore que ce dernier inaugure une ère de désindustrialisation qui n'est pas achevée et qui diminue structurellement les besoins du pays en main-d'œuvre non qualifiée.

« Pics » et « creux » coïncident donc avec les principaux tournants de l'histoire économique de la France et donnent à la courbe de la présence étrangère dans notre pays une allure contrastée. Ce qui n'empêche pas d'ailleurs, à l'échelle du siècle, un accroissement régulier de l'effectif des migrants. Celui-ci est passé de 380 000 en 1851 – date du premier recensement dans lequel figurent les étrangers – à plus d'un million en 1911 (soit 3 % de la population totale), puis à 2,7 millions, en chiffres officiels (toujours inférieurs à la réalité), en 1931. A cette date, les étrangers représentent 6,5 % de la population recensée dans l'Hexagone : chiffre record et qui marque une première crête dans la courbe.

Après le creux très marqué de la guerre, dû aux nombreux retours qui ont suivi la mobilisation dans les pays belligérants et l'invasion d'une part du territoire français, la croissance reprend, à un rythme d'abord modéré puis de plus en plus rapide, pour atteindre 3,4 millions en 1975. Malgré l'aggravation du chômage et la suspension officielle depuis 1974 de l'immigration des travailleurs permanents non originaires de l'Union européenne, l'effectif a continué de croître : il est de 4 190 000 en 1990, soit un peu plus de 7 % de la population totale.

Aussi considérables que soient ces déplacements massifs de migrants du travail, ils ne représentent qu'une partie de la noria qui nourrit, depuis plus d'un siècle, la population étrangère fixée dans l'Hexagone. En effet, la France constitue également un refuge pour des émigrés politiques venus de tous les horizons de la planète. Ainsi, aux courants puissants de l'immigration économique, se sont mêlés ceux de l'exil politique. Tantôt ils étaient originaires des mêmes pays : démocrates, socialistes, anarchistes italiens, espagnols et russes avant 1914 ; adversaires du régime mussolinien au début de l'ère fasciste et réfugiés de la guerre civile espagnole à la fin des années 30 ; harkis algériens après 1962 ; jeunes Portugais refusant à la fois les tracasseries du régime salazariste et les sanglants affrontements de la décolonisation africaine. Tantôt ils venaient d'autres pays, victimes de dictatures et de diverses formes de nettoyage ethnique : rescapés du génocide arménien ; Juifs allemands, autrichiens et tchèques en proie à la terreur nazie ; victimes et adversaires du totalitarisme stalinien, des «normalisations» hongroise (1956) ou tchécoslovaque (1968), du régime instauré en 1973 par le général Pinochet au Chili; Cambodgiens et Vietnamiens après 1975, ou musulmans bosniaques chassés de leur terre par le délire purificateur des miliciens serbes, etc. Nombre de ces réfugiés politiques ont regagné leur pays lorsque la situation s'y est modifiée. Mais certains sont restés en France et ont ainsi grossi, de décennie en décennie, le stock résiduel des migrants du travail.

Le syndrome de l'« invasion »

Jusqu'au début des années 70, près des trois quarts de la population immigrée sont originaires de pays européens (Italiens, Espagnols, Polonais). C'est à la charnière des années 60 et 70 que s'opère un tournant majeur dans l'origine géographique des migrants. C'est en effet durant cette période que la répartition des nationalités se modifie sensiblement. Les Algériens, auxquels viennent ensuite s'ajouter les Marocains et les Tunisiens, forment avec les Portugais les nationalités les plus représentées. Aujourd'hui, sur un total de 4,19 millions d'immigrés – le terme incluant les personnes ayant acquis la nationalité française –, 55 % sont originaires d'un pays européen. Les Asiatiques (Vietnamiens, Cambodgiens, Chinois) représentent 8 % de l'ensemble, et 34 % sont des Africains, y compris les migrants originaires du Maghreb qui, à eux seuls, forment près du tiers de la population immigrée.

Ces chiffres sont loin de confirmer le sentiment, partagé par nombre de nos concitoyens, d'une «invasion» de la France par des vagues de migrants de plus en plus nombreuses et de plus en plus étrangères à notre culture et à notre manière de vivre et de penser. La croissance de la population immigrée n'a guère été supérieure à 125 000 personnes entre les deux derniers recensements. La part des Européens reste importante et celle des Nord-Africains – en particulier celle des Algériens sur lesquels se concentre l'animosité de l'opinion – a augmenté moins vite que celle des Asiatiques et des ressortissants des pays de l'Afrique de l'Ouest.

Le «problème immigré» résulte donc moins de l'accroissement du nombre des étrangers, et de celui des «Maghrébins», que de la concentration des populations concernées dans les périphéries urbaines et dans des quartiers où elles conjuguent aux effets du nombre et de la désindustrialisation, ceux d'une «visibilité» qui n'est pas non plus exempte d'illusions.

Evoquant le Marseille du début du siècle dans un roman publié en 1904 et dont le titre est révélateur des fantasmes de l'époque (*L'Invasion*), l'écrivain Louis Bertrand décrivait une ville submergée par les Napolitains, *«bruyants, sales, toujours prêts à sortir le couteau»*, alors que ceux-ci étaient minoritaires au sein d'une population transalpine numériquement et culturellement dominée par les Piémontais.

On sait d'autre part que le port du «foulard islamique», souvent perçu aujourd'hui comme imposé par des groupes intégristes maghrébins, ou plus largement «arabes», concerne en fait principalement des familles turques, venues de régions rurales isolées et archaïques. La vision de l'autre, y compris celle du migrant de l'intérieur, venu de sa province au temps de la première révolution industrielle, ne s'est-elle pas continûment nourrie de ces amalgames simplificateurs ?

Une xénophobie sélective

Les grandes mutations qui ponctuent l'histoire de la France contemporaine s'accompagnent ainsi de tensions xénophobes, qui ne sont pas toutes produites par le chômage et par la concurrence sur le marché de l'emploi. Entre également dans les réactions de rejet et d'exclusion à l'égard des étrangers l'angoisse de la perte d'identité qu'éprouvent des individus en voie de marginalisation, pour lesquels l'appartenance à la nation constitue un ultime point de repère. L'étranger est dès lors perçu comme une menace, un « ennemi de l'intérieur », porteur de tous les maux, de toutes les tares sociales, voire des maladies les plus dangereuses, les plus contagieuses et symboliquement les plus « honteuses » : hier la syphilis, aujourd'hui le sida. A la fin du XIXe siècle ou dans les années 30, comme à l'heure actuelle, on évoque en termes à peine modifiés les *« hordes barbares »*, les *« envahisseurs campant dans la cité »*, les *« nuées de sauterelles »*. La menace est ressentie comme d'autant plus grande qu'elle est le fait de peuples jeunes, « primitifs », dotés d'une forte vitalité démographique, avec tout ce que cela comporte de connotations sexuelles. De la xénophobie « ordinaire », qui se manifeste le plus souvent par des qualifications injurieuses, par des vexations diverses, par un discours politique et journalistique dénonçant les « métèques », mais qui peut déboucher épisodiquement sur des actes de violence collective – par exemple les « chasses aux Italiens » qui eurent lieu à Marseille en 1881, à Aigues-Mortes en 1893, à Lyon en 1894, ou les « ratonnades » de la guerre d'Algérie –, on peut ainsi passer à des comportements racistes dont l'extrême droite fait en partie son fonds de commerce.

Les instruments de l'assimilation

En dépit des difficultés qu'elles ont rencontrées et parfois des drames dont elles ont été victimes, les populations issues de l'immigration ont fini par s'adapter, puis par se fondre avec le temps dans la nation française, généralement à la deuxième génération. Au terme du processus, il y a bel et bien eu assimilation de chacun des groupes considérés, si par ce terme souvent controversé on entend, comme le font certains démographes et anthropologues, *« réduction des spécificités des pratiques sociales, culturelles et religieuses »* (1). Les raisons de ce succès passent souvent par l'idée que nous nous faisons en France de la nation, comme objet de l'adhésion de chacun aux valeurs de la République.

En premier lieu vient l'école, principalement au niveau élémentaire, le seul que les fils et filles de migrants ont eu, dans des proportions significatives, le loisir de fréquenter, au moins jusqu'au milieu des années 50. Son rôle a en effet été essentiel dans l'acculturation des immigrés. Elle a fourni à leurs enfants

1. M. Tribalat, *Faire France. Une enquête sur les immigrés et leurs enfants*, La Découverte, 1995.

un bagage intellectuel minimal permettant à une partie d'entre eux de gravir un ou deux degrés dans l'échelle des statuts sociaux. Elle a fait de ceux qui y ont accompli la plus grande partie de leur cursus scolaire des Français de langue, de culture et de sentiment. Elle a ensuite exercé son influence et son travail de francisation sur l'ensemble de la cellule familiale, où la langue, la culture, les références historiques, géographiques, littéraires, idéologiques, civiques qui fondent l'appartenance à la nation française ont pénétré.

L'engagement politique et syndical a également favorisé l'intégration des migrants, lesquels appartenaient majoritairement au monde ouvrier. Entamé dès le début du siècle, il s'est affirmé entre les deux guerres. Au milieu des années 20, le parti communiste et la CGT ont constitué une structure d'accueil pour nombre d'individus issus de l'immigration, travailleurs sans qualification en butte, comme en Lorraine, aux réactions malthusiennes et chauvines de l'aristocratie ouvrière locale.

Venus au Parti parce qu'il incarnait des valeurs révolutionnaires et internationalistes, ils ont été amenés à intégrer dans leur comportement et leur vision du monde les valeurs patriotiques affichées par la suite par l'organisation communiste. Leur socialisation et, *in fine*, leur francisation ont bénéficié de cette évolution, accélérée par la guerre et par la lutte menée aux côtés des Français dans les organisations de résistance liées au PC (la « Main-d'œuvre immigrée » ou MOI).

Les institutions et les pratiques religieuses ont généralement œuvré dans le même sens lorsque les gros bataillons de l'immigration venaient de pays catholiques : Belgique, Italie, Espagne, Pologne, Portugal. Pour les représentants de la deuxième génération, l'enseignement du catéchisme, les activités du patronage, celles des organisations de jeunesse (scoutisme, Joc, etc.) et des associations sportives liées à l'Eglise ont néanmoins accéléré et complété le rôle assimilateur de l'école. Plus généralement, le sport et les loisirs de masse ont fortement concouru au brassage des individus et au mixage culturel qui a accompagné celui-ci.

Parmi les processus d'intégration des étrangers et de leur descendance à la société française, il faut encore citer le service militaire (puissant instrument de brassage mêlant les fils de migrants à ceux des représentants de toutes les régions de l'Hexagone), les pratiques de sociabilité et les activités de loisir (le sport, le bal, le café, les vacances populaires, etc.), leur participation aux deux conflits mondiaux... Il faut également souligner le rôle déterminant des femmes, plus souvent que les hommes au contact avec l'environnement humain, que ce soit celui du village ou du quartier, confrontées au quotidien aux problèmes de la langue, de la monnaie, des pratiques administratives, et directement concernées par l'imprégnation d'une culture véhiculée par l'école et introduite dans le milieu familial par les enfants d'âge scolaire.

Les dysfonctionnements du creuset

La puissance assimilatrice du *« creuset français »* (selon l'expression de Gérard Noiriel) a été assez forte pour que, à l'échelle de trois ou quatre générations, on puisse aujourd'hui évaluer à dix millions de personnes environ – soit 20 % de la population totale – les « Français à trait d'union ».

Ainsi, jusqu'au milieu des années 70, les instruments de l'intégration ont dans l'ensemble convenablement accompli leur tâche, alors qu'ils donneraient depuis cette date des signes manifestes de dysfonctionnement : conséquence aux yeux de certains d'un changement de nature de la nouvelle immigration, essentiellement maghrébine et africaine, appartenant à des cultures trop éloignées de la nôtre pour que s'opère la fusion, comme elle s'est opérée pour les vagues précédentes. Il y a là une thématique non exempte de présupposés racistes et qui ne nourrit pas seulement le discours d'exclusion de l'extrême droite. Pour d'autres, ce n'est pas le matériau humain qui est en cause, mais bien davantage la puissance assimilatrice de la nation française. Dans les deux cas, on évoque la « panne » du creuset, ce qui nous conduit à formuler deux remarques.

La première concerne la façon dont s'est accomplie dans le passé l'intégration des populations étrangères. On a vu que celle-ci ne s'était pas opérée de manière aussi irénique et linéaire qu'on se plaît à l'imaginer aujourd'hui. Outre le racisme « ordinaire » et les fureurs xénophobes qui ont parfois tourné au drame, les outils assimilateurs n'ont pas toujours fonctionné dans le bon sens. L'école a parfois été un lieu d'exclusion dont se souviennent les enfants de « Macaronis », de « Polaks » ou d'« Espingos » – pour ne citer que quelques-unes des appellations méprisantes les plus fréquemment appliquées aux étrangers – avant et après la Seconde Guerre mondiale.

L'engagement politique a fréquemment produit des réactions de rejet, l'immigré ou l'exilé politique étant perçu comme un fauteur de troubles et une menace pour l'ordre public, renvoyé chez lui ou parqué dans un camp comme des centaines de milliers de réfugiés espagnols internés au Vernet, à Argelès ou ailleurs en mars 1939.

L'appartenance à la religion majoritaire n'a pas non plus toujours facilité l'insertion des migrants dans un pays fortement déchristianisé et dans un milieu ouvrier prompt à considérer les Italiens ou les Polonais comme des « culs-bénits » liés au patronat.

Quant à l'image reconstituée d'une adhésion individuelle aux valeurs de la République, définissant le modèle français d'intégration par rapport au modèle communautaire américain, elle est assez largement mythique et en tout cas inapplicable à l'ensemble des francisés. Très souvent, en effet, l'assimilation s'est effectuée par étapes : adaptation matérielle à l'environnement local dans un premier temps, puis intégration progressive à l'échelle d'au moins deux générations, et finalement fusion à peu près complète et « transparence » des Français à trait d'union ayant parfois oublié jusqu'à l'origine de leur nom.

La seconde remarque nous ramène au temps présent, pour lequel on constate que, si les zones à forte concentration de populations issues de l'immigration sont également celles où sévissent avec le plus d'acuité l'insécurité et la délinquance, la faute en incombe essentiellement à une situation d'exclusion sociale qui résulte elle-même de la mutation économique qui caractérise la fin du siècle dernier et le début de celui-ci, et en particulier du chômage. Pour le reste, on s'aperçoit à l'examen des enquêtes de terrain et de récentes études de l'Ined, qu'en dépit des problèmes de toutes sortes que les grands bouleversements de l'ère postindustrielle et la mondialisation de l'économie posent à notre société, nombre de signes indiquent que l'assimilation est à l'œuvre.

Contrairement aux idées reçues, les indices de cette évolution sont loin d'être négligeables. On constate par exemple, selon les termes du rapport Tribalat, que *« les migrants d'Afrique noire sont les plus nombreux à savoir écrire notre langue »* ; que *« les pratiques matrimoniales, éléments déterminants de l'organisation des sociétés, subissent une déstructuration importante dans les populations originaires d'Algérie et du Maroc »* ; que *« la moitié des garçons et le quart des filles d'origine algérienne vivent avec un conjoint français de souche »* ; que *« les immigrés d'Algérie se révèlent être les moins pratiquants des musulmans »* ; que leurs enfants nés en France montrent *« une indifférence religieuse égale à celle des autres Français du même âge »* ; qu'en dépit de difficultés importantes pour s'insérer sur le marché du travail, *« les enfants des familles immigrées élevés en France connaissent une certaine mobilité sociale »*, etc. Autant de signes – mais on pourrait en citer beaucoup d'autres – qui disent que l'insertion des nouveaux migrants et de leur descendance dans le corps social français, si elle n'emprunte pas tout à fait les mêmes voies qu'il y a trente, cinquante ou cent ans, s'effectue sous nos yeux, comme s'est effectuée celle de leurs prédécesseurs, et au même rythme, celui du temps long.

Jean-Claude Ruano-Borbalan*

CULTURE, VALEURS, TOUS POSTMODERNES ?**

La globalisation de l'économie et de la communication va-t-elle unifier les cultures ? Les valeurs de tolérance et de rationalité se développent dans les pays riches, mais les valeurs traditionnelles résistent étonnamment dans les pays pauvres.

Samuel Huntington, politologue de grand renom, publiait en novembre 1993 dans la prestigieuse revue *Foreign Affairs* un article intitulé « The Clash of Civilisations », promis à une notoriété sans précédent. L'auteur y soutenait que les différences entre les aires culturelles sont profondes. S'appuyant sur la tradition de penseurs comme Oswald Spengler, Arnold Toynbee et Fernand Braudel, il postulait la persistance de civilisations, qui constituaient les plus grandes sphères d'identification politiques possibles pour les individus. S. Huntington a défini dans ses écrits (1) l'existence de six à huit civilisations fondamentales, dont certaines ont une réalité problématique : les civilisations japonaise, chinoise, hindoue, musulmane, occidentale (subdivisée en plusieurs « sous-civilisations »), latino-américaine et africaine. Ces civilisations se définissent pour lui en dernier ressort par la religion.

La thèse du choc des civilisations de S. Huntington, contrairement à ce que de nombreuses critiques ont estimé, n'est pas une pure description de la réalité. Elle a été conçue comme un cadre de pensée (un paradigme au sens de la théorie des relations internationales) dont le but est d'interpréter le monde de l'après-guerre froide. Elle permet

* Directeur de publication du magazine *Sciences Humaines*.

** *Sciences Humaines*, numéro spécial n° 2, mai 2003. Ce texte est une version actualisée de l'article « Planète@culture.com » publié dans *Sciences Humaines*, n°110, novembre 2000.

1. S. Huntington, *Le Choc des civilisations*, Odile Jacob, 1997.

alors au politologue de donner sens aux faits économiques et politiques qu'il veut interpréter, c'est-à-dire selon lui les deux tendances majeures de ce début de siècle :
– l'équilibre de la puissance est en train de basculer de l'Occident à l'Asie, en raison de l'émergence de l'économie chinoise et de la croissance démographique des populations musulmanes ;
– à la fin du XXe et durant les premières décennies du XXIe siècle, l'identité et les communautés constituent les thèmes de mobilisation politiques majeurs. La religion et la nostalgie du passé semblent prévaloir sur les conceptions scientifiques, la rationalité, le progrès ou l'utopie révolutionnaire.

Et si Huntington avait raison ?

Compte tenu de la persistance des civilisations comme cadre d'identification, de solidarité et surtout de puissance et d'affrontements à venir, ces deux tendances représenteraient un défi formidable au système international actuel. La thèse de S. Huntington a généré, depuis sa première formulation en 1993, un nombre considérable de réactions. Elle est d'ailleurs particulièrement combattue en France. Les experts français des relations internationales, anthropologues et sociologues, contestent l'idée d'un « Yalta culturel », c'est-à-dire la thèse huntingtonienne d'un équilibre de puissance entre civilisations fondées sur la religion.

Les écrits de S. Huntington sur la persistance des civilisations/cultures et valeurs traditionnelles se réfèrent à des traditions historiques et sociologiques postulant que des traits culturels qui ont persisté sur de longues périodes exercent un impact important sur les performances économiques et politiques des sociétés. Il existe *a contrario* une autre vision, dite thèse de la modernisation, apparemment incompatible avec le postulat d'une persistance des formes civilisationnelles. De Max Weber à Daniel Bell, ce second courant soutient que le développement économique s'accompagne d'une érosion des valeurs traditionnelles liées à la religion, et que l'histoire contemporaine depuis deux siècles peut être vue comme un processus de déclin de la religion et des valeurs morales traditionnelles (la sécularisation). L'un des représentants contemporains les plus prestigieux du courant de la modernité, le sociologue américain Ronald Inglehart, a souligné l'évolution cohérente des systèmes de valeurs vers un modèle rationnel et « postmoderne » (2). Celui-ci s'incarne aujourd'hui particulièrement dans les valeurs et les modes de vie des pays scandinaves, caractérisés par la tolérance, la valorisation de l'individu, la confiance en autrui, etc.

Cependant, et c'est là un point nodal, alors que de son propre aveu il ne s'y attendait pas, R. Inglehart soutient que ses travaux confirment la thèse de S. Huntington : la persistance de civilisations, soudées par leur héritage historique et, en particulier, religieux. C'est la première fois que la thèse du choc des civilisations, soumise à une vérification empirique, se trouve en partie validée. L'*Enquête mondiale sur les valeurs*, qui a

2. R. Inglehart, « Choc des civilisations ou modernisation culturelle du monde ? », *Le Débat*, n° 105, mai-août 1999.

servi de fil directeur à l'étude de R. Inglehart, montre que les configurations culturelles se révèlent étonnamment résistantes et cohérentes. Pour le sociologue, il existe deux grandes dimensions d'évolution des valeurs dans le monde contemporain :

– la première dimension est celle du passage des valeurs traditionnelles (autorité patriarcale, poids des institutions religieuses) aux valeurs « rationnelles-légales » et séculières (laïcité, respect de l'autorité administrative et étatique) ;

– la seconde dimension est celle du passage de valeurs de pénurie et de nécessité, liées à des sociétés où domine la pauvreté, aux valeurs d'autoréalisation, d'expression et de bien-être que privilégient notamment les sociétés les plus riches d'Europe du Nord. Cette dimension correspond au degré de richesse des sociétés.

Le positionnement des sociétés nationales suivant ces deux dimensions permet au sociologue de les classer selon quatre types :

– *les sociétés de type traditionnel* où les individus privilégient la religion, les valeurs familiales, favorisent les familles nombreuses, privilégient le conformisme et réfutent l'individualisme, etc. C'est notamment le cas des pays de l'aire islamique comme le Bangladesh, de pays d'Afrique comme le Nigeria ou le Ghana ;

– *les sociétés de valeurs rationnelles* préfèrent l'individualisme et le contrôle des naissances, sont sécularisées et reconnaissent l'autorité de l'Etat (l'Allemagne, dans ses deux composantes de l'Est et de l'Ouest, en est l'archétype) ;

– *les sociétés qui privilégient des valeurs de pénurie* où les individus ne se sentent pas heureux, sont plutôt intolérants, peu favorables à l'égalité des sexes et ont peu confiance dans les autres, mais placent de grands espoirs dans la science et privilégient des valeurs matérialistes (la Moldavie, l'Ukraine, et de manière générale les pays ex-communistes fortement scolarisés où l'idéologie scientifique fut prégnante se retrouvent dans cette configuration de valeurs) ;

– *les sociétés «postmodernes»* sont opposées aux sociétés de pénurie et sont plutôt tolérantes et démocratiques (ce sont précisément les riches pays scandinaves et les Pays-Bas qui incarnent cette tendance de manière significative).

La grande découverte de R. Inglehart est que les différents pays se distribuent dans des ensembles qui semblent correspondre aux découpages de civilisations faits par S. Huntington. Les pays «islamiques» et d'Asie du Sud jouxtent au plan des valeurs les pays africains : leurs habitants y déclarent des valeurs majoritairement traditionnelles. L'ensemble des pays orthodoxes, inclus dans un plus vaste ensemble des pays anciennement communistes, sont plutôt défenseurs de valeurs rationnelles, mais ne reconnaissent pas l'autoexpression des individus. L'Europe catholique est plutôt moins autoritaire, mais également moins tolérante à l'autoexpression des individus que l'Europe des pays anglophones, dont R. Inglehart fait un ensemble à part de l'Europe protestante du Nord, la plus rationnelle et la plus tolérante. Selon le sociologue, enfin, les pays « confucéens» (Chine, Japon, Corée du Sud, Taiwan) se positionnent entre les pays catholiques et les pays protestants.

Pour expliquer ce qu'il appelle la «résilience» des grandes civilisations que l'*Enquête mondiale* révèlerait, R. Inglehart souligne que *«c'est le patrimoine historique tout entier qui se réfléchit dans la culture d'une société»*. Pour la plupart des pays, les traditions religieuses continuent de définir les systèmes contemporains de valeurs, même lorsque les religions semblent avoir quasiment disparu comme en Europe occidentale. La persistance de traits de civilisations incarnés dans des systèmes de valeurs n'est pas liée à la place actuelle des Eglises, mais à leur force passée. Ces Eglises définissaient il n'y a pas si longtemps la morale et les normes sociales. L'exemple des Philippines illustre clairement l'argument. Ce pays est majoritairement catholique et, *«bien que géographiquement proche de la Chine et de Taiwan, cette société n'a pas été historiquement façonnée par le modèle confucéen. Culturellement, elle est plus proche des sociétés d'Asie du Sud, mais aussi d'Amérique latine, avec lesquelles les Philippines ont un passé historique commun : la colonisation espagnole.»* L'*Enquête mondiale sur les valeurs* prouve donc qu'à l'aube du XXIe siècle, *«les clivages religieux demeurent étonnamment forts»*. Par exemple, le déclin de la pratique religieuse (participation à la messe, observance des rites, etc.) dans les sociétés industrielles avancées n'empêche pas la persistance du sentiment religieux (déclaration de la croyance en Dieu) dans les mêmes proportions de 1981 à 1997, de l'ordre de 55 % pour l'ensemble des sociétés industrialisées. En outre, on constate la persistance de valeurs traditionnelles malgré les puissantes forces de modernisation. Cette persistance est notamment due à la démographie, puisque les sociétés à valeurs traditionnelles ont une plus grande fécondité.

Et si Huntington avait tort ?

Aujourd'hui, nul ne nie l'existence de clivages religieux, culturels, communautaires, mais de nombreux spécialistes combattent l'idée que les différences religieuses ou culturelles seraient figées une fois pour toutes. C'est notamment la démonstration faite par les historiens et les anthropologues qui étudient les phénomènes de création nationale (3).

Jean-François Bayart estime par exemple que les identités ethnopolitiques sont des créations récentes. Elles sont le fruit d'une *«ingéniérie de création identitaire»* (4). Il montre que les différences ou au contraire les solidarités religieuses, linguistiques ou ethniques n'existent de manière forte que lorsque les dirigeants ou les membres des communautés les utilisent à des fins politiques. L'imaginaire nationaliste serbe, dans lequel l'identité religieuse joue un rôle important, a été intellectuellement «refabriqué» dans le processus d'éclatement de la Fédération yougoslave. Soumis aux processus politiques et particulièrement aux luttes de pouvoir violentes, la création et le renforcement des identités culturelles s'appuient sur les traditions, notamment les religions, en les réinventant. Mais ils peuvent tout aussi bien s'y opposer,

3. A.-M. Thiesse, *La Création des identités nationales. Europe, XVIIIe-XXe siècles*, Seuil, 1999.
4. J.-F. Bayart, *L'Illusion identitaire*, Fayard, 1996.

comme ce fut le cas lors de la chute de l'Empire ottoman au début du XXe siècle. En Turquie, à ce moment, souligne J.-F. Bayart, plusieurs choix culturels étaient possibles. Le gouvernement kemaliste soutint l'occidentalisation contre la religion et les valeurs traditionnelles, jugées coupables de l'effondrement de l'Empire. Ce choix eut pour effet l'adoption de l'alphabet latin, mais aussi de privilégier certaines pratiques musicales ou littéraires et d'en bannir d'autres.

L'instrumentalisation politique des traditions religieuses, ethniques ou autres a accompagné dans les dernières années l'émergence de nombreux conflits fondés sur la radicalisation des identités. Bien que ces conflits aient beaucoup fait pour accréditer la thèse du choc des civilisations, rien ne prouve que la tendance des conflits locaux soit de se fédérer selon les frontières religieuses, qui sont de toute façon particulièrement difficiles à détecter. Au contraire même, il semble que la référence religieuse ou identitaire soit en net recul comme justification de la guerre. C'est ce que souligne l'exemple du conflit en Tchétchénie où, lors de la première guerre au début des années 90, *« l'islam joue le rôle d'une valeur refuge, en réaction à l'intervention militaire russe, et conduit par exemple à donner une éducation religieuse aux enfants »*. Alors qu'aujourd'hui, si l'islam est bien un élément primordial de l'identité tchétchène, c'est la logique de la guerre et de la stigmatisation russe qui fige la situation et nourrit la persistance d'une référence islamiste pour les combattants : *« On ne va pas dans un bataillon islamique parce qu'on est islamiste, mais on devient islamiste pour intégrer un bataillon où l'on veut combattre, pour des raisons autres (parce que les liens familiaux, d'amitié ou de voisinage rendent son accès plus facile, parce qu'il est pourvu d'armements plus performants ou jouit d'un prestige militaire, etc.). (...) Les Tchétchènes, même islamistes, sont aussi, et peut-être avant tout, des patriotes. »* (5)

Vers une culture globale ?

La plupart des chercheurs tentent actuellement de penser le devenir culturel dans la tension entre l'identité et l'universalité. Pour le politologue Pierre Hassener, *« le phénomène le plus universel semble résider dans la dialectique de la globalisation et de la fragmentation, liée à la modernisation. Sous l'effet avant tout du progrès technique, l'individu se trouve aujourd'hui arraché à ses points de repère familiaux, nationaux, culturels ou religieux et livré sans protection aux rigueurs de la compétition dans un monde trop complexe et changeant pour répondre à ses besoins de stabilité ou de sens. »* (6) Nombre d'analystes estiment comme lui que les réactions communautaires et religieuses violentes sont la conséquence directe de la tendance à l'homogénéisation qu'induit la modernisation. La persistance d'aires culturelles différenciées et structurées par la religion serait donc plutôt l'expression de la globalisation que sa négation. Si l'on admet que le repli culturel et le

5. Comité Tchétchénie, *Tchétchénie. Dix clefs pour comprendre*, La Découverte, 2003.
6. P. Hassener, « La thèse du choc des civilisations est une vision fausse de l'avenir de l'humanité », dans S. Cordellier (dir.), *80 idées-forces pour entrer dans le XXIe siècle*, La Découverte, 1999.

Unification culturelle : trois débats enchevêtrés

La réflexion sur la fragmentation ou l'unification culturelle n'est pas neuve. Une forte tradition philosophique et historienne a, par exemple, fait de l'existence de civilisations distinctes et durables l'un des fondements de la compréhension de l'histoire humaine (1). En contrepoint, une tout aussi forte tradition philosophique et sociologique, remontant aux Lumières et passant par Hegel, Karl Marx et Max Weber, a fait de la modernité occidentale et de ses attributs un universalisme destiné à se propager à tous les hommes de la Terre (2).
Ces traditions théoriques constituent l'arrière-plan de trois grands débats enchevêtrés, mais distincts, qui parcourent les sciences sociales :

1. Y a-t-il unification de la culture sous le poids de la globalisation économique, d'une généralisation des industries culturelles et de la diffusion des produits occidentaux ? Cette interrogation est très développée en géographie ou en sciences politiques. Elle est prolongée et nourrie par un débat public, particulièrement vif en France, sur l'américanisation des sociétés et ses conséquences supposées néfastes.

2. Les valeurs et pratiques de la modernité (sécularisation, démocratie, individualisme…) ont-elles vocation à se diffuser à l'ensemble des pays du globe ? Cette discussion est plutôt présente chez les sociologues et les historiens. A partir de la diversité des exemples contemporains de la modernisation (Asie de l'Est, Inde, Europe de l'Est…), les spécialistes ont remis sur le chantier la réflexion sur l'origine de la modernité européenne. Un programme de recherches a été

maintien des valeurs traditionnelles sont en quelque sorte l'envers d'un processus de globalisation de la culture, quelles sont la nature et l'ampleur de cette dernière ? Assiste-t-on à la formation d'une culture mondiale, fondée sur les valeurs de la modernité urbaine et industrielle européenne ? Assiste-t-on dans le même temps au maintien des cultures traditionnelles ? L'anthropologue Jean-Pierre Warnier (7), qui s'est penché sur ces questions il y a quelques années, fustigeait les hymnes « technolâtres » qui, jusqu'en 2001 et l'effondrement des espoirs mis dans la nouvelle économie, prétendaient que nous entrions dans une grande communauté culturelle planétaire unique. *« Les "nouvelles technologies", par exemple, ont le don de susciter des discours généralisateurs, globalisants et*

7. J.-P. Warnier, *La Mondialisation de la culture*, La Découverte, 1999.

développé, une réévaluation de l'histoire économique et sociale de toutes les aires de civilisation est en cours. Mené depuis le milieu des années 90 sous la direction de Shmuel Eisenstadt, de l'Université de Jérusalem, ce programme a fait l'objet de deux publications (3). De manière tout à fait significative, S. Eisenstadt invite à une rupture claire avec les théories de la modernisation qui prônaient l'imitation des modèles occidentaux, en vogue dans les années 50 et 60... dont il avait été lui-même l'un des principaux promoteurs !

3. Comment s'articulent les revendications et résistances des communautés ethniques, politiques ou religieuses ? Quels sont les logiques, les registres d'action et de justification des multiples stratégies identitaires et de création culturelle ? Largement portée à l'origine par la réflexion des anthropologues du politique (Ernst Gellner) ou des historiens (Eric Hobsbawm, Benedict Anderson) qui ont souligné le rôle des croyances, des symboles et de l'imaginaire dans la fabrication des identités politiques nationales, cette interrogation est aujourd'hui commune à l'ensemble des disciplines qui s'interrogent sur les cultures et leurs transformations.

J.-C.R.-B.

1. Voir *Sciences Humaines*, hors-série n° 30, « 100 ans de sciences humaines », septembre 2000.
2. G. Leclerc, *La Mondialisation culturelle. Les civilisations à l'épreuve*, Puf, 2000.
3. Deadalus, « Early modernities », *Journal of the American Academy of Art and Sciences*, été 1998 ; « Multiple modernities », *idem*.

dénués du souci d'intégrer en abondance les données du terrain. »
On reproduisait, selon J.-P. Warnier, l'erreur des théoriciens de la consommation de masse et de la convergence des civilisations des années 60 : « *Lorsque les ethnologues ont commencé à enquêter sur les pratiques de consommation contemporaines, ils ont découvert un paysage sensiblement différent de celui que les auteurs dits "postmodernes" présentaient.* » La capacité d'innovation, de bricolage des individus et des groupes est très importante et l'on assiste, dans les pays occidentaux comme dans le monde entier, à des créations culturelles par des pratiques et des répertoires d'actions différenciés. De ces créations, les exemples abondent. Elles s'effectuent grâce au choix par les individus d'un agencement de produits, de valeurs et de pratiques qui permettent à la fois la différenciation et l'identification à tel ou tel groupe ou

culture. C'est par exemple la situation de ces Californiennes que décrit la journaliste du *National Geographic* Erla Zwingle, dont les tatouages au henné sont ceux que depuis des centaines d'années les femmes d'Afrique, d'Inde ou du Moyen-Orient pratiquent à l'occasion de leur mariage (8). La journaliste note avec malice qu'elle l'a vu pratiquer sur une jeune femme hispanique, dans une vaste maison d'Hollywood, par l'artiste français Pascal Giacomini. Ce dernier exécutait ses dessins à l'aide de pigments temporaires issus de l'industrie... en écoutant de la musique brésilienne. Un tel exemple rappelle qu'il ne faut pas confondre la mise à disposition planétaire de produits et d'informations avec leur utilisation, ni leur utilisation éventuelle avec l'existence d'une culture commune. On assiste en fait, particulièrement dans les pays occidentaux, à un éclatement des consommations, des pratiques et des références culturelles, qui aboutissent à des recréations culturelles où, comme le souligne J.-P. Warnier, les catégories sociales, les institutions intermédiaires locales, les valeurs et croyances jouent à plein *«pour agglomérer ces mouvements créatifs en autant de groupes culturels qui se côtoient ou se craignent les uns les autres»*.

Entre l'universel et le singulier

On constate certes de puissants facteurs d'unification culturels, liés à la modernisation économique. On constate également une forte résistance des cultures traditionnelles et des valeurs fondées sur la religion. Mais on découvre surtout un processus historiquement permanent de création des identités culturelles : cultures réinventées dans la vague celtique actuelle par exemple, cultures urbaines créées comme pour le rap, cultures créoles en perpétuelle création (9). La création et le maintien de cultures spécifiques sont un processus dynamique, inhérent aux sociétés humaines. Seules de puissantes institutions et idéologies politiques peuvent freiner ces processus, comme ce fut le cas de l'Etat-nation européen (et tout spécialement français) qui a réussi l'unification linguistique et culturelle de son territoire. Ce type d'unification, «par le haut», qu'un gouvernement mondial centralisé – s'il advenait – pourrait par exemple décréter, n'a pourtant aujourd'hui plus guère de sens. A ce propos, revenons à R. Inglehart, qui soutient à juste titre que *«l'une des caractéristiques les plus centrales du processus de la postmodernisation est une tolérance croissante de la diversité»*. En fait, à mesure que nous avançons sur la trajectoire de la postmodernisation, nous nous approchons d'une évaluation positive de la diversité. L'acceptation des étrangers et des autres groupes marginaux est un critère central de la modernité des sociétés. Ceci ne signifie nullement que sur la voie de la démocratie tolérante et postmoderne, les choses soient définitives. L'exemple de la « régression » des valeurs de tolérance dans les pays postsoviétiques, liée directement à la dégradation du niveau de vie, est là pour le rappeler.

8. E. Zwingle, « Goods Move. People Move. Ideas Move. And Cultures Hange », *National Geographic*, vol. CXCVI, n° 2, août 1999.
9. Voir l'encadré pp. 156-158.

Chapitre IX

La nation comme cadre identitaire

Anne-Marie Thiesse*

LA FABRICATION CULTURELLE DES NATIONS EUROPÉENNES**

Les nations européennes sont le fruit d'une construction historique. Les intellectuels des XIXe et XXe siècles en ont forgé les symboles, les héros et les événements. Les romans historiques, les monuments publics, les expositions universelles, les musées et l'enseignement en ont assuré la propagation.

Le XIXE siècle européen a été le siècle des nationalités. « Printemps des peuples », soulèvements, répressions, batailles... L'histoire en est bien connue. Mais le passage de l'Europe des princes à l'Europe des nations ne fut pas seulement affaire d'insurrections, de sociétés secrètes et d'alliances stratégiques. Il a aussi été préparé puis accompagné par une grande révolution idéologique et culturelle, à travers laquelle les nations ont été constituées comme êtres collectifs et acteurs politiques. Les nations ne se sont pas « réveillées » au siècle dernier pour s'affranchir de la tyrannie : elles n'existaient pas auparavant.

On définit aujourd'hui usuellement la nation comme *« un groupe humain généralement assez vaste, qui se caractérise par la conscience de son unité (historique, sociale, culturelle) et la volonté de vivre en commun »* (*Le Petit Robert*, édition 1996).

Mais pour que s'exprime la volonté de vivre en commun, il a fallu, pour chaque nation, non seulement développer la conscience de cette unité, mais aussi la construire. Car elle ne relevait, à la fin du XVIIIe siècle encore, que d'un postulat, en total contraste avec les réalités sociales les plus évidentes. Pour que naissent ces *« communautés imaginées »* (1) que sont

* Directrice de recherche au CNRS, à l'EHESS, au Centre d'études et de recherches allemandes (CERA). A publié notamment : *La Création des identités nationales. Europe, XVIIIe-XXe siècles*, Seuil, 1999.

** *Sciences Humaines*, n° 110, novembre 2000.

1. B. Anderson, *L'Imaginaire national : réflexions sur l'origine et l'essor du nationalisme*, La Découverte, 1996.

les nations, il a fallu leur donner une histoire, une langue, une culture communes. Ce fut une gigantesque entreprise qui a mobilisé pendant des décennies savants, écrivains et artistes.
Qu'est-ce qu'une nation ? Selon un lieu commun intellectuel, forgé à la fin du XIXe siècle, et récemment réactivé, il existerait deux conceptions antagonistes de la nation. La conception subjective, dite française, serait issue de la Révolution : elle fait de l'appartenance nationale l'expression du choix rationnel et contractuel d'adhésion à une communauté. La conception objective, qualifiée d'allemande et rattachée au mouvement romantique, détermine l'appartenance nationale par des critères ethniques et culturels. Cette opposition est fallacieuse, puisque l'une et l'autre sont intrinsèquement liées, même si elles ont été diversement accentuées selon les contextes politiques et sociaux.

La nation, incarnation du peuple souverain

L'idée de nation, au sens que nous donnons aujourd'hui à ce terme, est consubstantielle à la grande révolution idéologique engagée à la fin du XVIIIe siècle, qui transfère la légitimité de la souveraineté dans le peuple et récuse la division sociale en ordres distincts. A la différence d'un groupement de population défini par la sujétion à un même monarque, la nation est posée comme indépendante de l'histoire dynastique et militaire : elle préexiste et survit à son prince. Elle peut, selon les aléas de l'histoire, être opprimée ou divisée, mais elle a le devoir de lutter pour sa liberté. La nation est conçue comme une communauté de naissance, instituant une égalité et une fraternité de principe entre ses membres.
L'idée, on le voit, est subversive, qui pose une équivalence, du point de vue national, entre le plus puissant des aristocrates et le plus pauvre des laboureurs. Encore faut-il qu'elle soit partagée pour devenir force de transformation sociale et politique. Pour cela doit être mise en forme l'identité collective des membres de la nation, sur laquelle pourra se développer, à partir de références et de pratiques communes, un sentiment d'appartenance.
La tâche n'avait initialement rien d'évident. Comme l'a souligné Ernst Gellner (2), l'hétérogénéité culturelle était la règle dans les empires, royaumes et principautés de l'ère prénationale. Les références identitaires des individus étaient déterminées par leur statut social, leur religion, leur appartenance à une communauté locale plus ou moins restreinte et riche de particularismes de toutes sortes. Tout ou presque au XVIIIe siècle séparait le patricien de Francfort du paysan badois, le bourgeois de Milan du pâtre calabrais, le notaire de Rouen de l'artisan provençal. Si les identités nationales allemande, italienne ou française ne font aujourd'hui aucun doute, c'est qu'un énorme travail de création identitaire et d'éducation au national a été accompli depuis deux siècles.
Pourquoi vouloir vivre en commun ? Parce que l'on possède un patrimoine collectif, indivis et inaliénable. Tel est le fondement de l'idée nationale, comme le soulignait Ernest Renan dans sa

2. E. Gellner, *Nations et nationalisme*, Payot, 1989.

fameuse conférence donnée sous le titre «Qu'est-ce qu'une nation?» (3) : *«Une nation est une âme, un principe spirituel. Deux choses qui, à vrai dire, n'en font qu'une, constituent cette âme, ce principe spirituel. (...) L'une est la possession en commun d'un riche legs de souvenirs; l'autre est le consentement actuel, le désir de vivre ensemble, la volonté de continuer à faire valoir l'héritage qu'on a reçu indivis.»*

La formation des identités nationales a consisté à construire ces patrimoines, qui s'avèrent en fait remarquablement similaires. Toutes les identités nationales sont distinctes, mais elles se déclinent selon les mêmes catégories.

Toute nation reconnue possède en effet une histoire multiséculaire et continue établissant le lien entre les ancêtres fondateurs et le présent, une langue, des héros, des monuments culturels, des monuments historiques, des lieux de mémoire, des traditions populaires, des paysages emblématiques. L'école élémentaire enseigne la composition de ce patrimoine collectif, qui constitue aujourd'hui la matrice de toutes les représentations de la nation, depuis l'iconographie des billets de banque jusqu'aux cérémonies officielles. Pour l'essentiel, son élaboration a été faite au XIXe siècle.

La formation des langues nationales

Les Français parlent le français, les Suédois le suédois, les Polonais le polonais, les Bulgares le bulgare, etc. Il nous paraît naturel que toute nation s'identifie à une langue qui lui est généralement spécifique. Pourtant, le paysage linguistique de l'Europe des Lumières ne ressemblait en rien au nôtre, où les frontières nationales coïncident peu ou prou avec des limites linguistiques. Sur un même espace, la langue utilisée par les individus dépendait de leur statut social et du contexte de la communication. La masse de la population rurale parlait des dialectes à forme seulement orale, tandis que coexistaient plusieurs langues écrites (langue du culte, langue administrative, langue de la cour).

Les actes de l'Académie de Berlin étaient rédigés en français, sur directive de Frédéric II de Prusse, et le philosophe Johann Gottfried Herder reprochait aux aristocrates allemands de ne parler allemand qu'à leurs chevaux et leurs domestiques. Le français était dans une bonne partie de l'Europe langue de cour et langue de culture, mais nombreux étaient les habitants du royaume de France qui ne le parlaient pas. La monarchie, depuis François Ier, avait fait du français la langue administrative du royaume; elle avait ultérieurement créé une Académie chargée de veiller à sa pureté et à son rayonnement culturel.

Le royaume de France, cependant, était caractérisé par une grande bigarrure linguistique (dialectes d'oc et d'oïl, breton, basque, flamand, etc.), sans que le monarque se soucie le moins du monde d'unifier les pratiques de ses sujets. Tout change avec la Révolution. L'usage de la «langue du roi» avait été signe de statut social et d'origine géographique, celui de la langue nationale devient un devoir pour tous les citoyens puisqu'il indique

3. E. Renan, «Qu'est-ce qu'une nation?», conférence donnée à la Sorbonne le 11 mars 1882, Mille et une nuits, 1997.

leur appartenance à la communauté dans laquelle réside désormais la souveraineté. Les « patois », dès lors, sont perçus comme des vestiges de l'Ancien Régime, devant de ce fait être éradiqués. Dans l'ensemble de l'Europe, l'homogénéisation linguistique apparaît comme une condition indispensable à la réalisation de la nation comme unité sociale et culturelle. Parfois, il s'agit de généraliser l'usage d'une langue préexistante, soit auprès du peuple (cas de la France) soit au sein des élites (cas de l'Allemagne). Mais bien souvent, il faut commencer par élaborer la langue commune. Parfois, il existe une langue écrite, mais elle est archaïque, impropre à de nombreux usages : il faut alors l'enrichir et la moderniser (cas de l'italien et de nombreuses langues slaves). D'autres fois, la langue écrite est limitée à des usages cultuels, auquel cas il faut se fonder sur les dialectes pratiqués dans la population (cas du finnois, de l'estonien, des langues slaves balkaniques).
Un immense travail est accompli par des philologues, à partir de la fin du XVIIIe siècle, pour élaborer les langues nationales, les normaliser par des dictionnaires et des grammaires. Reste à les promouvoir : des associations militantes se créent pour subventionner la publication de livres et de journaux dans les nouvelles langues nationales, des écoles sont ouvertes pour les enseigner. L'unification linguistique se fera plus ou moins rapidement, selon les politiques scolaires et les niveaux de développement économique.
Ce processus de création linguistique lié à l'émergence de revendications nationales se poursuit encore aujourd'hui. Il est à l'œuvre notamment dans les nouveaux Etats issus de l'éclatement de l'ex-Yougoslavie (distinction entre le serbe et le croate, qui avaient été construits au XIXe siècle par des érudits comme langue unique transcrite selon deux alphabets, proclamation du macédonien comme langue nationale, distincte du bulgare). La demande de reconnaissance d'une nation rom non territoriale, présentée à Prague en juillet 2000, s'accompagne d'un projet de codification d'une langue unitaire à partir des dialectes parlés par les divers Roms et Tsiganes d'Europe.

Histoires et mythes nationaux

Les nations, à l'aube du XIXe siècle, n'avaient pas encore d'histoire. C'est seulement dans les décennies suivantes qu'ont été rédigés par des intellectuels libéraux et patriotes les premiers récits retraçant l'existence de ces êtres collectifs à travers les âges. Les histoires nationales se distinguent fondamentalement des histoires monarchiques. Une nation ne conquiert jamais de territoires sur ses voisins. Au fil des siècles, elle ne fait que résister à l'oppression et à l'invasion, défendant farouchement, avec heur et malheur, la terre que lui ont léguée ses ancêtres. Ses héros appartiennent à toutes les couches de la société, y compris aux plus humbles : paysans (plus rarement paysannes) se dressant farouchement contre l'ennemi et les tyrans. Unité primordiale et continuité transséculaire de l'être national sont les deux principes fondamentaux des histoires nationales, qui escamotent par conséquent la diversité des histoires régionales ou les conflits entre parties de la nation. En revanche, tous les moments, même très provisoires, d'union stratégique sont fortement valorisés. On sait la fortune, dans l'histoire nationale française, de l'alliance entre quelques chefs gaulois devant l'armée romaine !

L'histoire nationale dégage des épisodes et des figures exemplaires, qui sont autant d'enseignements et de modèles pour les combats à venir. Elle crée une mémoire collective, qui va être diffusée par l'enseignement bien sûr, mais aussi par un vaste ensemble de créations littéraires et artistiques. Le roman historique, inauguré par Walter Scott au début du XIXe siècle, a été un efficace moyen de diffuser largement dans la population la perception émotionnelle de l'histoire nationale et l'identification à ses héros. Les romans du *Risorgimento* italien, dans les années 1830, qui exaltaient les luttes contre les « tyrans » étrangers et célébraient la constitution de la Ligue lombarde contre Frédéric Ier Barberousse, ont joué un rôle important dans la constitution d'un sentiment identitaire italien, préalable à l'unité.

Les innombrables tableaux historiques peints au XIXe siècle ont eu le même rôle : indéfiniment reproduits ou imités sur des gravures ou des objets domestiques, ils ont fait de l'histoire nationale le décor familier de la vie privée. Avec le développement de l'urbanisme moderne, les statues des grands hommes deviennent l'ornement usuel des places publiques. Au théâtre, à l'opéra, l'auditoire vibre à l'unisson dans l'émotion de son histoire collective. Les grandes fêtes commémoratives qui se multiplient tout au long du siècle développent systématiquement cette célébration de la communauté transséculaire.

Avec le développement de l'histoire nationale naît une nouvelle espèce de patrimoine collectif, les monuments historiques. Jusque-là n'existaient que des bâtiments plus ou moins anciens définis par leur usage. Leurs propriétaires pouvaient en faire ce que bon leur semblait. S'ils en avaient les moyens, ils les modernisaient pour les mettre au goût du jour. Les églises romanes ou gothiques avaient été régulièrement « embellies » à la nouvelle mode et il était tenu pour prestigieux de gratifier un chœur du XIIIe siècle d'un autel baroque. Un propriétaire nécessiteux ou soucieux de rationaliser ses biens avait tout loisir de transformer un ancien cloître ou un château féodal en carrière de pierres.

Là encore, tout change avec l'émergence du principe national qui pose un droit supérieur de la collectivité sur certains édifices, requalifiés comme monuments nationaux. Ce n'est pas un hasard si les premières opérations en ce domaine sont consécutives à la Révolution française et si l'abbé Grégoire invente pour l'occasion le terme de « vandalisme » : seul un barbare, un étranger à la nation peut porter atteinte à l'héritage collectif. Encore faut-il déterminer ce qui relève de cet héritage.

Erudits, écrivains, peintres vont alors s'attacher à distinguer parmi les bâtiments ceux qui illustrent particulièrement l'histoire nationale et qui doivent faire l'objet d'une dévotion spécifique de la communauté. Ainsi, en 1831 est publié à Paris un roman historique qui a pour héroïne une cathédrale. L'auteur de *Notre-Dame de Paris* gratifie ses lecteurs d'un cours d'histoire médiévale qui fait la part belle aux « gueux » : il leur donne aussi une leçon sur l'architecture gothique, jusque-là peu prisée. Et Victor Hugo de s'exclamer : « *Conservons les monuments nationaux. Inspirons, s'il est possible, à la nation l'amour de l'architecture nationale.* » Quelques années plus tard est formée officiellement une Commission des monuments historiques, chargée de dresser l'inventaire des bâtiments qui vont faire l'objet de mesure de conservation et de restauration. Au même moment, la bourgeoisie allemande se mobilise autour d'une grande affaire lancée par quelques érudits rhénans : la restauration de la cathédrale de Cologne, qui devient une métaphore de la construction de l'unité allemande.

La nature nationale : un paysage emblématique

Tout au long du XIXe siècle s'effectue de surcroît une « nationalisation » systématique *a posteriori* de toutes les productions culturelles des époques antérieures : les œuvres littéraires et artistiques des siècles précédents sont reclassées selon des qualifications nationales, souvent totalement dénuées de sens pour la période où elles furent créées. Ainsi se trouve renforcée l'appréhension de la nation comme un « déjà là », impliquant pour les générations présentes un devoir de fidélité et de transmission.

Nous savons aujourd'hui, en regardant une affiche touristique, deviner la destination proposée. Mais si nous pouvons sans hésitation associer un paysage à un pays, c'est parce qu'un intense travail de codification de la nature en termes nationaux a été accompli au XIXe siècle. Peintres, poètes, romanciers ont stylisé et célébré ces paysages emblématiques de la nation, supposés en incarner l'âme. C'est en vertu de cette identification de la nation à son paysage emblématique que le ministère italien des Biens culturels, il y a quelques années, a protesté contre un spot publicitaire d'une marque automobile suédoise présentant son dernier modèle dans les collines toscanes.

La détermination du paysage national s'est souvent opérée sur le mode de la différenciation. Se démarquant radicalement de l'Autriche et de ses vallées alpines, la Hongrie s'incarne dans la *Puszta* (la Grande Plaine) que les peintres et les poètes représentent comme une sorte de mer continentale, balayée par les vents, symbole d'une liberté farouche. La Suisse, au territoire bien restreint en comparaison de ses puissants voisins, est projetée dans ses cimes étincelantes et ses glaciers. Le paysage national norvégien est fait de fjords dont la verticalité neigeuse contraste avec les vertes prairies de l'ancien possesseur du pays, le Danemark, et les non moins vertes forêts du dernier possesseur, la Suède. La détermination de la végétation précise les indications de relief : bouleaux russes, pins finlandais, chênes germaniques, cyprès italiens.

Le paysage national français est complexe, puisqu'il apparaît essentiellement sous forme d'une série de paysages régionaux bien précis mais très divers. Au XIXe siècle, en effet, se met en place une conception de la spécificité française fondée sur la variété des ressources naturelles du pays : la France serait une sorte de résumé idéal de l'Europe. Cette idée a un corollaire : la France, alliance harmonieuse des contrastes, est terre par excellence de la modération. En traduction paysagère : un vallon herbeux ondulant par temps doux, sous un ciel légèrement nuageux, des arbres qui forment un bosquet et non une forêt, un village dans le lointain. Force tranquille de toutes les synthèses…

Comme les monuments historiques, les paysages emblématiques vont faire l'objet de promotions iconographiques et littéraires, largement vulgarisées ensuite par la photographie, les cartes postales, les affiches. Des campagnes de mobilisation et des associations sont lancées pour leur protection. Là encore est posé le principe des droits supérieurs de la collectivité sur des biens fonciers que leur propriétaire ne pourra plus modifier à sa convenance. Les premières décisions officielles de protection de sites naturels furent prises en France en 1861 : elles délimitèrent dans la forêt de Fontainebleau des zones à conserver à l'état naturel, c'est-à-dire à l'identique des tableaux peints quelques décennies auparavant.

Les folklores et l'invention des traditions

Le paysan devient au XIXe siècle l'être national par excellence. La paysannerie est perçue comme une sorte de musée vivant des origines nationales, ayant maintenu grâce à ses traditions une sorte de fil direct avec les grands ancêtres. Elle est aussi supposée avoir un rapport intime avec la terre nationale. Il n'est donc pas étonnant que se multiplient alors les enquêtes et collectes ethnographiques, dont le but explicite est de mettre au jour les fondements authentiques des cultures nationales.

Les premiers collecteurs, à la fin du XVIIIe siècle, lancent un cri d'alerte : les traditions sont sur le point de disparaître à tout jamais, les recueillir est un devoir patriotique urgent. Mais plus le temps passe et plus les folklores nationaux s'enrichissent. Là où les premiers observateurs déploraient d'être arrivés trop tard, leurs successeurs, quelques dizaines d'années plus tard, trouvent matière à d'amples descriptions : c'est le cas notamment pour les costumes traditionnels, abondamment décrits et illustrés à partir des années 1830. Il semble bien que l'invention de traditions, pour reprendre une formule célèbre (4), ou en tout cas leur « amélioration », ait tenu une place importante dans les divers folklores nationaux du XIXe siècle.

Quoi qu'il en soit, plus les nations européennes s'industrialisent et s'urbanisent, plus elles inscrivent leur identité sous la référence à l'archaïsme et au monde rural. Dans ces grandes exhibitions identitaires que sont les expositions internationales, à partir de 1851, les grands halls de machines voisinent avec les expositions de traditions populaires nationales et les « villages ethnographiques ». Faits de maisons « traditionnelles » construites en général pour l'occasion, parfois dans un décor rappelant le paysage national

4. E. Hobsbawm, T. Ranger, *The Invention of Tradition*, Cambridge University Press, 1983.

emblématique, ils font admirer aux visiteurs des paysans en costumes typiques se livrant à la traite des vaches et célébrant des fêtes aux heures annoncées dans les programmes.

La section suédoise de l'Exposition internationale de 1878, à Paris, rencontre un grand succès et donne une impulsion décisive à l'ouverture de musées ethnographiques dans toutes les grandes capitales européennes. Ces musées sont explicitement présentés comme des lieux d'éducation patriotique et des lieux d'inspiration d'une culture « authentiquement nationale ».

L'émergence et la généralisation du principe national sont indubitablement liées à des mutations économiques et techniques : en l'occurrence les révolutions industrielles et le capitalisme moderne.

Mais, comme le souligne Anthony D. Smith (5), ce sont des intellectuels et des artistes qui ont élaboré le langage de la nation, construit le patrimoine symbolique et matériel lui donnant forme et force mobilisatrice. Ces créations culturelles se sont avérées d'une grande efficience, permettant la constitution de formes durables d'organisation sociale et politique. De nombreux exemples actuels (Québec, Etats issus de l'ex-URSS, « micronationalismes » occidentaux) montrent bien d'ailleurs que la constitution d'un patrimoine culturel collectif joue un rôle primordial dans la revendication nationale.

5. A.D. Smith, *National Identity*, University of Nevada Press, 1991.

À lire

- D. Baggioni, *Langues et nations en Europe*, Payot, 1997.
- E. Hobsbawm, *Nations et nationalisme depuis 1780*, Gallimard, 1992 (rééd. 2001).

LES FRANÇAIS D'ABORD : UNE INVENTION RÉPUBLICAINE

ENTRETIEN AVEC GÉRARD NOIRIEL*

Les immigrés, arrivés en masse depuis le XIX*e siècle, n'ont pas fait qu'enrichir la France. Ils ont aussi contribué à toute une construction de l'idée de nationalité... Avec ses travaux pionniers, l'historien Gérard Noiriel a initié une nouvelle manière de faire l'histoire, appelée aujourd'hui sociohistoire.*

***Sciences Humaines* : Lorsque vous publiez *Le Creuset français* en 1988, vous êtes l'un des premiers à faire une histoire des immigrés en France, que vous qualifiez d'ailleurs de « non-lieu de mémoire »...**

Gérard Noiriel : Lorsque sort *Le Creuset français*, en 1988, c'est le moment, d'une part, où l'on s'apprête à fêter le bicentenaire de la Révolution française et, d'autre part, où sortent les premiers volumes des *Lieux de mémoire* (1), dirigés par Pierre Nora. Dans ces lieux de mémoire « légitimes » (le Collège de France, le Panthéon...), il n'y avait pas de place pour ce phénomène majeur de l'histoire contemporaine de la France qu'est l'immigration. Au XXe siècle, la France est en effet l'un des pays du monde, comme je l'ai montré, qui doit le plus à l'immigration, autant sinon plus que les Etats-Unis. En intitulant mon premier chapitre « non-lieu de mémoire », je voulais questionner la part de responsabilité des historiens (ne serait-ce qu'en ne s'intéressant pas au sujet) dans cette vision toujours négative donnée de l'immigration, et récupérée ensuite par l'extrême droite. Jusqu'au milieu des années 80 en effet, l'histoire de l'immigration n'était pas un objet de la recherche historique légitime en France. L'histoire de l'immigration s'est constituée comme domaine autonome de la recherche par le rassemblement de plusieurs courants de recherche (histoire politique, histoire sociale...) et aujourd'hui, on peut parler d'un domaine très dynamique, stimulé aussi par la conjoncture : la montée du Front national, de la xénophobie et de l'antisémitisme.

** Directeur de l'EHESS, il a fondé et codirige la revue d'histoire et de sciences sociales Genèses, ainsi que chez Belin la collection « Socio-histoires » (avec M. Offerlé). A publié notamment :* Le Creuset français. Histoire de l'immigration, XIXe-XXe siècle, *Seuil, 1988 (rééd. 1992);* Les Origines républicaines de Vichy, *Hachette, 1999.*

***SH* : Quand, pourquoi, comment l'immigration de masse débute-t-elle en France ?**

G.N. : L'immigration de masse date du début de la révolution industrielle. C'est-à-dire, en France, de la phase d'expansion industrielle du Second Empire – seconde moitié du XIXe siècle. Dans le cas français, la précocité du mouvement malthusien (alors que les autres pays européens ont encore une très forte natalité) est un phénomène tout à fait décisif qui va engendrer l'immigration de masse. A cela s'ajoute une forte résistance des petits paysans propriétaires et des artisans à aller travailler dans les usines. Au début, l'immigration est frontalière, des Italiens viennent travailler dans le Sud-Est, des Belges dans le Nord, des Espagnols dans le Sud-Ouest... La première grande vague, dans les années 1860-1870, est alors principalement le fait des Belges et des Italiens. Dans les années 20, ce sont les Polonais et encore les Italiens. Puis la troisième vague, qui a lieu durant les trente glorieuses, se compose d'Espagnols, de Portugais (principale nationalité recrutée après la Seconde Guerre mondiale) et de la main-d'œuvre des anciennes colonies (Algériens, Marocains...). Massivement, c'est une main-d'œuvre ouvrière, non qualifiée (souvent issue des campagnes). Mais la France manque aussi d'ouvriers agricoles (car ils sont partis vers les villes avec l'exode rural). Les premières formes organisées d'immigration se font d'ailleurs dans le monde rural, chez les grands propriétaires du Bassin parisien. Il faut aussi souligner l'existence d'une immigration dans les métiers artisanaux, notamment à Paris, dans les métiers de la confection, du cuir... Avant la guerre de 1914, la France devient le premier exportateur de casquettes grâce à l'immigration des Juifs de Russie et de Pologne qui organisent cette fabrication. Il ne faut pas oublier non plus l'immigration féminine, notamment dans la domesticité. Après les bonnes bretonnes arrivent les Flamandes, les Belges, les gouvernantes suisses, puis plus tard les Espagnoles et les Portugaises...

***SH :* A partir de vos travaux sur l'immigration, vous dégagez une thèse forte selon laquelle l'Etat-nation, en France, s'est construit sur le clivage entre les Français et les étrangers. A la fois grâce et contre les immigrés, pourrait-on dire.**

G.N. : C'est en effet à la fin du XIXe siècle que l'on assiste réellement à une nationalisation des sociétés et que s'opère alors ce clivage. Tant qu'il n'existe pas une politique de contrôle du territoire national, on ne peut parler d'immigration au sens moderne du terme. Avant les années 1880, l'Etat français n'était pas en mesure d'identifier les personnes sur la base de leur nationalité. Il va entrer progressivement dans la vie quotidienne des gens en mettant en place tout un ensemble de papiers (extrait de naissance, etc.), toute une logique d'écriture donc, qui, aujourd'hui, joue un rôle déterminant dans le façonnement des identités. L'immigration ne commence à être mesurée qu'à la fin du XIXe siècle, au moment où l'on se met à établir des statistiques et à enregistrer les identités. Sous la monarchie de Juillet (1830-1848), par exemple, le critère de la nationalité n'existait pas. On ne bloquait pas les étrangers aux frontières, on ne les empêchait pas d'exercer des fonctions publiques. Il existait en revanche, selon la logique « classes laborieuses = classes dangereuses », une forte discrimination à l'égard des classes populaires de la part de l'élite. Au cours de la IIIe République, on assiste à un déplacement de la dialectique exclusion/inclusion, entre étrangers et nationaux. Les républicains ont des objectifs démocratiques. Elus par le peuple, ils se donnent pour mission d'intégrer les classes populaires dans l'Etat-nation. Par le vote, mais aussi en faisant des lois sociales qui vont être réservées aux nationaux. C'est à ce moment que le critère de la nationalité devient déterminant. La première mesure sociale concerne d'ailleurs la protection du marché du travail national. Le protectionnisme ne signifie pas seulement, comme on le dit souvent dans les manuels d'histoire, les droits de douane ; il concerne aussi la circulation de la main-d'œuvre. A partir de là, un étranger ne peut plus venir travailler en France comme bon lui semble, il est obligé de présenter à la frontière un contrat de travail, une autorisation de la police française, etc. En outre, les étrangers ne sont pas libres de circuler sur le territoire et doivent occuper les emplois qui leur sont assignés.

***SH :* Les premières lois sociales pour les travailleurs ne s'appliquaient donc pas aux immigrés ?**

G.N. : La véritable égalité des droits sociaux est extrêmement récente, elle date de la fin du XXe siècle, des années 70-80. Les discriminations ont été en s'atténuant progressivement. Mais au départ, par exemple, la loi de 1898 sur les accidents du travail ne s'appliquait pas de manière équivalente aux Français et aux étrangers, alors qu'ils étaient les premiers concernés puisqu'ils étaient majoritaires dans les mines, là où les accidents étaient le plus fréquents. Autre exemple, un étranger ne pouvait bénéficier des prestations sociales dans lesquelles l'Etat apportait une contribution. Il cotisait mais n'avait pas tout le bénéfice de la loi. La loi de 1910 sur les retraites ouvrières et paysannes est ainsi discriminatoire pour les étrangers. Donc, l'intégration des classes populaires, voulue par les principes démocratiques de la IIIe République, a entraîné l'exclusion des étrangers. « Les Français d'abord », principe récupéré par l'extrême droite, est en fait une dimension constitutive de l'Etat national républicain. Il faut préciser cependant que, pour les républicains, porteurs des valeurs démocratiques et progressistes, les citoyens français doivent être prioritaires, mais il existe cependant des possibilités pour les étrangers de s'intégrer. Les enfants, par exemple, peuvent acquérir la nationalité.

***SH :* Dans votre livre *Les Origines républicaines de Vichy*, vous enfoncez le clou en montrant que le gouvernement de Vichy a pu, justement, s'appuyer sur les lois républicaines pour exercer sa politique d'exclusion des Juifs et autres étrangers.**

G.N. : La République a toujours été un enjeu de lutte entre progressistes et conservateurs. Pour les premiers, les valeurs universelles de l'Etat républicain doivent permettre d'intégrer les étrangers dans la communauté nationale. La IIIe République s'est construite sur ces bases, mais elle a dû progressivement céder du terrain aux forces de droite, avec la Première Guerre mondiale, puis la montée des fascismes dans les années 30. Ce que j'ai voulu montrer dans ce livre, c'est qu'un gouvernement peut – si l'on n'y prend pas garde – forger des instruments qui, dans le cadre d'une démocratie, sont contrôlés par les institutions qui veillent au respect des libertés publiques, mais qui peuvent être utilisés ensuite par un régime totalitaire de manière extrêmement dangereuse.

***SH :* Mais encore ?**

Sous la IIIe République, l'Etat commence à intervenir de façon de plus en plus autoritaire dans les questions de nationalité. La procédure de déchéance de la nationalité pour les Français d'origine étrangère a ainsi été inventée pendant la Première Guerre mondiale. Elle ne devait s'appliquer au départ que pour la durée de la guerre, mais a été en fait confirmée par la loi de 1927. Pour atténuer les effets de l'hécatombe de la guerre de 1914 (1,5 million de morts et autant de mutilés), il fallait faciliter l'accession des étrangers à la nationalité française. La loi stipule que, désormais, trois ans de présence en France suffiront pour demander la naturalisation. Mais, en même temps, cette loi établit toute une série de discriminations à l'encontre des nouveaux Français. Avec la menace de la déchéance, l'Etat républicain se donne par exemple le droit de reprendre ce qu'il a donné, si l'individu qui a été naturalisé est considéré comme un danger pour la sécurité nationale. Cette mesure sera mise en œuvre à l'encontre de militants communistes issus de l'immigration. Le régime de Vichy lui donnera une ampleur extrême dans le cadre de sa politique de ségrégation à l'égard des Juifs et des Français d'origine étrangère. La seconde grande discrimination que l'on trouve dans la loi de 1927 concerne la citoyenneté et le marché du travail. Ainsi, par exemple, dans les années 30, le nombre des réfugiés fuyant les régimes totalitaires augmente rapidement. Beaucoup d'entre eux ont fait des études supérieures. En devenant français, ils obtiennent le droit d'exercer des professions libérales. Mais la crise économique fait que cette « concurrence » est très mal vue par les avocats et les médecins en place. Ces derniers vont alors mobiliser leurs réseaux de pouvoir pour contraindre le gouvernement républicain à adopter des mesures qui interdisent de fait l'accès à ces professions à tous ceux qui ne sont pas français de naissance. Là aussi, le régime de Vichy n'a fait que pousser au paroxysme une logique d'exclusion qui foule aux pieds les traditions progressistes républicaines. La leçon civique que l'on peut tirer de ces événements est simple. Lorsqu'un régime démocratique met en œuvre – le plus souvent pour satisfaire la fraction la plus conservatrice de l'électorat – des instruments ayant pour but d'exclure ceux qui sont traités comme des boucs émissaires, il ouvre une brèche par laquelle pourront s'engouffrer ensuite les partis extrémistes. Et lorsque – par malheur – ces derniers arrivent au pouvoir, ils utilisent ces instruments d'exclusion en se débarrassant des garanties constitutionnelles qui protégeaient auparavant les libertés individuelles. C'est pourquoi les citoyens doivent toujours rester vigilants, de façon à maintenir vivants les contre-pouvoirs qui permettent de résister à l'emprise croissante de l'Etat dans leur vie quotidienne. C'est, pour moi, une leçon que nous donne l'histoire de la IIIe République.

***SH :* A travers vos travaux sur l'immigration, vous avez initié un genre historique que vous appelez vous-même la sociohistoire. Pouvez-vous nous expliquer en quoi il consiste ?**

G.N. : L'une des mutations majeures des sciences humaines depuis vingt ans tient dans l'importance de plus en plus grande accordée aux acteurs, c'est-à-dire aux individus en chair et en os. En histoire, cette mutation a entraîné le déclin de l'ancienne histoire économique et sociale (qui s'intéressait surtout aux classes et aux structures), remplacée par de nouvelles approches comme la microhistoire et la sociohistoire. Alors que l'histoire sociale traditionnelle se définissait à partir de son objet – « le social » opposé au « politique » –, la sociohistoire se définit par le type de compétence qu'elle mobilise. Elle rassemble des chercheurs qui font des études historiques en ayant acquis une formation en sociologie. Elle se réfère beaucoup aux recherches historiques que des sociologues comme Max Weber, Norbert Elias ou Pierre Bourdieu ont produites. La sociohistoire est animée par deux préoccupations majeures. La première tient à un souci de relier l'étude du passé et du présent. C'est pour mieux comprendre le monde actuel que les sociohistoriens se tournent vers l'histoire. Ainsi, dans mon travail, je suis parti du débat actuel sur l'immigration en France pour montrer comment le « problème » avait progressivement émergé depuis le XIXe siècle. La seconde grande préoccupation méthodologique de la sociohistoire concerne un effort de déconstruction des entités collectives qui peuplent notre vocabulaire quotidien – l'Etat, la nation, l'opinion, la France, l'Amérique… – pour retrouver, derrière ces étiquettes, les individus réels dans leur infinie diversité, et comprendre comment ils se rattachent à ces entités collectives. Pour ma part, j'ai abordé la question de l'intégration des immigrés dans la nation française en m'efforçant de déconstruire cette notion abstraite de « nation » pour mettre en lumière le lien social qui attache les individus les uns aux autres (la nationalité). La démarche sociohistorique m'a amené par exemple à critiquer le discours politico-médiatique sur l'« intégration ». On ne peut rien comprendre, en effet, au processus d'intégration des immigrants si on oublie que la France a toujours été un ensemble social très hétérogène, inégalitaire, traversé de multiples tensions et de multiples contradictions. Alors, la question qui se pose est : « S'intégrer, oui, mais à quoi ? » Ceux qui parlent au nom de « la » France – et qui contribuent ainsi à faire croire à l'existence de ce « personnage » abstrait – sont en général des privilégiés, habitués à parler pour les autres. Ce sont eux qui nous disent que les jeunes issus de l'immigration ne sont pas intégrés. Certes, ces jeunes ne sont pas intégrés à la société bourgeoise, mais l'immense majorité d'entre eux est parfaitement intégrée dans son propre milieu social : la France des banlieues. Leurs problèmes ressortissent en fait le plus souvent à leur appartenance aux classes populaires. La confusion est bien sûr entretenue par ceux qui cherchent à nier le caractère profondément inégalitaire du monde dans lequel nous vivons. Vous voyez que la sociohistoire, au moins telle que je la pratique, a une forte dimension critique. C'est pourquoi ce domaine n'est pas très bien vu par l'histoire politique dominante…

Propos recueillis par
MARTINE FOURNIER
(*Sciences Humaines*, n° 144, décembre 2003)

1. P. Nora, *Lieux de mémoire*, 3 tomes, Gallimard, 1982-1992.

Françoise Champion*

LA LAÏCITÉ FACE AUX AFFIRMATIONS IDENTITAIRES**

Aujourd'hui encore, la laïcité continue à susciter des débats passionnés. Alors que la séparation des Eglises et de l'Etat est acquise, elle doit, il est vrai, faire face à de nouveaux défis comme la montée des revendications pour la reconnaissance d'identités communautaires.

Ceux qui estiment que la France est, parmi les pays européens, le seul pays vraiment laïque mettent en avant la séparation des Eglises et de l'Etat, laquelle signifie aussi une stricte séparation entre le public et le privé, les appartenances religieuses étant reléguées dans la sphère privée. Un des arguments à l'idée d'une exception laïque française est que les termes «laïcité» et «laïcisation» sont intraduisibles en anglais, où l'on parle plutôt de sociétés séculières (*secular societies*). Pourtant, «laïcité» et «laïque» sont des termes polysémiques renvoyant parfois à la laïcité française, parfois à des sociétés laïques au sens large, c'est-à-dire à des sociétés devenues autonomes par rapport à l'hétéronomie religieuse (1). Dans les sociétés laïques au sens large, le fondement du pouvoir est immanent et la liberté religieuse garantie : tous les citoyens sont égaux quelle que soit leur religion. Loin d'exclure les religions, les sociétés laïques sont des sociétés de pluralisme religieux. Les diverses sphères de l'activité sociale se donnent leurs propres normes et règles, indépendamment de

---

* Membre du groupe de sociologie de la religion et de la laïcité (CNRS-EPHE). A publié notamment : avec M. Cohen, *Sectes et démocratie*, Seuil, 1999.

** *Sciences Humaines*, hors série n° 39, décembre-janvier-février 2003.

1. Au sens large, la laïcité est le principe d'une société sortie de l'hétéronomie religieuse. Au sens restreint, ce sont les modalités du parcours singulier de la laïcisation des institutions et des sphères de l'activité sociale en France. L'hétéronomie religieuse est la dépendance de la société humaine par rapport à un ordre extra-humain. A la différence des sociétés hétéronomes, les sociétés autonomes sont celles qui se donnent leurs propres lois et se proposent l'autogouvernement pour idéal, ce qui ne signifie pas que ces sociétés soient transparentes à elles-mêmes.

la religion, les lois sociales étant reconnues comme étant des lois humaines.

Les rapports Église-État

Une différence tangible existe cependant entre les sociétés ouest-européennes. Elle porte sur les rapports Eglise-Etat. Certains pays ont une Eglise nationale (dans la plupart des pays de tradition luthérienne) ou « établie » comme en Angleterre. L'existence de telles Eglises, créées lors de la Réforme, ne signifie pas forcément une plus grande dépendance de la société par rapport à la religion : les sociétés de tradition protestante se sont, en effet, progressivement dégagées de l'emprise religieuse selon une logique dite de sécularisation (2). Ces Eglises nationales n'étaient pas, à la différence de l'Eglise catholique, une puissance dressée face à l'Etat, mais une institution au sein de celui-ci, constitutive du lien social et assumant des responsabilités particulières, dans la subordination au pouvoir politique. L'Etat moderne n'a pas eu ici à entrer en conflit avec l'Eglise nationale. Tout au contraire, les Eglises protestantes sont parties prenante de l'identité de chacun des Etats-nations. L'émancipation de la société à l'égard de la religion s'est opérée ici par évidement progressif du rôle de l'Eglise.

Dans les pays catholiques, l'arrachement à l'hétéronomie religieuse s'est, fort différemment, effectué selon une logique de laïcisation, liée à l'existence d'une Eglise supranationale, estimant avoir vocation à prendre en charge la vie sociale et se posant comme une puissance en vis-à-vis et en concurrence de l'Etat. Le pouvoir politique, lorsqu'il était assumé par les anticléricaux, a été mobilisé pour soustraire les personnes et les différentes sphères de l'activité sociale à l'emprise de l'Eglise catholique. Les conflits furent d'autant plus violents qu'au cours du XIXe siècle, l'Eglise catholique devint de plus en plus intransigeante dans son hostilité au monde moderne ; l'anticléricalisme put, dès lors, chez certains, se transformer en attitude antireligieuse.

Dans ce contexte, la France est moins une exception que la forme la plus aboutie de ce processus de laïcisation, la plus aboutie parce que la plus précoce : les grandes sociétés catholiques latines n'ont opéré la séparation de l'Eglise et de l'Etat que dans les années 70 et 80, dans un contexte beaucoup moins conflictuel.

Au principe même de la constitution de la laïcité française, il y a le rôle prééminent de l'Etat. L'Etat français était institutionnellement puissant depuis l'Ancien Régime. Cette puissance n'a pas été détruite par les régimes politiques « modernes » (empires et républiques). Lorsque les rênes de l'Etat ont été dans les mains de « laïcisateurs », ceux-ci ont pu assurer leur projet de laïcisation.

La laïcisation des institutions s'est ainsi effectuée par étapes. Sous Napoléon Bonaparte, elle a été entreprise grâce à trois institutions d'emblée décisives : le ministère des Cultes, le Code civil de 1803 et l'Université. La mise en place

2. La sécularisation est un concept d'un usage très polysémique, renvoyant aussi bien au processus selon lequel les institutions de la vie sociale cessent de tirer de la religion leurs normes et leurs règles (en France on parle alors de laïcisation) qu'à la déchristianisation des consciences et des mentalités.

d'un ministère des Cultes signifiait que le catholicisme n'était plus que la *«religion de la grande majorité des Français»* (non plus religion de l'Etat), d'autres cultes étant reconnus. Le Code civil est, lui, muet sur la religion : la famille, les contrats sont organisés dans une totale autonomie vis-à-vis de la loi des Eglises. Quant à la création de l'Université, elle exprimait la volonté de former une corporation laïque de professeurs. Le second grand moment de laïcisation fut celui des lois scolaires des années 1880 qui séparèrent l'Eglise et l'enseignement, en instituant aussi un cours de morale indépendante de la religion : la morale laïque. Enfin, dernier moment fort pour l'établissement de la laïcité «à la française» : la séparation des Eglises et de l'Etat (1905).

Il faut attendre 1946 pour que la laïcité devienne constitutionnelle, la constitution de la Ve République réaffirmant que la *«France est une république (...) laïque»*; il est ajouté qu'*«elle respecte toutes les croyances»*.

Ces grands moments de laïcisation ont d'abord concerné des institutions; les personnes restaient, dans leur très grande majorité, chrétiennes et les normes de l'Eglise catholique continuaient alors de régler les mœurs. Or, en l'espace de deux décennies (1960 et 1970), l'emprise du catholicisme et de sa morale sur les consciences a connu une fin brutale. C'est pour une bonne part contre les règles d'une société toujours soumise à la morale de la religion et imprégnée de cléricalisme qu'a éclaté la contestation étudiante de 1968 – ainsi à propos du droit de visite entre garçons et filles dans les résidences universitaires. La «libéralisation des mœurs» est ensuite allée très vite. Elle forme ce que Jean Baubérot nomme *«un nouveau seuil de laïcisation»* (3). A l'inverse des précédents, il n'est pas le fait d'une politique volontariste de l'Etat mais du processus de déchristianisation des mentalités et des consciences.

Il reste que tant la forme institutionnelle de la laïcité que les passions qu'elle continue de susciter s'expliquent par la manière dont la laïcité s'est constituée sur un siècle et demi, du début du XIXe siècle à la moitié du XXe siècle. En ce sens, il faut d'abord préciser que la volonté laïque de l'Etat français n'a pas seulement consisté à soustraire toujours plus de domaines de l'activité sociale à l'emprise de l'Eglise catholique grâce à la suprématie institutionnelle de l'Etat. Ainsi que Marcel Gauchet l'écrit, cette suprématie se voulut aussi *«spirituelle»* (4). Pour lui, *«l'ancienne institution englobante»* (l'Eglise catholique) n'a pu être réduite à une force sociale parmi d'autres que moyennant le transfert à *«l'autorité publique des moyens de soutenir la concurrence et de signifier la supériorité de ses fins par rapport à l'ensemble des forces sociales»*. C'est dire que, pour son combat contre une Eglise puissante, l'Etat laïque s'est donné une mission enseignante et normative : contre l'hétéronomie religieuse, mettre très haut l'idéal de l'autonomie sociale et humaine.

3. J. Baubérot, *Vers un nouveau pacte laïque ?*, Seuil, 1990.
4. M. Gauchet, *La Religion dans la démocratie. Parcours de la laïcité*, Gallimard, 1998. Voir également du même auteur «Croyances religieuses, croyances politiques», *Le Débat*, n° 115, mai-août 2001.

Une succession de compromis

Alors que la laïcisation s'élargissait et que l'Etat éducateur montait en puissance, l'Eglise catholique, de son côté, affirmait toujours davantage son indépendance par rapport à l'Etat et réussissait à la faire reconnaître. Cette évolution n'allait pas forcément de soi pour les laïcisateurs, du moins pour les plus radicaux d'entre eux. La reconnaissance par l'Etat de l'indépendance de l'Eglise intervint au terme de compromis obligés. De cette succession de compromis a résulté un Etat libéral au sens où l'Eglise est totalement dissociée de l'Etat et, de fait, reconnue dans ses spécificités. Le premier de ces compromis fut le « système concordataire » mis en place sous Napoléon Bonaparte en 1801 et 1802 qui rétablit l'Eglise catholique de France dans son unité, refermant la parenthèse de l'Eglise réfractaire. Par la suite, le libéralisme de la République s'est affirmé dans l'acceptation de la liberté d'enseignement au moment de la séparation de l'Eglise et de l'Ecole, et, à l'occasion de la scission des Eglises et de l'Etat, dans la (très difficile et d'ailleurs contradictoire) reconnaissance de fait de la liberté d'organisation de l'Eglise catholique. Pour poursuivre la comparaison avec les pays protestants, contrepoint qui peut éclairer la donne française et plus largement catholique, répétons que, dans ces pays, l'Eglise « nationale » n'est nullement indépendante mais subordonnée à l'Etat, et même, dans les pays de tradition luthérienne, au sein de l'Etat. La constitution de la République française n'a été possible que parce que, à chaque « étape » de l'établissement de la laïcité, l'a emporté, non le camp d'une laïcité de combat, mais le camp du compromis et d'une conception de la laïcité comme séparation-neutralité. On a ainsi abouti sur le plan institutionnel à la mise en place d'un régime juridico-politique libéral, alors même que, sur le plan idéologique, la conception de la laïcité comme combat, qui mêle aspiration à la destruction de toute religion au nom de l'idéal d'autonomie et aspiration gallicane à une subordination de l'Eglise au pouvoir politique, continuait à prévaloir. Le XXe siècle, encore vigoureusement marqué par la « guerre des deux France » (la France républicaine et la France cléricale), a, en fait, été celui du « ralliement » catholique à la laïcité en même temps qu'à la démocratie. Ralliement par étapes, devenu particulièrement visible, au niveau même de l'institution centrale, au moment du concile de Vatican II (1962-1965) où fut accepté le pluralisme religieux et idéologique, au principe même de la modernité politique occidentale. Depuis, quelles que furent les réaffirmations rétrogressives défrayant la chronique, l'Eglise catholique est devenue une des « familles de pensée » parmi d'autres qui participent aux débats démocratiques d'une société laïque où règne la loi des hommes. La grande majorité des croyants ne conçoivent plus la société humaine sous le signe de l'hétéronomie : ils pensent que la cité, les lois qui la gouvernent sont l'œuvre de l'homme. En même temps, la religion se redéfinit comme un système de sens qui valorise la liberté de conscience, le pluralisme, les droits de l'homme (que l'on proclame fondés sur une anthropologie chrétienne et non pas « strictement humaniste »), la conscience morale personnelle, la spiritualité intérieure.

La laïcité s'en trouve déstabilisée. En effet, l'obsolescence de l'idée d'hétéronomie prive la conviction laïque du sens presque religieux qu'elle avait pu prendre. D'autant que le combat laïque, la « foi laïque », était adossé à un immense espoir dans la Raison qui a, aujourd'hui, fait long feu. D'autant plus aussi que, depuis le début des années 80, les religions se sont vues reconnaître un nouveau rôle public. Des personnalités religieuses participent notamment au Conseil national d'éthique pour les sciences de la vie et de la santé créé en 1983. S'est inaugurée là une valorisation nouvelle du rôle public de la religion. Un an auparavant, une nouvelle loi sur le mécénat autorisant des dégrèvements fiscaux avait inclus les dons aux Eglises. Cette nouvelle donne dans les rapports Eglise-Etat a eu pour préalable la faiblesse nouvelle des deux protagonistes : d'une part, la perte d'influence de l'Eglise catholique ; d'autre part la perte, dans les années 80, de l'assurance idéologique de l'ancien Etat républicain, émancipateur et éducateur, agissant au nom de la raison, de la science, du progrès.

Une démarche identitaire

Un des actes fondateurs de l'émancipation des sociétés européennes fut d'instituer le pluralisme religieux en reconnaissant le droit à la liberté religieuse. La définition de ce droit découlait de la définition sociale de la religion dominante au tournant des XVIIIe et XIXe siècles. Cette définition réduisait les anciennes prétentions sociales de la religion pour la considérer avant tout comme croyance personnelle et, au niveau collectif, comme culte et comme communauté croyante. Il ne pouvait s'agir alors d'une communauté ethnique, assignant aux individus une identité dont ils ne pourraient se dégager. Autrement dit, le droit à la liberté religieuse a été conçu comme une liberté individuelle, et l'identité de la communauté croyante comme une identité strictement religieuse (ni ethnique, ni politique). En France, cette identité a été largement reléguée dans la seule sphère privée.

Le cas des « nations » juives de l'Ancien Régime en France devenues « culte israélite » est ici exemplaire : le droit à la liberté religieuse a représenté pour les Juifs leur émancipation en même temps que la « privatisation » de leur identité traditionnelle, identité globale concernant tous les aspects de leur vie. Pour constituer le judaïsme en religion conforme à la définition légale, les Juifs ont dû opérer une distinction, totalement nouvelle au sein des lois de la tradition, entre lois « civiles » susceptibles d'être superposées aux lois de l'Etat-nation français et lois « religieuses » (par exemple alimentaires) qui devaient rester cantonnées dans la sphère privée (la maison, la synagogue). Ce *« modèle confessionnel »*, pour reprendre les termes de Martine Cohen, partie prenante du modèle républicain d'intégration, a permis à terme, on le sait, l'intégration des Juifs dans la société française (5).

5. M. Cohen, « Les juifs de France. Affirmations identitaires et évolution du modèle d'intégration », *Le Débat*, n° 75, mai-août 1993.

Or, aujourd'hui, les Juifs aspirent à une reconnaissance collective plus forte. Leur extermination par le régime nazi, l'attitude de l'Etat français de Vichy, dont il a fallu attendre bien longtemps pour reconnaître qu'il a été mis en place par les députés de la République, et qui n'a tout simplement pas considéré les Juifs comme citoyens français, ont remis à l'ordre du jour le sentiment d'une identité juive collective plus globale. Pourtant, c'est seulement depuis les années 70 que les Juifs affirment cette identité collective dans la sphère publique et revendiquent sa prise en compte. En matière de religion, c'est, par exemple, une revendication plus nette de nourriture cachère à l'école, de possibilités d'absence le jour du *shabbat*, le samedi ; ce sont aussi de grands rassemblements festifs visibles.

Cette redéfinition identitaire relève de deux logiques à la fois distinctes et entrecroisées : d'une part, une volonté d'intégrer comme composante importante de l'identité personnelle ce que l'individu a reçu à sa naissance, son héritage ethnique, culturel, voire biologique, démarche qui prend à rebours la pensée émancipatrice – notamment de la laïcité – selon laquelle c'est en s'arrachant à ses déterminations natives que l'individu se constitue en sujet libre ; d'autre part, une valorisation et une extension des libertés individuelles. Ainsi en est-il, par exemple, des droits maintenant reconnus à l'enfant comme les droits des élèves dans les établissements publics. Il y a encore deux décennies, ce qui se passait à l'intérieur de l'école aurait été considéré comme du domaine réservé à l'administration scolaire ; aujourd'hui, on estime que lorsqu'on touche à l'organisation scolaire, on touche à des droits : ainsi s'explique l'interpellation de la justice pour trancher sur la question du port du voile à l'école.

Ce type d'analyse s'applique-t-il à la question de l'islam en France ? Oui, encore que moins simplement car, ici, ne sont pas seulement en jeu les deux logiques de l'affirmation des droits individuels et de la nouvelle revendication identitaire. L'islam connaît un « télescopage » de transformations, que d'autres religions, notamment le judaïsme, ont connu progressivement. Ainsi les deux logiques citées ci-dessus se développent alors même que la confessionnalisation (6) de l'islam est en cours. Cette confessionnalisation peut entraîner une intensification de l'engagement religieux mettant en cause l'islam de la coutume. D'autre part, la dimension identitaire des musulmans – surtout des jeunes Français – déborde très largement la dimension religieuse même très élargie. Elle met notamment en jeu des revendications de « dominés » qui ont rapport au passé colonisateur de la France, et au présent puisque les musulmans sont souvent économiquement et socialement parmi les moins favorisés. La dimension xénophobe ou raciste faisant, bien entendu, aussi partie du contexte. Ces revendications identitaires ne sont cependant pas seulement revendicatrices, défensives, « négatives » ; elles

6. La confessionnalisation désigne la transformation d'une identité traditionnelle à la fois englobante et ethnico-religieuse – il y a des islams marocain, malien, turc... – en une religion définie uniquement par des contenus de croyance, des pratiques cultuelles et rituelles et par une communauté croyante au sens strict.

peuvent être aussi, souvent ou assez souvent, positives. Tout ceci, mêlé, intriqué, peut venir se condenser dans une affirmation religieuse musulmane (ainsi du port du voile à l'école à propos duquel les enquêtes montrent qu'il peut avoir des significations très diverses). Cette affirmation religieuse pose souvent davantage la question d'une reconnaissance identitaire que celle du droit à la liberté religieuse.

Il peut être d'autant plus nécessaire de savoir reconnaître les appartenances religieuses que la société française les a ignorées pendant les premières décennies du mouvement massif d'immigration, privant incontestablement les « travailleurs immigrés » de leur droit à une liberté religieuse effective. Jusqu'au début des années 80, c'est en effet quasi exclusivement comme « travailleurs » que les immigrés (musulmans) ont été appréhendés. Il faut noter que la cécité sur les appartenances religieuses des immigrés n'a pas été une spécificité française qui pourrait être rapportée à la défiance de notre société à l'égard de la religion. Ainsi, en Angleterre, les immigrés étaient-ils essentiellement perçus en termes de « race » selon la problématique mettant en cause la discrimination raciale subie par les « non-Blancs ».

S'il peut être opportun, et juste aussi, de prendre en compte les appartenances religieuses, il faut aussi se rendre compte que l'identité musulmane est plus large et complexe que sa seule définition religieuse. Elle s'exprime aussi dans le tissu associatif avec divers engagements non directement religieux qu'on qualifie aujourd'hui communément de « citoyens » ou de « solidaires » (auprès de jeunes des « cités » ou de femmes par exemple).

Du religieux au patrimoine spirituel

La laïcité est ainsi aujourd'hui confrontée au fait que le pluralisme n'est plus seulement un pluralisme de convictions mais aussi un pluralisme des identités. Le temps est bien révolu où les conflits autour de la laïcité opposaient, pour faire bref, *« le parti de l'autonomie et le parti de l'hétéronomie »*, selon les termes de M. Gauchet. La laïcité est, historiquement, étroitement liée à la question de la religion, elle est donc particulièrement sensible aux affirmations identitaires à dimension religieuse.

Cependant, l'aspiration à « récupérer » comme partie intégrante de son identité un enracinement natif, à s'ancrer dans une tradition, dans un groupe particulier (bref, à « cultiver » une spécificité qu'on veut faire reconnaître dans l'espace public) ne concerne pas exclusivement les minorités religieuses, ni non plus les seules identités religieuses.

Ainsi, au tournant des années 2000-2001, à l'occasion de la rédaction de la Charte européenne des droits fondamentaux, on a assisté à une forte mobilisation de deux « camps » : celui d'une stricte laïcité contre celui se réclamant d'une « laïcité ouverte ». L'enjeu portait sur quelques mots du projet de préambule de la Charte : *« L'héritage culturel, humaniste et religieux. »* Suite à la mobilisation du premier camp et à l'intervention directe du gouvernement français qui a conduit à substituer au mot contesté

– « religieux » – la référence au « patrimoine spirituel », le second camp a lancé une pétition pour protester contre la volonté de ne pas reconnaître l'importance sociohistorique de l'héritage proprement religieux.

Cette pétition a fait quelque bruit et suscité des controverses. L'enjeu du conflit, de part et d'autre, n'était pas des intérêts matériels (comme sur le problème toujours récurrent de l'école) mais un intérêt symbolique identitaire.

L'autre question récente qui a réveillé quelque passion autour de la laïcité ne concerne aucunement la religion : il s'agit de la reconnaissance des identités régionales. La Charte européenne des langues régionales ou minoritaires, rédigée par le Conseil de l'Europe, fait de la pratique de ces langues « un droit imprescriptible », y compris dans l'enseignement. Signée par la France en mai 1999, elle a été invalidée par le Conseil constitutionnel. Cette position incertaine de la France traduit la vigueur des oppositions dans l'opinion. Cette incertitude se prolonge aujourd'hui sur la question du contrat de l'Education nationale avec les écoles en langue bretonne Diwan.

Les passions autour de la laïcité sont ainsi cristallisées aujourd'hui sur le problème des affirmations identitaires. On assiste à la recomposition de l'ancienne opposition qui divisait les laïques entre le camp de l'intransigeance laïque et de l'hostilité plus ou moins avouée à la religion, et le camp du compromis et de la reconnaissance – plus ou moins contrainte ou valorisée – d'une large liberté religieuse. Au-delà du refus unanime du « communautarisme » – comme il en allait hier du cléricalisme –, l'enjeu est de savoir s'il convient d'être intransigeant sur le maintien d'une stricte séparation du public et du privé, ou s'il est possible de reconnaître publiquement (par exemple à l'école) la diversité culturelle.

On peut réfléchir pour savoir si certaines affirmations identitaires sont légitimes tant du point de vue historique – en considérant le parcours d'affirmation de l'individu dans la modernité – que du bien-être des personnes. On peut reconnaître que ces affirmations n'empêchent pas des convictions citoyennes, convictions qui se savent et se veulent informées par leur ancrage dans une tradition, un groupe, une famille de pensée, une expérience sociale particulière.

Mais le sens de ces affirmations identitaires est aussi marqué par des enjeux qui dépassent les logiques engendrées par les transformations de l'individualité, par les spécificités de notre laïcité française et même par notre histoire coloniale. Car intervient désormais également la globalisation et plus particulièrement la montée au niveau international d'un islamisme radical et le conflit israélo-palestinien. Les enquêtes sur les dimensions de l'identité juive entreprises depuis une trentaine d'années ont montré la centralité de la solidarité avec Israël. Dans le même temps une identité proprement musulmane s'est affirmée dans les populations (pour la plupart françaises) originaires de pays musulmans. Cette identité musulmane a pu chez certains se durcir en référence aux durcissements des conflits dans le Moyen-Orient. Mais on manque de comptabilisations administratives sur l'ampleur réelle des affirmations les plus «dures» (par exemple sur les conflits liés au port de signes religieux à l'école, sur les contestations de certains types d'enseignements et sur les tensions communautaires vives). Quoi qu'il en soit, ce sont ces affirmations identitaires articulées au contexte international qui, depuis le milieu des années 80, ont fait surgir une «nouvelle question laïque» dont les enjeux sont bien différents de ceux de la laïcité un siècle plus tôt, quand étaient effectuées la séparation de l'Eglise catholique et de l'Ecole et la séparation des Eglises et de l'Etat. En France, la gestion de ces nouvelles revendications communautaires est envisagée comme «application du principe de laïcité dans la République» (7), mais sous d'autres qualifications cette même question se pose dans nombre d'autres pays européens. Les cultures nationales spécifiques construites dans la longue durée conduisent à y donner des réponses diverses, mais partout on observe des tâtonnements, des incertitudes et des oppositions qui traversent les familles politiques et, souvent aussi, l'intime conscience des citoyens.

7. Selon l'intitulé de la commission décidée par le Président de la République en juillet 2003 (dite «Commission Stasi sur la laïcité») et qui a rendu son rapport en décembre 2003, une loi a été votée le 15 mars 2004 : *«Dans les écoles, les collèges et les lycées publics, le port de signes ou tenues par lesquels les élèves manifestent ostensiblement une appartenance religieuse est interdit. Le règlement intérieur rappelle que la mise en œuvre d'une procédure disciplinaire est précédée d'un dialogue avec l'élève.»*

À lire

- M. Milot, *Laïcité dans le nouveau monde. Le cas du Québec*, Brépols, 2002.
- F. Randaxhe, V. Zuber (dirs), *Laïcités-Démocraties, des relations ambiguës*, Actes du colloque organisé par le Groupe de sociologie des religions et de la laïcité les 7-8 décembre 1998, Brépols, 2003.

IDENTITÉS CULTURELLES, DÉMOCRATIE ET MONDIALISATION

ENTRETIEN AVEC MICHEL WIEVIORKA*

La question de la place des identités culturelles au sein de l'espace public apparaît comme particulièrement sensible actuellement. Comment, en France, est-elle devenue progressivement un « problème » au cours des deux dernières décennies ? Comment y réfléchir à l'heure où les phénomènes identitaires s'émancipent de plus en plus souvent du cadre national ?

***Sciences Humaines* : Quand les questions d'identité culturelle sont-elles apparues au cœur du débat politique français ?**

Michel Wieviorka : Ces questions ont pris de l'importance tout au long des années 80, avec deux dates importantes : 1981, avec l'arrivée de la gauche au pouvoir, et 1989, date de la chute du mur de Berlin. Nous sommes alors entrés dans une période où les débats sur les questions culturelles semblaient l'emporter de plus en plus sur les débats sociaux. Dès l'élection de François Mitterrand, la France a découvert que l'islam était inscrit dans ses banlieues, pour parler comme Gilles Kepel (1). Les inquiétudes ont commencé à se développer sur ce thème, traduites par la montée du Front national et d'un certain mélange de hantise de l'islam, de racisme antiarabe et de crise sociale pour des pans entiers de la société française. La chute du mur a accentué ce phénomène jusqu'en 1995, où les grèves de novembre-décembre ont signé le retour de la question sociale dans le débat public.

* *Directeur d'études à l'EHESS et du Centre d'analyse et d'intervention sociologique (Cadis). A publié notamment : (dir.),* Une société fragmentée ? Le multiculturalisme en débat, *La Découverte, 1996;* La Différence, *Balland, 2000; (dir.)* Un autre monde… Contestations, dérives et surprises dans l'antimondialisation, *Balland, 2003.*

***SH* : Comment peut-on expliquer cette montée en puissance ?**

M.W. : Dans un premier temps, il a fallu accepter – certes très difficilement – l'idée que nous sortions (mal) de l'ère industrielle classique, avec la montée du chômage et l'apparition d'une société « à deux vitesses », comme on disait à l'époque. Au même moment ont commencé à s'affirmer, dans l'espace public, différentes approches qui insistaient sur la fin du mouvement ouvrier

comme mouvement social, sur la «*fin des grands récits*», pour parler comme Jean-François Lyotard (2) et les postmodernes. Il était de plus en plus clair que le mouvement ouvrier classique cessait d'être le centre de la vie collective. A la même époque, les Français ont pris conscience que leurs institutions (école, police, justice, services publics) peinaient à tenir leurs promesses : non seulement elles ne réduisent pas les inégalités sociales, mais elles les produisent et contribuent à les renforcer. Par ailleurs, on a assisté dès la fin des années 60 à la poussée d'affirmations identitaires s'installant dans l'espace public. Ce sont dans un premier temps des mouvements à faible charge sociale. Les uns sont régionalistes (mouvements breton, occitan, corse au milieu des années 70) et mettent en cause le monopole de la nation comme horizon identitaire général. D'autres concernent les Juifs de France, dont la visibilité s'accroît (3) avec notamment l'arrivée de Juifs d'Afrique du Nord plus actifs dans l'espace public. C'est aussi l'époque où se redéploient des mouvements de femmes, où apparaît un mouvement homosexuel, qui mettent eux aussi en cause la séparation du privé et du public. Plus frappant, un mouvement de sourds-muets, qui mobilise beaucoup de monde, se bat pour la reconnaissance de la langue des signes dans la vie de la Cité.
Dans les années 80, prend forme une deuxième vague de mouvements identitaires, beaucoup plus chargés socialement. Au centre, deux phénomènes majeurs : le retour de Dieu et la crispation nationaliste. Le retour de Dieu, c'est avant tout la montée de l'islam, et la transformation de la figure de l'immigré. Alors que le «travailleur immigré» des années 50-60 était défini d'abord par son inclusion sociale (*via* le travail) et son extériorité vis-à-vis de la nation et de la vie politique, ses enfants et petits-enfants (« beurs», «beurettes» puis «musulmans» voire, comme on le dit de plus en plus souvent, «islamistes») deviennent de plus en plus définis par l'exclusion sociale (ils sont victimes du chômage bien plus que d'autres), en même temps qu'ils sont inclus culturellement et institutionnellement – ils sont français et veulent participer à la vie politique française. Les nouvelles identités issues de l'immigration prennent chez beaucoup un caractère religieux ou ethnique.
En même temps, la nation devient le monopole d'un discours nationaliste, ce qui doit beaucoup aux inquiétudes de ceux qui sont affectés le plus directement par la sortie de l'ère industrielle. On découvre le Front national en 1983, lors d'une élec-

tion à Dreux : Le nationalisme, de groupusculaire, est devenu une force politique qui capitalise toutes sortes de peur et d'égoïsme, de racisme et de colonialisme rentré pour constituer une version sombre de la nation.

***SH :* Comment passe-t-on de ce contexte à la question proprement multiculturaliste ?**

M.W. : A l'époque, ces questions sont pensées dans le cadre de l'Etat-nation (on a peu conscience à l'époque du caractère transnational de certaines affirmations identitaires) et on commence à s'interroger. Régis Debray est le premier, me semble-t-il, à avoir aussi nettement conscience qu'une question est posée et à dire qu'il faut faire un choix. Reprenant les catégories de la vie politique américaine, il explique : ou bien nous sommes des Républicains pour qui la République est une et indivisible et pour qui dans l'espace public il ne peut y avoir que des individus libres et égaux en droit ; ou bien nous sommes Démocrates, favorables à l'affirmation d'identités culturelles qui peuvent aller jusqu'à réclamer des droits culturels.

Ce débat va prendre un tour aigu avec la première affaire du foulard en 1989, qui pose la question : que faire des différences culturelles ? Quatre positions principales se présentent. La position assimilationniste, très minoritaire (elle sera défendue par Emmanuel Todd), pose que les identités particulières ne doivent exister ni dans la vie publique, ni dans la vie privée. La deuxième position, communautariste, n'est pas défendue en tant que telle, mais se lit en filigrane dans les inquiétudes de beaucoup. Elle consiste à dire que chaque minorité ou communauté doit être reconnue et obtenir des droits, et l'espace public doit s'organiser en tenant compte de toutes ces communautés.

Restent deux positions, moins extrêmes. La plus classique, celle de la tolérance, notamment incarnée par Dominique Schnapper, estime que les différences culturelles peuvent exister dans l'espace privé, mais également dans l'espace public aussi longtemps qu'elles ne créent pas de troubles majeurs, de désordre. Leur place dans l'espace public est subordonnée à nos valeurs universelles. La deuxième position, très minoritaire, que j'ai défendue avec Alain Touraine et quelques autres, est une position de la reconnaissance, j'utilise l'expression en référence au philosophe Charles Taylor (4). Elle consiste à dire qu'il ne suffit pas de tolérer, il faut reconnaître et donc accorder des droits culturels aux différences culturelles constituées. Celles-ci doivent être non pas subordonnées, mais articulées aux valeurs universelles – ce qui est au plus loin du communautarisme.

***SH :* Parallèlement, les travaux de sociologie empirique faisaient tomber quelques idées reçues sur les identités...**

M.W. : On ne peut plus penser la culture en termes de reproduction. Les identités culturelles relèvent bien plus de logiques de production que de reproduction, y compris lorsqu'elles ont l'allure de la tradition la plus immuable. Voyez le livre de Ronan Le Coadic sur l'identité bretonne (5) : on voit comment cette dernière est réinventée en permanence, ce qui ne l'empêche absolument pas d'être bretonne. De même, l'islam de France se transforme, nous le voyons chaque jour, en fonction du débat public, des interventions des acteurs politiques, des intellectuels, des transformations sociales... Il n'empêche, c'est toujours l'islam.
Par ailleurs, il faut rompre avec l'opposition entre analyse de la société en termes de «montée de l'individualisme» ou de «résurgence des appartenances culturelles». Il faut articuler ces deux modes de pensée. La poussée de l'individu et sa volonté de subjectivation, le désir de chacun de se constituer en acteur de sa propre existence non seulement n'est pas incompatible avec l'essor des identités collectives, mais même l'alimente. Si l'on veut comprendre aujourd'hui ce qu'est l'islam pour un grand nombre de jeunes en France, il suffit de leur poser la question, ils vous répondront d'une manière ou d'une autre : «C'est mon choix, ma décision.» Autrement dit : je ne suis pas musulman pour reproduire l'identité de mes parents, mais parce que je fais ce choix, par fidélité ou bien en me convertissant. La subjectivité personnelle alimente les identités collectives, elle active considérablement leur production. Et sauf sectarisation ou fermeture complète du groupe sur lui-même, le désir de subjectivation ne s'éteint pas du jour où l'on rentre dans une identité collective ou une autre : les gens s'engagent, mais aussi se dégagent des identités.

***SH :* Vous contestez l'idée que la mondialisation soit un laminoir des identités ?**

M.W. : Après la chute du mur de Berlin, l'attention s'est focalisée, notamment en France, sur la question de l'impact de la mondialisation sur la culture. Une première thèse est apparue très vite : la mondialisation, c'est l'homogénéisation culturelle, sous hégémonie américaine. C'est la *«macdonaldisation de la société»*, pour reprendre le titre de l'ouvrage de George Ritzer (6) – qu'on a d'ailleurs mal lu puisqu'il parlait, lui, des méthodes d'organisation du travail. L'idée était que nous buvions partout du Coca-Cola, que le monde s'américanisait. En France, pays très sensible à son identité nationale, au fait d'être une «exception culturelle», cette idée a touché beaucoup de monde. Deuxième idée, qui dit presque le contraire : la mondialisation, c'est la fragmentation culturelle. D'où des logiques de retrait communautaire, de fermeture identitaire, de repli des nations et des cultures sur elles-mêmes.

Mais faisons la part de choses. Certes il y a extension de la culture américaine, mais pas de monopole pour autant. Il y a fragmentation (il suffit de voir la poussée des nationalismes dans le monde entier) mais aussi circulation des identités culturelles, mondialisation *«par le bas»*, comme l'a dit Alain Tarrius (7) à propos des «fourmis» qu'il étudie (migrants qui, tout autour du bassin méditerranéen, vont et viennent entre leur pays d'accueil et leur pays d'origine) et dont l'action a des dimensions culturelles fortes. La mondialisation, c'est la circulation et l'inventivité, le mélange et le métissage, et pas seulement le repli ou la dissolution des cultures. Il y a dans le monde d'autres centres créateurs que les Etats-Unis, simplement on se refuse à les voir : le Brésil pour la télévision, la France, l'Inde, l'Egypte pour le cinéma…

Les discussions sur la mondialisation ont eu pour vertu de nous obliger à réfléchir à nouveaux frais au fait que les identités ne sont pas limitées, inscrites une fois pour toutes dans le cadre de l'Etat-nation. Elles ont apaisé le débat sur le multiculturalisme, qui se retrouve quelque peu dépassé par ces identités qui vont et viennent, et relèvent de réseaux diasporiques, transnationaux.

***SH :* Cela a-t-il fait bouger les choses en France ?**

M.W. : Des évolutions ont eu lieu, la première étant le relatif succès de mesures prises pour reconnaître d'un côté les inégalités structurelles dont sont victimes les femmes (la parité) et de l'autre la possibilité, pour ceux qui ont un mode de vie qui n'est pas celui de la famille classique, d'accéder à certains droits et protections (le Pacs). Ces mesures, portées majoritairement par des groupes particuliers, se sont présentées

comme des mesures universelles, on ne les a pas opposées à l'universel. D'autre part, le même gouvernement a fait voter, suite à la demande des communautés arméniennes de France, une loi reconnaissant le génocide arménien de 1915. Notre pays est donc capable d'entendre les demandes émanant de certains groupes.
D'autre part, notre pays commence à prendre conscience de la nécessité de faire de la politique pour réparer les injustices sociales. La politique ne peut pas se limiter à appliquer mécaniquement une certaine conception de l'égalité républicaine, et l'on admet plus qu'hier qu'il faut être volontariste et envisager par exemple des politiques d'équité (ou discriminations positives). C'est une question sociale, pas culturelle. Le problème a été mal posé, parce qu'on a dit que c'était une forme de reconnaissance de particularismes culturels, et parce qu'on a opposé équité et égalité, discrimination positive et traitement républicain. La bonne formulation consiste à dire : il faut mettre l'équité au service de l'égalité. L'égalité est l'horizon, l'objectif, l'équité est l'outil, le moyen d'y parvenir.

***SH :* Vous montrez enfin que, contrairement aux stéréotypes, l'islam est pleinement moderne…**

M.W. : L'islam est la grande question identitaire aujourd'hui. C'est une erreur complète de dire : l'islam c'est la tradition contre la modernité. Si l'islam aujourd'hui se réveille et se développe sous plusieurs aspects, c'est en relation avec la modernité. Il s'installe comme une des différences à l'intérieur de la modernité, bien moins pour la combattre que pour permettre à tous ses membres d'y trouver une place la plus digne possible. Dans *Violence en France* (8), des jeunes issus de l'immigration qui étaient « grands frères » à la RATP nous disaient : l'islam, c'est ce qui nous permet de tenir, de rester accrochés à cette société, alors que nous sommes victimes de racisme, que nos conditions de travail sont difficiles, etc. L'islam, c'est une dimension culturelle et symbolique de l'existence à l'intérieur de la modernité, que cet islam est même susceptible de transformer.
Pour certains, l'islam est associé à une lutte contre cette modernité. Mais même là, il faut voir que l'action est moderne. Quand l'islam devient terroriste, guerrier, il le fait sans hésiter à recourir à tout ce que la modernité apporte du point de vue technologique, financier, du fonctionnement en réseau. Il est moderne, non seulement au sens où il sait maîtriser les outils,

mais où il sait conjuguer la raison et l'identité. Un pays mériterait d'être regardé de près par rapport à ces questions, c'est la Turquie. Ce pays est dirigé par un pouvoir islamiste, il se réclame de l'islam de manière très démocratique, très ouverte, avec le souci de bien ancrer la Turquie dans l'Europe, de participer pleinement à la vie «occidentale», tout en affirmant son identité religieuse et donc sa spécificité culturelle. La Turquie est un laboratoire qui nous permet de voir à quel point l'idée d'une guerre des civilisations ne tient pas la route pour qui est vraiment démocrate et soucieux de faire régresser les inégalités sociales et de respecter les spécificités de chacun.

Propos recueillis par
XAVIER MOLÉNAT
(*Entretien inédit réalisé en janvier 2004*)

1. G. Kepel, *Les Banlieues de l'islam. Naissance d'une religion en France*, Seuil, 1987.
2. F. Lyotard, *La Condition postmoderne*, Minuit, 1979.
3. Voir R. Azria, « L'image du judaïsme en France », *Sciences Humaines*, hors série n° 41, juin-juillet-août 2003.
4. C. Taylor, *Multiculturalisme. Différence et démocratie*, Aubier, 1994 (rééd. Flammarion, 1999).
5. R. Le Coadic, *L'Identité bretonne*, Terre de brume, 1998.
6. G. Ritzer, *Tous rationalisés ! La macdonaldisation de la société*, Alban, 1998.
7. A. Tarrius, *La Mondialisation par le bas. Les nouveaux nomades de l'économie souterraine*, Balland, 2002.
8. M. Wieviorka (éd.), *Violence en France*, Seuil, 1999.

Multiculturalisme : faut-il araser ou exalter les différences ?

D'abord, un constat : les sociétés contemporaines sont pour la plupart hétérogènes et bien peu d'Etats sont culturellement homogènes. Les différences peuvent être linguistiques, ethniques, religieuses, idéologiques, générationnelles. Dans les démocraties, on assiste à une poussée des revendications identitaires. Les sociétés pluriculturelles doivent donc trouver les moyens de faire coexister ces groupes distincts.

Comment être citoyen à part entière sans renier sa spécificité ?
Le traitement politique de la diversité culturelle soulève des enjeux importants, notamment en ce qui concerne la citoyenneté. Pour la doctrine multiculturaliste, les cultures minoritaires sont discriminées et doivent accéder à la reconnaissance publique. Les premières politiques multiculturelles furent mises en œuvre en Amérique du Nord, il y a une trentaine d'années. Dès 1971, le Canada, suivi par d'autres pays, inscrit le multiculturalisme dans sa constitution. Aux Etats-Unis, les communautés sont désormais représentées à tous les niveaux pour ne pas être lésées dans leurs intérêts face à la culture dominante *Wasp* (*White Anglo-Saxon Protestant*). Des lois protègent les spécificités culturelles : politique de redressement des torts, mesures administratives de l'*affirmative action* (ou discrimination positive) instaurant des quotas de femmes ou de minorités, etc.

L'apprentissage de la citoyenneté
Si cette « ethnicisation » des minorités s'accorde avec l'idéologie du politiquement correct, le risque est celui du ghetto culturel, d'une accentuation des rivalités interethniques, d'une institutionnalisation des différences. L'individu existe surtout en fonction de son groupe d'appartenance, groupe qu'il ne s'est d'ailleurs souvent pas choisi. La société devient alors le terrain de confrontations d'intérêts particuliers.
Des théoriciens estiment néanmoins que les droits minoritaires peuvent, pour les membres de ces groupes, promouvoir les conditions culturelles de la liberté individuelle ou de la socialisation. Pour Michael Walzer (1), la communauté peut ainsi être le lieu d'apprentissage de la citoyenneté.
En France, au contraire, les particularismes culturels sont rejetés dans l'espace privé et le multiculturalisme est perçu comme un ferment de décomposition de l'Etat-nation. Le modèle jacobin est celui d'une république universaliste et individualiste. Les

identités religieuses ne peuvent se constituer politiquement (séparation de l'Eglise et de l'Etat), et il en va de même pour les identités ethniques, sexuelles ou liées à un mode de vie. Mais ce modèle abstrait d'intégration tend à étouffer les spécificités culturelles. La conception du citoyen oubliant sa condition particulière pour incarner un prétendu universalisme s'accorde mal avec les réalités de la modernité. L'individu peut ainsi se sentir exclu et refuser la citoyenneté.
Alors, patriotisme constitutionnel ou reconnaissance d'une justice ethnoculturelle ? Les tendances centripètes de la société française sont-elles préférables au tropisme centrifuge de la société américaine ? Bien des auteurs s'engagent sur une voie médiane entre universalisme et communautarisme et considèrent qu'il ne faut pas institutionnaliser les différences culturelles comme aux Etats-Unis, mais s'attacher à les rendre visibles dans la vie sociale. Ces différences ne devraient pas être cantonnées dans l'espace privé, sans pour autant occuper le devant de la sphère politique. Plutôt que de faire du multiculturalisme une proposition par défaut (empêcher les discriminations culturelles), l'idée est désormais d'instaurer un nouvel apprentissage démocratique rendant possible la communication interculturelle.
Promouvoir les groupes culturels impliquerait ainsi une reconnaissance mutuelle des identités, l'Etat favorisant la mobilité et l'échange entre groupes. Charles Taylor (2) définit ainsi la démocratie comme la politique de la reconnaissance de l'autre, donc de la diversité.

JÉRÔME SOUTY

1. *Pluralisme et démocratie*, Esprit, 1997.
2. *Multiculturalisme. Différence et démocratie*, Aubier, 1994 (rééd. Flammarion, 1999).

Jean-Claude Ruano-Borbalan*

LES FONDEMENTS DE L'IDENTITÉ AMÉRICAINE**

L'identité américaine a trouvé sa source dans la tolérance religieuse, dans ses institutions et dans son rêve de liberté. L'Amérique et ses valeurs sont aujourd'hui fortement interrogées par les réactions xénophobes et les doctrines communautaires. Mais le *melting-pot* fonctionne toujours.

Qu'est-ce qu'être un bon Américain ? Cette question est l'une des plus lancinantes de l'histoire des Etats-Unis, mais ne connaît pas de réponse évidente. Dans un pays à l'immigration massive, la définition de l'appartenance à la communauté nationale est un enjeu permanent. Durant plus de deux siècles, l'Amérique est demeurée le lieu de formidables opportunités pour les immigrants. Elle fut tout autant le lieu d'oppressions, de lynchages, de meurtres raciaux et de dérives idéologiques multiples, visant à préserver l'identité américaine contre des minorités ou de nouveaux arrivants, réputés inassimilables. La question de l'intégration des minorités (Noirs, immigrés récents) s'est vue renouvelée par le débat sur le multiculturalisme des années 80-90. La situation multiethnique et communautaire américaine serait-elle une situation intenable, génératrice de ghettos, de violence et d'exclusion, comme on s'est parfois plu à le dénoncer en France (1) ? La grande machine à intégrer américaine serait-elle en panne, ou au contraire fonctionne-t-elle dans de meilleures conditions qu'avant ? Quel est le prix individuel et collectif de cette voie américaine vers la citoyenneté ? C'est par l'histoire du peuplement et des minorités, par le regard sur le mouvement des idées politiques et des justifications idéologiques ou

---

* Directeur de publication du magazine *Sciences Humaines*.

** *Sciences Humaines*, hors série n° 33, juin 2001.

1. E. Dassin, « La rhétorique française de l'Amérique », dans « L'autre Amérique », *Revue Témoin*, n° 21, juillet 2000.

scientifiques que l'on doit, disent les spécialistes, répondre à de telles questions.

L'histoire du peuplement

On peut schématiquement brosser un tableau de l'immigration aux Etats-Unis en quatre grandes étapes, qui structurent encore par leurs conséquences la réalité de l'Amérique contemporaine : deux phases d'immigration (les colonies anglaises et le grand XIXe siècle) ; une phase d'arrêt des flux de population (de 1920 à 1965) ; et de nouveau une phase d'immigration forte depuis les années 60. Le peuplement initial des colonies britanniques de la côte Est provient essentiellement d'Angleterre et, dans une moindre mesure, d'Allemagne, des Pays-Bas, de France (huguenots), des pays du Nord de l'Europe. La plupart des émigrants sont membres de sectes protestantes en butte aux Eglises dominantes, ou plus tard des paysans fuyant les exactions des guerres européennes. Ils se regroupent par origine dans les diverses colonies : les puritains anglais dans le Massachusetts autour de Boston et de sa région ; les Allemands piétistes en Pennsylvanie ; les Hollandais dans la région de la future New York (colonie de la Nouvelle-Amsterdam, qui devient anglaise en 1664)… Comme le souligne l'historien André Kaspi, les Américains étaient alors *« tous des immigrants volontaires qui ont délibérément choisi de bâtir ailleurs ce qu'ils ne pouvaient pas construire chez eux. Une seule exception à la règle : les Noirs. Eux ne sont pas des pionniers, des colons ou des voyageurs idéalistes. S'ils n'ont pas encore au XVIIIe siècle le statut d'esclave, ils n'en sont pas moins considérés comme des objets de commerce, des marchandises qu'on transporte d'Afrique en Amérique, des bras indispensables pour mettre en valeur les plantations. »* (2) Dès sa constitution, l'Amérique s'est fondée sur une grave contradiction entre la tolérance des opinions et la ségrégation des races. Cette Amérique des fondateurs est anglophone, ses racines politiques et sociales sont anglaises. Sa réalité sera, d'une part, au XIXe siècle, tout autant l'accueil de nouveaux migrants que la guerre contre les Indiens et leur élimination (3) et, d'autre part, le maintien de la ségrégation entre les Noirs et les Blancs.

La situation de l'immigration va changer au cours du XIXe siècle. Les nouveaux arrivants, en nombre toujours accru, proviennent de nouvelles régions d'Europe : îles Britanniques, Europe du Nord dans la première moitié du XIXe siècle, puis Europe du Sud et de l'Est. Les grandes villes du Centre et de l'Est ont des populations à majorité étrangères et les nouveaux arrivants peuvent y travailler immédiatement. La pression migratoire s'accélère à la fin du XIXe siècle, continue au début du XXe et redouble après la Première Guerre mondiale. Près de 4 millions de nouveaux immigrants débarquent dans la dernière décennie du XIXe siècle, et plus de 13 millions de 1900 à 1914. Ce sont désormais les villes et leurs industries qui croissent vertigineusement, grâce à l'apport d'une main-d'œuvre particulièrement nombreuse et d'un climat de

2. A. Kaspi, « Qu'est-ce qu'un Américain », dans « L'empire américain », *L'Histoire*, Les collections de l'histoire, n° 7, février 2000.
3. M. Rogin, *Les Démons de l'Amérique. Essai d'histoire politique des Etats-Unis*, Seuil, 1998.

libre entreprise érigé en valeur idéologique et politique suprême.

La vague d'immigration sera stoppée nettement dans les années 20 par un ensemble législatif, dont le but fut à la fois de réduire l'immigration et de privilégier les Anglo-Saxons au détriment des autres immigrations. Il faut, dit en 1924 le président John C. Coolidge, *« que l'Amérique devienne américaine »*. Cette politique de restriction sera très efficace et durera jusque dans les années 60. Bien peu de Juifs seront accueillis pendant la montée du nazisme, en raison des quotas nationaux, et de nombreux candidats à l'immigration de pays du Sud de l'Europe ne pourront partir. La fermeture de l'Amérique demeure jusqu'en 1965, date à laquelle le président Lyndon B. Johnson signe une loi supprimant les quotas d'immigration nationaux. Conséquence d'une lutte politique et de l'émergence d'un fort courant en faveur des minorités ethniques, la libéralisation de 1965 aura des conséquences gigantesques.

De 1965 à 1994, 24 millions de personnes se sont fixées légalement aux Etats-Unis, redevenus la principale terre d'immigration de la planète, devant le Canada et l'Australie. Ce sont donc près d'un million d'immigrants légaux par an qui s'installeront aux Etats-Unis, chiffre auquel s'ajoute un nombre considérable d'entrées clandestines (dont 3 millions seront régularisées en 1986). En trente ans, l'Amérique est redevenue une terre de nouveaux arrivants : le dernier recensement, celui de 2000, indique que 28,4 des 271 millions de citoyens américains sont *foreign born*. Nés à l'étranger, ils ont émigré et ont acquis la nationalité américaine. Ils représentent 10,4 % de la population, c'est-à-dire à peu près la proportion que connaissait l'Amérique durant la grande période de l'immigration du XIXe siècle et du début du XXe. Ils viennent principalement d'Amérique latine (51 %), d'Asie (25 %), et moins d'Europe (15,3 %) ou d'autres régions du monde. L'une des conséquences notables de cette nouvelle immigration est le recul de la suprématie protestante. Désormais, la principale religion des Etats-Unis est le catholicisme (près de 70 millions de personnes) et l'on compte 6 millions de juifs, 4 millions d'orthodoxes et 3 millions de musulmans.

Tolérance ou intolérance ?

Comment une nation aussi fragmentée que la société américaine a-t-elle pu survivre et prospérer ? De multiples explications existent. Il convient d'invoquer en premier lieu la permanence d'une tolérance religieuse bâtie durant la période des colonies anglaises. Trois facteurs se sont conjugués au XVIIe et au XVIIIe siècle pour son développement : la réalité des divisions multiples entre sectes protestantes, la volonté de l'administration anglaise de peupler les colonies et la diffusion des principes philosophiques des Lumières. L'Amérique du Nord devint un laboratoire à la fois de la cohabitation entre diverses communautés religieuses et du respect des croyances que la Constitution fédérale couronna en 1776.

Contrairement à ce qui se passait en Europe, où les sujets devaient suivre la religion dominante du prince, la liberté de culte était devenue la règle aux Etats-Unis, non sans mal d'ailleurs. Le premier article du *Bill of Rights*, fondement même de la communauté politique, indique par exemple que *« le Congrès ne fera aucune loi qui touche à l'établissement ou interdise le libre exercice d'une religion »*. En 1802, dans une lettre à une communauté baptiste, Thomas Jefferson, le quatrième président des Etats-Unis, indiquera que l'interprétation de la Constitution conduit à établir *« un mur de séparation entre l'Eglise et l'Etat »*. Le politologue Denis Lacorne rappelle que cette position jeffersonnienne sera constante jusqu'à nos jours (4). Il estime, suivant en cela le philosophe Michael Walzer (5), que la tolérance érigée en principe constitutionnel est *« un principe universel de pacification de la société »*.

Pour autant, le principe de tolérance, si caractéristique de la culture politique américaine, porte en lui-même le maintien d'une diversité communautaire, qui *« empêche, en vertu même de son indifférenciation, la constitution d'une société intégrée et culturellement homogène »*. L'identité américaine est ainsi marquée par une contradiction permanente entre le fractionnement – que renforce l'immigration – et l'adoption de valeurs communes.

Le « chaudron » américain

En contrepoint des pratiques, des valeurs et des législations prônant la tolérance, l'histoire américaine est également marquée par la permanence d'une réaction xénophobe à l'encontre des minorités récentes peu intégrées et par des manifestations racistes contre les minorités exclues, comme les Noirs ou les Indiens. Les mêmes types de discours ont par exemple été tenus par Benjamin Franklin à propos des Allemands avant la révolution contre les Anglais, par les nativistes de la fin du XIXe siècle à propos des « Slavo-Latins » ou, tout récemment, par Ross Perrot ou tel *leader* de droite à propos des Asiatiques ou des Latinos.

Toutes les immigrations ont été jugées dangereuses parce qu'inassimilables, alors qu'à l'évidence elles se sont progressivement intégrées et ont adopté les valeurs et l'identité de l'Amérique.

La devise américaine, depuis la Constitution de la République en 1776, pose de manière claire que du multiple il faut fabriquer de l'unique et du commun : *E pluribus unum*. Pour tolérante qu'elle soit, la société américaine fut surtout intégratrice de toutes les différences ethniques et culturelles. Cette volonté d'intégration-assimilation des populations nouvelles et des différences s'est incarnée de multiples manières : au plan politique dès la constitution des Etats-Unis, au plan social et économique à partir de la fin du XIXe siècle. La République américaine a encouragé la création d'une identité politique commune : le serment d'allégeance au drapeau dans les écoles, le culte de la Constitution et la glorification des pères fondateurs constituent depuis deux siècles l'appartenance à la communauté politique. L'école publique, dominante

4. D. Lacorne, *La Crise de l'identité américaine. Du* melting-pot *au multiculturalisme*, Fayard, 1997 (rééd. Gallimard 2003).
5. M. Walzer, « Individus et communautés. Les deux pluralismes », dans « Le spectre du multiculturalisme américain », *Esprit*, juin 1995.

aux Etats-Unis, propage le culte civique qui s'est progressivement élaboré autour des grands événements et des grands hommes : fêtes, commémorations, monuments et symboles proprement américains comme le Jour de l'indépendance (4 juillet) ou les figures de George Washington, d'Abraham Lincoln et, plus récemment, de John Fitzgerald Kennedy ou Martin Luther King. Le rôle du drapeau est lui aussi significatif, et la sacralisation de la bannière étoilée se retrouve dans l'ensemble de l'espace public et privé : dans les cimetières, où chaque tombe des anciens combattants – et ils sont nombreux – est marquée par un petit drapeau, au fronton de nombreuses maisons individuelles ou immeubles d'entreprises.

L'identité américaine s'est forgée au plan social et économique, au travers du fameux *melting-pot*. A chaque nouvelle vague d'immigration s'est élaborée une autre définition du *«véritable Américain»*, qui emploie, souligne encore D. Lacorne, *«un vocabulaire imagé d'une étonnante variété. L'immigrant est tantôt «républicanisé», tantôt "américanisé", tantôt encore "anglo-zaïrois", "assimilé", "acculturé", "régénéré" ou même fondu dans un métaphorique chaudron : le* melting-pot». Cette idée de creuset, de chaudron, dans lequel se forge la nation est présente dans les sociétés européennes et aux Etats-Unis depuis le milieu du XIXe siècle. Le terme de *melting-pot* est plus récent. Il a fait florès à partir du succès sans précédent d'une pièce de théâtre portant ce nom. Ecrite par l'écrivain juif anglais Israel Zangwill en 1908, la pièce devint l'emblème d'une Amérique qui fait de ses immigrés, venus d'horizons ethniques et religieux de plus en plus divers, de « bons Américains », aux valeurs civiques communes et surtout intégrés dans leur environnement de travail industriel. L'industrialisation constitua d'ailleurs l'un des grands mécanismes intégrateurs. Elle unifia en un peuple d'ouvriers des communautés disparates issues de zones rurales et souvent arriérées des pays européens. La volonté assimilatrice s'est effectuée en référence au modèle anglo-saxon. Elle s'est renforcée dans la période de faible immigration du milieu du XXe siècle. A partir des années 60, les données changent fortement. Si l'Etat fédéral fait de plus en plus pour l'intégration des minorités, on assiste aussi à l'apparition de doctrines qui réfutent l'idée du *melting-pot* (6).

Du mouvement des droits civiques au multiculturalisme

Dans le grand récit de la création de l'Amérique, les Noirs ont un rôle bien particulier. L'esclavage fut l'enjeu d'une guerre civile, mais son abolition ne régla pas la question de leur place dans le pays : une ségrégation stricte et infamante se mit en place dans les Etats du Sud, à forte population noire. Le mouvement pour leur émancipation, d'abord timide, prit son essor dans la seconde partie du XXe siècle et obtint des succès à partir des années 60, notamment grâce à l'action bien connue du pasteur Martin Luther King. Ce dernier acquit une dimension nationale et

6. P. Gervais, *L'Avènement d'une superpuissance. Le siècle de l'Amérique*, Larousse, 2001.

put infléchir l'opinion blanche, permettant ainsi la modification des législations ségrégationnistes. Il put accomplir ce que nul n'avait réussi avant lui : faire de la revendication traditionnelle des Noirs pour l'égalité *« une idée ordinaire de l'Américain moyen »* (7). Dès lors, l'aile urbaine et tolérante du parti démocrate, politiquement influente depuis les années 30, put initier une politique d'intégration, que tous les gouvernements américains ont poursuivie depuis. L'Etat fédéral fit d'abord beaucoup pour l'intégration des minorités noires : lutte contre le racisme à l'école, déréglementation de la ségrégation... Dans la même période, on assiste à la mise en place de politiques de discrimination positive (*affirmative action*), particulièrement dans les filières universitaires ou les emplois publics (8). Essentiellement destinée à améliorer le traitement des minorités les plus discriminées (Noirs, Latino-Américains), l'*affirmative action* a été mise en œuvre par le gouvernement des Etats-Unis dès les années 60. Celui-ci adopta une politique de contrats préférentiels avec les entreprises qui mettaient fin volontairement à leur politique de discrimination. Les bénéficiaires de la manne fédérale furent tenus, à partir de 1968, de dresser la liste précise de leurs employés « noirs », « orientaux », « amérindiens » et « espagnols-américains ». Progressivement, de nombreuses catégories (160 en 1995) furent ajoutées à la liste des minorités bénéficiaires de la discrimination positive.

Contre les politiques d'intégration et l'*affirmative action*, une doctrine conservatrice a ressurgi les vingt dernières années, portée elle par l'aile droite du parti républicain. Ce mouvement prône le retour à un modèle national unitaire, blanc et anglo-saxon, élaboré au cours du XIXe siècle par les « nativistes » anti-immigration de l'époque. On a assisté par exemple, au cours des années 80, dans certains Etats (Texas, Californie), à des combats contre les aides aux immigrés ou aux écoles publiques les recevant.

Les politiques d'intégration et la mutation réelle des mentalités sont également contrariées par une critique opposée : les doctrines communautaires et multiculturalistes, phénomène politique et intellectuel typiquement américain des trente dernières années. Celles-ci acquièrent une grande notoriété universitaire et une force politique réelle dans les années 80. Selon cette vision, la multiplication de communautés enrichit la société américaine et met fin à un « européocentrisme » oppressif. Les intellectuels multiculturalistes souhaitent la révision de l'histoire et de l'analyse de la société pour établir des manuels scolaires et des réflexions, du point de vue supposé des minorités. C'est par exemple le cas de Leonard Jeffries, qui réécrit l'histoire africaine de manière hagiographique et veut imposer un cursus « africain » pour les écoles afro-américaines. Une remise en cause des récits et des événements fondateurs de l'identité a lieu, à partir des multiples points de vue minoritaires : femmes, homosexuels, Afro-Américains, Cana-

7. N. Bacharan, *Histoire des Noirs américains au XXe siècle*, Complexe, 1998.
8. J. Thermes, « L'*affirmative action* et les étudiants noirs à Harvard, Yale et Princeton », dans M. Wieviorka, J. Ohana (dirs), *La Différence culturelle. Une reformulation des débats*, Balland, 2001.

diens français, etc. Ce mouvement intellectuel des *cultural studie*s a atteint son apogée dans la première moitié des années 90.

Faut-il craindre la diversité ?

L'image de l'Amérique contemporaine est pour beaucoup d'observateurs celle d'une infinie diversité, que soulignent les strates visibles de quartiers ethniques issus de trois cents ans d'immigration : Chinatown, quartiers irlandais, ghettos noirs, etc. Mais cette diversité est loin d'être figée, et les quartiers italiens de New York ou de Boston n'ont guère plus que quelques restaurants folkloriques, et bien peu de familles italiennes. Toutes les immigrations se sont intégrées et fondues progressivement, en trois ou quatre générations : les Italiens de New York ou de Chicago, si visibles dans les années 30, n'ont plus de spécificité professionnelle ou même d'habitation. Ce même processus d'acculturation est noté par exemple pour les banlieues de Los Angeles où cohabitent des populations d'une grande diversité. L'Amérique urbaine est faite d'une population de plusieurs origines, qui cohabite et crée des formes culturelles nouvelles : *« Laboratoires de l'ethnicité et de l'acculturation, les grandes cités déploient des activités multiformes qui reflètent la vitalité de leurs composantes. Independance Day, Colombus Day, Halloween, Thanksgiving, Noël, fêtes chinoises et Mardi-Gras de La Nouvelle-Orléans illustrent l'abondance du quartier des festivités. Les quartiers* (neighbourhoods) *non seulement assimilent les familles interethniques anglo-polonaises, italo-irlandaises ou hispano-caraïbéenes, mais insensiblement font émerger une culture hybride, comme l'expriment les musiques afro-cubaines de Floride, voire la* world music. » (9)
Mouvements communautaristes et réactions conservatrices ne doivent pas faire illusion, la réalité américaine est celle d'une société qui, depuis plus de trente ans, accueille un nombre considérable d'immigrés et qui, au total, continue de les intégrer. Peu nombreux sont les groupes ethniques ou raciaux particuliers, comme les amishs ou les juifs orthodoxes, qui ont pu maintenir une cohésion exceptionnelle. L'apparente unité des Noirs dans les ghettos provient du regard d'exclusion et de la réalité sociale qu'ils subissent, plutôt que d'une réalité « communautaire ». Malgré des heurts et des difficultés « ethniques » sporadiques, la peur et le danger d'une submersion des « Blancs » est un fantasme dénué de fondement. La principale immigration, rappelle D. Lacorne, provient d'Amérique latine et s'apparente au plan culturel à ces « Latins » qui sont arrivés au XIXe siècle et sont aujourd'hui totalement intégrés. Les institutions politiques, l'école et les *« valeurs de l'Amérique »*, particulièrement la tolérance et l'esprit d'entreprise, sont encore capables d'intégrer les nouvelles générations d'immigrés. Les nouveaux immigrants *« démontrent une fois de plus qu'il est toujours possible aux Etats-Unis de célébrer son identité d'Américain sans abandonner d'autres attaches »* (10).

9. P. Jacquin, D. Royot, S. Whitfield, *Le Peuple américain. Origines, immigration, ethnicité et identité*, Seuil, 2000.
10. D. Lacorne, *op. cit.*

Chapitre X

Conflits et stratégies identitaires

L'IMAGINAIRE DANS L'AFFIRMATION IDENTITAIRE

Entretien avec Jean-François Bayart*

La vision culturaliste est erronée : derrière les conflits «ethniques» et les émergences communautaires ou nationales, on trouve surtout des stratégies politiques et de l'imaginaire.

***Sciences Humaines :* Les phénomènes de mondialisation et de globalisation signifient, pour certains, l'effacement progressif des cultures comme des identités nationales. La réflexion que vous menez depuis plusieurs années sur les représentations culturelles et les pratiques politiques des sociétés africaines et asiatiques accrédite-t-elle cette idée?**

Jean-François Bayart : Plutôt qu'une homogénéisation des cultures nationales, on constate au contraire des recompositions permanentes par réappropriation d'éléments en provenance de l'extérieur. D'ailleurs, il en a toujours été ainsi : les emblèmes des cultures nationales sont souvent des emprunts à des cultures étrangères. Le thé à la menthe que l'on associe à un rituel immuable de la sociabilité marocaine a été introduit par les Anglais au XVIIIe siècle et ne s'est généralisé qu'au XIXe siècle; en Italie, le café n'a été élevé que récemment au rang de boisson nationale. C'est l'emprise de la vision «culturaliste» qui nous empêche de percevoir la manière dont une culture «nationale» évolue en empruntant des éléments extérieurs. En effet, selon les culturalistes, auxquels on associe à tort le nom du sociologue allemand Max Weber, une culture se constitue autour d'un noyau dur qui perdurerait au cours des siècles. C'est ce type de conception qui incline certains à voir dans le confucianisme la clé de la réussite du Japon puis des «dragons» du Sud-Est asiatique. Or, on sait aujourd'hui que la dimension culturelle du miracle japonais est à relativiser, et que c'est aussi au prix d'un long travail de coercition de la population japonaise par un Etat-famille autoritaire et nationaliste que la modernisation du Japon a pu se produire. Cette même vision culturaliste a nourri et nourrit encore la phobie anti-islamique qui s'est emparée de la France en associant l'islam à des pratiques et à des croyances données (la ségrégation des femmes, la guerre sainte, l'amputation des

** Directeur du Centre d'études et de recherches internationales (Ceri). A publié notamment :* L'Illusion identitaire, *Fayard, 1996.*

voleurs...). C'est enfin cette vision qui entretient l'idée selon laquelle en dehors des cultures nationales, il n'y aurait point de salut. L'histoire et l'anthropologie nous fournissent maints exemples de sociétés culturellement indéfinies dont les membres fondent leur identité sur l'échange, le métissage et le cosmopolitisme. Plutôt qu'à une culture commune et immuable, l'interaction entre les membres d'une même société renvoie à un imaginaire social, ce que Cornelius Castoriadis appelle des significations sociales (1). Plus récemment, Benedict Anderson s'est proposé de définir l'identité nationale en termes de *« communauté imaginée »* (2). Mais cette dimension est encore insuffisamment explorée par les politologues.

***SH :* Vous dites « imaginaire social » et pourtant les cultures nationales sont souvent vécues comme des réalités tangibles...**

J.-F.B. : Au regard de la longue durée, leur création est relativement récente ; elle est concomitante avec le mouvement de clôture culturelle auquel on assiste à partir du XVIIIe siècle à travers l'« invention de la tradition », c'est-à-dire une tendance au réemploi – instrumental ou inconscient – de fragments d'un passé plus ou moins fantasmatique. Cette invention de la tradition n'est pas un phénomène anecdotique : elle devait accompagner les transformations sociales, politiques et culturelles et l'émergence de l'Etat moderne en Occident puis dans d'autres parties du monde. En Angleterre, par exemple, les fastes du rituel monarchique ne s'affirmèrent que tardivement, à la fin du XIXe siècle, dans une société industrielle en proie aux incertitudes de la compétition impérialiste et à la montée de la classe ouvrière.

Cette invention de la tradition a été tout aussi manifeste dans les pays d'Europe centrale et orientale, dans le contexte du réveil des nationalités, au XIXe siècle. En Pologne, en Hongrie..., des intellectuels nationalistes se sont efforcés de construire des identités nationales en les enracinant dans des cultures populaires revisitées. Ils ont pour ce faire codifié minutieusement des traditions, des arts folkloriques extrêmement hétéroclites en certifiant leur caractère populaire. Ce travail de construction a aussi consisté en un effort de standardisation de l'expression linguistique. C'est durant la même période que des langues vont être érigées en langue nationale. Nombre d'idéologues nationalistes étaient d'ailleurs des linguistes. A l'œuvre dès le XIXe siècle, ce processus aura tendance à s'intensifier à la veille de la Première

Guerre mondiale puis dans l'entre-deux-guerres. Il atteindra alors un haut degré de perfectionnement avec le stalinisme. On l'oublie souvent, mais le stalinisme a en effet joué un rôle important dans la construction de cultures «nationales» en Europe de l'Est et au sein de l'URSS, à partir d'une mise en valeur systématique des éléments de la culture folklorique. Parallèlement, les groupes sociaux rétroagissent à ce travail de construction idéologique à partir de leurs propres valeurs, de leurs propres cultures... La construction des identités nationales est indissociable de leur «formation». Cette distinction entre construction/formation, je l'emprunte à deux historiens du Kenya, John Lonsdale et Bruce Berman (3). Par construction, ils désignent la création délibérée d'un appareil de contrôle politique par une classe sociale, un parti...; la formation désignant le processus conflictuel, involontaire et largement inconscient, conduit dans le désordre des affrontements et des compromis par la masse des anonymes.

Cette distinction s'applique parfaitement à la genèse des identités nationales. Celles-ci sont en effet simultanément le fruit de leur construction par des groupes dominants ou en phase d'ascension sociale et d'une formation, autrement dit, de toute cette alchimie qui se produit dans le cœur des sociétés.

***SH :* Ce schéma explicatif s'applique-t-il aux pays anciennement colonisés?**

J.-F.B. : On observe, en effet, le même processus de construction/formation. Je prendrai un premier exemple, celui de l'Inde. La construction/formation de l'«indianité» est allée de pair avec une intensification du changement social. Les Britanniques décrivirent, répertorièrent, photographièrent les «peuples et les cultures de l'Inde». Des fouilles archéologiques ont été entreprises, des monuments inventoriés... En bref, les Britanniques dictèrent ce qui était indien. Mais le processus n'a pas été unilatéral. De leur côté, les intellectuels hindous ont produit de «l'hindouité» en recourant à ce que Christophe Jaffrelot a appelé un *«syncrétisme stratégique»* (4), une démarche qui a consisté à se définir par rapport à l'autre en lui empruntant ses traits culturels les plus prestigieux et les plus efficaces. Ce syncrétisme stratégique a été également au cœur de la création des ethnies en Afrique. Comme l'ont montré les anthropologues, les ethnies résultent du «figement» d'une culture traditionnelle par les premiers ethnologues européens. Mais les colonisés ont également participé à leur formation dans la mesure où elle facilitait leur accès aux nouvelles ressources politiques, culturelles et économiques de l'Etat bureaucratique qui se mettait en place parallèlement.

***SH :* Qu'en est-il maintenant de votre interprétation des phénomènes identitaires auxquels on a assisté ces dernières années, en Yougoslavie, au Rwanda, dans le Caucase… ?**

J.-F.B. : La vision culturaliste incline à y voir la confrontation entre des identités culturelles : entre Croates et Serbes en ex-Yougoslavie; entre Hutus et Tutsis au Rwanda… Si tel était le cas, on a quelque peine à penser pourquoi ces affrontements ont tardé aussi longtemps à éclater. En fait, il n'y a pas, répétons-le, d'identité naturelle qui s'imposerait à nous par la force des choses. La vieille expression française pour désigner les autochtones d'un pays – les «naturels» – est trompeuse. Le terme d'identité primordiale, couramment utilisé par les anthropologues ou les politologues, est tout aussi malheureux. Les identités qui s'affirment à travers le monde sont au mieux le résultat d'une construction culturelle, politique ou idéologique, autrement dit d'une construction historique. Elles sont l'expression de «stratégies identitaires», rationnellement conduites par des acteurs identifiables : les *apparatchiks* communistes serbes reconvertis en ultranationalistes, les extrémistes hutus rwandais, leurs milices respectives… et des rêves ou des cauchemars identitaires auxquels nous adhérons parce qu'ils nous enchantent ou nous terrorisent.

***SH :* Comment expliquez-vous le déchaînement de violence auquel les phénomènes identitaires donnent lieu dans ces pays ?**

J.-F.B. : Pour répondre à cette question, je renverrai au *Carnaval de Romans* d'Emmanuel Le Roy Ladurie (5). L'historien montre comment les bourgeois de la ville en viennent à massacrer la faction composée de gens d'un moindre rang, à partir d'une surinterprétation des menaces que ceux-ci profèrent lors du carnaval. Les menaces d'expulser les honnêtes gens, de les battre et de les enterrer ont beau être des plaisanteries, elles finissent par être prises au sérieux par les bourgeois, alimentant les rumeurs les plus extravagantes. Craignant pour leur existence et pour l'ordre établi, les bourgeois décident de prendre les devants en faisant passer de vie à trépas ceux dont ils sont convaincus qu'ils mettent en danger l'ordre établi et leur propre existence. Les faits qu'E. Le Roy Ladurie relate nous renvoient au XVIe siècle. Pourtant, dans leurs ressorts fantasmatiques, les stratégies identitaires contemporaines ne fonctionnent pas autrement. Ainsi en ex-Yougoslavie, par exemple, l'invention d'une histoire fantasmatique par les idéologues des différents nationalismes – le règne de Dusan pour les Serbes, celui de Tomislav pour les Croates, le «rêve millénaire» des Slovènes, la référence des Albanais à leurs ancêtres illyriens – les a rendus incapables de distinguer ce qui relève du présent et ce qui relève du passé. Plus généralement, l'affirmation d'une identité culturelle est toujours en elle-même une source potentielle de conflit, voire de totalitarisme. Une culture imaginée comme «authentique» se définit par opposition à des cultures voisines en les appréhendant comme radicalement différentes; cette supposition d'altérité équivaut à un principe d'exclusion dont la conclusion logique est une opération de purification ethnique. L'échange interculturel est alors vécu comme une menace pour l'«authenticité» de l'identité culturelle qui est revendiquée. Les individus censés relever de cette culture imaginée sont, d'une façon ou d'une autre, empêchés de pactiser avec l'autre. Telle est la logique des islamistes ou des intégristes juifs israéliens qui imposent à leurs coreligionnaires une reconstruction idéologique parfaitement arbitraire de leur histoire et de leur foi. Il ne faut pourtant pas en conclure que les «communautés imaginées» par invention de la tradition sont nécessairement totalitaires. Tous les régimes n'ont pas les moyens de leurs fins. L'authenticité zaïroise, par exemple, prônée dans les années 60-70 par le maréchal Mobutu, était un projet totalitaire; sa mise en œuvre ne dépassa guère le stade du contrôle autoritaire. Enfin, ce que je viens de dire des radicalismes politico-religieux ou des formes extrêmes d'ethnonationalisme est vrai des nationalismes européens et américains dans lesquels ils puisent d'ailleurs bien souvent leurs sources.

Propos recueillis par
SYLVAIN ALLEMAND

(*Sciences Humaines*, hors série n° 15, décembre 1996/janvier 1997)

1. C. Castoriadis, *L'Institution imaginaire de la société*, Seuil, 1999 [1975].
2. B. Anderson, *L'Imaginaire national*, La Découverte, 2002 [1996].
3. B. Berman et J. Lonsdale, *Unappy Valley*, James Currey, 1992.
4. C. Jaffrelot, *Les Nationalismes hindous. Idéologie, implantation et mobilisation des années 1920 aux années 1990*, Presses de la Fondation nationale des sciences politiques, 1993.
5. E. Le Roy Ladurie, *Le Carnaval de Romans. De la Chandeleur au mercredi des cendres, 1579-1580*, Gallimard, 1986 [1979].

Jean-François Gossiaux*

RELIGION ET IDENTITÉ : LE CAS YOUGOSLAVE**

Lors des guerres de Yougoslavie, la religion a souvent servi d'étendard. Islam, catholicisme et orthodoxie ont été largement mobilisés dans le conflit. Mais a-t-on pour autant assisté à un « choc de civilisations », comme l'affirment Samuel Huntington et ses disciples ?

Si un exemple semble pouvoir être invoqué à l'appui des thèses de Samuel Huntington sur le « choc des civilisations », c'est bien celui des guerres qui ont déchiré la Yougoslavie au cours des années 90. Selon le schéma huntingtonien, les combats serbo-croates, serbo-bosniaques, croato-bosniaques, albano-serbes, albano-macédoniens sont des incendies locaux provoqués par le frottement des mondes slavo-orthodoxe, occidental et musulman. Ce serait dans le chaos d'une guerre de religion généralisée qu'aurait disparu la Fédération socialiste yougoslave.

De nombreux signes militent en faveur d'une telle interprétation. « *Dans les moments de tentation, gardons toujours à l'esprit deux choses : nous avons la bénédiction de Dieu et l'adhésion de notre peuple.* » Ces propos d'Alija Izetbegovic, le futur président de la Bosnie-Herzégovine, datent de 1970, mais ils auraient pu être repris par tous les protagonistes vingt ans plus tard : chaque peuple était fort de sa propre bénédiction divine. Des trois dirigeants suprêmes qui s'affrontaient au début des années 90, Franjo Tudjman (Croatie), Slobodan Milosevic (Serbie) et A. Izetbegovic (Bosnie-Herzégovine), ce dernier était le seul à s'inscrire explicitement dans un courant d'inspiration religieuse (musulman en l'occurrence) ;

* Directeur d'études à l'EHESS, membre du Laboratoire d'anthropologie des institutions et des organisations sociales. A publié notamment : *Pouvoirs ethniques dans les Balkans*, Puf, 2002.

** *Sciences Humaines*, hors série n° 41, juin-juillet-août 2003.

les partis dominants en Croatie et en Serbie étaient purement laïques – le parti de S. Milosevic s'inscrivant même, sans solution de continuité, dans une filiation communiste. Le catholicisme n'en apparaissait pas moins comme la religion quasi officielle des Croates, le gouvernement, disait-on, allant jusqu'à faire bénir les poteaux électriques. D'aucuns (notamment, bien sûr, du côté serbe) voyaient d'ailleurs la main du Vatican derrière l'indépendance de la Croatie. En Serbie, les relations entre les autorités civiles et religieuses étaient nettement moins chaleureuses. La hiérarchie orthodoxe affichait une opposition résolue au régime. Cette opposition, cependant, ne signifiait pas l'adoption d'une ligne modérée dans le conflit interyougoslave. Bien au contraire, l'Eglise serbe s'affirmait en héraut de la nation et se présentait comme son meilleur défenseur, voire son guide naturel.

Mythes et légendes du Kosovo

L'Eglise serbe avait spectaculairement effectué son retour sur la scène publique, après des décennies d'effacement dans la Yougoslavie socialiste, à l'occasion du 600e anniversaire de la bataille de Kosovo, le 28 juin 1989. A l'initiative du pouvoir de Belgrade, des centaines de milliers de Serbes s'étaient ce jour-là rassemblés sur le site pour exprimer leur sentiment national. Un des faits marquants de la manifestation avait été la présence massive et ostensible de prêtres au milieu d'une foule brandissant des drapeaux marqués de la croix. Le choix du lieu et de la date ne devait rien au hasard. Le Kosovo est pour l'Eglise serbe le territoire où elle trouve la source de sa légitimité : elle y a situé ses lieux saints et établi le siège de son pouvoir (le patriarcat de Pec). Il s'agit d'un lieu chargé d'histoire. Le Kosovo fut jadis (au XIVe siècle) le centre de l'Empire serbe. Pour les Serbes, c'est là que s'est jouée une des pages les plus héroïques de leur histoire, à Kosovo Polje (littéralement le « champ de merles », site de la bataille dont on célébrait en 1989 le sixième centenaire). Le souvenir en a été transmis à travers la légende de Kosovo, un cycle épique qui, dans sa version religieuse, est devenu le Testament ou le Choix de Kosovo. En 1389, à Kosovo Polje, les forces chrétiennes coalisées sous la conduite du prince serbe Lazar tentèrent vainement de s'opposer à l'avancée turque dans les Balkans. La bataille ne fut pas véritablement déterminante quant au sort de la péninsule. Les chefs des deux armées furent tués au cours du combat, qui se solda par une sorte de match nul, et il fallut encore près d'un siècle aux Turcs pour conquérir l'ensemble de la région. Cependant, la défaite de Kosovo Polje apparaît aujourd'hui encore comme un moment essentiel pour la Serbie, et elle est commémorée comme tel. Car quel qu'ait été réellement le sort des armes, la bataille est restée dans l'histoire des Serbes en tant que défaite, et c'est l'anniversaire de cette défaite qui est célébré comme une fête nationale.

Le sens de l'événement se trouve dans la légende. Selon celle-ci, une colombe porteuse d'un message divin se présenta au prince Lazar à la veille du combat décisif qu'il allait livrer au sultan turc. Dieu lui proposait un marché. Il devait choisir entre le royaume terrestre et le royaume céleste. S'il préférait le premier, Dieu lui assurerait la victoire. S'il choisissait le royaume des cieux, il devrait, après avoir fait communier son armée, se résigner à la défaite. A la vanité d'une victoire terrestre, Lazar préféra le royaume éternel. Il périt donc avec toute l'armée serbe, et la bataille de Kosovo Polje fut une défaite.

La légende cristallise autour d'un seul événement le long processus qui fit passer les Serbes sous domination ottomane – une domination de plusieurs siècles. Sublimée en mythe religieux, elle fait de celle-ci la conséquence à la fois du choix de Dieu (qui a appelé Lazar à venir à lui) et du choix de Lazar (qui a préféré Dieu à la victoire). Le peuple serbe, à travers cette légende, accède au statut de peuple élu, et le sacrifice de Lazar est une réplique de celui du Christ.

Le Testament de Kosovo enseigne donc au peuple serbe que sa défaite et sa soumission séculaire ne signifient pas sa faiblesse, mais au contraire sa grandeur spirituelle, et que, si terribles soient-elles, ses épreuves annoncent son salut. En même temps, il confère à l'Eglise un rôle de protecteur et de guide à travers les siècles.

C'est ce rôle que le clergé serbe a prétendu jouer dans les affrontements yougoslaves, au moins à travers son aile marchante. L'une de ses premières actions en ce sens a été de raviver la mémoire du Testament de Kosovo et de l'actualiser, dès le début des années 80, en vue de défendre les Serbes du Kosovo. La situation est décrite comme celle d'un Kosovo qui *« est de nouveau sur la Croix »*, qui *« en est réellement à son Vendredi saint »*. La leçon d'espérance contenue dans le Testament de Kosovo trouve dès lors son application immédiate. Dès les prémices du conflit (la situation s'est détériorée à partir des émeutes qui ont ensanglanté Pristina en 1981), et bien avant l'éclatement de la Fédération yougoslave, l'Eglise s'est posée en défenseur naturel (et alors unique) des Serbes de la province. Au-delà de la défense effective de cette population, le Kosovo a constitué la grande cause de l'orthodoxie serbe tout au long des guerres yougoslaves, même lorsque celles-ci engageaient le sort d'autres Serbes, en Croatie ou en Bosnie. Sans doute le clergé avait-il pour cela des raisons propres. Outre le siège du patriarcat, la région abritait un grand nombre de lieux saints, églises et monastères éminents, et les années 80 avaient vu se multiplier les constats de profanations et d'agressions contre des prêtres, des moines ou des religieuses.

L'Eglise était donc directement concernée, institutionnellement et physiquement. Mais la cause du Kosovo n'était pas seulement religieuse. Ou plutôt, à travers sa signification religieuse, la cause du Kosovo se confondait avec celle du peuple serbe.

Défendre le Kosovo, c'était défendre tous les Serbes, et défendre les Serbes, partout où ils se trouvent, c'était défendre la vision de l'histoire véhiculée par le Testament de Kosovo. Là se trouvait la source de la légitimité nationale.

Dieu et les siens

Le pouvoir laïque – en la personne notamment de S. Milosevic, réputé antinationaliste jusqu'en 1987 – tint le même raisonnement quelques années plus tard. La rhétorique du peuple élu, érigeant la Serbie au rang de nouvel Israël, a été inlassablement réactivée par la propagande.

Si, seul dans les Balkans, le peuple serbe a pu (ou voulu) se prévaloir de l'élection de Dieu, chacun des camps en conflit a prétendu à une bénédiction divine. Mais la bienveillance de Dieu se mérite, se travaille collectivement, et donc politiquement. De ce point de vue, les pèlerinages ont joué un rôle central. Un des plus remarquables exemples de pèlerinage politico-religieux est l'Ajtovica, en Bosnie centrale. Il célèbre un pieux musulman dont les prières vinrent jadis à bout d'un rocher bloquant l'alimentation en eau de sa ville. Interdit par les communistes en 1947, il fut rétabli en 1990. Désormais manifestation culturelle en même temps que pèlerinage religieux, il sert régulièrement de tribune aux responsables du SDA (Parti d'action démocratique). On y évoque les valeurs de l'islam, de la *charia* (la loi islamique), les multiples génocides dont furent victimes les musulmans bosniaques à travers l'histoire, et les crimes récurrents du peuple serbe, dont les racines seraient à rechercher dans l'Eglise orthodoxe.

Outre les différentes sortes de pèlerinages – plus ou moins fréquentés, organisés ou encadrés politiquement –, les célébrations religieuses collectives censées renouer avec des traditions abolies par le régime communiste se sont multipliées dans les années 90. Le phénomène, certes, ne caractérise pas spécifiquement l'aire ex-yougoslave. Il peut être observé dans des pays voisins tels que la Bulgarie. Mais il a évidemment pris une résonance particulière en situation de conflit, notamment dans les zones de contact ou dans les localités «mixtes» (où se côtoient catholiques, orthodoxes et musulmans). En Vojvodine, par exemple, les prêtres tant orthodoxes que catholiques ont eu à faire face à une véritable explosion de la demande. Les adultes se sont fait baptiser en nombre, les mariages sont passés systématiquement par l'Eglise (celle du mari dans les cas d'union mixte). Fait notable, le drapeau yougoslave a été remplacé par le drapeau serbe en tête des cortèges de noces orthodoxes, par le drapeau croate en tête des cortèges de noces catholiques. L'assimilation est devenue totale et systématique entre catholiques et Croates d'une part, orthodoxes et Serbes d'autre part, les petits groupes, comme les Slovaques, se trouvant laminés dans cette opposition binaire, au moins dans les localités où ils n'étaient pas massivement représentés. Dans les régions à forte présence musulmane, en revanche, c'est l'appellation de «chrétien» qui s'est vue régulièrement convoquée pour désigner la différence ethnique : il y a désormais des «quartiers chrétiens», des «commerces chrétiens», des «cafés chrétiens».

On peut sans doute voir dans l'ensemble de ces phénomènes l'expression d'un «retour du religieux». Mais celui-ci, en l'occurrence, n'intervient-il pas essentiellement en tant que marqueur ethnique? Depuis des siècles, les populations des Balkans tendent à être assimilées à leur religion. Sous la domination ottomane (une domination qui, rappelons-le, s'exerçait encore sur une grande partie de la région dans les premières décennies du XXe siècle), les musulmans étaient globalement désignés comme « turcs », tant dans le langage populaire que dans la terminologie officielle. L'appellation peut toujours s'entendre couramment en Macédoine dans la bouche de personnes âgées, sans connotation péjorative. Et, durant la récente guerre en Bosnie, les Serbes l'ont fréquemment utilisée – avec évidemment, quant à eux, une intention délibérément agressive – pour désigner leurs ennemis musulmans.

Eglise et identité

La qualité de « turc », du temps de l'Empire ottoman, renvoyait moins à une identité géographique qu'à une réalité sociale. Le turc n'était pas (ou du moins pas forcément) quelqu'un qui venait de Turquie, mais quelqu'un qui était du côté du pouvoir. Et l'on pouvait passer, bon gré mal gré, du côté du pouvoir – devenir turc – de deux façons. La première était d'être enlevé à sa famille, au titre de l'impôt du sang, pour être éduqué à la turque et devenir un serviteur d'élite de l'Etat, par exemple janissaire (soldat de la garde du sultan). La seconde était de se convertir à l'islam. Les identités religieuse et ethnique étaient confondues dans la même identité politique : celle du groupe dominant.

Les populations dominées étaient elles aussi identifiées à leur religion, et c'est en tant qu'entités confessionnelles (les millets) qu'elles étaient représentées politiquement. Les rayas chrétiens (sujets non musulmans de l'Empire ottoman) étaient ainsi partagés entre diverses obédiences – grecque, roumaine, etc. Par la suite, les affirmations d'indépendance qui disloquèrent l'Empire, au XIXe siècle, passèrent par la revendication d'Eglises nationales. L'indépendance de la Bulgarie, en 1878, fut ainsi précédée de huit ans par la reconnaissance d'une Eglise bulgare (en l'occurrence baptisée « exarchat ») hors de l'obédience grecque. Echo lointain et paradoxal du système des millets, la Yougoslavie socialiste, en 1967, trouva utile de conforter la réalité (contestée) de la nationalité macédonienne par la création d'une Eglise nationale « autocéphale », c'est-à-dire indépendante. Au sein de la même Yougoslavie fédérale et socialiste existait un peuple dont la dénomination officielle était celle de Musulmans (avec un M majuscule). Dans les années 60, le pouvoir de Tito avait en effet décidé de conférer une existence statutaire, à l'égal des autres « peuples fondateurs » de la Fédération, à la partie de la population de Bosnie, qui aux recensements refusait de se déclarer croate ou serbe (un peu plus de 40 %). Mais comment nommer cette nouvelle entité nationale? Reprendre l'ancienne appellation vernaculaire de « turcs » était évidemment exclu. C'eût été ressusciter les temps ottomans et situer explicitement le peuple nouvellement reconnu du mauvais côté de l'histoire yougoslave. C'eût été également risquer de compliquer les relations internationales en créant une importante « question turque » à l'intérieur du pays, au-delà des minorités turcophones qui demeuraient ici ou là. Officialiser l'ethnonyme « Bosniaques », d'usage courant, comportait un inconvénient rédhibitoire : celui de nominalement reconnaître la primauté, au sein de la république de Bosnie, d'un groupe qui n'en était qu'une des composantes, non majoritaire. Cette république de Bosnie n'était pas tout à fait de même nature que celles de Serbie ou de Croatie : elle ne pouvait avoir de peuple éponyme. Ne restait plus que la solution d'entériner le terme que les intéressés tendaient à s'appliquer lors des recensements : « musulmans », en dotant la qualification d'une majuscule pour l'investir de la dignité nationale. C'est ainsi qu'apparut un peuple musulman de Yougoslavie, dont tous les musulmans (par exemple les Albanais du Kosovo) n'étaient pas membres, et dont tous les membres ne se reconnaissaient pas dans la religion musulmane.

De tels processus de classification et de nomination ne peuvent manquer d'avoir des effets de réalité. A cause des références islamiques de leur président, les Musulmans de Bosnie eurent pendant la guerre à se défendre contre une assimilation à l'islam soigneusement entretenue par leurs adversaires. En contrepartie, ils bénéficièrent d'appuis extérieurs liés à cette supposée identité musulmane. A-t-on pour autant assisté en Yougoslavie à des guerres de religion ? Elles ont parfois pu apparaître comme telles. Mais les religions, en l'occurrence, ont surtout la valeur – terriblement efficace – des étiquettes ethniques. Quant à parler de croyances, de foi et de civilisations qui s'affrontent, c'est une autre histoire, qui nécessite assurément un regard très éloigné...

Identités et religions

Du déclin des religions instituées, nous serions passés à un « marché du religieux » où chacun bricolerait son identité... en attendant le « clash *des civilisations ».*

Quel rôle pour la culture religieuse aujourd'hui ?

Si l'on constate que les identités religieuses affirmées reculent dans la population, la religion n'en reste pas moins un phénomène culturel majeur, qui s'impose aussi bien aux athées qu'aux pratiquants. En Europe, par exemple, la religion continue à rythmer le temps : les grandes fêtes chrétiennes, même si elles ont perdu de leur force, sont des jours fériés (Pâques, Ascension, Toussaint...), et Noël est une fête familiale célébrée par tous. La religion est également présente sous la forme d'un patrimoine, matériel (églises, monastères... qui génèrent parfois un tourisme important) et symbolique (tels les prénoms donnés aux enfants, souvent issus de la Bible).

De par sa diffusion sans égale sur le territoire et dans la population, la culture religieuse est le plus souvent partie intégrante de l'identité nationale.

Comment se construisent les identités religieuses ?

Danièle Hervieu-Léger a décrit, dans *Le Pèlerin et le Converti* (1), les mutations qui affectent les identités religieuses contemporaines. Il faut donc penser ces identités non plus comme figées, mais sous la forme dynamique de trajectoires : chez les jeunes notamment, l'individu souhaite désormais « *faire son choix* » sur le « *marché du religieux* », et dès lors « *met en avant l'expérience personnelle et l'authenticité d'un parcours de recherche plutôt que le souci de la conformité aux vérités religieuses garanties par une institution* ». La sociologue distingue également quatre dimensions de l'identification religieuse, qui tendent aujourd'hui à s'autonomiser :

– une dimension communautaire, qui désigne l'ensemble des dispositifs par lesquels le groupe distingue « *ceux qui en sont* » de « *ceux qui n'en sont pas* » : rites d'entrée, circoncision, pratique régulière... ;

– une dimension éthique, qui concerne les valeurs portées par la communauté religieuse. Elle n'implique pas nécessairement une appartenance : on peut se définir comme musulman ou chrétien sans pratiquer la religion correspondante ;

– une dimension culturelle, qui englobe les savoirs du groupe : livres, rituels, art, style de vie… Là encore, cette dimension porte au-delà du cercle restreint des fidèles;
– une dimension émotionnelle, autrement dit *« l'expérience affective associée à l'identification »*, comme dans les moments de communion.
Ces dimensions sont parfois placées en tension : ainsi, l'universalité du message peut entrer en contradiction avec la spécificité du groupe qui le porte (dimension communautaire). Si les grandes Eglises tentent de tenir ensemble ces quatre dimensions, les différents mouvements religieux et les trajectoires singulières peuvent en privilégier une au détriment des autres. On voit notamment que la dimension émotionnelle peut être recherchée de manière autonome et créer des *« identifications volatiles »*, à travers des manifestations comme les Journées mondiales de la jeunesse ou les Rencontres de Taizé.

Les religions mènent-elles au « *clash* des civilisations » ?
La thèse du « *clash* des civilisations », promue depuis dix ans par Samuel P. Huntington, fait jouer un rôle de premier plan aux identités religieuses. Dans cette vision, le monde est découpé en sept (parfois huit ou neuf) « civilisations », des unités culturelles et géographiques au sein desquelles la religion, qui revient en force, est *« sans doute la force centrale qui motive et mobilise les peuples »*. Il distingue ainsi les civilisations confucéenne, japonaise, hindoue, musulmane, occidentale, latino-américaine, slave orthodoxe et africaine. Pour cet auteur, les conflits futurs vont opposer des groupes et des Etats issus de civilisations différentes : *« Le monde n'est pas un. Les civilisations unissent et divisent l'humanité. Foi et famille, sang et croyance, c'est ce à quoi les gens s'identifient et ce pour quoi ils se battront et mourront. »* Il annonce notamment un affrontement entre l'Occident et les civilisations musulmane et confucéenne, réputées les plus *« dangereuses »*.
Cette thèse a été critiquée, notamment en ce qu'elle propose une vision réifiée des cultures et, au sein de celles-ci, des identités religieuses dont on ne pourrait en aucun cas s'émanciper. Alors que l'anthropologie montre qu'elles sont avant tout marquées par la plasticité. Comme le remarquent Richard Rubinstein et Charles Crocker, *« en associant « foi » à « famille » et « croyance » à « sang », il laisse entendre que les valeurs culturelles sont inextricablement liées à l'identité ethnique »* (2). D'autre part, les aires religieuses ne sont pas aussi unifiées que ne le suppose le modèle civilisation-

nel. Par exemple, « *les différences entre musulmans sénégalais, chinois, indonésiens, arabes et d'Asie méridionale sont bien plus grandes que celles qui les distinguent des non-musulmans de même nationalité.* » (3) Enfin, l'idée d'un ancrage territorial fort des religions semble dépassée : le phénomène actuel majeur est bien plus la mondialisation du marché religieux et l'organisation des religions en réseaux planétaires qu'une spécialisation des régions.

XAVIER MOLÉNAT

1. D. Hervieu-Léger, *Le Pélerin et le converti. La religion en mouvement*, Flammarion, 1999 (rééd. 2001).
2. R. Rubinstein, C. Crocker, « Contre Huntington », site Internet : www.republique-des-lettres.com/h3/huntington.shtml
3. T. Ali, « Au nom du « choc des civilisations » », *Le Monde diplomatique*, octobre 2001.

POUR UNE COHABITATION... CULTURELLE

Entretien avec Dominique Wolton*

Avec l'essor des moyens d'information et de communication, l'autre qui nous paraissait lointain est devenu proche. Une situation nouvelle qui, pour Dominique Wolton, impose de réfléchir aux conditions d'une cohabitation entre les identités culturelles du Nord et du Sud.

***Sciences Humaines :* Vous écrivez dans votre dernier ouvrage qu'avec la mondialisation de l'information, le moindre événement est rendu visible. Pour autant, la compréhension du monde n'est pas plus grande. Comment expliquez-vous ce paradoxe ?**

Dominique Wolton : Pour le comprendre, il suffit d'extrapoler ce que l'on a appris du fonctionnement de l'information dans les sociétés de masse et de la communication interpersonnelle entre des personnes d'une même société : il ne suffit pas d'émettre un message pour qu'il soit compris tel quel par un récepteur. La communication ne se résume pas à la technique, elle comporte aussi une dimension politique et des conditions culturelles. Seulement, ces composantes n'évoluent pas au même rythme : les individus modifient moins vite leur manière de communiquer qu'ils ne changent d'outils. C'est pourquoi un même message, adressé au plus grand nombre, n'est jamais reçu de la même manière par chacun. Ce constat fait à l'échelle d'un Etat-nation vaut *a fortiori* à l'échelle mondiale ! La même information est reçue par des populations qui la traitent selon le contexte socioculturel où elles se trouvent. Le monde est peut-être devenu un village global sur le plan technique, il ne l'est pas sur le plan social, culturel ou politique. Loin de rapprocher, les nouvelles technologies de l'information et de la communication révèlent l'hétérogénéité des systèmes de valeurs. L'autre, qui était une réalité lointaine, est devenu une réalité avec laquelle il faut cohabiter. En bref, l'abondance d'informations ne simplifie rien ; on peut même dire qu'elle complique tout.

* *Directeur de recherche au CNRS et de la revue* Hermès, *spécialiste de la communication et des médias. A publié notamment :* Penser la communication, *Flammarion, 1997 (rééd. 1998);* Internet et après ? Une théorie critique des nouveaux médias, *Flammarion, 1999 (rééd. 2000);* Internet : petit manuel de survie (Entretiens avec Olivier Jay), *Flammarion, 2000;* L'Autre Mondialisation, *Flammarion, 2003 (rééd. 2004).*

***SH :* Que dites-vous à ceux qui voient plutôt, dans la mondialisation de la communication, des opportunités de métissage des cultures ?**

D.W. : Il est clair que la diversité culturelle que la mondialisation met en évidence est un facteur de cosmopolitisme. Mais la question du cosmopolitisme ne se pose plus aujourd'hui dans les mêmes termes qu'autrefois. Au XIXe siècle, le cosmopolitisme était le fait d'une minorité composée de commerçants, de gens de lettres et de voyageurs qui se «frottaient» à d'autres cultures et civilisations. Aujourd'hui, ce frottement revêt une ampleur sans précédent : il est le fait de millions de personnes qui voyagent; il provient aussi des images diffusées à travers le monde. Nous ne sommes plus dans la situation où des identités culturelles bien constituées se frottaient aux autres, mais dans un frottement généralisé qui peut alimenter un sentiment de dépossession, de perte de repères. Les pays riches y sont d'autant moins sensibles qu'ils disposent d'identités relativement stables, comparés à des pays du Sud qui n'ont pas de maîtrise sur les flux d'informations et les productions des industries culturelles. En bref, selon où l'on est, on n'a pas le même regard sur les vertus du cosmopolitisme ou du métissage. Ces idées sont peut-être à la mode pour quelques élites qui voyagent, travaillent et vivent confortablement, mais elles ne correspondent pas à ce que vivent des millions d'individus. C'est pourquoi je considère que plus il y a de la communication, plus il faut renforcer les identités culturelles pour que des peuples ne se sentent pas dépossédés et menacés par l'ouverture aux autres. Car alors, le risque est de basculer dans ce que j'appelle une «identité-refuge». Si on veut que la communication reste un facteur d'émancipation et ne suscite pas du rejet, il importe de comprendre que les identités culturelles sont quelque chose qu'il faut valoriser, sans y voir forcément une source de nationalisme.

***SH :* Mais qu'entendez-vous par identités culturelles ?**

D.W. : Par là, j'entends des identités non pas repliées sur le communautarisme, mais au contraire reliées à des valeurs politiques démocratiques. Le récepteur filtre et hiérarchise, mais il ne peut le faire seul. Sa capacité critique suppose comme condition préalable l'existence d'une identité culturelle. Et dans cette hypothèse, la capacité de résistance des récepteurs n'est pas la même d'un pays à l'autre, selon que l'identité culturelle est affirmée ou déstabilisée. En ce sens, valoriser les identités culturelles, ce n'est pas faire le lit du nationalisme. C'est tout le contraire.

***SH :* Cette valorisation des identités culturelles est déjà au cœur du multiculturalisme...**

D.W. : Certes, la question n'est pas nouvelle; elle est au centre du débat qui s'est déroulé au sein des sociétés multiculturelles : le Canada, les Etats-Unis, l'Australie... La question qui s'est posée était de savoir dans quelle mesure la diversité des origines ethniques ou culturelles empêchait ou non de faire une société. Ce qui me frappe, c'est que ce débat n'a jamais été repris à l'échelle mondiale. Il s'agit donc de reprendre non pas tant les réponses qui y ont été apportées à l'échelle des Etats-nations que la question elle-même : comment faire vivre ensemble des identités culturelles différentes ?

***SH :* Vous promouvez à cette fin le concept de « cohabitation culturelle ». Qu'apporte-t-il de plus par rapport au multiculturalisme ?**

D.W. : Le multiculturalisme suppose un principe d'unité. Quand on est aux Etats-Unis, on peut se poser la question du multiculturalisme parce que l'Etat-nation n'y est pas un vain mot : il existe. Même chose au Canada, en Australie, etc. Or au niveau international, il n'existe encore aucun principe d'unité. C'est pourquoi il faut œuvrer à une cohabitation entre des systèmes de valeurs différents. Outre sa simplicité, le concept de cohabitation culturelle a de surcroît le mérite de supposer le respect, quelle que soit l'importance numérique de l'identité culturelle à laquelle on a affaire. La spécificité même du monde, c'est sa diversité. Il n'y a donc pas lieu de hiérarchiser les identités culturelles. Une langue parlée par seulement quelques milliers de personnes est tout aussi digne de respect que l'anglais ou le français. D'autant qu'une langue est porteuse d'une vision du monde. La cohabitation est un principe démocratique : poser le concept de cohabitation culturelle, c'est poser l'égalité des cultures. C'est une posture plus modeste que celle du mondialiste qui prétend manifester un intérêt égal à toutes les cultures alors que dans les faits il n'en est rien. Au moins la cohabitation s'attache-t-elle à les respecter sans nécessairement obliger à s'intéresser à toutes les cultures. A l'origine, j'ai pensé que ce concept correspondait assez bien à la réalité historique et politique de l'Europe. En réfléchissant à la mondialisation, j'ai trouvé qu'il restait opératoire à l'échelle mondiale. Il offre une alternative politique au projet technique de la société de l'information.

***SH :* Comment mettre en œuvre cette cohabitation ? Faudrait-il créer une… OMC, Organisation mondiale des cultures ?**

D.W. : En fait, cette organisation existe déjà, elle s'appelle l'Unesco. Moyennant un effort pour la revitaliser, cette institution pourrait jouer un rôle aussi important que les autres grandes organisations internationales. La cohabitation culturelle passe aussi par un renversement intellectuel. Jusqu'à présent, on a eu tendance à considérer que les priorités pour les pays en développement étaient l'assistance alimentaire et la santé. Nous avons omis les objectifs affichés au cours de ce que j'appelle la première mondialisation : initiée par la création de l'Onu à l'issue de la Seconde Guerre mondiale, elle avait posé les conditions d'un ordre international, sur la base du respect des nations mais aussi des cultures et des religions en vue d'organiser démocratiquement et pacifiquement la communauté internationale. Puis il y eut la deuxième mondialisation, qui a concerné principalement l'économie et qui s'est traduite par l'ouverture des frontières. L'« autre mondialisation » que j'appelle de mes vœux n'est autre que la réalisation de la première sur le plan culturel.

***SH :* Comment analysez-vous la création d'une chaîne de télévision comme Al-Jazira ?**

D.W. : Pour moi, c'est une avancée, car cela introduit un élément de pluralisme dans la production de l'information mondiale. Il y aurait un paradoxe à ce que les pays occidentaux qui ont lutté pour la liberté de l'information s'en émeuvent. Ces mêmes pays occidentaux doivent admettre que les récepteurs de nos informations étant de plus en plus nombreux et diversifiés, ils acceptent de moins en moins cette information qui se révèle pour ce qu'elle est : une information occidentale. Jusqu'ici le pluralisme était interne à l'Occident avec une concurrence limitée entre les agences d'informations américaines, anglaises et françaises. Il est indispensable qu'apparaissent d'autres médias représentant le point de vue des pays du Sud. On découvrira alors que les conceptions de l'information ne sont pas toujours les mêmes. Certes, Al-Jazira a commis des erreurs dans sa couverture de la guerre en Afghanistan, mais il faut lui laisser le temps de faire son apprentissage. Et puis avant de faire le procès de ce concurrent, les médias occidentaux seraient avisés de faire leur autocritique. Lors de la guerre du Golfe de 1991, CNN avait montré jusqu'à la caricature le point de vue américain sur le monde. À sa façon, Al-Jazira a fait prendre conscience aux Occidentaux qu'il fallait compter sur d'autres sources d'information, mais aussi prendre en compte les opinions publiques du reste du monde.

Propos recueillis par
SYLVAIN ALLEMAND
(*Sciences Humaines*, numéro spécial n° 2, mai 2003)

AUX SOURCES DE L'IDENTITÉ CHINOISE

ENTRETIEN AVEC YVES CHEVRIER*

Pour Yves Chevrier, la civilisation chinoise est à saisir davantage dans une perspective de changement historique que comme une identité culturelle donnée une fois pour toutes.

***Sciences Humaines :* La Chine est spontanément perçue comme l'archétype de la civilisation. Quelles en sont les caractéristiques ? Dans *La Chine* (1), le sinologue Lucien Bianco écrivait que «*la Chine, c'est d'abord une civilisation agricole et un peuple de paysans*» qui présente «*un certain nombre d'habitudes, de comportements qui déconcertent ou irritent les étrangers*», avant d'ajouter cependant «*moins spécifiques de la Chine que propres à toute civilisation traditionnelle*».**

Yves Chevrier : Il aurait fallu dépasser cette vision conventionnelle. Ce n'est pas le caractère paysan qui définit la Chine. L. Bianco y voit d'ailleurs un trait général – la marque d'une civilisation «traditionnelle» – plus qu'une spécificité chinoise. Encore faudrait-il s'entendre sur le mot «tradition» : toute la question est là. Si l'on fait de la Chine l'archétype de la civilisation autre, il faut regarder non pas vers le bas, mais vers le haut, en direction des élites et de l'Etat, en particulier à partir des Song (Xe-XIIIe siècles), lorsque la fonction gouvernementale des lettrés est institutionnalisée dans un Etat qui devient bureaucratique. Si l'on veut trouver des caractéristiques propres à la civilisation chinoise, c'est en effet plus du côté de la permanence de l'Empire qu'il faut chercher, et plus encore dans l'histoire des formes du pouvoir que dans l'idéologie, l'écriture, les normes ou les représentations collectives. On est ici dans l'histoire bien plus que dans l'éternité supposée d'une culture, car les formes politiques ont changé. La permanence de l'Empire ne fut pas celle d'une dynastie, ni même celle d'une forme bureaucratique de l'Etat. Le sceau impérial n'a cessé d'être réimprimé à l'ensemble du pays, un peu comme si l'Empire romain s'était reproduit en surmontant les invasions, les révoltes, les périodes d'éparpillement, à la faveur d'une suite de métamorphoses. Nous avons là ce qui fait peut-être la particularité de la Chine par rapport à un autre ensemble historique qui pourrait prétendre lui aussi à être l'autre de l'Occident : l'Inde.

* *Historien, directeur d'études à l'EHESS. A publié notamment :* La Chine moderne, *Puf, «Que sais-je ?», 1992;* Mao et la Révolution chinoise, *Casterman-Giunti, 1993; coauteur de* La Chine aujourd'hui (conférences de l'Université de tous les savoirs), *Odile Jacob, 2003.*

***SH :* Quel rôle ont joué ces élites dans l'affirmation d'une civilisation chinoise comme altérité absolue de l'Occident ?**

Y.C. : Poser la Chine comme l'altérité absolue est un fantasme occidental que l'on retrouve dans un certain discours nationaliste et culturaliste en Chine. Parmi les intellectuels chinois du début du Xe siècle, aucun n'a situé la Chine dans un face-à-face exclusif avec l'Occident. En 1922, Liang Shuming, un lettré de tradition confucianiste, publie un ouvrage sur les civilisations d'Orient et d'Occident (2) qui cite, en dehors de la Chine, la civilisation indienne au même titre que la civilisation occidentale. Si l'Inde est attrayante, c'est d'abord parce qu'elle est le berceau du bouddhisme dont la Chine est une héritière, mais aussi parce qu'elle offre l'exemple d'une forme d'organisation qui transcende l'Etat et que valorise une philosophie spiritualiste véhiculée par une longue tradition. Plutôt que de reproduire des clichés (sur l'altérité), il conviendrait de s'interroger sur les modalités qui constituent des traditions hors du temps et des identités irréductibles à partir de contextes historiques concrets et datés : organisation socioéconomique, rapports politiques, pratiques intellectuelles, écriture et transmission des textes, contacts et interactions entre mondes historiques…

***SH :* Qu'en est-il justement de l'écriture, par laquelle on opère d'ordinaire la caractérisation des civilisations en général et chinoise en particulier ?**

Y.C. : L'écriture est un marqueur évident et constamment cité de la différence chinoise. Pourtant, il s'agit d'un trait de l'ensemble civilisationnel chinois moins prépondérant que le politique. Certains spécialistes de l'écriture chinoise, je pense notamment à Viviane Alleton, avancent que loin d'être première et porteuse de l'unité politique, l'unité de l'écrit a été portée et soudée par l'unification politique. Cette thèse est d'autant plus intéressante qu'elle voit dans l'écriture chinoise un système relevant du régime commun, sensible à l'articulation des sons de la langue autant qu'au sens des mots, à l'inverse des vieux clichés comme l'idée leibnizienne d'un langage universel : pour Leibniz, les sinogrammes n'étaient pas référés à la double articulation d'une langue particulière mais étaient censés noter directement la pensée humaine. Il s'agit d'un bon exemple de ces visions fantasmées de la Chine qui répondent à des impératifs précis (en l'occurrence, aux besoins de la philosophie leibnizienne) loin des réalités.

***SH* : Et la religion ?**

Y.C. : Au départ, la religion est une technique au service du pouvoir. Les desservants du ou des cultes sont des techniciens qui ne sont investis d'aucune mission sacrée. Celle-ci réside dans la personne de l'empereur ou des chefs de clan pour la période préimpériale. La médiation entre l'humain et le divin, le terrestre et le céleste, c'est le chef politique qui l'assure et qui en reçoit sa légitimité. Les desservants du ou des cultes ne sont pas plus valorisés que ne le sont les soldats, les annalistes, les archivistes. Ceux qui vont tirer leur épingle du jeu ne sont pas des hommes du sacré mais les hommes du secret, détenteurs de cette technique particulière qu'est l'écriture, qui permet d'enregistrer les réponses faites par les dieux au pouvoir ainsi que les informations utiles au gouvernement.

L'exemple le plus connu est Confucius. A partir de la Haute Antiquité, on assiste non pas à une répartition des fonctions entre le pouvoir politique et le sacré, mais, à l'ombre du pouvoir, à la définition d'une fonction subsidiaire en charge de l'enregistrement ainsi qu'à l'élaboration d'une expression ritualiste du politique. De là, lorsque l'Empire est réellement unifié, le caractère extraordinairement affirmé de la figure impériale. L'empereur chinois n'a jamais été véritablement confronté à un problème de sacerdoce et d'Empire. Certains n'hésitent pas à avancer que face à ce pouvoir global, la faiblesse de la société religieuse a anticipé celle de la société civile moderne. Il n'y a pas cependant une matrice de la civilisation chinoise qui aurait été donnée une fois pour toutes. L'histoire a tranché au cours du premier millénaire de notre ère contre le bouddhisme et le taoïsme, qui auraient pu prétendre édifier une Eglise face à la société politique. Le champ sera ainsi libre pour le pouvoir bureaucratisé qui se met en place sous les Song, grâce à une sorte de coopération entre le pouvoir impérial et les lettrés-fonctionnaires sélectionnés par concours, qui a également eu raison d'une aristocratie foncière et militaire toujours renaissante. Le résultat est que la religion dominante – la religion officielle de l'empereur et de l'Empire – reste confinée au sommet de l'échelle, alors que la religiosité populaire, qui emprunte à un vieux fonds syncrétiste auquel contribuent le taoïsme et le bouddhisme, s'exprime dans une multitude de croyances, de pratiques et de sectes morcelées à l'échelle locale, plus ou moins reconnues, tolérées, interdites ou effectivement réprimées par le pouvoir en fonction de la conjoncture politique. Mais attention : s'il n'y a pas de religion vraiment commune unissant l'Etat et la société, les cultes locaux sont inclus dans l'ensemble impérial. Ici encore, c'est le politique qui détient la clé de l'ensemble et qui unifie les composants. Ce rôle stratégique fait de l'Empire bien plus que l'expression d'une culture, même si la nature relativement éclatée du religieux a répandu l'idée d'une culture chinoise plus que d'une religion spécifique à la Chine, comme l'islam et le christianisme le sont à d'autres parties du monde. Et notons au passage que le système impérial tout-puissant et globalisant au niveau politique n'était pas unidimensionnel : il n'a pas étouffé les autonomies et les différences locales, fonctionnelles ou normatives. On ne peut donc dire qu'il fut l'ancêtre des totalitarismes modernes, et l'on est toujours assuré de se tromper lorsque l'on veut expliquer la Chine en dehors de son histoire et à partir d'un point de vue unique ou d'un seul principe. J'ai proposé d'analyser cette histoire comme l'élaboration d'un système distendu capable, au fil du temps, d'une certaine modernisation, dont l'effet n'était pas de massifier la société mais d'empêcher sa politisation.

***SH :* Pourquoi cette civilisation politique en a-t-elle été réduite à emprunter à l'Occident les idéologies qui marqueront son histoire contemporaine : le nationalisme et le communisme ? Pourquoi cette impression de société bloquée soulignée notamment par Alain Peyrefitte, dans son célèbre *Quand la Chine s'éveillera...* paru en 1973 (3) ?**

Y.C. : L'adoption enthousiaste des idéologies occidentales par les successeurs des lettrés au lendemain des guerres de l'Opium (1840-1842 et 1856-1860) (4) ne fut pas la conséquence d'un choc ébranlant une civilisation immobile et autiste, mais le résultat d'une attente de politique au sein de l'élite. La distension de l'Empire ne l'a pas privé d'évolutions, mais elle l'a mis en porte-à-faux par rapport à la trajectoire de l'Europe, qui devient celle du pôle mondial dominant, capable, par sa domination, d'intégrer effectivement le monde et de contextualiser l'Empire chinois. Or, cette domination ne fut pas seulement économique, technique, militaire et scientifique : elle passa aussi par la modernisation des techniques de pouvoir et la démocratisation des formes du politique. Je reviendrai sur cette question importante, après avoir noté que l'idée d'un monde bloqué est historiquement datée. Elle apparaît au XIXe siècle. Karl Marx parle alors de la Chine comme d'une *« prisonnière des mâchoires du temps »*. Au XVIIIe siècle, personne ne songeait à dire que la Chine était immobile. Grâce aux jésuites, l'Europe savante et gouvernante avait conscience de son dynamisme et de sa force. Aucune puissance européenne n'osa d'ailleurs s'attaquer à elle. L'Angleterre, qui entreprend de le faire au XIXe siècle à l'occasion des guerres de l'Opium, a établi sa prépondérance à la faveur de la mutation industrielle et de la victoire sur Napoléon, et jeté les bases d'un empire mondial. La vieille Europe a été distancée par la Révolution en France et en Amérique du Nord. C'est cet arrachement historique qui a modifié les perceptions mutuelles de l'Occident et de la Chine. Comme l'avait bien vu le sociologue Max Weber, c'est l'Europe moderne qu'il faut expliquer en premier lieu.

Regardons une autre dimension de la question. Le supposé Empire immobile vient quand même d'avaler un immense territoire en Asie centrale (*grosso modo*, l'actuel Xinjiang). C'est que, tout simplement, il n'est pas le monde clos et figé que l'on imagine, mais que, depuis le XVIIe siècle, il est entré dans l'orbite et la politique de conquête continentale de ses conquérants mandchous, fondateurs de la dynastie Qing. Par le biais d'une stratégie de liens religieux et d'alliance politique, le contrôle sur le Tibet a été par ailleurs renforcé, de même que la domination sur la Mongolie. Ainsi, à la veille des guerres de l'Opium, la Chine traditionnelle, celle des dix-huit provinces au sud de la Grande Muraille, se trouve projetée dans une dimension nouvelle correspondant à un immense empire colonial et continental, dont il n'existe qu'un exemple comparable : l'Empire russe. Le système sino-mandchou est un système territorial qui se reconnaît une vaste aire d'expansion et sait aussi en fixer les limites. Les deux empires entrent en contact très tôt et signent le traité de Nertchinsk, qui délimite leur frontière commune et stipule les conditions des échanges transfrontaliers. Pour la génération qui a connu les guerres de l'Opium, la Chine n'est pas un pays immobile ni en déclin irrévocable, malgré les difficultés sérieuses dues au surpeuplement de nombreuses régions. Que faut-il en conclure ? Que la crise interne qui se précise au début du XIXe siècle était profonde et structurelle, mais peut-être pas vouée, en elle-même, à mettre fin au monde chinois traditionnel. Il a fallu pour cela que les coups de boutoir occidentaux l'aggravent, et que l'histoire chinoise soit reconstruite dans une perspective d'impuissance et de disqualification de l'Empire-monde par rapport à son nouveau contexte mondialisé.

***SH :* Qu'en est-il du confucianisme, dans lequel il est de tradition de voir une spécificité chinoise susceptible, ainsi que l'a avancé M. Weber, d'avoir freiné le décollage capitaliste de la Chine ?**

Y.C. : On prête beaucoup trop au confucianisme. Ici encore, il faut rappeler le réel dynamisme de l'économie et de la société du VIe au XVIIIe siècle, à l'heure même où la confucianisation de l'Empire chinois bat son plein. Car, autre rappel, le confucianisme n'est pas une donnée permanente et universelle dans la société chinoise, même si c'est une réalité attestée depuis l'Antiquité dans le domaine de la pensée et de la rationalisation du rituel, donc à proximité du pouvoir. Mais on veut à toutes fins en faire quelque chose de totalement englobant, qui va de pratiques paysannes attestées dans de nombreuses sociétés à travers le monde (prépondérance du père, des lignées masculines, du mariage patrilocal, etc.) à l'impossibilité de construire une transcendance. La thèse de M. Weber a été remise en cause, avant la crise asiatique de 1997, au moment où les pays dits confucianisés ou sinisés se sont singularisés par leur dynamisme économique. Mais on n'a fait que l'inverser, en prétendant que le confucianisme était une incitation au développement du capitalisme. On raisonnait comme M. Weber – et beaucoup d'autres – en invoquant une idéologie prétendument dominante, sur deux modes différents, voire contradictoires : les uns soulignaient le caractère groupusculaire d'une société sachant agir et se réguler en marge du pouvoir ; à l'opposé de cette vision néolibérale du confucianisme, d'autres attribuaient l'harmonisation spontanée entre l'Etat (autoritaire) et la société (disciplinée et chaleureusement humaine) au ritualisme confucéen (5). Ces visions se sont finalement évaporées à la suite de la crise asiatique. La thèse de M. Weber avait au moins l'avantage de mettre en évidence le rôle joué par l'intégration politique des sociétés occidentales modernes, alors que ces dissertations sur le capitalisme confucianiste mettaient le politique entre parenthèses. Il a pourtant joué un rôle fondamental dans la création historique de ce que l'on peut appeler l'identité chinoise. La culture confucianiste ne s'oppose pas en tant que telle à la participation politique et à la démocratie. Ses héritiers actuels le soulignent fortement. C'est encore une fois le contexte politique qui fut et est déterminant. On peut même avancer qu'à partir de la fin du XIXe siècle, alors même que les anciennes idées sont battues en brèche par les idéologies occidentales, la soif d'action et d'investissement dans le politique qui enthousiasme tant de jeunes Chinois et Chinoises est dans le droit-fil de ce que les historiens ont appelé l'activisme des lettrés, à la lumière d'évolutions du confucianisme qui en avaient déplacé l'accent d'une philosophie ou plus exactement d'une sagesse d'acquiescement à une morale de l'inquiétude et de la responsabilité.

***SH :* En quoi consiste-t-elle ?**

Y.C. : Cette morale n'incline pas à la passivité, comme on le pense, mais va au contraire de pair avec une volonté de transformation de la société, à tel point que les historiens, comme je viens de le rappeler, parlent d'« activisme lettré » à propos des notables des XVIIe, XVIIIe et XIXe siècles. Leur confucianisme est bien plus qu'une sagesse personnelle. Il incline à agir sur le monde en surmontant les épreuves : le monde au sens humain, social du terme, c'est-à-dire, en fin de compte, dans sa définition politique, l'Empire. Raison de plus, objectera-t-on à juste titre, pour s'interroger : n'est-ce pas eux qui auraient dû inventer la science moderne, enclencher la révolution industrielle, inventer la démocratie et conquérir le monde ? Il serait trop long d'exposer les thèses qui tentent de rendre compte de l'une des grandes énigmes de l'histoire autrement qu'en termes d'identités culturelles.

***SH :* Si donc on ne peut parler de la rencontre de la Chine et de l'Occident en termes de choc, que pensez-vous de la thèse avancée dans les années 90 par le politologue Samuel Huntington ? Se vérifie-t-elle dans les rapports actuels de la Chine avec l'Occident ?**

Y.C. : La seule chose qui me paraisse convaincante chez S. Huntington, c'est le primat qu'il accorde au politique sur l'économique pour tenter de déchiffrer les logiques de la mondialisation. Ce qui me laisse perplexe, c'est la manière dont il le relie de manière mécanique à des aires culturelles.

Il serait plus intéressant d'observer comment le politique et le culturel sont des construits historiques, et comment, dans certaines conjonctures et configurations, émergent de ces constructions des mythes de référence qui s'appellent traditions ou identité. Il faudrait également suivre la trace, à travers les décalages chronologiques et sans effacer la diversité des formes sociales, politiques et culturelles au nom de l'universalisme, de formes générales de la pensée, de l'organisation et de l'imaginaire des sociétés.

Voici un exemple. On ne peut expliquer l'histoire de la démocratie en Chine sans évoquer ses interactions avec l'Occident contemporain. Mais on ne peut davantage négliger l'articulation de ce contexte historique, occidentalisé et mondialisé, au contexte historique chinois plus ancien. L'institutionnalisation d'un corps politique à même d'assurer le gouvernement de l'Empire fut un enjeu débattu de loin en loin depuis la fin des Ming. Les Qing étouffèrent ces velléités, mais à la veille des guerres de l'Opium, face à l'usure des mécanismes bureaucratiques, certains lettrés s'interrogent sur la capacité de l'Etat à gouverner et reposent, en pointillé, la question de capacités politiques dans la société (notamment grâce au relais que constitueraient les notables locaux).

Si l'on replace ce problème du corps politique dans sa durée historique, on comprend qu'une ou deux générations plus tard, les lettrés n'aient pas eu besoin de se jeter à corps perdu sur les idéologies occidentales relatives au gouvernement représentatif : c'est ce que je voulais dire tout à l'heure en disant qu'il y avait dans les couches savantes et dirigeantes une attente de politique. L'occidentalisation n'a pas interrompu l'histoire chinoise, même si certains intellectuels occidentalistes ont inventé le mythe d'une tradition immobile et réactionnaire qu'il était nécessaire de briser par la révolution. Disons qu'elle s'est surajoutée à elle, les concepts occidentaux ayant été sélectionnés sur des bases locales et historiques par des mouvements internes à la société chinoise : mouvements conflictuels et nullement unanimes, il faut le souligner. La nouvelle dimension sino-occidentale – autrement dit, la première phase de la mondialisation du contexte historique chinois – fut tout le contraire d'un processus de transfert culturel. L'institutionnalisation du corps politique fut une réponse à un problème posé non pas par l'Occident mais par l'histoire chinoise elle-même. Dans le nouveau contexte de la Chine moderne, elle ne fut pas la seule réponse. Au contraire, la réponse révolutionnaire du maoïsme prit le pas sur elle durant la plus grande partie du XXe siècle.

***SH :* Dans quelle mesure la période actuelle s'inscrit-elle dans cet effort d'institutionnalisation du corps politique ?**

Y.C. : La Chine continentale est en train de sortir du totalitarisme, cette sortie s'accompagnant de la mise en place d'un Etat comme instance intermédiaire entre la société renaissante et le pouvoir exercé par le Parti. Il y a donc bel et bien un changement des logiques politiques, dont la limite est que cet Etat, porteur de normes sociales et juridiques nouvelles, reste sous l'emprise du Parti. Celui-ci s'est recomposé en tant que corps présent dominant dans la nouvelle économie et la nouvelle société, alors que beaucoup d'observateurs annonçaient qu'il leur demeurerait hostile et extérieur, ou se décomposerait à leur contact.

Avec ce parti, qui a un pied dans le monde réel d'aujourd'hui (par les intérêts qu'il véhicule et la gestion qu'il opère) et dans le passé par les structures fondamentales de son pouvoir, on voit se reconstituer entre la face sociale et la face politique de l'Empire une distension, qui repose la question du corps politique et de son institutionnalisation. Cette évolution parachèverait la mutation de l'Empire en Etat-nation, mais elle n'est qu'esquissée sur le continent et compliquée par la question de Taiwan. La nouvelle élite des techniciens de l'administration et de la gestion, des experts et des hommes d'affaires semble s'accommoder aujourd'hui de cette cote mal taillée, et du nationalisme virulent qui tente d'en dissimuler les manques démocratiques.

Mais en dehors des problèmes sociaux et des aléas de la croissance qui pourraient menacer la sacro-sainte stabilité, on voit bien dans les phénomènes sectaires comme Falungong le caractère néfaste de cette distension qui non seulement dépolitise la société, mais en désocialise des pans considérables. Pour préserver l'ordre et de substantiels intérêts, des secteurs clés de l'élite dirigeante pourraient juger que le mode de domination doit changer : l'histoire est en marche, celle de la Chine moderne ne peut se définir par rapport à une tradition fantasmée ; elle ne pourra se soustraire, à ses rythmes et selon sa trajectoire propre, au contexte mondialisé qui est la marque de notre époque.

Propos recueillis par
SYLVAIN ALLEMAND ET JEAN-CLAUDE RUANO-BORBALAN
(*Sciences Humaines*, n° 143, novembre 2003)

---

1. L. Bianco, *La Chine*, Flammarion, 1997 (2e éd.).
2. L. Shuming, *Les Cultures d'Orient et d'Occident et leurs philosophies*, Puf, 2000.
3. A. Peyrefitte, *Quand la Chine s'éveillera...*, LGF, 1991 [1973].
4. On appelle ainsi l'expédition menée par l'Angleterre à la suite de l'interdiction par la Chine, en 1839, des importations anglaises d'opium. Le traité de Nankin de 1842 permit à l'Angleterre d'ouvrir plusieurs ports au commerce international. Une seconde guerre, associant la France à l'Angleterre, suivit entre 1856 et 1860 et aboutit notamment à l'ouverture de nouveaux ports, surtout au nord de la Chine.
5. Thèse défendue notamment par le sinologue Léon Vandermeersch dans *Le Nouveau Monde sinisé*, Puf, 1986.

Jean-Claude Ruano-Borbalan*

L'IDENTITÉ, UNE RESSOURCE POUR L'ACTION**

Toutes les sociétés contemporaines sont marquées par l'avènement de l'individu et de sa construction identitaire. Traditionnellement définie par les institutions, l'identité devient une ressource bricolée valorisant selon les circonstances des aspects religieux, professionnels, ethniques, sexués...

PAPU est un riche agent de change vivant à Bombay. Il est inséré dans la culture économique dominante, cette manière de vivre, de se comporter et de penser que partagent les hommes d'affaires agissant sur des marchés transnationaux, les fonctionnaires internationaux et une part croissante des hommes politiques de la planète. Papu, en bon financier, est en lien avec des homologues asiatiques, américains, européens, qui partagent avec lui cette culture et les comportements qui y sont associés. Dans le même temps, Papu est inséré, avec sa famille, dans la communauté jaïn. Cette appartenance se manifeste principalement par l'observance de pratiques et le respect de valeurs religieuses. Bien qu'il appartienne de plain-pied à une culture d'affaires de type occidental, le financier se sent aussi pleinement indien : «*Si vous êtes en période d'affaires, l'image que vous aurez sera celle de la déesse Lakshmi. En d'autres occasions, ce sera Saraswati. Lakshmi est la déesse de l'opulence. Saraswati celle de la sagesse. Et quand je pense aux enfants des bidonvilles, je dois penser à Dieu… Or, pourquoi suis-je ici et non là-bas, dans les bidonvilles ? Nulle part, dans l'instruction organisée qu'on m'a donnée à l'école et à l'université, je ne trouve de réponses à ces questions.*» Papu est un personnage de fiction inventé par Vidiadhar Surajprasad Naipaul, le prix Nobel de littérature, et mis en scène dans un récit

* Directeur de publication du magazine *Sciences Humaines*.

** *Sciences Humaines*, numéro spécial n° 2, mai 2003.

de voyage intitulé *L'Inde* (1). V.S. Naipaul est lui-même né de parents indiens immigrés aux Antilles et vit aujourd'hui en Angleterre. Papu, on le voit, a une identité complexe, qui s'incarne dans des croyances, des valeurs et surtout des actions multiples. Il est tiraillé entre une identité communautaire et une référence à la culture occidentale de la modernité fondée sur le rationalisme, comme l'ont été depuis trois ou quatre siècles et le sont aujourd'hui tous les êtres confrontés à la modernisation. Pour ainsi dire, tout un chacun sur cette planète !

Cet exemple souligne combien la question de l'identité est cruciale quelle que soit la société considérée. On comprendra d'ailleurs aisément que la définition de l'identité individuelle ou collective soit au cœur de la compréhension des mutations sociales contemporaines : crises de l'identité nationale, guerres identitaires (religieuses, ethniques), recomposition des identités religieuses ou familiales, rôle central de l'identité individuelle. La notion d'identité est multiforme. On l'utilise dans des circonstances aussi différentes que l'analyse de l'élaboration de la personnalité de l'enfant ou l'attitude de défense des populations lors de conflits guerriers. Il convient pour la comprendre de se placer à toutes les échelles où la notion identitaire s'exprime : l'individu, le groupe, la société. Les recherches contemporaines rappellent toutes, avec insistance, que l'image et l'estime de soi, les identités communautaires ou politiques s'élaborent dans des interactions entre les individus, les groupes et leurs idéologies.

Or, et c'est là le contexte commun à toutes les sociétés actuelles (particulièrement dans les pays occidentaux), on constate l'avènement de l'individu. Il est désormais sujet de son existence, devenu progressivement la figure centrale des sociétés contemporaines. La mise en scène du soi, la construction identitaire constitue l'une des modalités cruciales des pratiques et des représentations individuelles. La montée de l'individualisme a entraîné en Occident la dissolution ou les mutations profondes d'institutions de socialisation antérieures, comme la famille, l'Eglise, l'école, mais aussi les institutions politiques. La socialisation et l'identification que ces institutions organisaient et maîtrisaient se font désormais selon des modalités renouvelées. Le cas de la famille est de ce point de vue éclairant. La structure patriarcale et autoritaire est morte. La société est aujourd'hui caractérisée par la négociation et la promotion des potentialités de chacun de ses membres, qui cherchent à élaborer leur propre identité et leur propre parcours de vue.

L'identification institutionnelle

Ces transformations n'ont pas manqué d'affecter en profondeur les processus d'identification politiques, élaborés au cours des siècles derniers dans l'affirmation des institutions démocratiques et de l'Etat-nation. La citoyenneté et l'appartenance à la communauté nationale font, depuis deux décennies, l'objet de débats sociaux et politiques considérables. La plupart

1. V.S. Naipaul, *L'Inde*, 10/18, 2001.

des sociétés contemporaines connaissent ainsi des troubles politiques identitaires. Sans omettre bien évidemment les régions et des pays où l'identité est une stratégie dans des conflits violents, depuis le Liban jusqu'à la Tchétchénie en passant par le génocide rwandais.
Dans les sociétés occidentales, la famille et les institutions ne transmettent plus les identités religieuses, civiques et politiques. Par exemple, les identités religieuses sont plus caractérisées par des parcours individuels et l'autonomie du sujet, une tendance qui se retrouve plus généralement dans les sociétés modernes. L'identification politique partisane ou territoriale constitue, elle aussi, *« une ressource que les acteurs politiques et sociaux vont s'efforcer d'exploiter dans le cadre des stratégies de pouvoir »*. Evoluant dans un espace démocratique de plus en plus affirmé, la stratégie identitaire constitue, pour les individus comme pour les organisations ou communautés, une des ressources d'action politique. Les efforts déployés en Europe par les responsables régionaux pour renforcer le sentiment d'appartenance des habitants au *Land*, à la province ou la région s'inscrivent dans une stratégie volontariste cherchant à améliorer la position des collectivités territoriales dans le système politico-administratif national et européen.
De manière permanente depuis une vingtaine d'années, l'espace politique des démocraties contemporaines est hanté par des discours identitaires. Que l'on songe aux populismes et partis d'extrême droite européens, mais aussi aux conflits africains par exemple. Le discours identitaire fonctionne sur le registre de la création artistique et littéraire des identités (c'est par exemple le cas du mouvement celte) et dans la reprise d'idéologies d'appartenance à la communauté nationale ou d'exclusion de ceux qui n'en seraient pas membres (c'est le cas des partis d'extrême droite). Le discours identitaire apporte une grille d'analyse des événements, permet de choisir ses amis et de distinguer ses ennemis. Il fournit les moyens de trouver des responsables. Il est fondamentalement un moyen stratégique pour la contestation ou l'obtention du pouvoir. Le cas récent de la Côte-d'Ivoire et de la lutte des partisans de l'« ivoirité », contre les « immigrés » venus des Etats voisins, est tout à fait illustratif.

Nations et ethnies

Dans de nombreuses régions du monde, l'identité nationale et ethnique est un des instruments utilisés pour conquérir le pouvoir. En Europe, le changement des systèmes de production économique et la politique de construction supranationale entraînent des replis identitaires dont se servent des partis d'extrême droite. Ces derniers réactivent un discours et un imaginaire nationaux d'exclusion dont le résultat est, en France, la stigmatisation des populations immigrées et la radicalisation raciste de franges de la population. On l'a vu dans les dernières années avec le parti FPÖ autrichien de Georg Haider, ou la Ligue du Nord padane en Italie, mais aussi avec le Front national français ou le Vlaams Block flamand.
L'autre grande question de la construction identitaire en politique est celle

des ethnies et de leurs supposés conflits. C'est au moins ce que la décennie des années 90 et son cortège de guerres de décomposition et recomposition nationales ont suggéré. On a alors assisté, de la Bosnie au Kosovo, de l'Afghanistan au Rwanda, à des conflits sanglants fondés sur l'hostilité de communautés ethnoreligieuses. En Afrique, les ethnies furent historiquement définies sur des critères d'organisation politique et territoriale. En Afrique du Sud, par exemple, les Zulus, les Xhosas et les Sothos étaient les membres des Etats correspondants formés au siècle dernier. La colonisation européenne a produit des images figées et parfois artificielles des ethnies..., qui furent parfois maintenues comme cadre de domination. Au moment des indépendances, les références ethniques ne furent guère reprises par les nouveaux dirigeants, qui se réclamèrent de la construction nationale.

Aujourd'hui, malgré quelques exemples tragiques comme le Rwanda ou le Congo ex-Zaïre, la persistance des références ethniques voisine avec de nouvelles identifications territoriales ou sociales. Là aussi, chaque individu développe ainsi une pluralité d'appartenances qu'il active en fonction de la situation. L'ethnie peut être considérée en Afrique, telle la religion dans les pays arabes ou la nation en Europe ou ailleurs, comme une ressource d'identification lors de périodes incertaines et conflictuelles. Il n'y a d'ailleurs pas d'identité politique naturelle qui s'imposerait à tous. La stratégie politique identitaire constitue toujours, dit Jean-François Bayart, *« une entreprise rationnellement conduite par des acteurs identifiables,* (comme en témoigne l'exemple des) apparatchiks *communistes serbes reconvertis en ultranationalistes lors des conflits yougoslaves»* (2).

L'interprétation en terme de construction identitaire ou culturelle est devenue, il y a une quinzaine d'années, un sésame d'analyse dans de nombreuses situations. On a abondamment utilisé ces notions à propos des conflits ethniques ou nationalistes, des regroupements économiques comme l'Europe et l'Asean. Si la notion d'« identité », couplée à celle de « culture », a rencontré le succès scientifique et médiatique qu'on lui connaît aujourd'hui, c'est d'abord parce que ces deux concepts ont permis de faire pièce à l'ancienne théorie raciale des anthropologues, qui vouait les peuples colonisés à la domination illimitée. Il y avait là un progrès. Mais leur usage contemporain est ambigu (3) : s'il leur arrive d'intervenir pour la défense de minorités opprimées, ils servent aussi à perpétuer un différencialisme qui n'est pas loin de l'idée de race, et peut supporter tous les nationalismes, xénophobismes et ethnocentrismes.

Les anthropologues, les politologues et les historiens contemporains invitent à dépasser cet embarras, et à renoncer à tout usage essentialiste (4). L'identité et la culture ne sont ni des traditions ni des mentalités, mais des représentations construites par l'histoire, peu

2. Voir l'entretien avec J.-F. Bayart, au début de ce chapitre.
3. R. Gallissot, M. Kilani, A. Rivera, *L'Imbroglio ethnique en quatorze mots-clés*, Payot, 2001.
4. W. Kymlicka, S. Mesure (dirs), « Les identités culturelles », *Comprendre*, n° 1, Puf, 2000.

durables et activées au fil des circonstances. Dans le contexte actuel, l'appel aux identités ou aux cultures doit être considéré comme l'expression de stratégies identitaires de défense de la part de groupes sociaux dominés ou exclus.

Annexes

MOTS CLÉS

Acculturation
Bien que les effets de la colonisation aient été observés depuis longtemps, le concept d'acculturation n'apparaît sur la scène scientifique qu'en 1936 : les trois anthropologues Robert Redfield, Ralph Linton et Melville Herskovitz nomment « acculturation » les changements qui sont induits dans une culture par le contact avec une autre culture, et lancent un programme de recherche sur le sujet. Il s'agit en particulier d'étudier la manière dont une culture en situation de domination sélectionne néanmoins les emprunts qu'elle fait à la culture dominante. Cette approche interactionniste est à la fois un prolongement et une complication du culturalisme : les cultures sont traitées comme des entités qui entrent en contact et échangent des éléments. Bien qu'elle ait ouvert un champ d'étude toujours actif de nos jours, la notion d'acculturation a été âprement discutée, notamment sur la question de savoir si elle s'appliquait adéquatement aux situations coloniales, où les changements peuvent être induits par la force et aboutir à une « déculturation ». Roger Bastide et Georges Balandier ont, chacun à leur manière, introduit les études d'acculturation dans l'espace de l'anthropologie française. Aujourd'hui, on ne fait pratiquement plus usage de cette notion : on parle de « contact de cultures », de « changement culturel », d'hybridation », de « métissage », voire de « créolisation » des cultures, afin de souligner, lorsque c'est le cas, le caractère créatif de ces processus.
→ *Voir l'encadré p. 254*

Communauté
La notion de communauté a deux significations majeures. Elle peut désigner : un groupement social local constitué de familles qui occupent un même territoire géographique et participent à une même culture (le village, la ville...) ; une forme d'association étroite dans laquelle existent des liens fonctionnels, personnels et affectifs entre les membres et où la dépendance mutuelle est profonde (la famille, la secte religieuse, les communautés de vie ou de production...). Dans son célèbre *Communauté et Société* (1887), le sociologue allemand Ferdinand Tönnies (1855-1936) distinguait la communauté, marquée par la solidarité, la proximité, les relations affectives, de la société qui se définit par des relations formelles, fonctionnelles et intéressées (la ville et l'entreprise en sont les meilleurs exemples). Aujourd'hui, le terme désigne assez généralement tout groupe humain relativement soudé par une culture, un réseau de connaissances et d'affinités.

Culture

On ne mange pas de la même façon au Japon ou en France, on n'adhère pas aux mêmes valeurs selon que l'on est né à New Delhi ou à New York, on n'obéit pas aux mêmes normes de vie que nos grands-parents… L'idée de « culture » renvoie à cette diversité de mœurs, de normes, de croyances forgées au sein d'une société.

L'anthropologie la définit comme l'ensemble des mœurs, valeurs, idéologies d'une société : *« La culture ou civilisation, prise dans son sens ethnologique large, est cet ensemble complexe englobant les connaissances, les croyances, les arts, la morale, les lois, les coutumes, ainsi que les autres capacités et habitudes acquises par l'homme en tant que membre d'une société »* (E.B. Tylor, 1871). Ainsi, les valeurs d'une société (esprit chevaleresque au Moyen Age, respect filial dans le confucianisme…), les coutumes alimentaires (accompagner les repas avec du pain en France ou manger avec des baguettes en Chine), les rites de mariage, la langue, la religion dominante d'un pays… participent de la culture d'une société.

Quelques traits essentiels sont à retenir des travaux d'anthropologie :

– la dimension cachée. Notre culture nous est en partie inconsciente. Elle n'est mise en relief que par comparaison avec d'autres sociétés ;

– toute culture change. Il ne faut pas confondre certaines caractéristiques adoptées historiquement par une société avec des traits invariants de celle-ci ;

– il n'est pas de culture qui ne soit faite de métissage, d'hybridation et qui n'évolue avec le temps.

Ethnie

Traditionnellement, le terme d'ethnie désigne un groupe humain stable dans l'histoire et dans le temps, partageant des origines et des traditions communes, la même langue, etc. Il s'applique à des formations culturelles qui ne sont pas soutenues par un Etat, une constitution ou une organisation politique.

Les anthropologues insistent aujourd'hui sur la fluidité de cette notion plutôt controversée (*voir l'article de B. Formoso p. 247*). Dans *Les Groupes ethniques et leurs frontières* (1969), l'anthropologue Fredrik Barth montre que les définitions et frontières des ethnies se construisent et se reconstruisent dans une interaction permanente entre groupes dans une logique d'opposition/inclusion avec des groupes voisins. Les anthropologues Jean-Loup Amselle et Elikia M'Bokolo ont pour leur part mis en évidence que la plupart des ethnies africaines sont des constructions historiques récentes liées au passé colonial.

Groupe

Un groupe peut n'être qu'une collection d'individus ayant une caractéristique commune. Ainsi, on désignera les jeunes, les cadres ou les femmes comme des exemples de groupes sociaux. En ce sens, groupe est synonyme de catégorie. Dans un sens plus restreint, le *Grand Dictionnaire de la psychologie* (Larousse) donne deux significations au mot groupe : *« Ensemble de personnes constitué selon un critère objectif et/ou subjectif, choisi ou imposé de l'extérieur, qui commande leurs relations »* et *« rassemblement d'individus fondé sur une interaction mutuelle et au sein duquel s'établissent des relations conduisant à une intégration »*. Dans ces deux définitions, l'idée de relation est importante et fait du groupe plus qu'une catégorie.

On distingue classiquement *groupe primaire* et *groupe secondaire*. Le groupe primaire est le groupe restreint et stable caractérisé par une vie commune, des relations personnelles et intimes entre ses membres.

La famille en est l'exemple caractéristique. Dans le groupe secondaire, les liens entre les individus sont contractuels et motivés par un objectif déterminé ; les relations y sont formelles et fonctionnelles (une entreprise, une administration, un parti, une association...).

Les groupes primaires et secondaires ont en commun de présenter des structures de fonctionnement constituées par des valeurs, des normes, des règles et une répartition des rôles qui en font des institutions.

Une autre distinction, elle aussi classique, est celle faite entre *groupe d'appartenance* et *groupe de référence*. Le groupe d'appartenance est celui dont fait effectivement partie un individu. Le groupe de référence est celui qui fournit à l'individu ses valeurs, ses normes et ses modèles d'attitudes, d'opinions et de comportements. Ce peut être aussi bien le groupe d'appartenance qu'un groupe dont l'individu n'est pas membre mais auquel il s'identifie (ainsi, un colonisé peut s'identifier au colonisateur et adopter ses valeurs, ses normes et ses modèles de conduite).

Intégration

On parle d'intégration lorsqu'un groupe social minoritaire vivant dans une société étrangère participe à son fonctionnement tout en gardant ses caractéristiques culturelles propres. L'intégration se distingue à la fois de la ségrégation (séparation imposée) et de l'assimilation (absorption et déculturation).

L'historien Gérard Noiriel a montré que les vagues de migrants qui sont arrivées en France depuis cent cinquante ans ont été progressivement assimilées au reste de la population grâce aux institutions républicaines (*voir son entretien p. 285*).

Multiculturalisme

En Amérique du Nord, le courant multiculturaliste tend à faire reconnaître les différences ethniques, religieuses ou culturelles au même titre que les droits individuels qui fondent les démocraties occidentales.

Il est revendiqué dans ses formes les plus radicales par le mouvement des « communautariens » qui soutiennent que les individus ne peuvent pas être appréhendés de manière abstraite indépendamment de leur appartenance à des communautés*.

Selon eux, Il faut réhabiliter la reconnaissance des droits des groupes minoritaires et leur identité spécifique par rapport à la culture dominante, car l'universalisme est en fait un ethnocentrisme masqué.

Cette critique répond à des contestations sociales de groupes ethniques, sexuels, ou liés aux pratiques langagières.

Nation

Notion complexe, la nation peut être définie en première approche comme un vaste groupe humain caractérisé par un sentiment d'unité liée à une histoire, une langue, une culture ou des valeurs propres, et qui, en général, revendique une souveraineté territoriale. Loin de désigner une réalité toute faite, elle constitue d'abord et avant tout une construction historique.

→ *Voir l'article d'A.-M. Thiesse p. 277 et les Points de repères p. 258*

Socialisation

Inspirée des travaux de George H. Mead, la notion de socialisation désigne le processus permanent par lequel le «soi*» se constitue par interaction avec autrui. Cette notion est importante, car elle s'écarte des interprétations biologiques qui dominaient la sociologie américaine à la fin du XIXe siècle. Par la socialisation, les individus intègrent les normes, les codes de conduite, les valeurs... de la société à laquelle ils appartiennent. La socialisation se déroule en plusieurs étapes et l'individu peut réagir de façon diversifiée au processus d'apprentissage des normes sociales. Elle peut concerner des processus particuliers : la socialisation professionnelle, politique, familiale... On distingue parfois socialisation primaire et secondaire. La première s'effectue pendant l'enfance, au sein des premières communautés d'appartenance : famille, école... Et la deuxième se développe à partir de l'adolescence. C'est une socialisation professionnelle, politique, géographique, plus volontaire et qui peut remettre en cause la socialisation primaire.

→ *Voir l'article de G. Vinsonneau p. 63*

Soi

A la suite du psychologue René L'Ecuyer, on peut définir le soi par *«un ensemble de caractéristiques (goûts, intérêts, qualités, défauts, etc.), de traits personnels (incluant les caractéristiques corporelles), de rôles et de valeurs, etc. que la personne s'attribue, évalue parfois positivement et reconnaît comme faisant partie d'elle-même, à l'expérience intime d'être et de se reconnaître en dépit des changements»* (*Le Développement du concept de soi, de l'enfance à la vieillesse*, 1994). Loin de constituer une réalité figée, le soi évolue en fonction des expériences et des interactions avec autrui.

→ *Voir l'article de D. Martinot p. 41*

BIBLIOGRAPHIE GÉNÉRALE

Ouvrages généraux

L. BAUGNET, *L'Identité sociale*, Dunod, 1998.

S. FERRET (éd.), *L'Identité*, GF-Flammarion, 1998.

J.-C. KAUFMANN, *L'Invention de soi. Une théorie de l'identité*, Armand Colin, 2004.

C. LÉVI-STAUSS (dir.), *L'Identité*, Puf, 1995 [1977].

A. MUCCHIELLI, *L'Identité*, Puf, « Que sais-je ? », 2003 (6e éd.).

L'identité individuelle

G.W. ALLPORT, *Structure et développement de la personnalité*, Delachaux et Niestlé, 1970 [1937].

S. CHAUVIER, *Dire « je ». Essai sur la subjectivité*, Vrin, 2001.

A. EHRENBERG, *La Fatigue d'être soi. Dépression et société*, Odile Jacob, 1998 (rééd. 2000).

E.H. ERIKSON, *Adolescence et crise, la quête de l'identité*, Flammarion, 1992 [1968, trad. franç. 1972].

S. FERRET, *Le Philosophe et son scalpel. Le problème de l'identité personnelle*, Minuit, 1993.

E. GOFFMAN, *La Mise en scène de la vie quotidienne*, 2 vol., Minuit, 1973 [1959].

D. LE BRETON, *Signes d'identité, tatouages,* piercings *et autres marques corporelles*, Metailié, 2002.

R. L'ECUYER, *Le Développement du concept de soi de l'enfance à la vieillesse*, Presses de l'Université de Montréal, 1994.

G. LE MANER-IDRISSI, *L'Identité sexuée*, Dunod, 1997.

E. MARC LIPIANSKY, *La Psychologie de l'identité*, Dunod, 2004.

D. MARTINOT, *Le Soi : les approches psychosociales*, Presses universitaires de Grenoble, 1995.

J. POUSSON-PETIT (dir.), *L'Identité de la personne humaine. Etude de droit français et de droit comparé*, Bruylant, 2002.

A. RAUCH, *Le Premier Sexe. Mutations et crise de l'identité masculine*, Hachette, 2000.

P. TAP, *La Société Pygmalion. Intégration sociale et réalisation de la personne*, Dunod, 1988 (rééd. 1992).

P. TAP (dir.), *Identité individuelle et personnalisation*, Privat, 1980 (rééd. 1986).

C. TAYLOR, *Les Sources du moi. La formation de l'identité moderne*, Seuil, 1998 [1989].

Topiques, Revue freudienne, « Identifications », n° 56, Dunod, 1992.

Psychologie française, vol. 35, n° 1, numéro spécial sur « L'identité de la personne », 1990.

Le groupe

C. CAMILLERI, J. KASTERZTEIN, E. MARC LIPIANSKY, H. MALEWSKA-PEYRE, I. TABOADA LEONETTI, A. VASQUEZ, *Les Stratégies identitaires*, Puf, 2000 [1990].

L. CHAUVEL, *Le Destin des générations*, Puf, 1998 (rééd. 2002).

C. DUBAR, *La Crise des identités. L'interprétation d'une mutation*, Puf, 2000.

F. DUBET, *Sociologie de l'expérience*, Seuil, 1994.

I. FRANCFORT, F. OSTY, R. SAINSAULIEU, M. UHALDE, *Les Mondes sociaux de l'entreprise*, Desclée de Brouwer, 1995.

P. GRAVÉ, *Formateurs et identités*, Puf, 2002.

S. GUTH (dir.), *Une sociologie des identités est-elle possible ?*, Actes du colloque « Sociologies IV », tome 3, L'Harmattan, 1994.

D. HERVIEU-LÉGER (dir.), *Le Pélerin et le Converti. La religion en mouvement*, Flammarion, 1999 (rééd. 2001).

R. LINTON, *Le Fondement culturel de la personnalité*, Dunod, 1999 [1945, trad. franç. 1959].

E. MARC LIPIANSKY, *Identité et Communication. L'expérience groupale*, Puf, 1992.

G.H. MEAD, *L'Esprit, le Soi et la Société*, Puf, 1963 [1934].

R. SAINSAULIEU, *L'Identité au travail*, Presses de Sciences-po, 1993 [1977].

F. DE SINGLY, *Le Soi, le Couple et la Famille*, Nathan, 1996 (rééd. 2000).

G. VINSONNEAU, *L'Identité culturelle*, Armand Colin, 2002.

G. VINSONNEAU, *L'Identité des jeunes en société inégalitaire. Le cas des Maghrébins en France*, L'Harmattan, 1996.

Revue Education permanente, n° 128, « Formation et dynamiques identitaires », 1996.

La société

J.-L. AMSELLE, *Vers un multiculturalisme français. L'empire de la coutume*, Flammarion, 2001 [1996].

B. ANDERSON, *L'Imaginaire national*, La Découverte, 2002 [1983, trad. 1996].

B. BADIE, M. SADOUN (dirs), *L'Autre*, Presses de Sciences-po, 1996.

J.-F. BAYART, *L'Illusion identitaire*, Fayard, 1996.

P. BIRNBAUM (dir.), *Sociologie des nationalismes*, Puf, 1997.

M. CASTELLS, *L'Ere de l'information*, t. 2 : *Le Pouvoir de l'identité*, Fayard, 1999.

M. CHEBEL, *La Formation de l'identité politique*, Payot, 1998.

S. CORDELLIER, *Nations et nationalismes*, La Découverte, 1995.

CRISPA, CURAPP, *L'Identité politique*, Puf, 1994.

A. DIECKHOFF (dir.), *La Constellation des appartenances. Nationalisme, libéralisme et pluralisme*, Presses de Sciences-po, 2004.

E. GELLNER, *Nations et nationalisme*, Payot, 1994 [1983].

A. GROSSER, *Les Identités difficiles*, Presses de Sciences-Po, 1996.

E. HOBSBAWN, *Nations et nationalisme depuis 1780*, Gallimard, 2001 [1990].

A. KARDINER, *L'Individu dans sa société. Essai d'anthropologie psychanalytique*, Gallimard, 1969 [1939].

W. KYMLICKA, S. MESURE (dirs), « Les identités culturelles », *Comprendre*, n°1, Puf, 2000.

D. LACORNE, *La Crise de l'identité américaine*, Gallimard, 2003 [1997].

R. LE COADIC (dir.), C. DEMEURÉ-VALLÉE (coord.), *Identités et Démocratie. Diversité culturelle et mondialisation : repenser la démocratie*, Presses Universitaires de Rennes, 2003.

S. MESURE, A. RENAUT, *Alter ego. Les paradoxes de l'identité démocratique*, Flammarion, 2002 [1999].

G. NOIRIEL, *Le Creuset français. Histoire de l'immigration, XIXe-XXe siècle,* Seuil, 1988 (rééd. 1992).

P. POUTIGNAT, J. STREIFF-FENART, *Théories de l'ethnicité*, suivi de *Les Groupes ethniques et leurs frontières* par F. Barth, Puf, 1995.

J.-P. SAEZ (dir.), *Identités, cultures et territoires*, Desclée de Brouwer, 1995.

C. TAYLOR, *Multiculturalisme, Différence et Démocratie*, Flammarion, 1999 [1994].

A.-M. THIESSE, *La Création des identités nationales, Europe XVIIIe-XXe siècles*, Seuil, 1999 (rééd. 2001).

F. Thual, *Les Conflits identitaires*, Ellipses, 1995.

J.-P. Warnier, *La Mondialisation de la culture*, La Découverte, 1999 (rééd. 2003).

M. Wieviorka, *La Démocratie à l'épreuve : nationalisme, populisme, ethnicité*, La Découverte, 1993.

Revue Esprit, « La fièvre identitaire », janvier 1997.

Revue Projet, « Mémoires des peuples, histoire, mémoire et identité », n° 248, hiver 1996/1997.

INDEX THÉMATIQUE

INDEX DES NOMS DE PERSONNES

Liste des auteurs

Régine Azria
Chargé de recherche au Centre d'études interdisciplinaires des faits religieux (EHESS).

Jean-François Bayart
Directeur du Centre d'études et de recherches internationales (CERI).

Christian Bromberger
Professeur d'ethnologie à l'Université de Provence, directeur de l'Institut d'ethnologie méditerranéenne et comparative.

Carmel Camilleri
Décédé en 1997, était professeur émérite de psychologie interculturelle à l'université Paris-V et coordinateur scientifique de la revue *Intercultures*.

Françoise Champion
Membre du Groupe de sociologie de la religion et de la laïcité (CNRS-EPHE).

Louis Chauvel
Maître de conférences à l'IEP de Paris, chercheur à l'Observatoire sociologique du changement et à l'OFCE.

Stéphane Chauvier
Professeur de philosophie à l'Université de Caen.

Christian Chevandier
Maître de conférences en histoire contemporaine à l'université de Paris-I-Panthéon-Sorbonne et chercheur au Centre d'histoire sociale du XXe siècle.

Yves Chevrier
Historien, directeur d'études à l'EHESS.

Claude Dubar
Directeur du laboratoire Printemps (Institutions, professions, temporalités), professeur de sociologie à l'Université de Versailles, Saint-Quentin-en-Yvelines.

Bernard Formoso
Professeur d'ethnologie à l'université de Paris X-Nanterre.

Jean-François Gossiaux
Maître de conférences à l'EHESS et membre du Laboratoire d'anthropologie des institutions et des organisations sociales.

Patrick Gravé
Maître de conférences en sciences de l'éducation à l'Université du Havre.

Catherine Halpern
Journaliste scientifique au magazine *Sciences Humaines*.

Danièle Hervieu-Léger
Sociologue, présidente de l'École des hautes études en sciences sociales (EHESS).

Nicolas Journet
Journaliste scientifique au magazine *Sciences Humaines.*

David Le Breton
Professeur de sociologie à l'Université Marc-Bloch de Strasbourg.

Edmond Marc
Professeur de psychologie à l'université Paris-X.

Gilles Marchand
Journaliste scientifique au magazine *Sciences Humaines.*

Delphine Martinot
Maître de conférence à l'université Blaise Pascal de Clermont-Ferrand.

Pierre Milza
Directeur du Centre d'histoire de l'Europe du XXe siècle.

Anne Muxel
Sociologue, chercheur au CNRS.

Gérard Noiriel
Historien, directeur d'études à l'EHESS, il a fondé et codirrige la revue d'histoire et de sciences sociales *Genèses.*

Dominique Oberlé
Maître de conférences à l'université Paris-X à Nanterre.

Catherine Paradeise
Professeur de sociologie à l'ENS Cachan.

Jacqueline Pousson-Petit
Professeur de droit privé à l'université des sciences sociales de Toulouse-I et directrice du Centre de droit comparé.

Stéphanie Pryen
Maître de conférences à l'université de Lille-III, CLERSE-IFRÉSI.

André Rauch
Professeur à l'université Marc-Bloch de Strasbourg.

Jean-Claude Ruano-Borbalan
Directeur de publication du magazine *Sciences Humaines.*

Martine Segalen
Professeur à l'université de Nanterre-Paris-X, directrice du Département de sociologie.

Pierre Tap
Professeur de psychologie sociale du développement à l'université de Toulouse-Le-Mirail.

Charles Taylor
Philosophe, professeur à l'université McGill, à Montréal.

André Thiéblemont
Colonel, saint-cyrien et diplômé de l'Institut d'études politiques de Paris.

Anne-Marie Thiesse
Directrice de recherche au CNRS, à l'EHESS.

Vincent Troger
Maître de conférences à l'IUFM/Versailles.

Geneviève Vinsonneau
Présidente de l'Association internationale de psychologie scientifique pour l'étude des contacts de cultures (AIP-SECC), elle enseigne la psychologie culturelle à l'université Paris-V.

Michel Wieviorka
Directeur d'études à l'EHESS et directeur du Centre d'analyse et d'intervention sociologique (Cadis).

Dominique Wolton
Directeur de recherche au CNRS et de la revue *Hermès*, spécialiste des médias.

TABLE DES MATIÈRES

Achevé d'imprimer en mai 2004
par imprimerie QUEBECOR WORLD
N° d'impression : 040438
Dépôt légal : Mai 2004